U0541247

本书得到徐州师范大学哲学社会科学优秀学术著作出版基金 资助

中国社会变革进程中的政府有效性研究

楚德江 著

中国社会科学出版社

图书在版编目（CIP）数据

中国社会变革进程中的政府有效性研究/楚德江著. —北京：中国社会科学出版社，2011.12
ISBN 978 – 7 – 5161 – 0382 – 1

Ⅰ.①中… Ⅱ.①楚… Ⅲ.①国家机构—行政管理—研究—中国 Ⅳ.①D630.1

中国版本图书馆 CIP 数据核字（2011）第 259760 号

责任编辑	冯春凤
特约编辑	胡新芳等
责任校对	王兰馨
封面设计	毛国宣
技术编辑	王炳图

出版发行	中国社会科学出版社	出版人	赵剑英
社　　址	北京鼓楼西大街甲 158 号	邮　编	100720
电　　话	010 – 84039570（编辑） 64058741（宣传） 64070619（网站）
	010 – 64030272（批发） 64046282（团购） 84029450（零售）
网　　址	http://www.csspw.cn（中文域名：中国社科网）
经　　销	新华书店
印　　刷	北京君升印刷有限公司	装　订	廊坊市广阳区广增装订厂
版　　次	2011 年 12 月第 1 版	印　次	2011 年 12 月第 1 次印刷
开　　本	710×1000　1/16
印　　张	20.75	插　页	3
字　　数	340 千字
定　　价	59.00 元

凡购买中国社会科学出版社图书，如有质量问题请与本社发行部联系调换
版权所有　侵权必究

序
在创新语境中努力引领先锋学术

任 平[*]

沐浴着2011年的春风,《徐州师范大学哲学社会科学文库》终于出场,我由衷地感到高兴,并祈盼它作为徐州师范大学学术的创新之声。任何真正的创新学术都是时代精神的精华、文明的活的灵魂。大学是传承文明、创新思想、引领社会的文化先锋,徐州师范大学更肩负着培育大批"学高身正"的师德精英的重任,因此,植根于逾两千年悠久历史的两汉文化沃土,在全球化思想撞击、文明对话的语境中,与科学发展的创新时代同行,我们的人文学科应当是高端的,我们的学者应当是优秀的,我们的学术视阈应当是先锋的,我们的研究成果应当是创新的。作为这一切综合结果的文化表达,本文库每年择精品力作数种而成集出版,更应当具有独特的学术风格和高端的学术品位,有用理论穿透时代、思想表达人生的大境界和大情怀。

我真诚地希望本文库能够成为徐州师范大学底蕴深厚、学养深沉的人文传统的学术象征。徐州师范大学是苏北大地上第一所本科大学,文理兼融,文尤见长。学校1956年创始于江苏无锡,1958年迁址徐州,1959年招收本科生,为苏北大地最高学府。20世纪60年代初,全国高校布局调整,敬爱的周恩来总理指示:"徐州地区地域辽阔,要有大学。"学校不仅因此得以保留,而且以此为强大的精神动力而得到了迅速发展。在50多年的办学历史上,学校人才辈出,群星灿烂,先后涌现出著名的汉语言学家廖序东教授,著名诗人、中国现代文学研究专家吴奔星教授,戏剧家、中国古代文学史家王进珊教授,中国古代文学研究专家吴汝煜教授,教育家刘百川教授,心理

---

[*] 任平,徐州师范大学校长。

学家张焕庭教授，历史学家臧云浦教授等一批国内外知名的人文学者。50多年来，全校师生秉承先辈们创立的"崇德厚学，励志敦行"的校训，发扬"厚重笃实，艰苦创业"的校园精神，经过不懈努力，徐州师范大学成为江苏省重点建设的高水平大学。作为全国首批硕士学位授予单位、全国首批有资格接收外国留学生的高校，目前有66个本科专业，覆盖十大学科门类。有18个一级学科硕士点和119个二级学科硕士点，并具有教育、体育、对外汉语、翻译等5个专业硕士学位授予权和以同等学力申请硕士学位授予权，列入江苏省博士学位建设单位。拥有两个省优势学科和9个重点学科。语言研究所、淮海发展研究院、汉文化研究院等成为省人文社会科学重点研究基地；已经筹建以文化创意为特色的省级大学科技园；主持包括国家社会科学重大、重点项目在内的一批国家级项目，获得教育部和江苏省哲学社会科学优秀成果一等奖多项。拥有院士、长江学者、千人计划、杰出青年基金获得者在内的一批高端人才。现有在校研究生近2800人，普通全日制本科生26000余人。学校与美国、英国、日本、韩国、澳大利亚、俄罗斯、白俄罗斯、乌兹别克斯坦等国的20余所高校建立了校际友好合作关系，以举办国际课程实验班和互认学分等方式开展中外合作办学，接收17个国家和地区的留学生来校学习。学校在美国和澳大利亚建立了两个孔子学院。半个世纪以来，学校已向社会输送了十万余名毕业生，一大批做出突出成就的徐州师范大学校友活跃在政治、经济、文化、科技、教育等各个领域。今日徐州师范大学呈现人文学科、社会学科交相辉映，基础研究、文化产业双向繁荣的良好格局。扎根于这一文化沃土，本着推出理论精品、塑造学术品牌的精神，文库将在多层次、多向度上集中体现和反映学校的人文精神与学术成就，展示师大学者风采。本文库的宗旨之一：既是我校学者研究成果自然表达的平台，更是读者理解我校学科和学术状况的一个重要窗口。

努力与时代同行、穿透时代问题、表征时代情感、成为时代精神的精华，是本文库选编的基本努力方向。大学不仅需要文化传承，更需要创新学术，用心灵感悟现实，用思想击中时代。任何思想都应当成为时代的思想，任何学术都应当寻找自己时代的出场语境。我们的时代是全球资本、科技、经济和文化激烈竞争的时代，是我国大力实施科学发展、创新发展、走向中国新现代化的时代，更是中华民族走向伟大复兴、推动更加公正、生态与安全的全球秩序建立和完善的时代。从工业资本为主导向以知识资本为主导——新旧全球化时代历史图景的大转换需要我们去进行深度描述和理论反思；在全球化背景下，中国遭遇时空倒错，前现代、现代和后现代共时出场，因而中国现代性命运既不同于欧美和本土"五四"时期的经典现代性，也不同于后现代，甚至不同于吉登斯、贝克和哈贝马斯所说的西方（反思）的新现代性，而是中国的新现代性。在这一阶段，中国模式的新阶段新特征就不同于"华盛顿共识"、"欧洲共识"甚至"圣地亚哥共识"，而是以科学发展、创新发展、生态发展、和谐发展、和平发展为主要特征的新发展道路。深度阐释这一道路、这一模式的世界意义，需要整个世界学界共同努力，当然需要本土大学的学者的加倍努力。中国正站在历史的大转折点上，向前追溯，五千年中国史、百余年近现代史、六十余年共和国史和三十余年改革开放史的无数经验教训需要再总结、再反思；深析社会，多元利益、差异社会、种种矛盾需要我们去科学把握；未来展望，有众多前景和蓝图需要我们有选择地绘就。历史、当代、未来将多维地展开我们的研究思绪、批判地反思各种问题，建设性地提出若干创新理论和方案，本文库无疑应当成为当代人的文化智库、未来人的精神家园。

我也希望：文库在全球文明对话、思想撞击的开放语境中努力成为创新学术的平台。开放的中国不仅让物象的世界走进中国、物象的中国走向世界，而且也以"海纳百川，有容乃大"的宽阔胸襟让文化的世界走进中国，让中国精神走向世界。今天，在新全球化时代，在新科技革命和知识经济的强力推动下，全球核心竞争领域已经逐步从物质生产力的角逐渐次转向文化力的比拼。民族的文化精神与核心价值从竞争的边缘走向中心。发现、培育和完善一个民族、一个国家、一个地区优秀的思想观念、文化精神和价值体系，成为各个民族、国家和地区自立、自强、自为于世界民族之林的重要路径和精神保障。文化力是一种软实力，更是一种持久影响世界的力量和权力。本文库弘扬的中国汉代精神与文化，就是培育、弘扬这种有深厚民族文化底蕴、对世界有巨大穿透力和影响力的本土文化。

新全球化具有"全球结构的本土化（glaocalization）"效应。就全球来看，发展模式、道路始终与一种精神文化内在关联。昨天的发展模式必然在今天展现出它的文化价值维度，而今天的文化价值体系必然成为明天的发展模式。因此，发展模式的博弈和比拼，说到底就必然包含着价值取向的对话和思想的撞击。20世纪90年代以来，世界上出现了三种发展模式，分别发生在拉美国家、俄罗斯与中国，具体的道路均不相同，结果也大不一样。以新自由主义为理论基础的"华盛顿共识"就是新自由主义价值观支撑下的发展模式，它给拉美和俄罗斯的改革带来了严重后果，替代性发展价值观层出不穷。2008年爆发的全球金融危机更证明了这一模式的破产。1998年4月在智利首都圣地亚哥举行的美洲国家首脑会议，明确提出了以"圣地亚哥共识"替代"华盛顿共识"的主张。但是"拉美社会主义"至今依然还没有把南美洲从"拉美陷阱"中完全拔出。从欧洲社会民主主义价值理论出发的"欧洲价值观"，在强调经济增长的同时，倡导人权、环保、社会保障和公平分配，但是这一价值并没有成为抵御全球金融危机的有效防火墙。由于改革开放以来，中国是世界上经济增长最快的国家，约瑟夫·斯蒂格利茨指出，中国经济发展形成"中国模式"，堪称很好的经济学教材[①]。美国高盛公司高级顾问、清华大学兼职教授乔舒亚·库珀·拉莫（Joshua Cooper Ramo）在2004年5月发表的论文中，把中国改革开放的经验概括为"北京共识"。通过这种发展模式，人们看到了中国崛起的力量源泉[②]。不管后金融危机时代作为"G2"之一的中国如何，人们不可否认"中国经验"实质上就是中国作为一个发展中国家在新全球化背景下实现现代化的一种战略选择，它必然包含着中华民族自主的社会主义核心价值——和合发展的共同体主义。而它的文化脉络和源泉，就是"中国精神"这一理想境界和精神价值，与努力创造自己风范的汉文化精神有着不解之缘。文库陆续推出的相关著作，将在认真挖掘中华民族文化精神、与世界各种文化对话中努力秉持一种影响全球的文化力，为中国文化走向世界增添一个窗口。

　　文库也是扶持青年学者成长的阶梯。出版专著是一个青年人文学者学术思想出场的主要方式之一，就是他学问人生的主要符码。学者与著作，不仅是作者与作品、思想与文本的关系，而且是有机互动、相互造就的关系。学者不是天生的，都有一个学术思想成长的过程。而在成长过程中，都得到过来自许许多多资助出版作品机构的支持、鼓励、帮助甚至提携和推崇。"一举成名天下知"。大学培育自己的青年理论团队，打造学术创新平台，需要有这样一种文库。从我的学术人生经历可以体会：每个青年深铭于心、没齿

[①] 《香港商报》2003年9月18日。
[②] 《参考消息》2004年6月10日。

难忘的，肯定是当年那些敢于提携后学、热荐新人，出版作为一个稚嫩学子无名小辈处女作的著作的出版社和文库；慧眼识才，资助出版奠定青年学者一生学术路向的成名作，以及具有前沿学术眼光，发表能够影响甚至引领学界学术发展创新之作。我相信，文库应当热情地帮助那些读书种子破土发芽，细心地呵护他们茁壮成长，极力地推崇他们长成参天大树。文库不断发力助威，在他们的学问人生中，成为学术成长的人梯，学人贴心的圣坛，学者心中的精神家园。

是为序。

2011 年 2 月 28 日

目 录

第一章 导论 …………………………………………………………（1）
  第一节 问题的提出 ……………………………………………（1）
    一 中国奇迹的迷局 …………………………………………（1）
    二 理解中国奇迹的不同视角 ………………………………（6）
    三 政府有效性的解释力 ……………………………………（9）
    四 为什么是政府有效性 ……………………………………（13）
  第二节 相关研究现状 …………………………………………（16）
    一 关于社会发展动力的研究 ………………………………（16）
    二 关于政府有效性及有效政府模式的研究 ………………（24）
    三 围绕中国模式的研究 ……………………………………（28）
  第三节 研究意义、研究方法及本书的结构 …………………（33）
    一 研究意义 …………………………………………………（33）
    二 研究方法 …………………………………………………（35）
    三 本书的结构 ………………………………………………（35）

第二章 中国社会变革的时代背景及其对政府有效性的挑战 …（37）
  第一节 计划经济体制带来的政治混乱和经济停滞 …………（38）
    一 对国家所有制的不当认识导致企业效益的普遍低下 …（39）
    二 纯粹计划经济体制的不可行性严重制约了经济和
       社会活力 …………………………………………………（41）
    三 计划经济限制了个人和组织的自主性和选择自由 ……（45）
    四 计划经济严重制约了法治的进程 ………………………（48）
    五 计划经济实践中的其他失误加重了我国的经济和
       社会灾难 …………………………………………………（49）

第二节　全球化时代国家间竞争的加剧 ……………………… (52)
　　一　全球化时代的国家合作与竞争 ……………………… (53)
　　二　全球化背景下国家间竞争的表现 …………………… (55)
第三节　风险社会的危机与治理困境 …………………………… (65)
　　一　风险社会及其社会后果 ……………………………… (66)
　　二　我国正处于风险高发期 ……………………………… (71)
　　三　风险社会的特征与治理困境 ………………………… (73)
第四节　社会变革的时代背景对政府有效性提出的挑战 ……… (78)
　　一　社会变革时期中国政府的使命与责任 ……………… (79)
　　二　社会变革进程中政府所面临的困境 ………………… (83)
　　三　提升政府有效性：社会变革时期中国政府的必然选择 …… (86)

第三章　当代中国社会变革的路径及政府有效性的体现 ……… (92)
第一节　自发秩序与政府驱动：社会变革的两种路径选择 …… (92)
　　一　自发秩序的社会变迁 ………………………………… (93)
　　二　政府驱动的社会变革 ………………………………… (95)
　　三　自发秩序和政府干预的相互关系 …………………… (100)
第二节　自发秩序与当代中国社会变革 ………………………… (103)
　　一　自发秩序在中国社会变革中的体现 ………………… (104)
　　二　自发秩序对当代中国社会变革的功能 ……………… (107)
第三节　政府驱动与当代中国社会变革 ………………………… (109)
　　一　政府驱动在当代中国社会变革中的体现 …………… (110)
　　二　政府驱动对当代中国社会变革的功能 ……………… (112)
第四节　中国社会变革进程中政府有效性的体现 ……………… (113)
　　一　积极有效地发挥政府自身的功能 …………………… (114)
　　二　为有效的自发秩序的形成创造有利条件 …………… (114)
　　三　促进两种变革力量的相互配合与有机结合 ………… (114)

第四章　中国社会变革进程中的政府有效性分析 ……………… (118)
第一节　"有为"的政府理念 …………………………………… (119)

一　服务行政理念……………………………………………………（119）
　　二　积极行政理念……………………………………………………（123）
　　三　责任行政理念……………………………………………………（126）
　　四　高效行政理念……………………………………………………（130）
　　五　合作行政理念……………………………………………………（137）
　第二节　"有限"的政府职能……………………………………………（142）
　　一　全能政府体制的失败……………………………………………（142）
　　二　我国政府履行的有限职能………………………………………（145）
　　三　不断完善对政府权力的制约机制………………………………（158）
　第三节　"有效"的政府行为……………………………………………（166）
　　一　探索性决策………………………………………………………（167）
　　二　建立广泛的社会参与机制………………………………………（173）
　　三　渐进地推进改革进程……………………………………………（176）
　　四　建立强有力的行政执行机制……………………………………（179）
　　五　形成地方政府间的有效竞争……………………………………（183）
　　六　促进市场和市民社会功能的有效发挥…………………………（186）

第五章　中国政府管理的有效性不足及其原因分析………………（193）
　第一节　中国政府有效性不足的体现…………………………………（194）
　　一　政府决策的理性化程度较低……………………………………（194）
　　二　政策执行低效……………………………………………………（200）
　　三　政府行为失范……………………………………………………（203）
　　四　地方政府竞争失效………………………………………………（206）
　第二节　中国政府有效性不足的原因分析……………………………（209）
　　一　自我中心的政府理念……………………………………………（210）
　　二　重权轻责的政府角色定位………………………………………（213）
　　三　亟待提高的政府能力……………………………………………（216）
　　四　激励扭曲的绩效评估……………………………………………（220）

第六章　提升我国政府有效性的路径选择…………………………（225）
　第一节　创造有利于提升政府有效性的社会环境……………………（225）

一　培养挑剔而富有责任感的公民 ………………………… (226)
　　　二　建立稳定而富有弹性的社会运行机制 ………………… (229)
　　　三　培育参与型的社会文化 ………………………………… (233)
　　　四　塑造富有凝聚力的国家认同 …………………………… (236)
　第二节　合理确定政府角色 ……………………………………… (241)
　　　一　对政府角色定位的不同理论观点 …………………… (242)
　　　二　当代中国政府角色定位的社会背景分析 …………… (250)
　　　三　当代中国政府角色的基本定位 ……………………… (259)
　第三节　构建富有政府有效性的政府模式 …………………… (274)
　　　一　注重建设：高素质的政府 …………………………… (275)
　　　二　科学务实：高效运转的政府 ………………………… (278)
　　　三　公平施政：富有凝聚力的政府 ……………………… (280)
　　　四　战略思考：有预见力的政府 ………………………… (283)
　　　五　积极行动：有责任心的政府 ………………………… (286)
　　　六　因地制宜：讲究策略的政府 ………………………… (288)
　　　七　注重合作：富有领导力的政府 ……………………… (290)

参考文献 ………………………………………………………… (294)

结语 ……………………………………………………………… (318)

后记 ……………………………………………………………… (321)

第一章
导　　论

第一节　问题的提出

改革开放以来，中国在经济发展和社会进步方面取得了举世瞩目的成就，引起国内外学者的高度关注。人们开始纷纷讨论"中国现象"或"中国模式"，并从不同的视角探讨和分析中国社会经济发生巨变的根源，试图揭开中国奇迹之谜。

一　中国奇迹的迷局

中国奇迹首先表现在中国快速增长的经济实力，以及经济发展带来的民众收入的增长和国家对世界经济影响力的增强。国家统计局统计资料显示，中国国内生产总值（GDP）从1978年的3645亿元增加到2008年的30万亿元，增长82.48倍，实现了年均9.8%的高速增长；① 比同期世界经济平均发展水平快6.8个百分点。1978年，我国GDP总量居世界第11位。2008年，我国GDP超过德国，跃居世界第3位。② 2010年，我国GDP总量超过日本，升至世界第二位。人均国内生产总值由1978年的378.7元增加到2008年的22640元，增长59.8倍。③ 人均国民收入水平与世界平均水平的差距逐渐缩小，1978年相当于世界平均水平的10.1%，

---

① 国家统计局：《中国统计年鉴（2009年）》，中国统计出版社2009年版，第4—5页。
② 国家统计局：《庆祝新中国成立60周年系列报告之十八：国际地位明显提高　国际影响力显著增强》，国家统计局网（http://www.stats.gov.cn/tjfx/ztfx/qzxzgcl60zn/t20090929_402591155.htm）。
③ 国家统计局：《中国统计年鉴（2009年）》，中国统计出版社2009年版，第4—5页。

2008 年相当于世界平均水平的 32.3%，比 1978 年提高了 22.2 个百分点。在世界银行对 209 个国家和地区居民收入的排序中，中国居世界的位次由 1997 年的 145 位提升到 2008 年的 130 位。[1] 对外贸易快速发展，2008 年我国进出口总值从 1978 年的 206 亿美元猛增到 25616 亿美元，31 年增长了 123 倍，年均增长 18.1%。[2] 1978—2008 年，我国货物贸易进出口额年均增长 17.4%，比同期世界平均水平的 8.7% 高 8.7 个百分点；比居世界第一位的美国平均增速高 9.3 个百分点；比第二大发展中国家印度的平均增速高 5.1 个百分点。[3] 外汇储备增速惊人，2008 年，我国外汇储备达到 19460 亿美元，比第二位的日本超出 9423 亿美元。[4] 至 2010 年末，国家外汇储备余额已高达 28473 亿美元。[5] 与此同时，人民生活水平得到显著改善。2008 年全国城镇居民人均可支配收入已达 15781 元，比 1978 年增长 45.0 倍。2008 年全国农村居民人均纯收入达到 4761 元，比 1978 年翻了 5 番，增长了 34.6 倍。[6] 从新中国成立初期解决不了温饱问题，到目前只剩下 1000 多万贫困人口，贫困发生率降至 1% 左右。2008 年，全国文盲率降至 6.7%。[7]

从国际比较的视角来看，1978 年以前，中国的经济增长并没有显示出多少特别之处，其经济增长速度与其他经济发展水平相当的国家和地区相比基本持平。

---

[1] 国家统计局：《庆祝新中国成立 60 周年系列报告之十八：国际地位明显提高　国际影响力显著增强》，国家统计局网（http://www.stats.gov.cn/tjfx/ztfx/qzxzgcl60zn/t20090929_402591155.htm）。

[2] 国家统计局：《庆祝新中国成立 60 周年系列报告之九：对外贸易飞速发展》，国家统计局网（http://www.stats.gov.cn/tjfx/ztfx/qzxzgcl60zn/t20090916_402587600.htm）。

[3] 国家统计局：《庆祝新中国成立 60 周年系列报告之十八：国际地位明显提高　国际影响力显著增强》，国家统计局网（http://www.stats.gov.cn/tjfx/ztfx/qzxzgcl60zn/t20090929_402591155.htm）。

[4] 同上。

[5] 中国人民银行：《2010 年金融统计数据报告》，中国人民银行网（http://www.pbc.gov.cn/publish/goutongjiaoliu/524/2011/20110111093444972142070/20110111093444972142070_.html）。

[6] 国家统计局：《庆祝新中国成立 60 周年系列报告之四：城乡居民生活从贫困向全面小康迈进》，国家统计局网（http://www.stats.gov.cn/tjfx/ztfx/qzxzgcl60zn/t20090910_402585849.htm）。

[7] 国家统计局：《庆祝新中国成立 60 周年系列报告之十八：国际地位明显提高　国际影响力显著增强》，国家统计局网（http://www.stats.gov.cn/tjfx/ztfx/qzxzgcl60zn/t20090929_402591155.htm）。

表 1　　　　部分国家和地区的 GDP 增长率，1960—1982 年[①]

国家	1980 年 GDP（10 亿美元）	平均年增长率			
		1960—1973 年	1973—1979 年	1980 年	1981 年	1982 年
低收入国家	544	4.5	5.1	6.1	3.7	3.7
亚洲	492	4.6	5.6	6.6	4.1	3.9
中国	283	5.5	6.3	6.8	3.0	4.0
撒哈拉以南非洲[a]	43	5.5	3.7	4.0	3.7	4.0

a. 不包括南非。

然而，中国在这一时期的经济发展是建立在高储蓄、高积累、高投资率的基础上（见表 2），民众节衣缩食支持国家工业发展，数十年民众的生活几乎没有得到任何提高。如果中国没有如此高的储蓄率和投资率，中国的经济表现肯定要逊色得多。

表 2　　　　部分国家投资率与储蓄率比较，1965—1980 年[②]

经济体	国内总投资率		国家总储蓄率	
	1965—1973 年	1974—1980 年	1965—1973 年	1974—1980 年
低收入国家	19.6	24.4	18.4	23.3
中国	24.8	31.0	25.2	31.1
印度	17.1	21.3	15.3	20.3
印度尼西亚	13.7	23.6	11.1	26.7
肯尼亚	21.0	24.1	16.6	15.2
尼日利亚	14.1	22.2	9.7	23.5

1978 年以来，中国 GDP 增长速度不仅远远超过发达国家，也大大超出发展中国家的平均水平。（见表 3）有人认为中国的经济发展属于从较低发展水平下的赶超型发展，发展速度快于其他经济体属于正常现象。但从表 3 可以看出，中国的发展不仅高于那些经济发展水平高于中国的国家，也高于

[①] 资料来源：World Bank, *World Development Report* 1983: *World Economic Recession and Prospects for Recovery*, New York: Oxford University Press, 1983, p.7。

[②] Ibid., p.119.

那些发展水平低于中国的国家。从 1980 年到 2008 年，发达国家 GDP 平均年增长率为 2.59%，发展中国家 GDP 平均年增长率为 4.48%，全球 GDP 平均年增长率为 2.86%，而中国同期却达到惊人的 9.86%。[①]

表3　　　　　　　　　　GDP 增长率比较，1978—2008 年[②]

年份	1978	1979	1980	1981	1982	1983	1984	1985
发达国家	4.13	3.65	1.24	1.66	0.27	2.96	4.41	3.44
发展中国家	4.82	5.63	4.64	2.31	1.41	2.25	4.80	3.62
中国	11.70	7.60	7.80	5.20	9.10	10.90	15.20	13.50
最不发达国家[a]	4.44	5.51	4.45	2.13	0.91	1.65	4.01	2.79
年份	1986	1987	1988	1989	1990	1991	1992	1993
发达国家	3.03	3.27	4.34	3.61	2.27	0.35	1.10	0.68
发展中国家	4.63	4.90	4.71	3.56	3.42	4.38	4.31	4.98
中国	8.80	11.60	11.30	4.10	3.80	9.20	14.20	14.00
最不发达国家	4.25	4.25	4.02	3.50	3.37	3.84	3.15	3.81
年份	1994	1995	1996	1997	1998	1999	2000	2001
发达国家	2.53	2.40	2.56	3.23	2.57	3.18	3.80	1.40
发展中国家	5.50	5.01	5.72	5.291	2.28	3.92	5.55	2.59
中国	13.10	10.90	10.00	9.30	7.80	7.60	8.40	8.30
最不发达国家	4.41	4.09	5.01	4.60	1.29	3.21	4.98	1.41
年份	2002	2003	2004	2005	2006	2007	2008	
发达国家	1.43	1.93	3.04	2.46	3.00	2.66	1.25	
发展中国家	3.95	4.42	7.15	6.31	7.14	7.13	6.06	
中国	9.10	10.00	10.10	10.40	11.6	11.4	9.3	
最不发达国家	2.81	3.11	6.41	5.25	5.93	5.90	5.08	

a. 表中的最不发达国家是指那些经济落后于中国的国家。

从人均 GDP 的增长率来看，也体现了同样的趋势。（见表 4）印度是一个

---

① 资料来源：World Bank World Development Indicators, International Financial Statistics of the IMF, Global Insight, and Oxford Economic Forecasting, as well as estimated and projected values developed by the Economic Research Service all converted to a 2005 base year, and ERS International Macroeconomic Data Set. 参见 http://gsociology.icaap.org/dataupload.html，数据均保留小数点后两位，四舍五入。

② 资料来源：同上。

和中国比较类似的国家,国土面积广大,人口众多,经济落后。1978年以来,印度也取得了持续的经济增长。从1980年到2008年,印度人均GDP年平均增长率为4.24%,远高于同期发达国家的1.82%和发展中国家的2.65%。但与中国相比,仍逊色很多,同期,中国人均GDP年平均增长率为8.68%。1978年,印度人均GDP为275.88美元,中国人均GDP为199.85美元,印度高出中国76美元。到2008年,印度人均GDP为848.72美元,中国已达到2350.12美元,几乎是印度人均GDP的三倍。

表4　　　　　　　　人均GDP增长率比较,1978—2008年[①]

年份	1978	1980	1981	1982	1983	1984	1985	1986
发达国家	3.44	0.51	1.02	-0.30	2.40	3.86	2.89	2.46
发展中国家	2.73	2.54	0.24	-0.72	0.09	2.67	1.52	2.51
中国	10.22	6.42	3.90	7.43	9.19	13.61	11.86	7.13
印度	3.66	4.57	4.19	1.54	4.90	1.96	3.46	2.75
年份	1987	1988	1989	1990	1991	1992	1993	1994
发达国家	2.71	3.78	3.02	1.66	-0.24	0.54	0.18	2.08
发展中国家	2.73	2.58	1.50	1.39	2.48	2.43	3.14	3.71
中国	9.64	9.38	2.46	2.21	7.77	12.86	12.75	11.89
印度	2.21	7.72	4.39	3.80	-0.93	3.41	2.99	5.53
年份	1995	1996	1997	1998	1999	2000	2001	
发达国家	1.99	2.19	2.86	2.22	2.85	3.50	1.11	
发展中国家	3.22	3.95	3.58	0.67	2.32	3.96	1.07	
中国	9.77	8.93	8.27	6.86	6.77	7.66	7.62	
印度	5.70	5.45	2.59	4.10	5.25	2.12	3.32	
年份	2002	2003	2004	2005	2006	2007	2008	
发达国家	1.17	1.69	2.76	2.20	2.73	2.40	0.99	
发展中国家	2.44	2.93	5.63	4.81	5.65	5.65	4.59	
中国	8.47	9.38	9.48	9.77	10.95	10.74	8.63	
印度	2.32	6.78	5.12	6.64	7.90	7.28	5.80	

[①] 资料来源：World Bank World Development Indicators, International Financial Statistics of the IMF, Global Insight, and Oxford Economic Forecasting, as well as estimated and projected values developed by the Economic Research Service all converted to a 2005 base year, and ERS International Macroeconomic Data Set. 参见 http://gsociology.icaap.org/dataupload.html,数据均保留小数点后两位,四舍五入。

二 理解中国奇迹的不同视角

长期以来，人们一直在思考社会经济发展的动力源泉，探索如何才能更好更快地推进社会经济的发展与进步。像中国这样的大国取得如此长时间的持续高速增长，在世界经济发展史上是绝无仅有的。因此，探索中国经济发展之谜对于理解经济发展的内在规律，思考发展中国家经济发展的成功道路，具有特别重要的意义。

要寻找中国经济发展背后的根源，人们很自然地就会从中国与其他国家的重大差异入手进行分析，认为正是这些重要的差异，产生了明显不同的发展后果。中外对比最大的差异在于社会制度的不同，中国走以公有制为基础的社会主义道路，这与世界发达国家以及大多数发展中国家不同。然而，这无法提供有说服力的解释，因为社会主义国家实行的计划经济体制在20世纪70—80年代普遍遭遇到严重危机，而且，中国的改革恰恰是对僵化的计划机制的突破，并最终走上市场经济的道路。中外对比的第二大差异在于中国实行中央政府集权的威权体制，政府具有强大的资源动员和分配能力。然而，威权体制也无法解释改革前后中国经济表现的显著差异。更确切地说，改革前的中央权威更大。改革以后，中国通过财政包干以及后来的分税制改革，增强了地方的财政自主权。中央还通过持续的权力下放来调动地方的积极性，并引入地方竞争。可见，中国的威权体制并不必然构成中国经济发展的关键因素。中外对比的第三大差异在于中国的改革是从管制经济走向市场经济。然而，同样是从管制经济走向市场经济，俄罗斯和东欧国家的改革却普遍表现不佳。人们倾向于认为这是因为中国与俄罗斯及东欧等国所选择的改革道路不同，这证明了渐进改革的成功和激进改革的失败。但这种解释并不能让人信服，因为"渐进"和"激进"本身就是相对而言的。

从改革的内容来看，中国的改革虽然主要表现为经济领域的改革，但它的实质是改革政府与企业的关系以及政府与公民个人的关系。从这个角度来说，中国改革其实主要表现为政府控制的减弱和社会主体经济自由度的扩展。农村改革把种粮的自主权交给了农民，使农民（家庭）能够自由支配家庭劳动力和农业生产资源。城市改革把企业的经营自主权交给企业，通过让企业自负盈亏来激发市场竞争。与此同时，政府放松对价格、商品流通和户籍的管制，弱化对企业经营行为的行政控制，让市场主体通过市场的价格机制来引导人们的市场决策。通过改革，中国逐步从计划经济体制转向市场经济体制。有人认为，是"市场经济"成就了中国。这种说法虽然有一定的依据，但如果说市场经济一定能够带来经济的持续增长，就无法解释为什么许多一直实行"市场经济"的发展中国家的经济发展却始终非常缓慢。

中国改革过程中的其他一些特征和环境因素也被人们用于解释中国社会经济的发展。其中一个特点是中国特别注重吸引外资。改革初期中国资本的严重匮乏使得中国不得不把吸引外资作为推动经济振兴的一个重要杠杆。三十多年来，中国吸引外资的政策取得了巨大成功。商务部投资促进事务局副局长顾杰 2010 年 9 月 27 日在第五届中国中部博览会上表示，中国已连续 18 年成为吸引外资最多的发展中国家。[①] 投资驱动是中国经济发展的另一个重要特征。改革开放以来，借助于引进外资和国内的高积累率，投资一直是中国经济发展的重要驱动力。第三个特征是中央地方分灶吃饭带来的财政激励和中国地方政府官员绩效晋升机制引发的 GDP 竞赛。在相当长的一个时期，GDP 增长速度成为地方政府官员升迁的关键因素。这两方面的因素极大地激发了地方政府发展地方经济的积极性。另外，还有一些学者注意到中国所处的国际经济环境有利于中国的经济发展。中国的改革开放正好遇到发达国家和地区为降低生产成本而进行国际产业转移。中国通过承接发达国家和地区的产业转移迅速提高了工业化水平。这一点和亚洲四小龙的经济发展颇为相似。当中国融入世界贸易体系，中国廉价的劳动力资源就成为赢得国家竞争的力量源泉。这些都成为影响中国经济发展的重要因素。但不管是投资环境还是劳动力成本，中国都不能称得上最具竞争力。为什么那些与中国具有类似优势的国家没能够像中国这样高速发展呢？

很少有学者认为中国经济发展奇迹根源归结为单一的因素，因为中国社会经济的发展必然是多种因素共同作用的结果。马德普把这些因素归纳为三个方面，即"渐进性、自主性与强政府"[②]。美国高盛公司高级顾问乔舒亚·库珀·雷默在他著名的论文《北京共识》中提出了中国发展的特色在于：艰苦努力、主动创新和大胆试验，坚决捍卫国家主权和利益以及循序渐

[①] 李美娟、李兴文：《中国连续 18 年成为吸引外资最多的发展中国家》，新华网（http：//news.xinhuanet.com/fortune/2010-09/27/c_12612652.htm）。

[②] 马德普：《渐进性、自主性与强政府——分析中国改革模式的政治视角》，《当代世界与社会主义》2005 年第 5 期。

进、积聚能量和具有不对称的工具等。① 这些论述为我们理解中国经济发展的根源提供了有价值的视角和观点，但这些归纳和总结的全面性和科学性仍需要得到理论的充分论证和进一步的实践检验。

世界经济论坛每年发布的全球竞争力报告通过评估和比较国家竞争力，尝试着去理解为什么一些国家能够保持长时间的持续增长，而另一些国家却经济停滞、民众生活水平下降。这种对国家竞争力的评价和比较其实就是对那些影响经济发展的关键因素的考察。当然，这些关键因素的选择也会随着人们认识的深化而发生变化。那么，全球竞争力报告能不能为解开中国经济发展之谜提供有说服力的解释呢？

2001年的全球竞争力报告选取了三项指标来评估国家竞争力。一是科技指标；二是公共制度指标；三是宏观经济环境指标。当年中国在75个国家中排名第39位，其中宏观经济环境指标方面排名第6位，在公共制度指标和科技指标方面分别排名第50位和第53位。②

2006年的全球竞争力报告对评价指标作了调整，把指标分成了三类，即基本要求指标、效率提升指标以及创新和复杂性指标。并根据国家经济发展水平的不同将不同国家归入资源驱动阶段、效率驱动阶段和创新驱动阶段。在对不同阶段的国家评价时三类指标的权重各有不同。基本要求指标包括制度、基础设施、宏观经济、健康和基础教育四个方面；效率提升指标包括教育与培训、市场效率、技术准备三个方面；创新和复杂性指标包括商业复杂性指标和创新指标两个方面。当年，在这9项分指标方面，中国唯一占优势的就是宏观经济指标，居第6位。其次是创新指标，居第46位。

2007年全球竞争力报告又一次对指标进行了修改，确定了三类12项指标。第一类仍是基本要求指标，包括制度、基础设施、宏观经济稳定、健康和基础教育四个方面；第二类是效率提升指标，包括高等教育与培训、商品市场效率、劳动力市场效率、金融市场复杂性、技术准备、市场规模六个方面；第三类是创新和复杂性指标，包括商业复杂性、创新两个方面。这三类指标分别是要素驱动型经济、效率驱动型经济和创新驱动型经济的关键。这

---

① Joshua Cooper Ramo, *The Beijing Consensus*, London: The Foreign Policy Centre, 2004 – 5 – 11. http://fpc.org.uk/fsblob/244.pdf.

② World Economic Forum, *The Global Competitiveness Report 2001 – 2002*, New York: Oxford University Press, 2002, p. 6.

一指标体系一直沿用到现在。2010 年,中国竞争力在 139 个国家中排名第 27 位。这 12 项指标的排名分别为第 49、50、4、37、60、43、38、57、78、2、41、26 位。可以看出,中国具有优势的指标是宏观经济稳定和市场规模,而技术准备指标排名最低。[①] 2000 年以来中国在全球竞争力报告中的排名情况见表 5。

表 5 中国在全球竞争力报告中的排名[②]

年份	2000	2001	2002	2003	2004	2005	2006	2007	2008	2009	2010
中国名次	40	39	38	44	46	48	54	34	30	29	27
国家总数	58	75	80	101	104	117	125	131	134	133	139

世界经济论坛每年发布的全球竞争力报告为我们识别不同国家的优势和劣势,进而分析不同国家经济增长的根源提供了比较全面和系统的解释。虽然从表 5 可以看出,近十年来中国的排名在稳步上升,但总名次并不高,而且中国在很多方面的排名都很落后。尽管如此,全球竞争力报告仍然为我们解释中国经济奇迹提供了有意义的线索。只是人们仍然会困惑:为什么国家竞争力并不特别突出的中国,其社会经济发展会有如此优异的表现?可见,通过国家竞争力指标也难以真正揭示中国奇迹背后的根源。

三 政府有效性的解释力

中国改革带来的经济持续高速增长有着复杂的内部和外部根源,这种复杂性使我们难以对中国经济奇迹进行全面和科学的阐释。这也是为什么人们对中国社会经济发展的认识有着巨大差异,甚至存在着相互矛盾的观点的原因。一些人在热捧中国模式,而另一些人却在唱衰中国。之所以会出现这种认识上的混乱和争执,乃是因为中国社会经济发展的现实本身就充满着各种矛盾和冲突。

首先,中国的高速经济增长是在一种不健全的市场环境中实现的。这种

---

① World Economic Forum, *The Global Competitiveness Report 2010 - 2011*, Switzerland: SRO - Kundig, 2011, pp. 15 - 22.

② 资料来源: the Global Competitiveness Reports。

市场环境的缺陷不仅体现在公平的市场规则还没有真正建立起来，而且表现在政府对市场资源的行政控制和普遍存在的大型国企垄断现象。经济学理论告诉我们，政府对市场的控制容易导致市场扭曲，而垄断必然伴随着低效和浪费。

其次，追求公平的社会文化背景下却存在着公开的制度性不平等。不管是传统中国文化中"不患寡而患不均"的思想，还是社会主义意识形态中的平等观念，都把追求"公平"作为衡量社会的基本原则。然而，在计划经济时期，我国却建立了严格的身份制度，"干部"、"职工"、"农民"等不同的身份享有不同的政治、经济和社会权利，并通过户籍、医疗、社会保障等制度形成并固化了社会等级制度。中国的改革并没有真正改变这种制度，而这种不公平也没有对社会稳定造成巨大威胁。

第三，严重的利益分化未能阻碍社会的平稳转型。与世界上其他大多数国家一样，中国的改革伴随着社会结构的演变和转型，人口流动加快，贫富分化加剧，社会矛盾日益突出，计划经济时期的社会共同利益格局被严重分化的社会利益格局所取代。但中国没有出现其他国家在社会转型期多发的社会动荡和暴力冲突，而是实现了较为平稳的社会转型。

第四，政府机构的腐败、浪费和管制未能扼杀蓬勃的经济增长活力。社会转型期的制度缺失和执行弱化为权力寻租提供了更多的机会，法制的不健全使这种机会变为现实。改革开放以来，我国的腐败现象呈现出逐步蔓延的趋势。腐败会增加企业和个人的成本，同时，腐败的蔓延也削弱了政府的合法性，这些都会增加政府管制的成本。我国政府存在的浪费现象也特别惊人，"三公消费"居高不下无疑会导致社会成本的增加。另外，中国政府管制比其他国家通常更为广泛，这种管制可能扭曲市场机制，进而导致资源配置的低效。尽管存在着诸如此类的不利因素，中国经济却呈现出蓬勃的增长活力。

第五，政府对教育和科技的投入严重不足。研究表明，技术进步和技术扩散有利于促进经济增长，因为它能提高劳动者的生产效率，并提高产品质量。但技术进步依赖于教育发展。很多人认为中国经济增长之所以高于印度是因为中国有着更高的识字率、更丰富的熟练技工。但可惜的是，中国对教育和科技的投入占 GDP 的比重始终较低。1993 年发布的《中国教育改革和发展纲要》提出到 2000 年要使政府对教育的财政投入达到 GDP 的 4%，但一直到现在这一目标仍未实现。从 1993 年至今的近 20 年间，绝大多数年份的政府教育投入不足 GDP 的 3%。中国的研发投入占 GDP 比重亦很低，2009 年中国研发投入占 GDP 的比重为 1.7%，[①] 而在 2001 年，经合组织国家就投资 6380 亿美元用于研发，占 GDP 的 2.8%。[②]

不管是从理论分析，还是从实践观察，人们都可能会对中国社会变迁中相互冲突的现象感到迷惑。考虑到作为社会主义大国的中国在当今资本主义制度占主流的世界中并不具备一个特别有利的国际环境，中国所取得的成就更加令人感到惊异。人们不禁要问：在改革开放前后，是什么驱动着中国的发展与变化？

在影响社会经济发展的众多因素中，政治的、经济的、社会的、文化的、自然的，似乎都很重要。但如果仔细观察，我们会看到一个居于主导地位的力量，它既可以推动社会经济的进步，也可能给社会经济发展带来严重破坏。这一力量就是政府。我们注意到，在改革开放初期，我国的政治体制、经济结构、社会关系等并没有发生实质性的变化，唯一发生的重大变化是政府政策的转变，是政策变革拉开了中国改革开放的帷幕，也是政策变革开启了中国农村改革、城市改革以及后来其他所有的政治、经济、社会领域的重大改革。

作为唯一具有合法使用国家暴力机器的组织，政府行为已渗透到社会生活的各个领域，并扮演着关键性的角色。影响国家经济发展和社会进步的诸多因素中无一不与政府紧密相连，建立完善的法制和制度体系、提供良好的基础设施、保持宏观经济稳定、提供高质量的卫生保健和教育已成为政府的基本职责；市场经济的有效运行离不开政府提供的产权保护、契约履行保证和公平高效的市场竞争秩序；国家的教育和科技政策在很大程度上影响到一个国家生产率和创新能力的提升；国家的财政金融体制与政策也影响着国家的金融稳定和财政金融效率，等等。可见，关注那些推动社会经济发展的各种因素的变化必须考虑这些因素背后的政府影响。

[①] 国家统计局、科技部、国家发改委、教育部、财政部、国防科工局：《第二次全国科学研究与试验发展（R&D）资源清查主要数据公报》（第一号），国家统计局网（http://www.stats.gov.zcn/tjgb/rdpcgb/qgrdpcgb/t20101122_402684868.htm）。

[②] 《加强国家研发与创新体系》，中国政府网（http://www.ahinfo.gov.cn/xinwen/kjwz/kjwz2006/kjtd0609263.htm）。

在不同的国家以及同一国家的不同时期，政府权威的高低、职能范围的大小、政府与公民的关系、政府管理的方式与手段等有着巨大的差异。这种差异一方面反映了该国社会经济发展水平、社会文化和国际环境对该国政府管理的不同要求，另一方面也体现出政府对自身责任和使命认知基础上所作出的行为选择。正是这种选择决定着政府在国家社会经济发展中所扮演的角色和所发挥的功能，并在很大程度上决定着一个国家在一定时期社会经济发展的前途。我们用"政府有效性"这一术语来描述政府的角色和行为选择对国家社会经济发展所作出的贡献的大小。衡量这种贡献的大小需考虑到政府自身成本、政府政策和行为引起的社会成本、政府资源占用的机会成本、政府政策及行为的不利影响、政府政策和行为的效益等多种因素，是指扣除政府自身成本、政府行为的社会成本、政府资源占用的机会成本以及政府政策导致的不良后果之后的效益剩余。当然，这种效益不仅仅是经济效益，同样也包括政治稳定、社会和谐、文明发展等政治、社会、文化等方面的进步与成就。

政府有效性的高低并不取决于政府职能范围的大小和政府管制强度的高低，而是取决于两方面的因素。一是政府能否根据国家经济社会发展的需求选择正确的发展道路并确定科学的公共政策；二是政府是否具备高效落实公共政策的能力。政府做好社会经济发展需要其做好的事情，而从其不擅长的领域退出，是提高政府有效性的一个重要方面。对于国家经济社会发展而言，政府的变化不在于统治集团的更替，而在于政府科学制定和执行政策能力的变化，也就是政府能否科学制定公共政策并有效地加以贯彻落实，即政府有效性的变化。衡量一个国家政府的优劣，关键在于评估政府有效性的高低。

从政府有效性的视角来观察改革开放以来中国社会变迁的历程，就是要观察改革开放以来政府推动的制度创新和政策变革，分析这些创新和变革对中国社会经济发展所产生的影响，全面评价这些政策的功能和不利后果。因此，这种研究不仅有助于揭示中国社会经济发展的根源，也有利于分析当前政府管理存在的问题。当然，政府有效性研究不仅要分析政策内容的优劣，更要研究为什么政府能够找到相对科学的政策方案并高效地加以落实。

四 为什么是政府有效性

影响社会发展的因素很多，有自然因素、社会因素、科技和文化因素、政府因素等。这些因素是相互影响、相互制约的关系。学者们对这些因素从不同的角度给予了关注，斯密强调了资本的重要性，马歇尔认为"知识是我们最有力的生产动力"[1]，马克斯·韦伯强调了宗教、美德和制度的功能，奥斯特罗姆、诺斯等人更加关注的却是制度创新的价值。实际上，强调某一方面的因素而忽视其他因素是不足取的，人们之所以强调某一方面的因素乃是因为他们认为这一因素对于社会发展而言具有基础性的地位。在现代社会，什么对社会发展具有最根本性的价值呢？由于资金、科技、人员、文化、各种生产资料的跨地区、跨国流动变得日益快捷、方便和廉价，因此，影响一国社会经济发展最核心的因素乃是那难以流动的根植于当地的制度以及与制度相伴随的政府管理。政府是影响社会发展的核心因素与马克思主义所主张的"人民群众是历史的创造者"的观点并不矛盾，因为政府制定的正式制度以及政府对社会的管理方式是影响人民群众积极性、主动性和创造性的关键因素。在论述社会发展规律时，马克思主义在强调生产力决定生产关系、经济基础决定上层建筑的同时，也特别强调上层建筑对经济基础、生产关系对生产力的反作用。政府作为上层建筑的重要组成部分，对经济基础有着巨大的反作用，并通过调整生产关系对生产力产生重要影响。

然而，政府对社会发展的功能是不确定的，它既可能成为推动社会发展的动力，也可能成为妨碍社会发展的阻力，这取决于政府行为是否具备有效性以及政府有效性程度的高低。拥有较高的政府有效性意味着政府能够适应环境变化和社会发展的要求，合理确定自身的职能，并通过高效地实现这些职能在推进社会发展进程中发挥突出的作用。也就是说，有效的政府不仅能够制定正确的政策，也能够有效地执行这些政策。政府有效性还表明，政府能够有效地约束自身的行为，并避免对社会经济发展的不当干预。由于政府职能的广泛性和政府活动影响的深远性，政府有效性对社会发展的影响也是全方位的，不仅对于经济发展至关重要，而且对于政治民主也是必不可少的条件。如果说政府是推进社会发展的动力之一，那么，政府有效性就是政府

---

[1] [英]马歇尔：《经济学原理》上册，商务印书馆1964年版，第157页。

发挥功能的动力源泉。

1. 政府有效性提供了经济发展所必需的基础条件。国家经济的顺利发展需要具备一些基本条件，而这些基本条件却建立在政府有效性的基础之上。这些基础条件主要包括以下几个方面。

第一，政府职能的合理定位和政府行为方式的正确选择。就政府职能而言，不管是执行放任自由的经济政策还是对经济实行全面干预，政府都可能会危害到经济的良好运行。从政府履行职能的方式来看，不管是软弱的政府还是独裁的政府，都难以有效实现社会发展的目标。因此，政府能否科学地确定应该做什么和如何去做，对于经济发展来说至关重要，而政府有效性首先就体现为政府行为选择的科学性。

第二，提供充分的产权保护。正如世界银行在其报告中所说的，"如不具有有效的产权规定，市场是无法蓬勃发展的。只有当满足了以下三个条件时，产权才是有效的。首先是要保护产权免受盗窃、暴力和其他掠夺行动之害。第二是保护产权不受政府随意性行为之害——包括不可预见的特殊规章和税收，以及彻底的腐败——这些都会扰乱商业活动。第三个条件是比较公正的和可以预见的司法体系"[①]。这三个条件都需要政府的有效作为。

第三，制定公平的市场竞争规则并确保其得到贯彻执行。公平的竞争是市场活力的源泉，政府通过制定市场运行的规则，消除垄断行为和不正当竞争行为，从而维护良好的市场秩序。

第四，提供必要的公共服务和基础设施。公共服务和基础设施是促进经济发展的物质和社会基础。比如：保护穷人的社会保障体系不仅有助于保持社会稳定，而且对保护和发展人力资源具有重大意义；政府提供的道路、水利等设施不仅是对市场失灵的弥补，也极大地提高了私人资本的收益，改善了经济环境。在这方面，政府有效性体现为政府提供的公共服务和基础设施与社会需求的一致性，体现为公共服务和基础设施供给中的高品质和低成本。

第五，维护宏观经济的稳定。经济增长的剧烈波动会对经济发展产生不利影响。政府有效性要求政府在科学分析宏观经济形势的前提下，择机运用

---

① 世界银行：《1997年世界发展报告——变革世界中的政府》，蔡秋生等译，中国财政经济出版社1997年版，第41页。

财政、金融等手段对宏观经济进行调节，以保持宏观经济运行的总体稳定。

政府要发挥的这些功能对经济发展而言都是必不可少的，而如果缺乏政府有效性，这些职能的发挥都会受到严重影响。因此，"政府对一国经济和社会发展以及这种发展能否持续下去有举足轻重的作用。在追求集体目标上，政府对变革的影响、推动和调解方面的潜力是无可比拟的。当这种能力得到良好发挥，该国经济便蒸蒸日上。但是若情况相反，则发展便会止步不前"[1]。

2. 政府有效性是实现政治民主的重要条件。只有具备较高的政府有效性，政府才能有效地保障每个公民的平等的政治权利，才能够对公民的需求保持高度的敏感并设法加以满足。同时，保持与人民群众的密切联系也是提高政府有效性的必然要求。"一个在制订和实施政策时忽视广大民众需要的政府不是一个有能力的政府。政府即使怀有世间最美好的愿望，但如果它对于大量的群体需要一无所知，也就不会有效地满足这些需要。"[2] 因此，民主总是与有效的政府联系在一起。政治民主不仅需要一个亲民的政府，更需要法治的保障，而较高的政府有效性是维护法治的必要条件。在中国，由于缺乏民主的传统，人民的民主意识和民主观念都还有待提高，民主体制和法制的建设尚在完善的进程中，更需要政府强有力的领导和对政治体制改革的坚定的支持。正如王绍光所说的："如果不能建立在政府机构的坚实基础之上，民主就不可能得到发展。如果一个政府不能履行基本的政府职能，那么不论它采取何种形式，这个国家的人民都不可能从中受益。"[3] 黄仁宗也指出，为了达到民主的目标，有效政府是民主在中国现阶段的具体目标。[4]

3. 政府有效性也是社会和谐与稳定的基本保证。较高的政府有效性是推进经济发展和政治民主进程的强大动力，这本身就为社会和谐与稳定创造了条件。首先，较高的政府有效性有助于建立公正的市场竞争秩序和分配秩序。这不仅是有效的经济激励机制，而且为社会的稳定和谐奠定了坚实的经济基础。其次，政府具有更高的政府有效性，在制定和推进社会政策的过程

---

[1] 世界银行：《1997年世界发展报告——变革世界中的政府》，蔡秋生等译，中国财政经济出版社1997年版，第157页。
[2] 同上书，第110页。
[3] 王绍光：《有效的政府与民主》，《战略与管理》2002年第6期。
[4] 黄仁宗：《中国政治体制改革关》，《战略与管理》2002年第2期。

中就不容易被特殊利益集团所俘获，也会更加关注社会的公平，更加关注社会弱势群体的利益保护，这对于缓解社会的利益矛盾和冲突极为有利。第三，较高的政府有效性更有利于建立民主、透明、稳定的政治体制。这样，政府与民众之间更容易形成有效的互动，民众也将拥有较多的途径表达不满和利益诉求，社会矛盾和冲突就更容易通过正式的途径得到解决。第四，较高的政府有效性意味着政府有着更强的自我约束。这种自我约束对于减少甚至避免政府对社会的掠夺性行为极为关键，也能够有效防止寻租和腐败现象的发生。这将有助于在政府与公民之间建立良好的关系，并避免社会的不公。可见，较高的政府有效性对于维护社会公平，缓解社会冲突，促进社会的和谐与稳定等至关重要。

第二节 相关研究现状

中国社会变革进程中的政府有效性研究，着眼于分析改革开放以来中国政府在推进社会经济发展中所取得的成就和存在的问题，从政府促进社会发展、保证中国社会变革顺利进行的历程中分析中国政府有效性状况，试图揭示中国社会经济发展的基本动力机制以及目前尚存在的一些问题，以便为今后的政府管理创新提供借鉴和启示。与本研究相关的前期学术成果主要集中在社会发展动力的研究、政府有效性及有效政府模式研究、中国模式研究等三个领域。

一 关于社会发展动力的研究

一个社会的发展进步是多种因素共同作用的结果，也可以说是受到多种因素的制约，比如自然条件、教育和科技水平、社会生产方式，等等，但最根本的因素是人民群众创造财富（包括物质财富和精神财富）的愿望的激发和效能的提升。如果一个社会的分配制度使得个人的收入与其创造财富的多寡没有关系，这个社会就不可能激励人们主动去创造财富。这时，对劳动者实施强制就会成为社会管理者必然的选择。同样，在这样的社会中，人们也没有动机去发明能够提高生产效率的技术。可见，在一定的技术条件下，一个社会的分配方式、生产方式是否能够对劳动者形成有效的激励，是影响该社会顺利发展的重要因素。生产组织形式是另一个影响生产效率的重要因素，但组织形式的选择取决于生产的类型和可用的技术。我们知道，专业化分工合作是提高企业车间生产效率的重要途径，但在手工农业时代，农业生产的专业化分工就很不现实，甚至集体化的农业劳动也不是一个有效率的组织形式，这也是我国农业集体化实践最终走向失败的根源。历史上，围绕着社会发展的内容、规律、动力等相关问题，人们进行了持久而广泛的讨论，形成了不同的社会发展理论。

（一）马克思、恩格斯的社会发展理论

作为科学社会主义的创始人，马克思、恩格斯的一生都非常关注对社会发展规律及其内在动力的研究。马克思、恩格斯认为，和自然界的发展变化一样，人类社会发展同样遵循着一定的客观规律。他们认为，人类社会是从物质生活资料的生产这个基础上发展起来的；物质生活的生产方式决定着社会生活、政治生活及精神生活的一般过程；生产力发展水平决定生产关系状况，生产力与生产关系的矛盾运动推动社会的变革和发展；历史上依次更迭的一切社会制度只是人类社会由低级到高级的无穷发展进程中的一些暂时阶段。[1] 在这一过程中，生产力的发展和基于一定生产力水平的生产关系的变迁是推进社会发展的根源。恩格斯指出："一切社会变迁和政治变革的终极原因，不应当到人们的头脑中，到人们对永恒的真理和正义的日益增进的认识中去寻找，而应当到生产方式和交换方式的变更中去寻找；不应当到有关时代的哲学中去寻找，而应当到有关时代的经济中去寻找。"[2] 可见，马克思、恩格斯把生产力的发展看做是一切社会发展的最终推动力，"人们奋斗所争取的一切，都同他们的利益有关"[3]。因此，为了推进社会进步，应该"尽可能地增加生产力的总量"[4]。但社会的发展与进步绝不仅仅表现为社会生产力的发展，而是表现为人类社会政治、经济、文化等各方面的全面进步，其根本目的在于促进人的全面发展。正是在这个意义上，马克思、恩格斯认为社会主义和共产主义社会是"以每个人的全面而自由的发展为基本原则的社会形式"[5]。正如佩鲁在《新发展观》中所强调的，发展的核心问题

---

[1] 吕世荣：《马克思社会发展理论研究》，中国社会科学出版社2001年版，第103页。
[2] 《马克思恩格斯选集》第3卷，人民出版社1995年版，第741页。
[3] 《马克思恩格斯全集》第1卷，人民出版社1956年版，第82页。
[4] 《马克思恩格斯选集》第1卷，人民出版社1995年版，第293页。
[5] 《马克思恩格斯全集》第23卷，人民出版社1972年版，第649页。

是人的发展,"市场是为人而设的,而不是相反;工业属于世界,而不是世界属于工业;如果资源的分配和劳动的产品要有一个合法的基础的话,即便是在经济学方面,它也应依据以人为中心的战略"①。

与此同时,马克思、恩格斯相信:整个自然和社会是普遍联系、相互影响、相互作用的。在生产力决定生产关系、经济基础决定上层建筑的同时,上层建筑对经济基础、生产关系对生产力同样具有强大的反作用。"政治、法律、哲学、宗教、文学、艺术等的发展是以经济发展为基础的。但是,它们又都互相影响并对经济基础产生影响。并非只有经济状况才是原因,才是积极的,而其余一切都不过是消极的结果。这是在归根到底总是得到实现的经济必然性的基础上的互相作用。"② 人们的思想观念、社会文化和政治状况能够对经济条件产生很大的影响。在谈到社会的思想状态对经济发展的影响时,恩格斯指出,"甚至德国庸人们那种从1648—1830年德国经济的可怜状况中产生的致命的疲惫和软弱(最初表现于虔敬主义,尔后表现于多愁善感和对诸侯贵族的奴颜婢膝),也不是没有对经济起过作用"③。当然,我们不能夸大人类的主观意识的功能,人类在推进社会进步的历程中必须遵循自然规律和社会发展规律,否则便会遭遇挫折和失败。恩格斯在《自然辩证法》一文中曾指出,"美索不达米亚、希腊、小亚细亚以及其他各地的居民,为了得到耕地,毁灭了森林,但是他们做梦也想不到,这些地方今天竟因此而成为不毛之地"。他告诫人们:"不要过分陶醉于我们人类对自然界的胜利。对于每一次这样的胜利,自然界都对我们进行了报复。"④

正是基于这种反作用,马克思主义认为,变革不适应经济基础的上层建筑和不适应生产力发展要求的生产关系是推动社会经济发展的基本途径。由于反动势力的阻挠,这种变革往往需要采取革命的形式,但也可能通过改革使得生产关系适应生产力的发展需要,使上层建筑适应经济基础的发展需要。在社会主义社会,同样会遇到生产关系与生产力之间、上层建筑与经济基础之间不相适应的情况,也需要不断调整使之相互适应。"所谓'社会主义社会'不是一种一成不变的东西,而应当和任何其他社会制度一样,把它

---

① [法]布朗索瓦·佩鲁:《新发展观》,华夏出版社1987年版,第92页。
② 《马克思恩格斯选集》第4卷,人民出版社1995年版,第732页。
③ 同上。
④ 同上书,第383页。

看成是经常变化和改革的社会。"①

（二）西方经济学的社会发展理论

由于经济发展是社会发展的基础，围绕经济发展问题的探讨就成为社会发展理论的核心内容。同时，在人们看来，相对于经济增长而言，经济发展是一个更为宽泛的概念，"发展是增长加变化，而变化不单在经济上，而且还在社会和文化上，不单在数量上，而且还在质量上。……其主要概念必定是人民生活质量的改善"②。托达罗从更广泛的角度来理解经济发展，他认为经济发展"既包括经济加速增长、缩小不平等状况和消灭绝对贫困，也包括社会结构、公众观念和国家制度等这些主要变化的多方面的过程"，其核心含义是"最低生活需要、自尊和自由"。③ 因此，经济发展绝不仅仅是经济规模的增长和质量的提升，还包括由经济增长引发的一系列社会变迁。正如刘易斯所说的，"经济增长的好处并不是财富增加了幸福，而是财富增加了人们选择的范围。……经济增长的理由是，它使人类具有控制自己环境的更大能力，因此增加了人类的自由"④。由此可见，在某种程度上，研究经济发展实质上就是在研究社会发展。在西方经济学历史上，围绕经济发展理论的研究主要可分为以下几个阶段。

1. 古典经济学发展理论。古典经济学发展理论以斯密和李嘉图为代表，他们都把生产要素的投入看成是经济增长的决定因素。在斯密看来，生产要素的投入包括劳动、资本、土地三个方面。他认为，"增加一国土地和劳动的年产物的价值，只有两个方法，一为增加生产性劳动者的数目，一为增进受雇劳动者的生产力。很明显，要增加生产性劳动者的数目，必先增加资本，增加维持生产性劳动者的基金。要增加同数受雇劳动者的生产力，唯有增加那些便利劳动、缩减劳动的机械和工具，或者把它们改良。不然，就是使工作的分配更为适当。但无论怎样，都有增加资本的必要。要改良机器，少不了增加资本；要改良工作的分配，亦少不了增加资本。把工作分成许多部分，使每个工人一直专做一种工作，比由一个人兼任各种工作，定须增加

---

① 《马克思恩格斯全集》第37卷，人民出版社1971年版，第443页。
② Hans W. Singer, Social Development: Key Growth Sector, *International Development Review*, VII (March 1965), pp. 3–8.
③ [美] M. P. 托达罗：《第三世界的经济发展》（上），中国人民大学出版社1988年版，第124—125页。
④ [英] 阿瑟·刘易斯：《经济增长理论》，商务印书馆1983年版，第516—517页。

不少资本"①。李嘉图同样重视资本的重要性,而资本主要来源于利润,因此,李嘉图把利润看做促进经济增长和社会进步的动力。②

2. 哈罗德—多马经济增长理论。哈罗德和多马首次把经济增长作为一个独立的研究领域,他们分别从不同的角度对经济增长问题进行了研究,得出了基本相同的结论。哈罗德—多马模型用非常简明的公式强调了资本要素的重要性。该模型用公式可表示为:$G = S/V$,其中 G 是均衡增长率,S 为合意的储蓄率,V 为合意的资本产量比。哈罗德—多马模型认为,只要资本产出比不变,且 $S = 1$,经济就能实现均衡增长。该模型在劳动力供给充足且技术进步不明显的情况下是比较有道理的。由于 V 通常表现为一个常量,也就是投入的资本劳动力比例不变,当资本和劳动力丰裕程度不一时,相对短缺的因素就成为决定经济增长率的因素。

3. 新古典增长理论。如果说古典经济学发展理论重视单一要素的重要作用,新古典增长理论则被认为是多要素增长理论。新古典增长理论把知识和教育引入生产要素之内,认为知识促使经济增长。马歇尔说:"知识是我们最有力的生产动力;它使我们能够征服自然,并迫使自然满足我们的欲望。"③ 同时,他还认为,"把公私资金用于教育之是否明智,不能单以它的直接结果来衡量。教育仅仅当作是一种投资,使大多数人有比他们自己通常能利用的大得多的机会,也将是有利的"④。新古典增长理论用数学模型来表示就是著名的索洛—斯旺模型。该模型为:$\Delta y/y = \Delta A/A + \alpha (\Delta L/L) + \beta (\Delta K/K)$,其中,$\Delta y/y$、$\Delta A/A$、$\Delta L/L$、$\Delta K/K$ 分别表示产出增长率、技术进步率、劳动投入增长率、资本投入增长率,α、β 分别表示劳动收入和资本收入在国民收入中所占份额,α、β 存在着此消彼长的关系,且 $\alpha + \beta = 1$。巴罗认为,新古典增长理论有三个基本命题:第一,在长期稳定状态下,产出的增长是由劳动力增长率和劳动生产率增长率决定的,与储蓄和投资对 GDP 的比率无关;第二,人均收入水平与储蓄—投资比率成正向变化,与人口增长率成反向变化;第三,在一定条件下,具有很小人均资本的穷国比拥

---

① [英] 亚当·斯密:《国民财富的性质和原因的研究》上卷,商务印书馆1972年版,第315—316页。
② [美] 小罗伯特·B.埃克伦德、罗伯特·F.赫伯特:《经济理论和方法史》第四版,中国人民大学出版社2001年版,第129页。
③ [英] 马歇尔:《经济学原理》上册,商务印书馆1964年版,第157页。
④ 同上书,第233页。

有人均资本多的富国增长快,从而导致人均收入和生活水平在全世界趋同。[1] 在索洛—斯旺模型中,A 是独立于 K 与 L 的外在变量,因此,该理论中,技术这一变量仍是外生的。

4. 新增长理论。和新古典增长理论一样,新增长理论重视技术的重要性,但新增长理论认为,技术之所以能够促进增长是因为知识和人力资本具有外溢效应,促进技术进步的关键在于重视研究和开发,加大人力资本投资等。罗默的知识溢出模型和卢卡斯的人力资本溢出模型代表了新增长理论的主流思路。正是由于知识和人力资本的这种溢出效应才使得边际收益递减得到抑制,甚至实现边际收益递增,从而推进经济增长;也正是由于知识和人力资本存在正的外部性,所以会导致投入不足。只有采取措施使这种外部效应内部化,才能实现经济的最优增长。因此,新增长理论认为,政府应该在保护知识产权、鼓励技术创新等方面有所作为。新增长理论用模型可简单地表述为:$Y = F(K, L, H)$,其中 Y 表示产出,K 表示物质资本,L 表示劳动力,H 表示人力资本。[2] 但新增长理论也存在缺陷:(1) 新增长理论还没有建立一个统一的比新古典生产函数更为有效的生产函数;(2) 新增长理论中,要素投入没有受到需求的约束,也没有顾及一个国家的资源禀赋条件。这使得该理论在如何使一个简单劳动力充足的发展中国家现实而平稳地走上可持续增长之路方面,提不出切实可行的对策;(3) 该理论只重视技术进步对增长的作用,忽视了制度对要素投入和全要素生产率的作用。[3]

5. 制度经济学增长理论。新增长理论虽然已经开始认识到政府和制度因素在经济增长中的重要作用,但新增长理论仍把制度作为一个外生变量。制度经济学增长理论认为制度创新是内生的,这就使得制度创新可以成为经济增长的持久动力。库兹涅茨曾说:"一国的经济增长可定义为对国民提供日益增长的不同经济商品的能力的长期增长,这种增长的能力以技术进步及所要求的制度和意识形态的调整为基础。"[4] 可见,增长依赖技术进步,而技术

---

[1] [美]罗伯特·J. 巴罗:《现代经济周期理论》,商务印书馆 1997 年版,第 57 页。
[2] 汪森军、张国强:《中国经济增长的理论和实证分析:1978—1997》,《浙江社会科学》2000 年第 5 期。
[3] 熊俊:《从要素投入和全要素生产率看经济增长理论》,《江西社会科学》2002 年第 9 期。
[4] 《诺贝尔奖获得者演说文集》(经济学奖),罗汉译,上海人民出版社 1999 年版,第 93 页。

进步又要求适宜的制度和意识形态，用诺斯的话来说就是，"技术进步和技术创新还要受到一定制度因素的约束"①。这是因为，"随着经济和生产技术变得复杂和成熟，技术愈益依赖于作为其来源的基础科学的现状。基础科学及其产生的许多技术都具有公共物品的特征：领先时间很长、人力资本方面的投资巨大、商业获利性方面风险大以及成功的收益难以估价。因此，技术创新的进程依赖于一套复杂的制度安排"②。在制度经济学看来，有效的制度能够保障产权、降低交易费用，从而促进经济增长。由于产权的保障在很大程度上依赖国家的作为，因此，国家的制度及制度创新是否与经济发展的要求相一致就成为经济增长的关键因素。在制度经济学看来，制度不仅指国家的正式制度，还包括大量的非正式制度，如社会文化、民族传统、风俗习惯、意识形态等，所有这些都会对经济发展产生重大影响。

（三）当代中国的社会发展理论

改革开放以后，我国逐步形成了具有中国特色的社会发展理论。当代中国的社会发展理论的主要思想大致可以归纳为以下几个方面。

第一，解放思想是推进社会发展的不竭的精神源泉。不管是改革开放的启动，还是改革进程的每一步跨越，都意味着破除僵化的不合时宜的思想教条和体制制约，都与解放思想密切相关。改革开放进程中逐步形成的邓小平理论、"三个代表"重要思想和科学发展观等，都是思想解放的成果的体现。邓小平指出："一个党，一个国家，一个民族，如果一切从本本出发，思想僵化，迷信盛行，那它就不能前进，它的生机就停止了，就要亡党亡国。"③

第二，改革开放是推进社会发展的基本动力。邓小平认为，"革命是解放生产力"，"改革也是解放生产力"。④ 改革开放三十年的发展历程证明了改革开放政策对我国社会发展的重要价值。通过对不适应生产力发展的生产关系和不适应经济基础的上层建筑加以改革，极大地推进了我国社会发展的进程。正如邓小平所说的，"不开放不改革没有出路，国家现代化建设没有

---

① [美]道格拉斯·诺斯：《制度、交易成本和经济增长》，载萨缪尔森、诺斯、弗里德曼等《西方经济学经典选读》，海天出版社2002年版，第26页。
② [美] V. 奥斯特罗姆、D. 菲尼、H. 皮希特：《制度分析与发展的反思——问题与抉择》，商务印书馆1992年版，第10页。
③ 《邓小平文选》第2卷，人民出版社1994年版，第143页。
④ 《邓小平文选》第3卷，人民出版社1993年版，第370页。

希望"①。"中国要谋求发展,摆脱贫困和落后,就必须开放。"②

第三,把经济发展作为社会发展的重心。改革开放以后,我国始终把发展社会生产力作为党和政府工作的中心。邓小平说:"还是要把经济建设当做中心。离开了经济建设这个中心,就有丧失物质基础的危险。"③ 他还提出了"社会主义的本质,是解放生产力,发展生产力,消灭剥削,消除两极分化,最终达到共同富裕"④ 的精辟论断,把解放和发展生产力上升到社会主义本质的高度加以认识。

第四,坚持从中国的实际出发走具有中国特色的发展道路。邓小平在1982年党的第十二次全国代表大会开幕词中,就提出了"建设有中国特色的社会主义"这一崭新的命题。他指出:"我们的现代化建设,必须从中国的实际出发,无论是革命还是建设,都要注意学习和借鉴外国经验。但是,照抄照搬别国经验、别国模式,从来不能得到成功。这方面我们有过不少教训。把马克思主义的普遍真理同我国的具体实际结合起来,走自己的道路,建设有中国特色的社会主义,这就是我们总结长期历史经验得出的基本结论。"⑤

第五,坚持全面发展的思想。这种全面发展的思想是指:发展不仅是经济的发展,同时也是政治、文化、社会等方面的共同发展;发展不是指一部分社会成员的发展,而是指社会全体成员的共同发展。邓小平同志很早就指出:"社会主义最大的优越性就是共同富裕,这是体现社会主义本质的一个东西。如果搞两极分化,情况就不同了,民族矛盾、区域间矛盾、阶级矛盾都会发展,相应地中央和地方的矛盾也会发展,就可能出乱子。"⑥ 进入21世纪,胡锦涛总书记提出了"以人为本,全面、和谐、可持续发展"的科学发展观,标志着党和政府对社会发展的认识进入到新的阶段。2007年6月25日,胡锦涛在中央党校省部级干部进修班发表的讲话中指出,"科学发展观,第一要义是发展,核心是以人为本,基本要求是全面协调可持续,根本方法是统筹兼顾"。并且认为,"科学发展,社会和谐,是发展中国特色社会

---

① 《邓小平文选》第3卷,人民出版社1993年版,第219页。
② 同上书,第266页。
③ 《邓小平文选》第2卷,人民出版社1994年版,第250页。
④ 《邓小平文选》第3卷,人民出版社1993年版,第373页。
⑤ 同上书,第3页。
⑥ 同上书,第364页。

主义的基本要求，是实现社会经济又好又快发展的内在需要，必须坚定不移地加以落实"。

二 关于政府有效性及有效政府模式的研究

学者们对政府有效性及有效政府模式的研究，主要集中在政府有效性的内涵、提升政府有效性价值与途径以及有效政府模式的构建等方面。

1. 政府有效性的内涵

关于政府有效性的内涵，学者们分别从政府行为与社会经济发展的关系、政府效率和效能、政府行为后果等不同角度进行了分析。

（1）从政府与社会经济发展之间关系来认识政府有效性。陈文申认为，在理论上关于政府的有效性问题导源于对政府的有效性与社会经济的发展之间关系的认识。一方面，在国与国之间可视的巨大的经济发展水准反差现象的背后，潜在的决定因素是政府的有效性。另一方面，鉴于客观世界的快速发展性、变化性以及相应的复杂性、多样性，即使过去有着良好记录的有效的政府，亦不能肯定现在以至以后可以继续其有效性。[①] 与此相类似，巴兵等人认为，政府有效性就是依据社会发展阶段所体现出的政府工作任务和能力之间互为适应的关系。[②] 李山则把政府的有效性看成是政府与其所服务客体的互动关系中所体现出的能动性。[③]

（2）从政府效率和效能的角度来看待政府有效性。这种观点认为政府有效性是指政府的效率和效能较高。比如，肖建华认为，政府有效性的界定应是质的规定性和量的规定性的统一。从质的规定性来看指具有效能（effectiveness），意味着行政产出所带来的社会效果，包括质量和公众的满意程度。从量的规定性来看指具有效率（efficiency），意味着投入与产出之间的比率。他指出，追求政府有效性就是期望利用政府能力以满足社会对公共物品需求的结果。[④]

（3）从政府行为效果的角度来认识政府有效性。这种观点认为政府有效性就是指政府行为能够达到期望的结果。李普赛特曾指出，有效性是指实际

[①] 陈文申：《政府有效性：理论涵义与现实途径》，《北京行政学院学报》2000年第3期。
[②] 巴兵、师青伟：《当今我国政府有效性建设探索》，《成都教育学院学报》2005年第2期。
[③] 李山：《有效政府：政府发展趋势》，《金陵科技学院学报》（社会科学版）2008年第1期。
[④] 肖建华：《政府有效性与公共政策合理化探析》，《甘肃行政学院学报》2003年第3期。

的行动，即在大多数居民和大企业或武装力量这类有力量的团体看政府的基本功能时，政治系统满足这种功能的程度。① 黎炳盛认为，政府的有效性是指它作为公共权力的代表者能否有效地履行一般政府都应履行的基本职能。②

2. 提升政府有效性、构建有效政府的价值与功能

政府有效性关注的是政府行为的必要性、科学性和有效性，它强调降低政府和社会的运行成本，最大限度地发挥政府的管制、协调和激励功能，推进社会经济的健康快速发展，提高政府的环境适应能力。提升政府有效性不仅是政府管理的自身需要，更是民主国家的现实选择，对于国家的发展与繁荣具有特别重要的意义。不仅关系到国家的经济发展，而且对于实现政治民主也是必不可少的条件。

（1）提升政府有效性是经济发展的动力和保障。政府缺乏有效性就无法构建有效运转的市场体系。约瑟夫·E. 史蒂格利茨说，最重要的是我们现在认识到市场和政府是互补的：政府在为市场建立适当的机构基础方面是至关重要的。③ 世界银行在其报告中声称，有效政府是获得经济成功的基础。没有一个有效政府，就不可能取得经济和社会的发展。东亚令人瞩目的经济增长甚至工业革命之所以成为可能，都是因为有效政府驾驭了私营部门和个人的能量，成为他们的合作伙伴和催化剂，而不是限制他们的伙伴关系。④ 奥斯本等人也说，我们相信没有一个有效的政府，文明社会就不能有效地运作。⑤

（2）提升政府有效性是政治发展的重要条件。从政治发展的角度来说，提升政府有效性同样重要。罗斯福曾说，历史证明，独裁不产生于坚强有效的政府，而产生于软弱无效的政府。⑥ 林之等人声称，对发展中国家来说，没有一个有效的政府，就不可能有民主，有效政府是可持续民主的前提条件。民主必须是有领导的民主，发展民主也必须在政府的统一领导和管理下

---

① ［美］西摩·马丁·李普赛特：《政治人——政治的社会基础》，上海人民出版社1997年版，第53页。
② 黎炳盛：《有限政府的有效性与合法性》，《云南行政学院学报》2000年第5期。
③ 世界银行：《有效的政府》，《科学决策》1997年第3期。
④ 同上。
⑤ 戴维·奥斯本、特德·盖布勒：《改革政府：企业精神如何改革着公营部门》，上海译文出版社1996年版，第4页。
⑥ F. 罗斯福：《罗斯福选集》，商务印书馆1982年版，第81页。

有序地发展。有效政府是法治和民主制度的必要条件，否则民主化就可能演化为泛民主化和无政府主义。没有一个有效的政府，任何民主都是无意义的。[1] 对于中国而言更是如此。王绍光认为，没有一个有效的政府，任何民主都是毫无意义的。对于那些民主改革者来说，无论是有意还是无意地在民主化的进程中破坏或削弱政府机构的作用都无异于"自杀"，尤其是在那些政府根本不存在或极端脆弱以至于无法实行民主化的国家中更是如此。[2] 各国正反两方面的经验教训证明，没有一个有效的政府，自由、法治、民主和社会正义是不可能实现的。[3]

（3）提升政府有效性还具有多方面的社会功能。学者们还从更广泛的角度探讨提升政府有效性的功能。于海认为其在我国的必要性在于，它是树立和落实科学发展观的需要，是建设社会主义和谐社会的需要，是推进社会主义民主政治发展的需要，是降低政府行政成本的需要，也是进一步完善社会主义市场经济体制的需要。[4] 李小芳认为，构建中国有效政府的意义在于，它有利于政府行政体制改革更好地适应行政生态环境，有利于推进政府行政体制改革的深入发展，有利于政府的科学决策，有利于构建社会主义和谐社会。[5]

3. 推升政府有效性与构建有效政府的途径

探讨如何提升政府有效性以及如何构建有效政府是学术界研究的一个焦点。从实质上来说，提升政府有效性和构建有效政府是一致的。不过，提升政府有效性关注的是如何提高政府的行为效果，而构建有效政府关注的则是政府模式的设计。政府有效性是指政府合理承担和有效地履行其职能的状况，以及政府活动对社会发展的总体功能。政府有效性的高低在很大程度上取决于政府行为与社会环境相适应的程度。因此，提升政府有效性、构建有效政府，可以从政府，社会环境以及政府与社会环境之间的关系的角度来

---

[1] Linz, Juan J. and Alfred C. Stepan, *Problems of democratic transition and consolidation southern Europe, Sourh American, and Post-communist Europe Baltimore*, Md: Johns Hopkins University Press, 1996, p. 17.

[2] 王绍光：《有效的政府与民主》，《战略与管理》2002年第6期。

[3] 王绍光、胡鞍钢、周建明：《第二代改革战略：积极推进国家制度建设》，《战略与管理》2003年第2期。

[4] 于海：《论我国有效政府的构建》，重庆大学硕士论文，2007年。

[5] 李小芳：《构建中国有效政府的研究》，西南大学硕士论文，2007年。

思考。

（1）通过政府自身改革提升政府有效性。肖建华认为，提高政府有效性的关键在于政府公共政策的合理化。他认为，在政府的核心职能中，建立法律基础、建立规则是政府的首要职责或首要作用。故公共政策的合理化是提高政府有效性的关键，因为政府最重要的职能就是制定公共政策，公共政策合理化的程度决定了政府管理有效性的程度。① 黎炳盛则强调了加强对政府约束的重要性。他认为，正是政府的有限性保证了它的有效性。一方面，将政府仅限于在公共领域采取行动，而且这些行动是为了保障个人在私人领域中的自由自主的选择活动的，从而保证了市场机制配置资源的有效性。这又反过来保证了政府的公共财政收入和政府能力。另一方面，政府对制度化的制约、监督措施的接受阻遏了决策失误、执行偏差和腐败现象的出现，从而阻遏了政府对公共利益的偏离趋势和减少了特定利益集团对社会公共利益侵蚀的危险。② 世界银行在其报告中声称，建设有效政府并没有统一的方案。报告提出了一个双重战略作为给各国的指导：一是使政府的作用与其能力相符，二是重振公共机构的活力，加强政府的能力。同时，政府要把公共设施市场中有竞争性的部分从垄断控制下放开，要注意聆听公民和企业界的意见，与他们合作。报告指出，权力下放使中国、印度、拉丁美洲大多数国家以及世界其他地区的国家受益匪浅。③

（2）通过提高政府对环境的适应性来提升政府有效性。刘辉认为，要实现政府的有效性，至少应该关注这么几个方面：一是与外部环境之间保持着动态的有机联系，使信息充分而又通畅地交流；二是对外部环境的变化保持高度敏锐感，而不是期待外部环境适应政府的现状，即这种适应应该是主动的而不是被动的；三是扩大信息的信息源，保证信息的来源是真实的而不是其他，因此"从群众中来到群众中去"，"深入生活、深入群众"也应该成为指导这种适应的至理名言；四是不能丧失政府的独立地位，是自觉地适应而不是其他，只有这样才能保证适应以后的某种平衡。④

---

① 肖建华：《政府有效性与公共政策合理化探析》，《甘肃行政学院学报》2003 年第 3 期。
② 黎炳盛：《有限政府的有效性与合法性》，《云南行政学院学报》2000 年第 5 期。
③ 世界银行：《有效的政府》，《科学决策》1997 年第 3 期。
④ 刘辉：《从官僚制政府到有效政府：政府改革的未来之路》，《重庆科技学院学报》2008 年第 6 期。

（3）从政府、市场、社会等多维度来探讨政府有效性的提升的问题。陈文申把提高我国政府有效性的现实途径归纳为八个方面，即确立各级政府关于自身有效性的理念；重塑政府与市场、国家与社会的关系模式；政府职能的合理定位；强化政府公共政策执行的有效性；理顺中央政府与地方政府的关系；提高政府领导体制的有效性；强化政府官员利益结构的激励功能；强化政府监督体制的有效性。[①] 王臻荣等人认为，有效政府的构建应是一个综合的过程，它包括观念、制度、技术等多方面的要求，即政府理念有效，重塑政府形象；政府制度有效，规范政府行为；政府治理有效，优化政府能力；政府过程有效，提升政府品质；政府行为结果有效，维护社会公正。[②] 王丽华则从合理定位与转变政府职能、强化权力制约与监督机制、重构行政文化、创新公共管理方式等方面论述了有效政府的实现途径。[③]

三　围绕中国模式的研究

　　近年来，学术界围绕中国模式展开了激烈的争论。有的学者否认存在中国模式。科尔奈认为，根本没有"中国模式"这东西。中国是世界人口最多的国家，它的文化传统也与别国截然不同。因此，中国是独一无二的，根本无法模仿！[④] 吴宇晖等人认为，中国模式仍然是一种混合经济体制模式。由于这一模式自身的特点，非但没有解决该体制所固有的缺陷，反而成倍地扩大了。因此，并不存在一个关于经济增长的中国模式。[⑤] 乔纳森·安德森则认为，"中国模式"是东亚模式的一种，中国经济的成功，只是证明了华盛顿共识（全球化、市场化、私有化）的有效性。[⑥]

　　一些学者认为应慎提"中国模式"的概念。李君如指出，讲"模式"，有定型之嫌。这既不符合事实，也很危险。危险在哪里？一会自我满足，盲

[①] 陈文申：《政府有效性：理论涵义与现实途径》，《北京行政学院学报》2000年第3期。
[②] 王臻荣、邹祥波：《试论我国现阶段有效政府的构建及路径选择》，《政治学研究》2005年第2期。
[③] 王丽华：《有效政府：当代行政改革的价值取向》，《北京行政学院学报》2005年第5期。
[④] ［美］雅诺什·科尔奈：《根本没有中国模式》，《社会观察》2010年第12期。
[⑤] 吴宇晖、王秋、佟训舟：《存在一个关于经济增长的中国模式吗》，《社会科学研究》2011年第1期。
[⑥] ［美］乔纳森·安德森：《走出神话：中国不会改变世界的七个理由》，余江译，中信出版社2006年版。

目乐观；二会转移改革的方向。① 包心鉴认为，所谓"中国模式"不过是关于中国特色社会主义的一种认识误导，应当慎提或不提"中国模式"。② 李士坤认为，我们对"中国模式"仍然处于探索之中，远没有成熟为一种模式，所以，不必冠以"中国模式"。③

一些学者不仅承认存在中国模式，而且认为应加强对中国模式的研究。他们认为，对世界而言，中国改革创造的社会主义经济体制改革的"中国模式"，给世界上社会主义国家的经济改革提供了一个很好的样板和范例。"中国模式"所包含的普遍意义给世界社会主义事业带来新的希望④，将开创出社会主义世界历史的新时代⑤。对中国而言，"中国模式"概念提供了一种研究中国社会发展的新视角。⑥ 国际上对中国经验冠以"中国道路"、"北京共识"、"中国治理模式"等，不仅是对中国经济改革和发展模式的总结，也是对中国政治发展道路和治理模式的认可。⑦ 而且，怎样理解中国模式，消除有关的误解和曲解，还关乎我们在这一问题上的话语权。⑧ 胡伟将研究中国模式的意义归纳为三个方面：首先，"中国模式"对于世界上许多国家来说，至少提供了一个有别于西方"世俗—自由主义"模式的、应对全球化挑战并实现国家现代化的发展模式，并将推动世界社会主义和人类进步事业的发展；其次，"中国模式"对于西方国家的早发现代化模式以及主流经济学是一种必要的理论补充，有助于丰富人类的知识宝库特别是关于现代化的知识宝库；最后，"中国模式"提升了国家软实力，在全球化时代扩大了中华文明对于世界的影响力。⑨

还有一些学者反对使用"中国模式"这一概念。他们认为，"中国模式"概念存在着对中国特色社会主义的歪曲和偏见，与邓小平讲的"中国的

---

① 李君如：《慎提"中国模式"》，财经网（http://www.caijing.com.cn/2010-04-12/110414748_1.html）。
② 包心鉴：《关于"中国模式"的辨析和中国道路的思考》，《学习论坛》2011年第2期。
③ 李士坤：《对模式和"中国模式"的思考》，《毛泽东邓小平理论研究》2010年第3期。
④ 李炳炎：《"中国模式"经济改革论纲》，《经济学动态》2010年第2期。
⑤ 张早林：《从马克思主义社会发展理论看"中国模式"的普遍性意义》，《探索》2011年第1期。
⑥ 秦宣：《"中国模式"之概念辨析》，《前线》2010年第2期。
⑦ 张树华：《中国道路的政治优势与思想价值》，《红旗文稿》2011年第1期。
⑧ 徐崇温：《关于如何理解中国模式的问题》，《中共中央党校学报》2010年第2期。
⑨ 胡伟：《改革开放后中国现代化的经验》，《江西社会科学》2009年第3期。

模式"反映的客观对象不同，没有反映马克思主义的普遍真理与中国实际相结合。① 如果过分追求所谓的"模式"，容易禁锢人们的思想，不利于开拓创新；容易纵容舍本逐末，偏离中心任务；容易使人们囿于形式，走向华而不实。② 如果用"中国模式"概括中国成就和进步的原因，去解释党的理论、实践与成就，还会在一定程度上影响了用"一条道路、一个理论体系、一面旗帜"武装全党，教育人民（包括思想理论界）这一主题。③

之所以会兴起中国模式研究，实际上体现了学术界试图对三十多年来中国经济社会快速发展给予合理解释的努力。人们认为，中国社会经济快速发展的背后一定存在着其他国家所不具备的某些典型背景和特点，而正是这种背景和特点揭示了中国经济之谜的根源。因此，研究中国模式其实就是探究中国社会经济发展的独特动力源泉，即什么是驱动中国社会经济发展的巨轮。围绕着这一主题，学术界从不同的视角对中国模式问题展开了讨论。

一是从经济发展的视角。林毅夫、蔡昉与李周从比较优势理论的视角对中国经济发展给出了解释。他们认为，改革以来的中国经济得以持续快速发展是与经济体制的转轨相伴而生的，即从高度控制要素价格、计划配给资源和剥夺企业经营自主权"三位一体"的所谓"赶超战略"转向奉行比较优势战略，因而取得了全球范围内分工与交易的最大优势。④ 张五常从合约约束竞争的角度出发，认为除了实行承包合约制，推动所有权与经营权分离之外，中国县际间因追求"财富分成"的利益而展开的激烈竞争，是创造经济奇迹的主要动力。⑤ 有的学者认为，"民工潮"与"外资潮"引致的生产率效应促进了中国经济的持续增长。⑥ 贺雪峰给出了类似的解释，他认为，"中国模式"的秘密在于城乡二元结构。二元结构长期为工业化提供廉价劳动力、廉价土地和其他资源，而且农民可以退回到一亩三分地维生，避免动荡和城市贫民窟。他甚至建议，今后还要长期保留和利用二元结构，切不可着

---

① 秦益成、翟胜明：《中国特色社会主义与"中国模式"》，《政治学研究》2010年第3期。
② 陈忠升：《自然有之，不必求之——也谈对"中国模式"的一点思考》，《人民论坛》2008年第12期。
③ 秦益成、翟胜明：《中国特色社会主义与"中国模式"》，《政治学研究》2010年第3期。
④ 林毅夫、蔡昉、李周：《中国的奇迹：发展战略与经济改革》（增订版），上海人民出版社、上海三联书店1999年版。
⑤ 张五常：《中国的经济制度》，中信出版社2009年版。
⑥ 华民：《中国经济高速增长的逻辑与面临的选择》，《学术月刊》2009年第7期。

急取消。①

二是从政治发展的视角。胡伟认为我国改革开放和社会主义现代化建设属于一种"政治驱动型的后发现代化模式"。这一模式的关键性因素是政治领导的决定性作用,特别是离不开具有明确现代化创新意识的共产党的执政精英。② 一方面拥有一个强大的中国共产党,另一方面党的执政精英又具有解放思想、实事求是、与时俱进、开拓创新的品格,这两方面加在一起,就造就了今天中国现代化的成果。③ 刘仰认为,中国模式的根本在于政治形态,是在政治形态上不同于西方的另一个选择。经济方面的成就,不过是政治形态的结果。④ 王绍光认为,如果存在一个"中国模式"的话,中国政治体制的适应能力肯定是其中最关键的环节。⑤ 波波夫认为,中国与西方的一个真正不同是国家的制度能力。⑥ 美国著名未来学家约翰·奈斯比特更深入地指出:"支撑中国新社会长治久安最重要、最微妙也是最关键的支柱就是自上而下与自下而上力量的平衡。这是中国稳定的关键,也是理解中国独特的政治理念的关键。"⑦ 张树华则认为,邓小平同志所说的"四个坚持",既是中国特有的政治优势,也是中国成功的"政治密码"。⑧

三是从改革道路的视角。美国学者罗伯特·巴罗认为,"中国获得成功的一个核心原因是,中国对经济和政治领域的改革采取了渐进主义的姿态"⑨。而在中印发展模式的比较中,美国教授黄亚生和泰伦·卡那认为,"印度走的是一条自下而上的发展道路,而中国采取的却是一种自上而下的模式"⑩。也有学者认为,中国经济之所以能在短期内取得惊人的成绩,是由于中国走了市场化的改革之路,建立了市场导向的发展模式而已。⑪

---

① 贺雪峰:《城乡二元结构是中国发展模式的核心和基础》,载潘维《中国模式——解读人民共和国的60年》,中央编译出版社2009年版。
② 胡伟:《探寻现代化的中国模式》,《江苏行政学院学报》2009年第1期。
③ 胡伟:《改革开放后中国现代化的经验》,《江西社会科学》2009年第3期。
④ 刘仰:《中国模式的根本在于政治形态》,《人民论坛》2010年第11期。
⑤ 王绍光:《学习机制、适应能力与中国模式》,《开放时代》2009年第7期。
⑥ 毕文胜:《波波夫谈中国发展模式》,《国外理论动态》2011年第1期。
⑦ [美]约翰·奈斯比特:《中国大趋势》,中华工商联合出版社2009年版,第39页。
⑧ 张树华:《中国道路的政治优势与思想价值》,《红旗文稿》2011年第1期。
⑨ 本力:《崛起?!中国未来10年经济发展的两种可能》,社会科学文献出版社2007年版,第55页。
⑩ 同上书,第179页。
⑪ 韩康:《中国市场经济模式探讨》,《新华文摘》2009年第4期。

四是从政治与经济相结合的视角。邹东涛认为,中国的成功经验,在于有一个强有力的政党和权威政府,实行经济改革"理性超前"和政治改革"理性滞后"的非对称组合,坚持市场化改革方向,但又反对市场原教旨主义。① 杨玉凤认为,从"中国模式"的特点可以看出,中国取得巨大经济成就的最主要原因在于将政治制度的优势与市场经济的优势有机地结合起来,既提供了经济社会发展的稳定环境,又激发了社会的活力。② 许成刚认为,中国高度集权的政治制度与高度分权的经济制度可以对"中国奇迹"的出现作出解释。当中央政府的工作重心从阶级斗争转向发展经济后,具有一定资源调控能力和权力的地方政府为了追求"政绩"会通过不同的地区试验来进行制度创新,这造就了地区间"锦标赛"似的经济激励机制的形成。③

五是多视角的研究。潘维认为,中国的成功,是解构西方普世价值的结果,并进而提出了由经济模式(即国民经济)、政治模式(即民本政治)和社会模式(即社稷体制)三个子模式"三位一体"组建成的当代中华体制。④ 姚洋认为中国模式有四个基本要素,即社会平等、贤能体制、制度的有效性先于制度的纯洁性以及中性政府。⑤ 福山把中国模式归纳为三个显著特征:首先是一个强大的、中央集权的政府,没有多党制民主,没有西方意义上的法治;第二个特征就是中国的出口导向型经济;最后一个特征也为亚洲的许多快速发展国家所共有,那就是较为欠缺的社会安全网络。⑥ 全毅将中国成功的经验概括为:在体制转轨上不搞"休克疗法"式的激进改革,而是促进诱致性制度变革和渐进式改革;在政治制度上选择了一个强有力的政党及其领导下的权威政府;在经济体制上选择了具有中国特色的政府主导型市场经济模式;在发展战略上选择高投入、低消费与出口拉动的外向型经济发展战略;在政治改革与经济改革的关系上,选择了经济改革的"理性超前"与政治改革的"理性滞后"的非对称组合。⑦

---

① 邹东涛:《华盛顿共识、北京共识与中国独特的发展道路》,载俞可平等主编《中国模式与北京共识:超越华盛顿共识》,社会科学文献出版社 2006 年版,第 409—434 页。
② 杨玉凤:《从"中国式民主"看"中国模式"》,《当代世界与社会主义》2010 年第 6 期。
③ 许成刚:《中国经济改革的制度基础》,《世界经济文汇》2009 年第 4 期。
④ 潘维:《当代中华体制——中国模式的经济、政治、社会解析》,载潘维《中国模式——解读人民共和国的 60 年》,中央编译出版社 2009 年版。
⑤ 姚洋:《中国模式及其前景》,《中国市场》2010 年第 6 期。
⑥ 福山:《中国模式的特征与问题》,《社会观察》2011 年第 1 期。
⑦ 全毅:《论中国经验与中国模式》,《福建论坛》(人文社会科学版)2011 年第 1 期。

第三节 研究意义、研究方法及本书的结构

一 研究意义

从古希腊柏拉图的《理想国》到当今的各种政治学、行政学著作，人们始终致力于建设一个优良的政府体制。这些研究都或多或少与政府有效性有关。亨廷顿（1989）在《变动社会的政治秩序》一书中论述了有效的政府对于发展中国家保持现代化进程中的社会秩序和社会发展的极端重要的意义。1997年世界银行在其发展报告《变革世界中的政府》中着重提出政府有效性问题，认为有效的政府是经济和社会发展的关键。此后，政府有效性研究引起了学术界的普遍关注。本书的研究主题"当代中国社会变革的经验与教训"已成为当前学术界研究的热点。林毅夫（1994）的《中国奇迹：发展战略与经济改革》、樊纲（1997）的《渐进改革的政治经济学分析》、张宇（2008）的《转型政治经济学》等著作从经济学特别是制度经济学的视野分析和总结了中国社会转型的经验。严士凡（2005）的《秩序与繁荣——关于中国的社会变革与发展道路》强调了自发秩序的生成对中国社会变革的重要性。李晓（1996）的《东亚奇迹与"强政府"》突出了"强政府"对中国改革成功的价值。本研究则是从政府有效性的角度分析了当代中国社会变革的经验与教训，论证了自发秩序和政府驱动的有机结合是推动中国社会发展的动力源泉，克服了早期研究中存在的把市场经济和有效政府割裂开来的单一视角。

1. 本研究的理论价值。第一，有利于深化政府理论研究。一方面，提升政府有效性是政府理论研究的目标和价值所在，政府有效性研究无疑应成为政府理论研究的核心内容之一；另一方面，政府有效性研究能够将政府能力研究、政府职能研究、政府权威和合法性研究、政府组织理论研究、政府治理理论研究等有机地整合在一起，从而促进政府理论研究向纵深方向发展。第二，有助于促进有中国特色公共管理理论体系的形成和完善。政府有效性研究的突出特点是理论与实践相结合。从政府有效性的视角审视中国社会变革的伟大历程，有助于全面科学地认识中国政府管理理念、政府职能和政府行为模式等在中国社会变革中的价值与功能，推动公共管理理论研究和中国改革实践的有机结合，进而促进有中国特色公共管理理论体系的形成和

完善。

2. 本研究的实践价值。第一，有助于总结改革开放以来政府管理的经验和教训。中国改革的成功实践说明中国政府管理具有较高的有效性，但中国社会所存在的诸多问题也说明中国政府管理仍存在着不少缺陷和不足。政府有效性研究通过具体分析中国政府理念、政府职能、政府行为等对推进中国社会发展进程的有利和不利影响，有助于全面认识当代中国政府模式的优势与不足，科学总结改革开放以来政府管理的经验和教训。第二，有助于推进政府管理改革。政府有效性研究着眼于具体分析在特定社会环境中政府管理实践的社会影响，并在总结政府管理经验和教训的基础上，探讨既适应社会环境需求又符合未来发展要求的政府管理模式，探寻中国未来政府改革的有效途径，进一步完善具有中国特色的政府管理模式。

3. 本书的创新之处。本书的创新之处在于：第一，从政府有效性的视角来分析中国改革成败的根源，为深刻理解当代中国社会变革取得巨大成就的根源提供了一个全新的思路。不仅有助于总结改革成功的经验，更有助于冷静地分析存在的问题，以便更有效地推进改革开放和社会发展的进程。第二，基于对社会发展动力的分析，认识到政府有效性不仅取决于政府在社会管理和公共服务方面所发挥的直接功能，还在于政府为其他社会主体推进社会发展创造良好的环境，提供有效的激励和约束，更在于政府与其他社会主体之间在公共治理领域建立有效的合作关系。这对于全面科学地认识政府在社会生活中的角色具有重要意义。第三，基于对中国当代社会经济发展历程的分析，本书提出中国社会经济发展奇迹的秘密在于实现了自发秩序与政府驱动两种力量的有机结合，而实现这种结合的关键在于中国政府具有较高的政府有效性。第四，摆脱了政府全能论和政府权力罪恶论的双重偏见，以一种审慎乐观的态度来看待政府的权力和政府能够发挥的功能，既反对对政府权力采取敌视的态度，又努力避免政府的自负和对政府权力的放纵；既高度重视政府在推进社会发展中的责任，又努力减少政府的失误以及政府行为可能对社会发展产生的不利影响。总的来说，本书试图以辩证的观点来看待政府的功能以及政府与社会之间的关系，把对政府有效性的考察置于政府行为与社会现实需求的互动关系的背景下加以具体分析，既反对脱离实际的理论思辨，也反对以意识形态的价值偏见来决定政府的社会角色。

二 研究方法

本书的研究内容主要是结合我国改革开放以来社会变迁的实践历程对我国政府有效性进行具体分析,所以研究方法基本上采用的是文献分析的方法,即从我国的具体实践对我国当前的政府模式进行研究。具体的研究方法主要有规范研究方法、实证研究方法和比较研究方法。

1. 规范研究方法

规范研究方法是从一定的前提假设或理论观点出发,通过逻辑推理和价值判断,提出新的理论观点的研究方法。本书围绕我国社会变迁进程中的政府有效性问题,主要从理论上来分析政府行为、环境因素等对当代中国社会经济发展的有效功能,因而比较重视逻辑推理和分析。本书较多地使用了制度分析方法、系统分析方法和因果分析方法等规范研究方法。

2. 实证研究方法

实证研究方法是通过对现实社会情况和调查资料的具体分析,总结和归纳出新的理论观点的研究方法。本书通过对我国改革开放以来社会变革的历程以及对推动我国社会变革的影响因素的分析,探讨政府有效性在我国社会变革中的功能,并结合我国的政府实践对完善我国的有效政府模式提出具体改进措施。

3. 比较研究方法

比较研究方法是通过对不同国家政府有效性的差异及其功能发挥情况的比较,分析政府有效性的影响因素和实质内涵。本书主要通过比较改革前后中国政策的变迁、改革以来不同时期、不同地方的政策实践、中外政府改革的不同模式等分析不同的环境下以及不同政策实践下政府在推进经济发展和社会治理中所体现出的政府有效性的差异,分析各自的经验与不足,以便更好地把握政府有效性的内在精神实质。

三 本书的结构

本书围绕中国社会变革进程中的政府有效性问题展开,首先分析了政府有效性研究的背景及意义,接着分析了中国社会变革的时代背景下对政府有效性问题加以研究的特殊价值,然后对当代中国社会变革进程中政府有效性及有效性不足的表现及原因进行了分析,最后探讨了提升我国政府有效性的路径选择。

本书共分为六章内容。

第一章：导论。从问题的提出、文献综述、研究意义等方面介绍了本书主题"政府有效性"研究的背景及研究意义，并对研究方法和本书结构作了简单介绍。

第二章：中国社会变革的时代背景及其对政府有效性的挑战。从计划经济对中国社会经济发展的阻滞、全球化时代国家间竞争的加剧、风险社会的危机与治理困境三个方面论述了我国社会变革的时代背景，并分析了这种背景对政府有效性的挑战。

第三章：当代中国社会变革的路径及政府有效性的体现。在回顾我国改革历程和取得成就的基础上，从自发秩序和政府驱动两种视角分析了中国社会变革取得巨大成就的动力源泉。

第四章：中国社会变革进程中的政府有效性分析。从"有为的政府理念"、"有限的政府职能"、"有效的政府行为"三个方面具体论述了社会变革进程中我国公共管理的根本特征以及政府有效性的根源。

第五章：中国政府管理的有效性不足及其原因分析。分析了当前我国政府管理有效性不足的表现，并从政府理念、政府角色、政府能力和政府激励四个方面论述了我国政府有效性不足的原因。

第六章：提升我国政府有效性的路径选择。从塑造有利的社会环境、合理确定政府角色、构建有效的政府模式三个方面提出了提升我国政府有效性的对策和建议。

第二章

中国社会变革的时代背景及其对政府有效性的挑战

1978年以来的中国改革，开启了中国社会进程的新时代。在政治上，社会主义民主政治建设取得了重大进展。表现在：将保障人权和保护私有财产写入宪法，社会主义法治建设成效显著，行政公开和政治生活透明化进程稳步推进，人民群众的政治参与意识和政治参与能力明显提高。同时，共产党的领导地位得到了加强和改善，政府的合法性基础得到了明显增强。在经济上，经济发展取得了举世瞩目的成绩。三十年来，GDP年平均增长9.8%，社会主义市场经济体制初步建立，经济结构明显改善，经济效益和产品的国际竞争力显著增强，人民生活达到小康水平。在社会生活方面，我国的科技、教育、文化等社会事业取得了显著成果，在航天、通讯、农业科技等众多科技领域取得了重大进步，基本普及了九年义务教育，高等教育基本实现了大众化。人民群众的精神文化生活发生了翻天覆地的变化，覆盖全社会的社会保障体系正在建立，社会的凝聚力、向心力和活力得到了明显增强。通过改革，我国不仅摆脱了"文化大革命"后所面临的政治危机和经济崩溃的危险，实现了经济体制和经济增长方式的成功转型，还避免了像苏联和东欧国家那样的社会动荡和经济衰退，充分展示了中国特色社会主义制度的优越性和生命力。然而，中国的改革进程却并没有一个特别有利的国内和国际环境，相反，改革是在一个充满风险、竞争和危机的环境中进行的。改革既面临着巨大的压力，又面临着巨大的阻力，稍有不慎就可能给社会发展带来严重的不利影响。在这种极为不利的环境中推进改革，既考验着政府的智慧，也考验着政府的能力，给推动改革进程的政府带来了严峻的挑战。

当代中国的社会变革是在特定的环境中展开的。"文化大革命"结束以后，我国结束了政治上的极"左"路线，但经济已陷入崩溃的边缘，社会主义理想和现实的巨大差距严重动摇了人们对实现共产主义的信念和建设社会主义的信心，社会思想处于严重的混乱状态。当时的中国面临着巨大的变革压力。人们既希望尽快结束"文化大革命"的混乱状况，实现社会稳定，又急切地期待改变贫穷落后的现状，但究竟何去何从却没有一个明确的方向。在改革的进程中，一方面，我们面临着中西方巨大差距下的政治压力。西方强势的政治、经济和文化影响极易动摇人们的社会主义信念，从而使改革演变成社会制度的根本变化，把改革引向歧途。另一方面，全球竞争的巨大风险和工业化、信息化带来的不确定性风险的增多也使改革处于一种极端不稳定的环境中，使改革的进程既难以控制，又前途未卜。

第一节 计划经济体制带来的政治混乱和经济停滞

新中国成立以后，我国建立了人民民主专政的社会主义国家。由于认识上的偏差和苏联斯大林模式的影响，社会主义国家普遍把作为资源配置方式的市场手段与计划手段当作资本主义制度与社会主义制度相区别的根本标志。经过对农业、手工业和资本主义工商业的社会主义改造，我国建立了公有制占统治地位的所有制结构，形成了建立计划经济体制的物质基础。接着，通过经济计划、户籍管理、物质调配、行政审批等手段建立了政府对社会经济生活各领域严格管理的计划经济体制。建立计划经济体制的理论依据在于：为了解决在资本主义条件下社会化大生产与生产资料私有制之间的矛盾，也就是资本主义条件下单个企业生产的有序和整个社会生产的无序之间的矛盾，必须通过有计划地安排生产和消费才能解决。然而，计划经济体制在批判市场缺陷的同时，却走向了另一个极端：完全否定市场在反映供求信息中的功能和价值，而把政府的计划管理作为资源配置的唯一手段。为了推行计划经济体制，社会主义国家不得不建立单一的所有制结构，并通过政府对全社会的人力、物力和财力进行统一调配，形成了高度集权的政府体制。计划经济体制的建立和实施给我国的社会经济发展带来了严重损害。一方面，高度集权的计划体制不可避免地导致决策失误和资源配置的低效；另一方面，计划经济体制严重剥夺了社会公众的自由和自主，窒息了社会活力。二十多年的计划经济实践表明：计划经济不仅不能解决供求失衡的问题，相反,全面经济计划必然存在的缺陷造成了国民经济发展的严重失衡。到"文化大革命"结束,我国经济实际上到了崩溃的边缘。计划经济体制之所以会导致如此严重的后果,主要有以下几个方面的原因。

一 对国家所有制的不当认识导致企业效益的普遍低下

马克思、恩格斯在《共产党宣言》中曾提出"剥夺剥夺者",进而由国家掌握生产资料的重要思想,即"无产阶级将利用自己的政治统治,一步一步地夺取资产阶级的全部资本,把一切生产工具集中在国家即组织成为统治阶级的无产阶级手里,并且尽可能地增加生产力的总量"[1]。接着,马克思、恩格斯提出了十项措施来建立生产资料的社会主义国家所有制。[2] 社会主义从理想变为现实以后,各社会主义国家根据具体情况,采用没收、赎买和集体化等形式实现了生产资料的公有制。在我国,公有制主要有全民所有制(即国有制)和集体所有制两种形式。人们普遍认为,只有由国家直接掌握生产资料,才是真正意义上的社会主义。

但是,马克思、恩格斯后来意识到,生产资料的国家所有并不是实现社会主义的充分条件,甚至与社会主义的本质直接冲突。马克思、恩格斯在1872年《共产党宣言》德文版序言中写道:"这些原理的实际运用,正如《共产党宣言》中所说的,随时随地都要以当时的历史条件为转移,所以第二章末尾提出的那些革命措施根本没有特别的意义。如果是在今天,这一段在许多方面都会有不同的写法了。由于25年来大工业有了巨大发展而工人阶级的政党组织也跟着发展起来,由于首先有了二月革命的实际经验而后来尤其是有了无产阶级第一次掌握政权达两个月之久的巴黎公社的实际经验,所以这个纲领现在有些地方已经过时了。特别是公社已经证明:工人阶级不能简单地掌握现成的国家机器,并运用它来达到自己的目的。"[3]

恩格斯在《社会主义从空想到科学的发展》(1892年)一文中对国家所有制的实质进行了论述。恩格斯指出:"现代国家,不管它的形式如何,本质上都是资本主义的机器,资本家的国家,理想的总资本家。它越是把更多的生产力据为己有,就越是成为真正的总资本家,越是剥夺更多的公民。工

---

[1] 《马克思恩格斯选集》第1卷,人民出版社1995年版,第293页。
[2] 同上书,第293—294页。
[3] 同上书,第248—249页。

人仍然是雇佣劳动者，无产者。资本关系并没有被消灭，反而被推到了顶点。但是在顶点上是要发生变革的。生产力归国家所有不是冲突的解决，但是它包含着解决冲突的形式上的手段，解决冲突的线索。"[1] 可见，在恩格斯看来，国有化并不等于社会主义，"无论转化为股份公司和托拉斯，还是转化为国家财产，都没有消除生产力的资本属性"[2]。国家所有制只是为建立生产者与生产资料结合的"社会所有制"提供了一种可能的"手段"和"线索"。现实的社会主义实践证实了马克思和恩格斯对国家所有制的危害的担忧，社会主义政党在夺取国家政权后所采取的强化国家所有制的措施并没有改变"工人仍然是雇佣劳动者，无产者"的命运，而且劳动者与其创造的价值的对立和分离更为严重。"全民所有"实质上成为"政府所有"，公民的所有者地位是虚幻的，而且毫无意义，马克思提出的"重建个人所有制"的设想更是无从实现。可以看出，国家所有制是马克思和恩格斯曾经主张但后来又放弃的观点，"马克思、恩格斯作为工人运动的领袖，他们一生的工作目的就是要改变被资本主义扭曲了的劳动关系"[3]。也就是探索在社会化大生产的背景下如何实现劳动者与资本的结合，消灭"资本"对"劳动"的剥削。"科学的社会主义应该是从国家占有生产资料转化为由社会直接占有生产资料"[4]，使劳动者"从一无所有的'无产者'，成为'直接占有'生产资料的社会主义劳动者"[5]。

既然国家所有制不是社会主义的本质要求，社会主义国家所实施的全面国有制政策就不再是社会发展的客观要求和必然选择，甚至可能给社会主义建设事业带来不利的影响。国家所有制并没有着眼于社会发展的根本问题，即生产力问题，而是寄希望于调节分配关系以实现较高水平的社会公平。不管是在社会主义国家，还是在西方发达国家，国有企业的效益低下是普遍存在的现实。其原因在于：首先，任何人（包括国有资产的实际支配者和经营者）都不拥有国有资产的产权，也不对国有资产的损失承担任何风险，因此，他们都没有足够的动力去实现国有资产的保值增值；其次，既然不必担

---

[1] 《马克思恩格斯选集》第3卷，人民出版社1995年版，第753页。
[2] 同上。
[3] 李惠斌：《全球化与中国的社会主义道路》，载李惠斌主编《全球化：中国道路》，社会科学文献出版社2003年版，第119页。
[4] 同上。
[5] 同上书，第134页。

心国有企业的盈亏，在缺乏有效监督的情况下，国有资产的实际管理者和经营者都有动力去通过各种途径化公为私，谋取不正当的个人利益；第三，国有企业的垄断性质（西方发达国家的国有企业多属于垄断行业，而传统的社会主义国家中国有企业则处于一统天下的地位）使其大多缺乏竞争的压力，丧失了改善企业效益的动力。在社会主义计划经济条件下，企业依附于政府，不是独立的自负盈亏的市场主体，国家对国有企业实行统购统销的制度，企业的原材料和产品的价格由国家来确定，因此，企业的效益不是由市场竞争而是由国家的价格政策来确定。由于不存在市场竞争，计划经济体制下的国有企业便失去了降低成本、提高效益的动机，平均主义的分配机制更使得职工的收入与其贡献失去直接联系。在这种情况下，消极怠工便成为计划经济体制下国有企业职工的理性选择。可见，社会主义国家所有制的建立在消灭私有制的同时，并没有建立起劳动者与生产资料紧密结合的社会所有制，而且，还取缔了以价格机制为核心的市场竞争机制，使社会失去了发展的动力和活力，给各国社会主义实践和国际共产主义运动带来了严重损害。

二 纯粹计划经济体制的不可行性严重制约了经济和社会活力

虽然公有制的建立为实现国民经济发展的"计划化"奠定了物质基础，但真正实现国民经济发展的"计划化"却有着难以克服的障碍。马克思主义唯物史观告诉我们，社会发展是有规律的。人们只有遵循社会发展的规律，才能更有效地促进社会的进步与繁荣。但如果人们的行为与社会发展的规律相违背，不仅会严重阻碍社会的发展，也必将面临失败的命运。我们一直坚信：实现国民经济发展的"计划化"是克服经济危机、实现社会稳定有序发展的必然要求，是符合社会发展的客观规律的。然而，社会规律本身是极为复杂的，它是在人类有意识的社会活动中体现出来的，并不像自然规律那样具有纯粹的客观性。同时，人类的认知能力总是有限的，既受到个人知识、视野和分析能力的限制，也受到当时的社会环境以及经济、科技、文化等发展水平的制约。这导致人们对社会规律的认识过程必然是极为曲折复杂的，对人类社会发展规律的认识也必将是曲折发展、永无止境的。历史经验反复告诉我们，往往正是那些改造社会的最美好愿望带给人类最严重的灾难。

除了生产资料的国有制之外，实现国民经济发展的"计划化"还需要具备以下几个条件：

第一,社会中存在着单一的绝对的权威。要实现计划经济管理,就要求统一安排全国的各种生产经营活动,统一安排投资与生产、积累与消费之间的关系,统一调配生产物质,统一安排生产活动。也就是说,不仅要控制生产资料,还要控制每个人的生产活动,使之符合经济计划的要求。可见,计划经济必然要求有一个拥有绝对权威的"计划中心"来控制社会经济的有序运行,进而控制社会生活的各个领域。因此,计划经济必然是一种管制型经济。"实施管制并非一定出于剥削压迫的邪恶意图,也完全可能出于世界上最善良的动机。"①

第二,计划者具有完备的知识和信息。这是实行计划经济的合理性基础。计划经济在早期之所以为人们所向往,就是因为人们相信他们已经掌握了社会发展的规律,并且能够运用这些规律实现他们美好的目标。计划经济合理性的基础在于经济计划本身的科学性,而要保证经济计划的科学性,计划者除了掌握社会经济运行的客观规律之外,还必须全面了解国民经济的现实状况和具体细节,对经济发展潜力和可能性有着准确的估计;了解每位民众的需求及偏好,对自然灾害、环境变化、技术进步等影响经济运行的因素能够准确预测并确定它们的影响,等等。总之,计划者应该是一个超乎寻常的全能之人。

第三,顺从的市民社会。这是计划经济得以推行的社会基础。由于计划经济要求社会公众的经济行为必须服从"计划中心"的安排,就必然会干预公民的经济自由。如果缺乏顺从的市民社会,经济计划将会面临社会公众的抵制,必须在国家暴力的干预下才有可能得以落实。可见,政府的计划和公民的经济自由是相互冲突的。如果公民个人能够自由地开展经济活动,详细而周密的政府经济计划便无从落实;如果政府要保证经济计划得到严格的遵循,就必然要限制公民的经济自由。正如哈耶克所说的,"一件人所共知的事实是,政府'计划'得越多,对于个人来说,计划就变得越困难"②。如果不存在一个顺从的市民社会,为了推行经济计划,政府必须着力创造出这样一个顺从的社会。政府必须使民众相信,政府的行为是符合经济规律的理性行为,是促进社会繁荣进步的必要手段,公民在经济自由和自主方面作出

---

① 徐邦友:《中国政府传统行政的逻辑》,中国经济出版社2004年版,第19页。
② [英]弗里德里希·冯·哈耶克:《通往奴役之路》,王明毅等译,中国社会科学出版社1997年版,第76页。

必要的牺牲是公民应尽的义务，如此等等。当然，更主要的是，政府还必须通过行政的、经济的、法律的手段剥夺公民除政府经济计划安排之外的所有经济机会。

第四，计划者具有高尚的道德品质。国民经济发展计划的制订与周密安排不仅要求计划者具有全面的信息和超人的分析能力，而且更重要的是，由于计划者处于绝对的权威地位，很难对其进行有效的监督，要保证国民经济计划的科学性和公正性，计划者必须具有高尚的道德品质，才能保证经济计划不受计划者个人的好恶和私利的影响。

然而，上述条件要么不可能，要么会带来更严重的问题。这表明，计划经济实践至少在当前的社会条件下是不可行的，强制推行计划经济最终必将面临失败的命运。这是因为：

第一，集权体制的有限能力无法满足社会生活的复杂需要。社会主义计划经济的目的在于通过经济发展的"计划化"避免经济发展的无序和经济危机，并通过遵循经济发展的规律实现生产力的快速发展。然而，计划经济所要求的高度集权却从根本上破坏了计划经济可能存在的优势。一方面，集权体制使得计划者不可能获得全面、及时、有效的经济信息，而国民经济计划的复杂性也超出了任何计划者的能力范围，而且随着社会的发展，这种复杂性也在加速发展。"它的复杂性的任何进一步的增长，并没有使集中管理成为更加必要，而是使我们应当使用一种并不依靠有意识的控制技术这一点比以往更显得重要。"[1] 另一方面，集权体制严重束缚了社会成员的自由和自主性，削弱了社会发展最根本的动力。

第二，不管计划者是个人还是组织，都不能保证计划者具有充分的理性。每个人都存在认知的有限性。马克思说："由于某种判断的盲目，甚至最杰出的人物也会根本看不到眼前的事务。后来，到了一定的时候，人们就惊奇地发现，从前没有看到的东西现在到处都露出自己的痕迹。"[2] 然而，人们往往陶醉于理性所取得的成就，而陷入对理性的盲目自信。他们甚至认为，"人工的、被操作的社会完全有可能被按照经过思考的、理性的和科学

---

[1] [英]弗里德里希·冯·哈耶克：《通往奴役之路》，王明毅等译，中国社会科学出版社1997年版，第53页。

[2] 《马克思恩格斯选集》第4卷，人民出版社1995年版，第579页。

的标准设计,而不是习惯或历史偶然性的产物"①。这种错误主要来源于僭称对知识的掌握,但事实上却没有人掌握这种知识,而且即使科学进步也不能为我们提供它。② 一方面,这种对社会的认识存在着不全面、不科学的问题;另一方面,社会又始终处于不断的发展变化之中。正如奥克肖特所说,理性主义者最大的错误——尽管并不是这种方法本身内在的——就是假设"传统",或者更确切一点,"实践知识"是僵化、固定和不变的——事实上,它是"具有极强流动性的"。③ 这种不全面的理性必然导致经济计划的缺陷,进而造成严重的社会问题。斯科特在《国家的视角》一书中通过众多的事例雄辩地说明了现代国家的理性缺陷必然导致其试图改善人类状况的项目走向失败。他说,我们所考察的那些极端现代主义的插曲至少在两个方面可以被认为是悲剧。第一,那些项目背后的预言家和设计者犯了自大的毛病,忘记了自己也是凡人,行动的时候似乎觉得自己是上帝。第二,它们的行动远非攫取权利和财富,而是被改善人类条件的真诚希望所鼓舞——这个希望本身带有致命的弱点。这些悲剧与对进步和理性秩序所持的乐观主义看法紧密地联系在一起,这本身就是要找出严格诊断的原因之一。另外一个原因则是极端现代主义信念在世界范围的普遍存在。④

第三,尽管彻底的经济计划从来就没有真正实施过,但这种经济计划对劳动者经济自由的限制仍然构成了对社会经济活力的极大损害。"由于在计划中不可能考虑到个人的好恶——个人之仅仅作为工具将比以往有过之而无不及,这是一种由当局用来为所谓'社会福利'、'社会利益'之类的抽象观念服务的工具。"⑤ 因此,在计划经济条件下,个人的知识和自主性得不到尊重,这最终会影响到经济计划的效果。在这方面,斯科特的分析颇有见地,他说:"由于意识形态的原因,那些新社会的设计者从不重视耕作者和牧民的地方知识和实践。他们也忘记了社会工程最重要的因素:它的效率依

---

① [美]詹姆斯·C. 斯科特:《国家的视角》,王晓毅译,社会科学文献出版社 2004 年版,第 121 页。

② F. A. Hayek, *Studies in Philosophy, Economics, and Politics*, Chicago: University of Chicago Press, 1967, p. 197.

③ M. Oakeshott, *Rationalism in Politics*, London: Methuen, 1962, p. 31.

④ [美]詹姆斯·C. 斯科特:《国家的视角》,王晓毅译,社会科学文献出版社 2004 年版,第 471 页。

⑤ [英]弗里德里希·冯·哈耶克:《通往奴役之路》,王明毅等译,中国社会科学出版社 1997 年版,第 95 页。

赖于真正的人类主体的反应和合作。如果人们发现新的安排，不管安排如何有效率，只要与他们的尊严、计划、趣味相背离，他们就会将它们变成低效率的安排。"① 经济发展的目的在于民众的福利，因此，一个无视民众需求和偏好的发展模式不可能取得成功。计划经济的普遍失败说明："一个受到乌托邦计划和独裁主义鼓舞的，无视其国民的价值、希望和目标的国家，事实上会对人类美好生活构成致命的威胁。"②

第四，作为计划者的政府并不具有天然的无私的品质。计划经济本质上要求计划者不仅能够确定恰当的目标，而且能够准确地预见到其行为的影响，并具有压倒一切的权力，从而保证政府目标的实现。但是，这却会使计划者无法做到公正。"只要政府政策对某种人的精确的影响是已知的，只要政府的直接目的是要达到那些特定影响，它就不能不了解这些影响，因而也就不能做到不偏不倚。它必定有所偏袒，把它的评价强加于人民，并且，不是帮助他们实现自己的目标，而是为他们选择目标。"③ 政府作为计划者的地位为政府谋取私利提供了得天独厚的优势，集权的计划经济体制又使得任何监督机制都趋于失效。因此，这种不受制约的计划权力总是倾向于走向腐败，而不是相反，"政府本身也越来越认同管理者的利益而不是一般人民的利益"④。这也许是一些社会主义国家腐败盛行的一个制度根源。

三 计划经济限制了个人和组织的自主性和选择自由

计划经济体制的建立要求把社会成员和社会组织的一切经济活动都纳入国家"计划中心"的统一管理过程。这表明，在计划经济体制下，国家计划不仅控制着物质财富的生产、流通与分配，还控制着社会主体的行为和选择，并尽量减少与外界的交流。"人为地制造某种程度的闭关自守乃是社会有秩序地存在的一个必要条件。"⑤

第一，生产和生活的计划化剥夺了生产单位和个人的自主性。"计划

---

① [美] 詹姆斯·C.斯科特：《国家的视角》，王晓毅译，社会科学文献出版社 2004 年版，第 299 页。
② 同上书，第 8 页。
③ [英] 弗里德里希·冯·哈耶克：《通往奴役之路》，王明毅等译，中国社会科学出版社 1997 年版，第 77 页。
④ 同上书，第 188 页。
⑤ 同上书，第 180 页。

制度是要求根据一个单一的计划对一切经济活动加以集中管理，规定社会资源应该有意识地加以管理，以便按照一种明确的方式为个别的目标服务。"① 为了实现计划管理，国家首先要实现对重要行业、重要领域和大中型企业的控制。新中国成立以后，国家就通过没收官僚资本、赎买民族资本等政策实现了对关系国家民生的重要企业的控制。其次，全面彻底的计划管理还要求消灭个体劳动，实现对每一个就业岗位的计划管理。在农村，国家引导农民走向集体化的道路，最终在1958年实现人民公社化。"生产军事化，生活集体化，甚至消灭家庭都成了一时议题。"② 在城市，国家对城市中小工商业进行了社会主义改造，引导个体工商户走上合作化的道路。最终实现了公有制一统天下的局面。与此同时，国家禁止个体劳动（农村极小规模的自留地和饲养一定数量以内的家禽家畜除外），禁止倒买倒卖，剥夺了人们在公有制单位以外的就业权利。也就是说，人们只能在公有制单位就业，没有选择的余地。就业岗位的设置和人员调配都要按计划进行，从而使每个人的经济行为能够被国家计划所控制。

作为劳动者就业场所的公有制单位同样没有自主性，必须遵循国家的计划安排开展各种活动。以公有制企业为例，在计划经济体制下，公有制企业实行统收统支，统一核算，统一分配，共负盈亏。企业生产什么，生产多少，如何生产都由国家的指令性计划作出安排，企业没有自主权，也不需要对企业的效益和盈亏承担责任。企业的生产经营活动完全是被动的，既没有风险也缺乏激励，其唯一的责任就是完成国家的指令性计划。尽管单位没有多少自主权，但单位作为人们的就业场所在实现计划经济管理方面起到了至关重要的中介作用，国家正是通过控制单位进而控制每一位劳动者的生产和消费行为。在我国，单位已不仅仅是一个就业场所，它还决定着个人的生活福利、社会地位等各个方面。在计划经济体制下，个人失去了单位也就失去了一切，因为所有的就业岗位都是由单位提供的。

第二，计划经济通过户籍制度限制了人们的居住和迁徙自由。为了确保国家管理的有效性和国家计划的顺利执行，特别是为了限制农村人口向城市迁移，维护城市的稳定和生产秩序，我国建立了严格的户籍制度。虽然在

---

① ［英］弗里德里希·冯·哈耶克：《通往奴役之路》，王明毅等译，中国社会科学出版社1997年版，第40页。

② 李锐：《直言：李锐六十年的忧与思》，今日中国出版社1998年版，第97页。

1954 年颁布的《中华人民共和国宪法》(即五四宪法)第九十条第二款规定了"中华人民共和国公民有居住和迁徙的自由"。但这一规定很快就名不符实。1955 年 8 月,国务院发布了《农村粮食统购统销暂行办法》和《市镇粮食定量供应暂行办法》两个文件,规定粮食凭城镇户口实行按人定量供应,农民吃粮自行解决。粮食的计划供应从此与城镇户口紧密联系在一起。1955 年 11 月 7 日,国务院颁发《关于城乡划分标准的规定》,确定"农业人口"和"非农业人口"作为人口统计指标。1956 年 8 月,中共中央批发劳动部党组《关于解决城市失业问题的报告》时提出:各企业事业单位招收人员时,仍应遵守先城市、后农村的原则。1957 年 12 月 18 日,中共中央、国务院发出的《关于制止农村人口盲目外流的指示》中对农民进城设置了三道关卡:乡不得开发证明;铁路或要道加强"劝阻工作";城市和工厂区"动员"其返回原籍,严禁流浪乞讨,在大城市设置收容所,"临时收容,集中送回原籍"。同时规定,企业事业单位招用临时工,必须尽量使用城市剩余劳动力,需要从农村招用的,必须经省、自治区、直辖市人民委员会批准。1958 年 2 月 25 日,国务院再次发出通知要求"遣返农民应送至离其家乡最近的一站,不应只送至中途或超程远送省会"。可见,阻止农民进城的措施更加严厉了,此前还只是"劝止",现在进而"收容"和"遣返"。

1958 年 1 月 9 日,第一届全国人大常委会第 91 次会议制定了《中华人民共和国户口登记条例》,标志着中国的人口迁移政策从自由迁移政策转为控制城市人口规模政策。1962 年 12 月,公安部发布《关于加强户口管理工作的意见》,规定"对农村迁往城市的,必须严格控制;城市迁往农村的,应一律准予落户,不要控制;城市之间必要的正常迁移,应当准许。但中、小城市迁往大城市的,特别是迁往北京、上海、天津、武汉、广州等五大城市的,要适当控制"。1975 年四届全国人大通过的宪法,正式取消了"公民有居住和迁徙的自由"的权利。从趋势看,给农民进城开的口子越来越小。1977 年 11 月,国务院批转《公安部关于处理户口迁移的规定》,提出"严格控制市、镇人口,是党在社会主义时期的一项重要政策"。

可见,户籍制度不仅是限制居民自由迁徙,更是对农民就业权利的限制和剥夺。户口与粮食供应、劳动就业、社会保障联系在一起,人为地制造了公民之间在身份、社会地位和机会等方面的不平等。

四 计划经济严重制约了法治的进程

要实现国民经济和社会发展的计划化，计划经济体制必然要求存在一个具有至高权威的计划中心，对所有社会组织和社会成员的生产、经营及消费活动进行统一安排。计划经济的这种现实要求与法治的基本精神截然对立，因为从根本意义上来说，法治意味着对政府权力的有效制约。在法治社会里，不存在至高无上的权威。"法治的基本点是很清楚的：即留给执掌强制权力的执行机构的行动自由，应当减少到最低限度。虽则每一条法律，通过变动人们可能用以追求其目的的手段而在一定程度上限制了个人自由，但是在法治之下，却防止了政府采取特别的行动来破坏个人的努力。"[1] 法治对政府权力的限制具有两方面的意图：一是防止政府权力对公民权利的肆意干涉。在法治社会里，政府必须遵循明确规定的规则，这给公民个人留下了自由活动的空间。"法治的意思就是指政府在一切行动中都受到事前规定并宣布的规则的约束——这种规则使得一个人有可能十分肯定地预见到当局在某一情况中会怎样使用它的强制权力，和根据对此的了解计划他自己的个人事务。"[2] 二是保障公民权利的实现。法治不仅在实体法层面规定了政府权力的范围，在程序法层面上规定了政府权力的运行过程和方式，还规定了政府对公民权利的保障责任，用以保护公民权利不受其他社会主体的侵犯，并通过规定了公民监督和参与政府过程的途径和方式，来保证政府责任的实现。

在计划经济体制下，也可能存在着很多的法律，但这些法律的内容与法治的精神是格格不入的。正如上文中的户籍管理制度一样，它不是着眼于约束政府权力和保障公民权利，而是扩大政府的权力和限制公民的自由。正如哈耶克所说："法治和政府的一切行动是否在法律的意义上合法这一问题没有什么关系，它们可能很合法，但仍可能不符合法治。"[3] "如果说，在一个有计划的社会，法治不能保持，这并不是说，政府的行动将不是合法的，或者说，这样一种社会就一定是没有法律的。它只是说，政府强制权力的使用不再受事先规定的规则的限制和决定。法律能够（并且为了集中管理经济活

---

[1] ［英］弗里德里希·冯·哈耶克：《通往奴役之路》，王明毅等译，中国社会科学出版社1997年版，第74页。
[2] 同上书，第73页。
[3] 同上书，第82页。

动也必须）使那种实质上是专断的行动合法化。"① 在一般情况下，社会主义国家的政府推行计划管理都是怀着改造社会、造福人民的美好愿望，但是这种愿望常常与民众的实际利益需求相背离。"他们把一切权力都集中在自己手里，强迫群众去追求一种钦定的目标，并宣称这种目标正是群众的根本利益之所在。"② 尽管在现代社会，行政权力的扩张是一个明显的趋势，"行政力量如今日益进入日常生活的细枝末节，日益深入最为私密的个人行为和人际关系"③，而且，社会问题的日益复杂也使得政府必须更有效地协调公众的行为，"越来越多的人的行为一定要相互配合；行政的组织愈益精确、愈益严格地加以通盘安排，以使单个人的行动在其中完成其社会职能"④。但是，这种政府对社会生活的干预依然是很有限的，政府必须为其干预行为承担责任，并以不损害公民的基本自由和权力为基础。可以说，在计划经济体制下，政府对经济生活和社会生活的全面控制从根本上摧毁了法治存在的基础。社会主义在本质上应该是人民当家做主的社会，政府只能服务于人民的利益，这与法治的精神是完全一致的。然而，计划经济的实践却背离了社会主义国家的宗旨，背离了人民当家做主的基本原则，也使得法治难以成为现实。最终，计划经济的实践也走向了失败的结局。正如 F. 荷尔德林所说的一句话："总是使一个国家变成人间地狱的东西，恰恰是人们试图将其变成天堂。"⑤

五 计划经济实践中的其他失误加重了我国的经济和社会灾难

和苏联一样，我国也是在生产力极其落后的情况下进入社会主义社会的。这同马克思设想的在生产力高度发达的资本主义国家，无产阶级取得胜利后实行全社会共同占有生产资料，共同劳动，直接分配劳动产品的状况和条件是截然不同的。由于生产力基础太差，中国共产党人在夺取革命胜利以

---

① ［英］弗里德里希·冯·哈耶克：《通往奴役之路》，王明毅等译，中国社会科学出版社 1997 年版，第 82 页。
② 徐邦友：《中国政府传统行政的逻辑》，中国经济出版社 2004 年版，第 22 页。
③ ［英］吉登斯：《民族——国家与暴力》，生活·读书·新知三联书店 1998 年版，第 359 页。
④ ［德］诺贝特·埃利亚斯：《文明的进程》（Ⅱ），生活·读书·新知三联书店 1999 年版，第 254 页。
⑤ 荷尔德林：《许佩里翁》，第 465 页。转引自［英］弗里德里希·冯·哈耶克《通往奴役之路》，王明毅等译，中国社会科学出版社 1997 年版，第 29 页。

后，急切地希望尽快改变国家的贫穷落后面貌。这种强烈的主观愿望很容易形成急躁冒进的发展政策，在缺乏正确的经济理论指导的情况下，当最高领导人脱离了实事求是的思想路线，又加上斯大林模式的影响，这种急躁冒进的发展政策最终出台，并产生了极其严重的后果。

第一，社会主义改造的速度过急过快。由于对社会主义本质的认识上存在偏差，把所有制结构的改造当成社会主义的根本标志。为了尽快建成社会主义，原定于几十年完成的所有制改造任务三年时间就完成了。虽然也有人提出不同的看法，比如当时农业工作部的邓子恢提出了"四大自由"，即土地经营自由、雇工自由、信贷自由、贸易自由，但被毛泽东批评为资产阶级观念。刘少奇在天津讲话中也指出，新民主主义时期要公私兼顾，社会主义是几十年之后的事；资本主义剥削具有进步性；应允许雇工单干，不要伤害私人资本工业家、个体户的积极性，等等。但这些正确思想并没有得到落实。

第二，"大跃进"严重破坏了社会生产力。社会主义改造的顺利实现为大规模的社会主义建设准备了条件。中共八大宣布，大规模阶级斗争已经结束，提出要以经济建设为中心，但在如何建设社会主义的问题上并没有形成切实可行的思路和观点。虽然在1955年毛泽东就提出了"以苏为鉴"的问题，并于1956年4月发表《论十大关系》，但我们并没有努力避免苏联模式存在的问题。在这个时候，急躁冒进的思想已占据党的领导地位。毛泽东在1956年党的八大预备会议上说："再有五十年、六十年，就完全应该赶过它（美国）。这是一种责任。你有那么多的人，你有那么一块大地方，资源那么丰富，又听说搞了社会主义，据说是有优越性，结果你搞了五六十年还不能超过美国，你像个什么样呢？那就要从地球上开除你的球籍！所以，超过美国，不仅有可能，而且完全有必要，完全应该。如果不是这样，那我们中华民族就对不起全世界各民族，我们对人类的贡献就不大。"[①] 在理论上，我们把马克思主义再生产理论理解为优先发展生产资料的工业部类，即优先发展重工业，忽视农业和轻工业，要求人们要"勒紧裤带"。为了加快发展，完全忽视经济发展的内在规律，发动人民群众大炼钢铁。1958年9月中旬，毛泽东在视察了安徽几个钢铁厂以后，曾感慨谈道："发展钢铁工业一定要搞

---

① 《毛泽东选集》第5卷，人民出版社1977年版，第296页。

好群众运动,什么工作都要搞群众运动,没有群众运动是不行的。"[①] 但是,群众运动"表面上轰轰烈烈,实际不仅没有经济效益,反而造成生产力的破坏,尤其是大量破坏森林,多年也难以恢复"[②]。"大跃进"的实际效果更令人沮丧。"1960 年钢产量达到 1866 万吨,1961 年猛降到 870 万吨,1962 年又降到 667 万吨。粮食产量 1958 年实际只有 4000 亿斤(公布 7500 亿斤),1959 年减到 3400 亿斤,1960 年又降到 2870 亿斤,1961 年 2800 亿斤,降到 1951 年水平。因此发生人口减少以千万计的严重情况。"[③] 与此同时,阶级斗争日益扩大化,数百万人被划为右派,极"左"思想占据了意识形态上的统治地位,国家的集权体制和对毛泽东的个人崇拜日益加强。

第三,"文化大革命"造成了中国政治、经济、社会的全面危机。新中国成立以后,"左"倾思想在我国不断发展。表现在:对社会主义生产关系的盲目自信达到不顾科学规律的程度,认为所有制结构越纯越好,公有制水平越高越好,人们相信先进的社会主义生产关系必将带来生产力的巨大发展,并导致 1958 年的"大跃进"和人民公社化运动。这一过程同时伴随着思想领域的"净化"运动,希望通过思想改造在全社会树立共产主义意识形态。从 1951 年对《武训传》的批判到 1952 年对知识分子的"思想改造运动",再到 1955 年批判胡风的运动,开启了共和国思想斗争的序幕。其后,思想领域的斗争从未间断,1955 年对邓子恢"四个自由"的指责,1956 年批判周恩来"反冒进",1957 年的反右派斗争,1958 年批判马寅初的"人口论",1959 年庐山会议对彭德怀的批判,1962 年批判"黑暗风"、"单干风"和"右倾翻案风",1964 年搞"四清"运动,1965 年批判吴晗的《海瑞罢官》。但所有这些似乎并没有彻底解决思想领域的问题,最终导致持续十年之久的"文化大革命"运动。

在"文化大革命"中,意识形态领域的斗争发展到了极致,把工作中、生活中对问题的不同观点和看法当作阶级矛盾而进行"你死我活"的"残酷斗争";学术问题的探讨、不同意见的表达甚至无意间的一句话都可能成为严重罪行而受到旷日持久的批判,从而造成众多的冤假错案。比如:"薄一波六十一人集团"问题、内蒙古"内人党"问题、新疆马明方

[①] 李锐:《直言:李锐六十年的忧与思》,今日中国出版社 1998 年版,第 90 页。
[②] 同上书,第 91 页。
[③] 同上书,第 94—95 页。

等人所谓"叛徒集团"问题,甚至国家主席刘少奇也难以幸免,众多的"现行反革命"被关押,甚至被杀头。"据统计,当时我们国家的领导人当中,被立案审查的占总数 17.5%。每 100 名部长和省长当中,有 75 人被立案审查。下层官员和百姓的冤假错案就更多,有 300 多万件。受到牵连者数以千万计。""其中一个'新内蒙古人民革命党'的案件,就使得 87000 多人遭刑讯逼供而终身残废,16000 多人含冤而死,总计 346000 多人遭殃。"①

在"文化大革命"中,对毛泽东的个人崇拜达到顶峰,"毛主席语录"成为不容置疑的"圣经",人人戴毛主席像章,人人唱语录歌,严重禁锢了人们的思想;鼓吹"读书无用论"、"知识越多越反动",阻碍了教育和科技的发展;宣扬"以阶级斗争为纲"和"无产阶级专政下继续革命"的理论,开展遍布全国的批斗、游街、武斗,砸烂"公、检、法",进而私设公堂刑讯逼供,等等,造成了严重的政治混乱。"文化大革命"期间,人们把思想观念和意识形态当作推动社会进步的力量,却把经济发展当成极为次要的东西,甚至提出"宁要社会主义的草,不要资本主义的苗"。在物质与意识的关系中,过于迷信意识对物质的能动性,而忽视了物质对意识的决定作用;在生产力与生产关系的关系中,过于迷信生产关系特别是所有制关系对生产力的反作用,忽视了生产关系首先要适应生产力的发展水平,犯了严重的唯心主义和主观主义错误,给社会主义建设事业造成了难以挽回的损失。

第二节 全球化时代国家间竞争的加剧

不管人们喜欢与否,全球化趋势日益加强已成为不争的事实。随着科技的进步和社会经济的发展,特别是交通、通讯技术的突飞猛进,国家间的交流变得日益廉价、快捷、便利,人员、物质、资本、信息的流通都以前所未有的速度向前发展,深刻地影响着各国的政治和社会生活的各个方面。自 1978 年以来,我国对外开放的步伐日益加快,已形成全方位对外开放的格局。可以说,我国当代的社会变革与我国融入全球化的进程是相伴而行的,

---

① 凌志军、马立诚:《呼喊:当今中国的 5 种声音》,广州出版社 1999 年版,第 57 页。

因而，全球化不可避免地成为影响我国社会经济发展的重要因素。

一　全球化时代的国家合作与竞争

全球化并不是一个近年来才出现的现象和趋势。赫尔德等人认为，全球化进程从前现代时期就已经开始，到目前已经历经四个伟大历史时期，即前现代时期；西方扩张的现代早期；现代工业时代；以及从1945年到目前的当代。① 但毋庸置疑，直到工业革命以后，全球化进程才呈现出明显的加速趋势。第二次世界大战以来，随着以电子信息技术为核心的科技革命的兴起，特别是互联网的普及，人类真正进入到即时通讯的信息时代。各国、各地区间的联系空前加强，全球化进入到一个全新的阶段，以至于任何一个民族、任何一个国家都难以离开这个世界大家庭而独自发展。当代全球化已不仅仅是经济领域的全球竞争与交流，而是经济全球化、政治全球化、文化全球化等的统一体。全球化不仅增强了各国在社会经济各领域的联系，也使国家间的竞争进入到一个新的时代。

1. 全球化对民族国家主权的影响。全球化对民族国家的影响是广泛而深远的。有人甚至认为全球化已经威胁到民族国家的生存。他们认为，经济全球化通过建立生产、贸易以及金融的跨国网络实现着经济的"解国家化"。② 这一过程集中体现在全球化可能导致国家权威的衰落，正如萨特兰奇所说："世界市场的非人格力量……现在比国家更强大，而人们一直认为国家完全享有着控制社会和经济的政治权威……国家权威的衰落反映在权威不断分散到其他制度、社团组织以及本土和地区性机构的手中。"③ 以至于"传统的民族国家已经成了全球经济中不和谐的甚至不可能继续存在的活动单位"④。尽管全球化会对民族国家产生重大影响，但认为全球化会导致民族国家的衰落甚至消亡却是夸大其词。全球化对民族国家的影响更多地体现在民族国家政府职能的转变方面，一些旧的政府职能受到限制，与此同时，政府又承担起许多新的职能。一方面，全球化被认为是一个铁笼，迫使各国政府接受全

---

① ［英］戴维·赫尔德等：《全球大变革：全球化时代的政治、经济与文化》，社会科学文献出版社2001年版，第35页。
② 同上书，第4页。
③ 转引自［英］戴维·赫尔德等《全球大变革：全球化时代的政治、经济与文化》，社会科学文献出版社2001年版，第5页。
④ K. Ohmae, *The End of the Nation State*, New York: Free Press, 1995, p.5.

球金融规则,严重限制了进步政策的范围,而且削弱了第二次世界大战后福利国家依靠的社会力量。① 即使在主权没有受到影响的地方,国家也不再能够完全控制发生在自己领土边界之内的事情。② 另一方面,全球化被认为是一种强大的变革力量,造成了社会、经济、治理的制度以及世界秩序的"大规模变动更新"。③ 这种变动使民族国家政府面临着前所未有的冲击和挑战,极大地拓展了民族国家政府的职能范围。以前民族国家政府无权也无意干预的国际公共问题,如环境保护、金融动荡、跨国犯罪等,已经成为政府的重要议题。因此,当代全球化对民族国家的影响主要体现为政府的权力、功能和权威的重组或重新调整。"国家依然在法律上对领土内发生的所有事情享有实际的最高权力,这种情况在不同程度上与国际治理制度的司法权不断扩大以及国际法的约束和要求的义务同时存在。"④

2. 全球化促进了国际合作与交流。全球化的趋势体现了世界各国在政治、经济、文化等领域的联系日益加强,相互影响和相互依赖的程度日益加深。在政治方面,许多国内问题,如环境保护、传染病防治、人权保护等已上升到国际层次,需要世界各国的共同努力才能有效加以解决。在经济方面,在世界贸易组织的推动下,世界性的市场贸易规则初步形成;世界银行、国际货币基金组织、经合组织和其他许多地区性国际组织等已在协调各国经济政策、推动各国经济合作、维护国际经济秩序中发挥了重要作用;跨国公司的兴起和高速发展极大地促进了资本、物质和服务的国际流动,世界各国的经济联系空前加强。在文化方面,现代科技特别是信息技术革命使得国际间的信息交流与沟通变得十分便捷。这不仅为金融市场的全球化提供了技术基础,促进了资本的跨国流动,更重要的是,它极大地促进了各国不同文化、不同文明的交流与融合,居主导地位的西方文明对其他文明形成了巨大的冲击。

3. 全球化意味着国家间竞争的加剧。虽然全球化更多地体现为世界各国在政治上的合作、经济上的相互依赖、文化上的交流与沟通,"全球化的核

---

① [英]戴维·赫尔德等:《全球大变革:全球化时代的政治、经济与文化》,社会科学文献出版社2001年版,第19页。
② 同上书,第12页。
③ 同上书,第10页。
④ 同上书,第12页。

心内容是人员、物质、资本、信息等的跨国界和流动的加速以及各个国家、社会、人群相互联系和依赖的增强"①,但当代全球化的发展并不是走向全球融合,相反,全球化强化了民族国家间的竞争关系。在当代全球化背景下,各国政府实际上面临着一个无奈的选择。一方面,国家的繁荣与稳定取决于一国国际竞争力的高低。只有有效地参与国家间政治、经济、文化诸领域的竞争,才能为一国的发展创造良好的国际环境,才能实现经济上的成功和扩大政治、文化上的影响力。另一方面,这种竞争又必须在一种合作的框架下展开,任何国家都不能不顾其他国家的政治、经济利益而开展无原则的竞争,这样只会使自己陷入孤立的状态。因此,国家只能在参与竞争和寻求合作中寻找一个平衡点,在竞争中实现合作,以提高自身的竞争力;在合作中开展竞争,以便更好地发展自己。采取极端的竞争政策或合作政策都是不行的,闭关锁国的政策或者自由主义的放任政策都可能使一个国家的经济和社会发展遭受重大损失。正是得益于民族国家在一定程度的合作,国家间竞争才能够在一个更高的层次上展开。

二 全球化背景下国家间竞争的表现

第二次世界大战之前,国家间竞争主要表现在贸易竞争和军事竞争,关税和战争是竞争的主要手段。在当代全球化背景下,国家间竞争的领域大大拓展,从意识形态、政府管理、科学技术到商业、军事、文化宣传等各领域,可以说,全球化已经使国家竞争走向全方位的竞争态势。

(一) 政治领域的竞争

政治稳定是一个国家社会经济发展的前提和保证,而政治合法性是保持政治稳定的基础。在现代社会,尽管不同的国家所选择的政治统治形式有很大的差异,但他们都声称他们代表着人民的利益。随着国家间交往的日益密切,不同国家的人们在政治价值、政治思想、政治观念、政治治理方式等方面的相互学习、相互借鉴难以避免,这必然会引发人们对不同政治思想、政治治理形态和政治治理效果的比较与评价。对于不同的政治治理方式,特别是对于截然不同的政治制度而言,一种政治制度的优势可能会造成他国不同制度的合法性危机,引起该国民众变革政治制度的要求,进而导致政治动荡

---

① 杨雪冬等:《风险社会与秩序重建》,社会科学文献出版社 2006 年版,第 41 页。

和政治危机。在当代全球化背景下,一国的政治发展会迅速造成对他国政治变革的压力。因此,各国政府为了维护本国的政治稳定,同时也为了扰乱他国的政治秩序,总是极力为本国的政治模式加以辩护,而对相互冲突的政治制度加以批判和诋毁,甚至以武力强行加以干涉。政治领域的竞争在早期主要表现在军事领域,在当代,竞争的焦点已逐步转到意识形态和政府管理效能等方面。

1. 意识形态竞争。意识形态首先是指一种观念,这种观念指向一种更美好的世界。正如安东尼·唐斯所说,意识形态是"一种有关美好社会的文字幻想,一种建构此种社会的信仰形式"①。因此,意识形态能够为人们提供开展政治行动的目标和指南,进而转化为人们的政治理想和政治信念,成为激励和凝聚政治变革力量的重要纽带。意识形态的种类多种多样,自由主义、保守主义、社会主义和共产主义、民族主义、法西斯主义等,在现代社会又兴起了社群主义、环保主义、女权主义等。在一个民族国家内,通常存在着多种不同的意识形态,但占主流地位的意识形态通常只有一种。从国家形态来看,目前世界上并存着两种主要的国家类型,即资本主义国家和社会主义国家,资产阶级意识形态和社会主义意识形态就相互成为最主要的竞争对手。社会主义意识形态相信:资本主义社会必将走向灭亡,无产阶级掌握政权以后将逐步建立一个没有剥削和阶级分化,消灭私有制,取消货币,经济高度发达,各取所需的公正的社会。资产阶级意识形态是一个庞杂的体系,其核心思想是:私有制、政治民主、个人自由和人权。

第二次世界大战之后,世界上形成社会主义国家和资本主义国家两大阵营的对立。由于社会主义国家在经济上普遍落后,在国家建设过程中又出现了一些失误,加上中苏冲突、苏联和东欧一些社会主义国家矛盾的加深,社会主义阵营明显处于弱势,因此,意识形态领域的竞争主要表现为和平演变与反和平演变的斗争。和平演变是指西方发达资本主义国家通过非军事手段(主要是通过宣传资产阶级的自由、民主、人权的观念,辅之以政治的、经济的手段,扶植社会主义国家内部的"持不同政见者"等方式)使社会主义国家的民众认可并接受资产阶级的意识形态,促使社会主义国家演变为资本主义国家。20世纪80年代,西方资本主义国家利用社会主义国家普遍面

---

① Anthony Downs, *An Economic Theory of Democracy*, New York: Harper & Row, 1957, p. 96.

临的经济困难和社会矛盾,加大和平演变的力度,最终导致东欧剧变和苏联解体,国际共产主义运动陷入低潮。可见,对民族国家而言,意识形态领域的斗争极为严酷,也至关重要。当前,我国作为唯一的社会主义大国,意识形态领域的斗争形势异常严峻。

2. 军事竞争。军事竞争总是指向两个相互矛盾的目标:战争和安全。富有侵略性的国家为了发动战争以便占领更多的领土和人口而扩充军备,另一些国家则为了保护自身的安全而加强军事力量。不管怎样,任何国家要维护国家安全和政治统治,都必须保持一定的军事力量。20世纪的两次世界大战给人类带来了深重灾难,也凸显出军事力量的重要价值。第二次世界大战结束以后,随着世界两极格局的形成,美苏之间展开了以军备竞赛为主要形式的长期"冷战",不仅给世界和平造成了严重威胁,也使它们自身陷入危险之中。正如基辛格所指出的,"某一权力的绝对安全意味着所有其他权力的绝对的不安全"①。然而,在当代全球化背景下,世界各国间的联系越来越密切,在解决共同面临的国际问题方面各国间的合作需求不断增加,各国间的"共容利益"也越来越多,谋求军事力量的绝对优势无疑会增加其他国家的不安,从而给国际合作带来不利影响。另一方面,随着核武器技术的扩散,越来越多的国家拥有了规模不等的核武库并具有了远程作战的能力,试图拥有绝对的安全已变得几乎不可能。另外,"9·11"事件说明,强大的军事力量并不足以保证国家安全。尽管如此,国家间的军事竞争并没有停止,而是转向更多地依赖科技和经济实力,着眼于打赢信息战条件下的局部战争。

3. 政治体制竞争。作为政治意识形态在国家政治生活中的体现,政治体制竞争始终与意识形态竞争联系在一起。一般来说,意识形态体现了政治体制的精神实质,而政治体制体现了意识形态的核心内涵。意识形态倾向于为政治体制进行辩护,但有时意识形态与政治体制之间也会存在某种紧张关系,并给政治体制的合法性造成一定损害。在当代,各国的政治体制及其运行特点和实际效果能够经过严谨的学术观察和研究得以比较,但这并不意味着各国都会选择运行良好的政治体制模式。其原因在于:一方面,政治体制的选择受到该国的阶级力量对比、经济发展水平、政治权力结构、文化传统

---

① Henry Kissinger, *The Necessity for Choice: Prospects of American Foreign Policy*, New York: Harper & Row, 1961, p. 148.

等多种因素的影响；另一方面，在一国运行良好的政治体制移植到另一国可能会出现明显的不适应。20世纪新独立的原殖民地国家大多模仿原宗主国的政治模式，但这些移植来的政治模式几乎都不及其在宗主国运行得那么良好。由于政治体制体现了统治阶级的治国理念和国家的政治权力分配格局，政治体制的失败通常容易引发人们对政治制度的怀疑，从而导致政治合法性危机。因此，各国总是设法维护政治体制的相对稳定。一些国家也总是从本国政治体制有效运行的现实出发，试图论证该国的政治理念并推广本国的政治治理模式。然而，事实上并不存在"最优"的政治体制，各国必须寻找与本国国情相适应的政治治理模式。尽管如此，从各国政治体制的运行状况来看，一些政治体制明显优于其他的政治体制，而一些各不相同但都运行良好的政治体制之间也存在着一些共同的特点，这为政治体制的相互借鉴和学习提供了基础和前提。随着全球化的深入发展，各国日益广泛的政治交流会明显地加速这一进程，但同时也会给一些国家造成政治体制改革的巨大压力。

4. 政府管理竞争。不管是意识形态的争论还是政治体制的比较，其结论在很大程度上都依赖于政府管理的实际效果，因此，政府管理竞争是国家间在政治领域竞争的关键。在全球化背景下，政府管理竞争力的价值更为突出。它不仅直接关系到本国社会经济的发展，在一定程度上成为判断政治制度优劣的尺度，而且还极大地影响着该国在经济和社会领域的国际竞争力。随着社会的发展，社会公共问题日益增多，政府的职能也随之不断拓展。从早期的安全职能和税收职能到提供公共产品、制定社会规范和市场制度，一直发展到目前涉及社会保障、教育、环保、外交、公民自由和权利保障、社会公平等各个领域。一方面，政府职能的拓展对政府管理能力提出了更高的要求，政府职能的履行状况直接关系到政府服务的水平和政府运行成本的高低。另一方面，各国对政府职能的选择也直接关系到政府与市场、社会之间的关系，进而影响到政府管理的效能。除了政府职能确定的差异之外，各国间的政府管理竞争集中体现在这样几个基本方面：（1）国家的税率水平。这体现了公民和企业的负担状况；（2）政府运行效率。这既体现为政府对公民需求的回应能力，也反映了政府活动效果的提升和政府运行成本的降低；（3）公民权利保障。这体现了公民个人在国家政治生活和社会生活中的地位以及政府与公民之间关系的特点；（4）公共服务的供给状况。这反映了政府服务的品质、效益以及公民对公共服务的满意程度；（5）公平稳定的市场环境和社会环境的塑造。这既是社会经济发展的前提,也是政府应该承担的基本责任。可见,政府管理竞争不仅体现在政府能否根据社会需求合理确定自身的职责和社会行为规则,还体现在政府政策执行和政府公共服务供给的社会效果,更体现在政府活动对市场和社会功能的保障和促进作用。

(二)经济领域的竞争

经济发展是整个社会发展的基础,经济发展的状况从根本上决定政治和社会发展的面貌。在当代全球化背景下,各国间的经济竞争日趋激烈,各国企业在全球范围内安排生产和销售,在全球市场上与他国企业竞争,引发了贸易、投资、金融等领域的全球化,经济全球化成为全球化最突出的领域。当前,经济全球化的进程进一步加快,给世界经济造成了深远的影响。从全球贸易的角度来看,20世纪50年代以来,世界贸易额急剧增加。据世贸组织统计,1950年世界出口贸易额仅610亿美元,1970年增到3150亿美元,1990年达到34470亿美元,1997年达到66450亿美元,1998年为65150亿美元,1998年比1950年增加了近107倍。从国际直接投资的角度来看,不论是投资存量还是流量都有迅猛发展。从规模来看,国际直接投资流入存量从1960年的680亿美元,增加到1992年的19480亿美元,1997年达到34560亿美元。从投资流量来看,1970年全年的国际直接投资流入仅400亿美元,1989年为2320亿美元,1997年达到4000亿美元。从国际金融交易的角度来看,随着电子通讯技术和现代信息技术的发展,国际资本的流动速度大大提高,现在已经形成24小时营运的全球外汇交易市场体系,大量的资金可在瞬间内实现在全球范围内的转移。1973年,每天的交易额仅150亿美元,1983年达到600亿美元,1992年迅速发展到9000亿美元,1997年平均跃至14000亿美元。外汇交易额与世界贸易额之比,1973年是9∶1,1983年为12∶1,1992年为90∶1,而1997年为100∶1。[①]

经济全球化所取得的惊人成就,不论是贸易的增长还是国际直接投资的迅猛发展,在很大程度上都得益于跨国公司的发展。据联合国贸发会议1998年《世界投资报告》,1997年,全世界跨国公司母公司约有53000家,其外国附属企业约有45万家,其全球销售的货物和服务为8.5万亿美元,超过

---

① 《经济全球化及其主要表现》,2002年7月8日,中国商务部世贸组织与法治论坛网(http://www.wtolaw.gov.cn/display/displayInfo.asp?IID=200207081723504628)。

了当年全球贸易额,对外直接投资存量为 3.5 万亿美元,海外附属企业总资产达 13 万亿美元,其出口为 2 万亿美元。①

在某种程度上,跨国公司已经在很大程度上控制了世界经济的发展。据联合国有关资料,目前跨国公司及其子公司分布在 160 多个国家和地区,控制着世界 40% 国内生产总值,60% 的国际贸易量,70% 的国际技术转让,90% 的国际直接投资。② 由于跨国公司多属于发达国家,导致世界经济全球化的发展并不均衡。整个战后,来自八个国家——五个经济大国加上荷兰、瑞典和瑞士——的跨国公司就占有世界外国直接投资存量的 3/4。这种存量是以过去的价值来衡量的,而现在的价值比前者高 50%—70%。③ 正是得益于跨国公司的发展,发达国家的贸易额稳步上升。发达工业国出口占世界总出口的比重从 1963 年的 49.5% 上升到 1987 年的 54.6%,1997 年达到 72% 左右;发展中国家则从 20.7% 上升到 1997 年的 22% 左右。④ 由于跨国公司经济实力雄厚、科技发达并掌握着更充分的物质和信息资源,在与本地企业的竞争中,跨国公司通常拥有明显的优势,很容易在东道国构成产业垄断优势,进而对东道国的经济安全构成威胁。因为"产业安全关乎国家政治和经济主权的独立性,一旦 FDI 控制了东道国某些重要产业,很可能会以此要挟东道国政府服从某些条件,从而威胁到国民经济的持续、稳定、健康发展,干扰国家的宏观调控能力,使国家经济政策失效"⑤。

经济全球化的发展,特别是跨国公司的发展,加剧了世界各国间的经济竞争。由于发达国家的科技基础雄厚、基础设施完善、法制健全,国际直接投资绝大部分集中在发达国家之间,流入发达国家的外国直接投资占全球外国直接投资的比例从 1960 年的 67.3% 上升到 1994 年的 73.8%。⑥ 这一方面

---

① 《经济全球化及其主要表现》,2002 年 7 月 8 日,中国商务部世贸组织与法治论坛网(http://www.wtolaw.gov.cn/display/displayInfo.asp?IID=200207081723504628)。
② 孙宽平:《经济全球化与中国经济发展》,载李惠斌主编《全球化:中国道路》,社会科学文献出版社 2003 年版,第 152—153 页。
③ [英]戴维·赫尔德等:《全球大变革:全球化时代的政治、经济与文化》,社会科学文献出版社 2001 年版,第 341 页。
④ 《经济全球化及其主要表现》,2002 年 7 月 8 日,中国商务部世贸组织与法治论坛网(http://www.wtolaw.gov.cn/display/displayInfo.asp?IID=200207081723504628)。
⑤ 张碧琼:《经济全球化:风险与控制》,中国社会出版社 1999 年版,第 137—138 页。
⑥ [英]戴维·赫尔德等:《全球大变革:全球化时代的政治、经济与文化》,社会科学文献出版社 2001 年版,第 344 页。

促使发达国家之间的经济竞争日趋激烈，另一方面也使得发达国家成为经济全球化的最大受益者。对于发展中国家而言，吸引外资是解决本国资金短缺的重要途径，同时也能给发展中国家带来更先进的技术，从而推动发展中国家的经济发展和产业调整。但是，跨国公司的直接投资也可能摧毁东道国幼稚的产业基础，从而使东道国失去经济自主权。因此，对于发展中国家而言，跨国公司的投资既是机遇也是挑战，关键在于发展中国家能否在竞争中迅速发展自己，提高本土企业的竞争力，确保本国的经济安全。

虽然国家间的经济竞争主要以企业竞争的形式体现出来，但实际上涉及众多的领域。1990年，哈佛大学的迈克尔·波特教授在《国家竞争优势》一书中提出了"国家竞争优势"理论。虽然以"国家竞争优势"命名，但波特指的是国家为企业和产业参与国际竞争所提供的有利因素，这些因素对于企业有效参与竞争至关重要。波特认为，国家竞争优势体现在这样四个因素：生产要素、需求因素、相关和支持产业因素以及企业战略、组织与竞争状态因素。生产要素包括人力资源、自然资源、知识资源、资本资源和基础设施；需求因素主要包括国内市场的需求规模、需求层次和需求的超前性；相关和支持产业因素是指与企业有关联的产业和供应商的竞争力；企业组织、战略和竞争状态因素是指一国国内支配企业创建、组织和管理的条件。除了上述四个基本要素之外，取得国际竞争还需要机遇和政府两个辅助要素的配合。机遇包括重要发明、技术突破、生产要素供求状况的重大变动以及其他突发事件；政府因素是指政府通过政策调节来创造竞争优势。波特认为，一个国家在经济发展的不同阶段所具有的国家竞争优势是不同的，国家应充分利用其竞争优势以促进经济发展。① 波特的国家竞争优势理论给我们的启示是：企业参与竞争应充分利用现有优势，并努力创造其他优势。

在当今全球化时代，国家通过提高关税和设置其他贸易壁垒来保护本国竞争力弱的企业和产业免遭灭顶之灾只能起到短期的和有限的效果。跨国公司能够通过多种方式有效地绕过关税等壁垒，而且，不当地设置贸易壁垒还可能招致其他国家的报复，并可能使自己孤立于世界市场之外，反而不利于本国的经济发展和竞争力的提升。从全球化的视角来看，国家之间在经济领域的竞争主要涉及两大领域：一是企业竞争；二是国内市场环境的竞争。第

---

① 参见［美］迈克尔·波特《国家竞争优势》，华夏出版社2002年版。

二个因素同时又对第一个因素产生着重大影响。企业的竞争力同样取决于多种因素，主要包括企业自身的资源（特别是资本和人力资源）、企业的科技实力和创新能力、内部管理水平、企业社会关系和企业的社会服务网络。国内市场环境的优劣是决定一国在经济领域竞争成败的另一关键因素。国内市场环境主要涉及这样几个因素：市场竞争的公平性和有效性；市场运行的法制化程度；市场运行中的交易、监督、履约等的成本；市场信息的通畅性；市场基础设施的完善程度；其他政治和社会因素，如政府管制、相关产业发展状况等。

（三）社会领域的竞争

在全球化时代，国家间的竞争不仅仅存在于政治领域和经济领域，同样存在于社会领域。随着国家之间在政治、经济领域的交流不断深入，人员往来日益频繁，文化间的互动、交流、融合日益广泛，一个国家的社会文明程度已成为国家竞争的重要领域，同时它也对政治领域和经济领域的竞争产生着重要影响。从总体上来说，国家的发展和进步，不管是政治文明的进步还是经济发展的成果，最终都应体现为社会的进步和人自身的发展上。政治权力和经济财富并不能保证人们得到幸福，人们还需要自由、公平、信任、友谊等多元价值。然而，长期以来，社会领域的发展并没有引起人们的广泛关注，对于社会发展在国家竞争中的地位和价值也没有引起人们的重视。虽然社会领域的竞争不如政治领域和经济领域的国家竞争那么明显和激烈，而且在某种程度上社会领域的发展正是国家间政治和经济竞争的结果，但在全球化背景下，国家间社会领域的竞争不仅广泛存在，而且反过来影响到国家间政治、经济竞争的结果。国家间社会领域的竞争主要表现在以下社会领域：

1. 法治与社会秩序。社会秩序是一个社会得以存在的基础，对于社会发展而言，稳定的社会秩序也许总是优于社会混乱和无序。然而，社会秩序的出现却可能来自两种截然不同的力量：法治和专制。法治通过制约国家权力，保障公民权利免受不法侵犯来实现良好的社会秩序；而专制则是通过限制甚至剥夺公民的自由，依靠国家强制力来维护有利于专制者的社会秩序。在这两种社会秩序下，公民的政治权利、社会权利和财产权利完全不同。在法治状态下，公民具有明确的权利意识和责任观念，人们在相互平等的基础上参与社会合作和竞争，依法行使权利和保护合法利益，形成的是一种公平、有序和充满活力的社会秩序。而在专制状态下，广大民众是在国家暴力的威胁下屈服于一种不公正的社会秩序安排，人们的自由、权利和财产得不到有效保障，随时处于一种受威胁的状态中，因而是一种极不稳定的社会秩序。这两种社会秩序对于社会发展的影响也具有明显的差异。一般来说，法治状态下的社会秩序更有利于激发民众的自主性、能动性和创造性，更有利于形成激励与约束相结合的社会竞争机制，因此，这种社会秩序的社会活力更高，发展势头也更好。

2. 公民自由与社会公平。人们对自由和公平的认识可谓千差万别。比如：黑格尔说，"自由即对必然的认识"，"必然性的真理就是自由"。① 黑格尔所说的"必然"是一种神秘的绝对理念的规律性。马克思主义也承认自由是对必然性的认识，但人并不是被动地服从必然性。恩格斯说："自由不在于幻想中摆脱自然规律而独立，而在于认识这些规律，从而能够有计划地使自然规律为一定的目的服务。"② 以赛亚·柏林在《两种自由概念》的演讲中将自由分为消极自由和积极自由。消极自由是"免于……的自由"，而积极自由则是"去做……的自由"或理性的自由。③ 人们对公平的理解同样多种多样，诸如：起点公平、权利公平、分配公平，等等。虽然人们对自由、公平的认识不同，甚至相互间是对立和冲突的，但都认为公民自由和社会公平对人类社会而言具有终极性价值。人们总是向往自由而公平的社会，而憎恶控制森严和等级化的社会，所以，民众倾向于从更少自由和公平的社会移民到更多自由和公平的社会。从国家竞争的角度来看，公民自由是人才成长和发挥才干的基本前提，是社会活力的根本源泉；社会公平是社会团结和稳定的基础，也是市场竞争有效的必要条件。在当今全球化时代，自由和公平已成为普适性的价值理念，它不仅为社会发展所必需，也影响着人们对社会的认同，决定着人们对该社会的态度和评价。

3. 社会信任和社会合作。社会信任是社会凝聚力的基础，是一种重要的社会资本，它能够降低政府的社会治理成本和人们交往中的监督成本，从而使人们更容易合作，社会也更趋于稳定。但是，这种信任如果不能得到政府和社会公众的悉心呵护，也很容易遭到破坏。一般情况下，社会信任来自完善的法治环境和良好的社会传统和规范，是政府、公民和社会组织共同努力

---

① ［德］黑格尔：《小逻辑》第2版，商务印书馆1980年版，第322页。
② 《马克思恩格斯选集》第3卷，人民出版社1995年版，第455页。
③ ［英］以赛亚·柏林：《自由论》，胡传胜译，译林出版社2003年版，第200页。

的结果。在一个社会中,社会信任和社会合作是社会发展的重要力量,在解决社会公共问题方面发挥着重要作用。特别是当一个社会面临重大危机的时候,社会信任和社会合作能够帮助这个社会更有效地摆脱危机,避免社会分裂和社会动荡。

4. 多元文化和文化宽容。在当代,随着人员交往和文化交流的日益普遍,特别是随着信息和通讯技术的发展以及互联网的普及,任何一个国家都不可避免地受到其他文明的影响,单一文化社会已逐步走向多元化。从社会发展的角度来看,文明间的相互交流和相互借鉴也是促进文化发展和进步的重要途径。然而,这种文化的交流也可能引起不同文明之间的冲突。亨廷顿在《文明的冲突与世界秩序的重建》一书中提出,冷战后,世界冲突的基本根源不再是意识形态,而是文化方面的差异。他从西方文明的立场出发认为,未来世界的冲突将是由中华文明与西方文明间的冲突以及伊斯兰文明与西方文明间冲突引起的。① 但是,不同的文明没有优劣之分。只有对其他文明持一种宽容的态度,才能兼容并蓄,取长补短,才能使本国的文明更富有生命力。正如亨廷顿在《文明的冲突》一文的末尾所指出的:"在可见的将来,不会有普世的文明,有的只是一个包含不同文明的世界,其中的每一种文明都得学习与其他文明共处。"②

5. 公民素质和社会文明。人的发展是一切社会发展的最终目的,而人的素质是人的发展的主要表现。国家之间的竞争,不论是企业的竞争、科技的竞争,还是文化的竞争、管理的竞争,归根结底还是人才的竞争,也就是公民素质的竞争。公民素质是一个综合性的概念,它不仅包括公民的知识水平、应用能力、创新能力、竞争意识等现代市场技能和精神,还包括具有现代社会的公平理念、民主精神、与人为善、同情心等人文素养。这些都是推进政治文明、经济发展、社会进步的重要因素。良好的公民素质总是与社会文明联系在一起。文明本身就是人类社会的一种基本属性,是指人类在改造自然和社会过程中创造的一切成果。社会文明是指人类社会生活的基本方式、价值观念和运作模式。虽然社会文明从总体而言并无优劣之分,但不同的社会文明对于社会经济发展和人的全面发展却有着不同的影响。在全球化

---

① 参见 [美] 塞缪尔·亨廷顿《文明的冲突与世界秩序的重建》,新华出版社1998年版。
② Samuel P. Huntington, *The Clash of Civilizations?*, Foreign Affairs, Volume 72, No. 3, Summer 1993, pp. 22–49.

时代，社会文明的竞争是国家间软实力竞争的重要内容，它甚至成为判断政治和社会制度优劣的依据。

6. 自然环境保护。自然环境显然不属于人类的社会生活领域，但随着环境问题的日益严重，自然环境的状况已严重威胁到人类社会的生存与发展。自然资源的破坏、环境污染的加剧不仅影响到当地的投资环境，损害了居民的身体健康，也降低了人们的生活质量，甚至导致人口迁移和社会动荡。正是在这种背景下，自然环境已成为国家间社会竞争的重要方面。由于任何社会的存在都无法离开一定的自然环境，社会的发展进步和未来发展趋势都与当地的自然环境密切相关。正如贝克所说，"在20世纪结束的时候，自然就是社会而社会也是'自然'"①。因此，保护自然环境就是在保护和提升该社会的竞争力。

第三节 风险社会的危机与治理困境

随着科技的进步，人类创造财富的速度正在以惊人的速度增长，为不断增长的世界人口提供食物和其他消费品，似乎一个没有贫困困扰的世界就会出现在不远的将来（尽管世界上仍存在着数以亿计的贫困人口）。然而，伴随着财富的增长和工业化进程的加快，风险也在以惊人的速度累积着，时刻威胁着人类文明的进程。"森林破坏的加剧，内陆河道和内海充满了泡沫，动物身体受到石油污染，建筑和艺术品被腐蚀，一系列的泄毒事故、丑闻和灾难，以及传媒对此的报道。"② 所有这一切冲击着世人的神经，也在挑战世人的智慧。它带给人类的痛苦似乎已经超出工业化本身带给人类的利益，并正在超出人类忍耐的极限。按照贝克的说法，人类正在进入风险社会，"随着两极世界的消退，我们正在从一个敌对的世界向一个危机和风险的世界迈进"③。在风险社会里，人类的行为已不再仅仅受创造财富的逻辑支配，还会受到风险的支配。正如佩奇所说："进入历史危急时刻的当代人，再也不能无视全人类所处的险境和未来的选择了！"④ 由于人类智识的有限性，人们对

---

① [德]乌尔里希·贝克：《风险社会》，译林出版社2004年版，第98页。
② 同上书，第64页。
③ [德]乌尔里希·贝克：《世界风险社会》，南京大学出版社2004年版，第4页。
④ [意]佩奇：《世界的未来》，中国对外翻译出版公司1985年版，第127页。

各种风险产生的原因,这些风险导致危害的各种曲折的途径以及消除风险的科学方法等都还知之甚少,众多的风险仍处于不可知的状态中,而且人类消除风险的努力可能正在创造另一种风险,正如当今社会的大多数风险来自科学的进步一样。所有这一切都可能使人类治理风险的尝试走向挫折。

一 风险社会及其社会后果

在现代社会,人们抵御地震、洪水、干旱、风暴等自然风险的能力并没有明显增强,与此同时,许多人为的风险和工业化风险却日益增多。1995年4月19日俄克拉荷马城爆炸案和同年5月30日东京地铁毒气案、1996年英国疯牛病(BSE)危机、2001年9月11日针对世贸大厦和五角大楼的恐怖袭击、印度博帕尔毒物泄漏事故、苏联切诺贝尔核泄漏事件等所引发的严重后果无不令人震惊。可以说,现代社会充满了风险,而且已经与我们的社会生活紧密联系在一起,比如:飞机失事、交通事故、食品安全、环境污染、经济危机,等等。正如贝克所指出的:"财富的社会生产系统伴随着风险的社会生产。相应地,与短缺社会的分配相关的问题和冲突,同科技发展所产生的风险的生产、界定和分配所引起的问题和冲突相重叠。"[1]

(一)风险社会的内涵

在日常生活中,风险通常是指未来可能发生的不利后果或影响。贝克在《风险社会》一书中认为,风险是指"完全逃脱人类感知能力的放射性、空气、水和食物中的毒素和污染物,以及相伴随的短期和长期的对植物、动物和人的影响。它们引致系统的、常常是不可逆的伤害,而且这些伤害一般是不可见的"[2]。在《世界风险社会》一书中,贝克又说:"风险是预测和控制人类活动的未来结果,即激进现代化的各种各样、不可预料的后果的现代手段,是一种拓殖未来(制度化)的企图,一种认识的图谱。"[3] 可见,在贝克看来,风险不仅是指未来可能发生的伤害,而且也指人类对风险的意识和认知。

在现代社会,风险伴随着人类社会的生产和生活而产生和扩散,它已不再是个人性的,而是具有广泛的时空影响,乃至贝克要将其称为"世界风险

---

[1] [德]乌尔里希·贝克:《风险社会》,译林出版社2004年版,第15页。
[2] 同上书,第20页。
[3] [德]乌尔里希·贝克:《世界风险社会》,南京大学出版社2004年版,第4页。

社会"。在吉登斯看来，风险社会是与传统社会相对应的一个概念，传统社会的一个重要特征是对资源的配置和分配机制，而现代社会的核心机制则是风险再分配机制。无论是私人保险还是国家福利体制的保险形式，提供保险的人实质上都只是在重新分配风险。① 可见，在风险社会里，风险已成为影响社会运行核心要素，风险的规避和分配正如工业社会中对财富的分配一样，成为推动社会运行的动力源泉。之所以如此，乃是因为现代社会的风险无法确定却又具有决定人类社会命运的影响力。在风险社会里，任何人都无法真正脱离风险，"你可以拥有财富，但必定会受风险的折磨；可以说，风险是文明所强加的"②。而且这种风险无法通过现代"保险"而加以避免，因为"风险社会是一个未经保险的社会，在这个社会中保险保护随着危险的规模而减少——这是在'福利国家'的历史背景之中，它环绕着生活于整个社会的所有方面"③。就像我们无法对"核战争"的风险加以保险一样。另一个例子是，在经济危机中，保险业自身的风险甚至远远超过其他产业。

因此，风险社会不是指人类生活在一个无法预测也无法抗拒的恶劣的自然环境中，而是指伴随着人类文明的进程，人类社会日益生活在一个由人类活动产生的充满未知而严重风险的世界中。

（二）风险社会的产生

如果从人类活动所产生的不确定性影响的角度来看，"人类历史上各个时期的各种社会形态从一定意义上说都是一种风险社会"④。比如早期人类社会的过度开垦导致的土地荒漠化，甚至导致古代"两河流域"文明的衰落。但是，早期风险社会的风险是低频度的、小范围的，而且通常是可逆的，因此，还算不上真正的风险社会。现代风险社会特指伴随着工业社会的产生，人类改造自然和社会的能力急剧增强后而产生的具有高度不确定性的世界。"我们生活在这样的一个社会里，危险更多地来自我们自己而不是外界。"⑤ 从这种意义上来说，现代风险社会是一种人为的不确定性的世界，它与我们当代的生活方式和社会结构紧密联系在一起。

---

① ［英］吉登斯：《失控的世界》，江西人民出版社 2001 年版，第 21 页。
② ［德］乌尔里希·贝克：《风险社会》，译林出版社 2004 年版，第 21 页。
③ ［德］乌尔里希·贝克：《世界风险社会》，南京大学出版社 2004 年版，第 111 页。
④ ［德］乌尔里希·贝克：《从工业社会到风险社会》上篇，王武龙编译，《马克思主义与现实》2003 年第 3 期。
⑤ ［英］吉登斯：《失控的世界》，江西人民出版社 2001 年版，第 29 页。

现代风险社会主要是基于人类活动而产生的，但并不是所有的人类活动都会导致严重的社会风险。比较而言，一些人类行为可能更容易导致社会风险的产生。吉登斯曾归纳了现代性的四种具有严重后果的风险：集权的增长；经济增长机制的崩溃；生态破坏和灾难；核冲突和大规模战争。① 这为我们分析社会风险的根源提供了重要的线索。贝克在《世界风险社会》一书中对经济风险产生的原因进行了较为全面的分析。他认为风险主要来自五个方面：首先，受领土限制的政治行动者（政府、国会、工会）与不受领土限制的经济行动者（资本、金融、贸易的代表）之间的新权力博弈，是不确定和有风险的政治经济中被表达出来的核心要素。即资本是全球性的，工作是地方性的。其次，国家除了在以下两条道路中进行选择之外，没有其他逃路：以高失业率为代价，对不断增加的贫困人口提供社会保障；接受明显的贫困以促成稍低的失业率。第三，工业社会的终结是由于越来越多的人正在被智能技术所取代。不断攀高的失业率不能再归咎于周期性的经济危机，而更应归咎于高科技的资本主义的成功。第四，不确定的政治经济描述和分析了一种多米诺骨牌效应。在过去的黄金时代里彼此补充和增援的东西——充分就业、养老金储蓄、高税收、政府行动的余地——现在趋于变异为彼此相危。第五，处处要求的"灵活性"也意味着风险在国家、经济和个人之间的重新分配。可获得的工作变得越来越短期和"可更新的"——即"可终止的"。②

也许就像风险本身的不确定性一样，寻找社会风险的根源也充满了不确定性，它只是提出了一种可能性，还有可能得出错误的结论。尽管如此，我们还是试图从历史的经验中寻找风险社会产生的原因。我们认为，风险社会的产生主要基于以下三种原因：一是对财富增长需求的放纵。这种对财富的渴望常常使人们忽视已知的风险。"在阶级、工业和市场社会问题与风险社会问题之间的相互重叠和竞争中，依据权力关系和重要性标准，财富生产的逻辑总能取得胜利，而就是因为这个原因，风险社会成为最后的胜利者。"③ 而对于国家管理者而言，促进财富增长使得"保护经济复苏和增长享有无可置疑的首要地位。失业的威胁被大肆渲染，这是为了使规定的标准排放口更

---

① ［英］安东尼·吉登斯：《现代性的后果》，译林出版社2000年版，第150页。
② ［德］乌尔里希·贝克：《世界风险社会》，南京大学出版社2004年版，第14—15页。
③ ［德］乌尔里希·贝克：《风险社会》，译林出版社2004年版，第50页。

大些，使管制更松懈一点，或者是为了阻止任何对食物中有毒残余的调查"①。二是对理性的盲目自信。现代自然科学的成功倾向于使人们相信，真理的大门已经敞开，人类完全能够根据科学知识从根本上改造自然甚至人类社会。然而，科学的历史永远无法终结，人类所掌握的知识（那是包含着众多谬误的知识）是微不足道的，人类理性的宏大实践：规划的城市巴西利亚、埃及阿斯旺大坝、坦桑尼亚的强制村庄化、计划经济体制的实践等，无不造成了严重的后果。斯科特曾对此进行了深刻的总结，他说："我认为多数19世纪晚期和20世纪国家发展的悲剧都来源于三个因素致命的结合。第一个是对自然和社会管理秩序的雄心。'极端现代主义'（High Modernism）可能是表述这种雄心的合适词。第二个因素是毫无节制地滥用现代国家权力作为达到目标的工具。第三个因素是缺乏抵制这些计划能力的软弱和顺从的市民社会。"② 三是科技的高速发展。现代社会的风险大多是科技发展的结果。农药的使用和转基因食品的出现给人类食品带来了未知的风险，"试管婴儿"技术对家庭、婚姻和亲属关系的基础可能造成破坏，核技术、生物武器、化学武器的出现则导致可能毁灭整个人类的风险的出现。正如贝克所说："风险是人类活动和疏忽的反应，是生产力高度发展的表现。这意味着危险的来源不再是无知而是知识；不再是因为对自然缺乏控制而是控制太完善了；不是那些脱离了人的把握的东西，而是工业时代建立起来的规范和体系。"③

（三）风险社会的社会后果

随着人们对风险社会认识的深入，人们对风险社会的反思必然导致人类行为方式的转变，并引发一系列政治和社会后果。从总体上来说，风险社会的社会后果既包括社会风险引发的后果，也包括人类对风险社会所作出的反应。

1. 风险的全球性和高危性。温室效应、南极臭氧层空洞、企鹅体内过高的石油浓度、难民的全球移动、核武器对整个地球的威胁，所有这一切都说明风险是全球性的，而且达到了前所未有的强度。对于风险的全球性而言，

---

① ［德］乌尔里希·贝克：《风险社会》，译林出版社2004年版，第51页。
② ［美］詹姆斯·C.斯科特：《国家的视角》，王晓毅译，社会科学文献出版社2004年版，第115—116页。
③ ［德］乌尔里希·贝克：《风险社会》，译林出版社2004年版，第225页。

"危险的普遍化伴随着工业生产,这种情况是独立于生产地的:食物链实际上将地球上所有的人连接在一起"①。这种风险的全球性,"促成了全球的相互依存,并且一个(潜在的)世界公共领域的轮廓实际上开始形成"②。而对于风险的威胁而言,不仅在于风险所具有的严重后果,更在于我们对风险所知甚少。"高后果的风险具有一种独特属性。它们所包含的灾难危险越多,我们对于所冒风险的任何真实经验就越少,因为如果事情'出错'的话,那就已经太晚了。"③

2. 风险的非均衡分布。虽然风险的全球化使得任何人都不可能摆脱风险,但是,"风险的全球性并不意味着风险在全球是平均分布的。恰恰相反,环境风险的第一定律是:污染与贫困形影相随"④。这是因为,"在可见的因饥饿而死亡的威胁和不可见的因有毒化学物质而死亡的威胁之间的争论中,那些基于物质贫困提出的论据是胜利者"⑤。为了摆脱饥饿的威胁,人们往往忽视那些暂时看起来不那么迫切的威胁。这就是贝克所说的,极端的贫困和极端的风险之间存在系统的"吸引"。⑥

3. 风险的相互关联。在现代社会,风险主要来自工业领域(当然也来自政治、社会等领域),但这些风险却很容易影响到其他领域。随着可见的环境风险的日益增多,随着人们对不可见的风险的恐惧日益加深,社会公众对污染企业的态度由"不满"转向"憎恨"。与此同时,人们对旧有的"偏袒"污染的政治结构日益不满,对政治的不信任情绪也会在社会中迅速蔓延。"这种情形正在破坏政治的力量和可信度,其结果是世界社会亚政治化。"⑦ 在贝克看来,"亚政治"这个概念指的是外在于并超越国家——政府政治体制的代表性制度的政治。它关注的焦点在于一种倾向于将社会所有的区域纳入行动中的政治自我组织的符号。亚政治意即"直接"政治——即特有的对政治决策的个人参与,绕过代表性的意见形成的机构(政党、议会),甚至往往缺乏法律保护。换句话说,亚政治意味着自下而上的社会形成。亚

---

① [德]乌尔里希·贝克:《风险社会》,译林出版社2004年版,第39页。
② [德]乌尔里希·贝克:《世界风险社会》,南京大学出版社2004年版,第25页。
③ [英]吉登斯:《现代性与自我认同》,生活·读书·新知三联书店1998年版,第140页。
④ [德]乌尔里希·贝克:《世界风险社会》,南京大学出版社2004年版,第6—7页。
⑤ [德]乌尔里希·贝克:《风险社会》,译林出版社2004年版,第46页。
⑥ 同上书,第45页。
⑦ [德]乌尔里希·贝克:《世界风险社会》,南京大学出版社2004年版,第49页。

政治通过改变政治活动的规则和边界建立起政治自由，以至它对新的联合变得更为开放和敏感——同时能够被磋商和改造。①

二 我国正处于风险高发期

自古以来，我国就是多灾多难的国家，水灾、干旱、虫灾、地震等自然灾害频繁，战争、农民起义、朝代更迭等周期性的社会动荡，等等。当前，我国正处在工业化加速推进、经济体制转轨和社会结构转型的关键时期，社会风险形势极为严峻。除了自然风险之外，水土流失、环境污染、气候变化、生产事故、贫富差距、公权腐败等问题仍有加剧的趋势。与此同时，我国的风险控制和管理能力仍然相当薄弱。SARS事件暴露了我国公共卫生体系建设的严重滞后；阜阳毒奶粉事件、三鹿奶粉三聚氰胺事件暴露了我国食品安全监管的缺失；山西襄汾溃坝事件和频繁发生的安全生产事件暴露了我国安全管理的薄弱；瓮安事件和各地不断涌现的群体上访事件显示出社会矛盾仍然较多。这一切表明，我国正处于风险高发时期。

（一）我国风险社会的表现

在我国，伴随着工业化进程的推进和社会生活的剧烈变革，风险社会的特征日益明显。

第一，风险规模大。我国人口规模巨大，东中部地区人口极为稠密，同时，东中部地区不仅是我国自然风险的高发地带，而且作为经济较发达地区，也是工业化风险的高发地区。这样，一旦风险爆发，就会影响到众多的人口并造成严重的危害。

第二，风险密度高。改革开放以来，我国在加快经济建设的同时，对于环境保护工作长期重视不够，各种不可见的风险日益累积，导致目前相当严重的环境破坏，环境污染事件也频繁发生。仅在2008年9月至10月发生的环境污染事件就有：湖北黄石化工厂废水泄漏事故、上海浦东农药厂除草剂泄漏事故、广西河池冶炼厂含砷废水溢出事故、上海市奉贤区三氯化磷储罐泄漏事故、湖北监利非法炼钒厂污染事故等。

第三，风险种类多。由于经济的高速发展和社会转型的加快，自然风险、工业风险、经济风险、社会风险、政治风险都比较突出。比如：自然环

---

① ［德］乌尔里希·贝克：《世界风险社会》，南京大学出版社2004年版，第50页。

境的破坏使得自然风险更为严重。正是由于长江上游植被被破坏，水土流失严重，1998年的长江洪水才会造成如此巨大的损失；社会转型期的社会矛盾更为突出，社会不稳定的因素有所增多。瓮安事件是其中的一个例子；随着我国全方位对外开放格局的形成，国家间的经济竞争日趋激烈，我国经济的对外依存度显著提高，中外贸易摩擦日益增多。这些因素都增加了我国的经济风险。

第四，风险危害大。从SARS事件、山西襄汾溃坝事件、三鹿奶粉事件等可以看出，我国公共卫生事件、公共安全事件、食品安全事件等都会因为多种因素的相互影响而造成重大损失。这些因素有：人口稠密且流动加速、消费群体庞大、社会公众安全意识不强、政府责任缺失等。

（二）我国风险高发的原因

我国社会风险之所以多发、频发且风险高、危害大，既有现代风险社会的一般原因，也有我国在特定时期特定发展阶段的特殊原因。具体来说，我国风险高发的原因主要有以下几个方面。

第一，风险高发是我国快速工业化的必然结果。新中国成立以来，我国一直致力于走向工业化的道路。改革开放以前，我国走的是一条以重工业为重心的发展道路，忽视农业和轻工业的发展，结果导致我国经济结构严重失衡，工业化进程也遭遇挫折。但这种工业化的发展道路却给我国的自然环境和社会生活带来严重的不良影响。以重工业为主（特别是以钢为纲）的发展道路没有遵循经济发展的客观规律，生产工艺极其落后，不仅人民生活未能得到改善，而且导致大量林木被砍伐，空气和水也受到严重污染。改革开放以后，我国工业化进程明显加快，重工业、轻工业全面发展，我国仅用不足六十年的时间走完了西方三百多年的工业化道路。但与此同时，我国没有把防治污染放到与发展经济同等重要的程度，过快的工业化进程没有伴随着治污技术的同步提高和越发严厉的排污控制。在人们还未来得及反思工业化的不利影响就已经造成了严重的污染后果；在人们还在欢呼工业化成就的时候，各种可见的和不可见的风险已经达到令人震惊的程度。工业污染已经从少数的工业城市扩展到全国所有的城市甚至乡村，空气污染、水污染、土壤污染、食物中农药残留等，使每一个人都无处可逃。

第二，风险高发也根源于我国超大社会的特殊国情。一方面，我国人口规模大，密度高，风险一旦发生就会威胁到众多人的利益，而且随着人口流动的加快和信息、通讯技术的发展，极大地推动了风险的传播；另一方面，过多的人口也加大了土地、水等资源的压力，为了解决众多人口的食品和消费品需求，往往造成对土地的过度开垦和对工业化进程中风险的忽视，使本来就因为人口过多而脆弱的生态环境更容易被破坏。正如贝克所说，在国际范围内，物质的贫困和对危险的忽视相互重合的观点，在经验上是正确的。[1]

第三，我国正处于社会转型期也是风险高发的一个原因。目前，我国正从传统的农业社会转向工业社会，经济体制从计划经济体制转向市场经济体制，社会结构变动的速度显著加快，思想观念和社会价值体系逐步走向了多元化，贫富差距逐步扩大，社会利益冲突日渐增多，传统计划经济体制下在共同价值观念和共同利益基础上的社会认同日益瓦解，新的建立在现代公民观念基础上的社会认同还在形成的过程中。所有这一切都表明，我国社会不稳定的风险仍然广泛存在。

第四，制度缺失和制度不健全是我国风险高发的另一原因。在经济转轨和社会转型的变革时期，制度建设滞后是常见的现象。当旧的社会规范已不再适用，新的社会规范还没有制订，就很容易出现一些社会不轨行为，从而引发社会风险。比如：公共权力运行的不规范而引发的腐败和不公平；企业间的不规范竞争甚至恶意竞争；安全生产和产品质量安全监督不到位；市场管理特别是金融监管滞后，等等。

三 风险社会的特征与治理困境

风险社会是伴随着工业社会的产生而产生的，但风险社会并不是工业社会。在工业社会里，人类社会的活动是围绕着财富增长和分配而展开的，追求财富的愿望压抑着和降低着对风险的恐惧。在风险社会里，对可见的和不可见的风险的恐惧左右着人们行为的选择和人类社会的经济的、政治的决策过程，人类社会活动主要围绕着风险的生产和分配而展开。因此，风险社会展现出与工业社会不同的特征，这也从根本上影响着社会公共权力对风险社会的治理结构和治理方式。

（一）风险社会的基本特征

在风险社会中，并不意味着风险已经给人类社会造成了极其严重和难以

---

[1] ［德］乌尔里希·贝克：《风险社会》，译林出版社2004年版，第45—46页。

弥补的伤害，而是各种难以预料的不可见的风险始终伴随着人类社会，给人类社会的生存带来严重和持续的威胁，并使人们生活在对危险的恐惧中。风险社会具有以下特征：

1. 社会公众的风险意识显著增强。和工业社会相比，风险社会的标签并不说明社会中的风险更多了、更严重了或者更危险了，而是指人们对风险的认识加深了，风险意识增强了。人们已经充分地认识到，工业文明所带来的风险正在或者已经超出它给人类带来的利益，更为严重的是，人们无法充分识别风险，也不能准确预测风险可能带来的危害。"在许多情况下，浑然一体的风险和机会是如此之复杂，以至于对个人来说，在什么情况下应该信任特定的系统或体系，在什么情况下应中止这种信任，是极为困难的事情。"① 风险的不可见和风险的严重性进一步加剧了人们的恐惧。"它们的不可见并不证明它们不存在；相反，因为它们事实上发生在不可见的领域中，这就给了它们可疑的危害以无限的空间。"② 而一些风险则由于后果的严重性导致人们更为激烈的抵制。"无论事故的概率是多么的小，如果一个事故就意味着全体毁灭的话，那就是太大了。"③

2. "人化"风险是主要风险。当今的世界无处不打上人类社会活动的烙印，但我们仍不能说所有的风险都是"人化"风险，像地震、海啸等自然灾害仍属于比较纯粹的自然风险。但在风险社会中，"人化"风险已成为最主要的风险。这种"人化"风险主要包括三种类型。一是人为风险，也就是说这种风险纯粹是人类社会活动的结果，如环境污染、大规模杀伤性武器的扩散等。二是社会化自然风险，这是因为人类活动而导致的自然风险，如人类破坏了生态环境而引发的"沙尘暴"、"温室效应"导致的两极冰雪融化、海平面上升等。三是制度化风险，也就是社会制度本身的漏洞、不合理而导致的风险，比如：过于宽松的环保标准导致的污染加重，不公正的社会制度导致的社会矛盾等。

3. 风险的不可见性和无法预测性。工业文明事实上使人类生活在一个充满危险的世界上，空气中弥漫着有毒的气体和颗粒，池塘中含着过量的剧毒物质，水果中富含着农药残留，所有这一切使得人类在无法察觉的情况下遭

---

① [英] 安东尼·吉登斯：《现代性的后果》，译林出版社2000年版，第130页。
② [德] 乌尔里希·贝克：《风险社会》，译林出版社2004年版，第88页。
③ 同上书，第29页。

到伤害甚至死亡。科技的进步并没有同时提供足够的有关科技给人类带来的风险的知识。人类掌握了大规模杀伤性武器,却不知道如何避免杀伤性武器的使用;人类掌握了"克隆"技术,却不知道"克隆"技术会给人类带来怎样的风险;人类用农药去杀死"害虫",却未曾料到"益虫"消失了而"害虫"却因获得了抗药性而越发兴旺,而令人沮丧的是,人类更不知道如何才能回到施用农药前的"从前"!可见,风险不仅是不可见的,更是无法预测的。恩格斯曾指出:"我们不要过分陶醉于我们人类对自然界的胜利,对于每一次这样的胜利,自然界都对我们进行报复。"① 人类在努力实现其美好目标的同时,总是忽视与目标相伴而行的风险。

4. 风险的全球性。由于在全球化时代,整个世界已成为紧密联系的整体,对其中一个部分的伤害也会伤害到其他部分;更由于现代社会风险往往具有更大范围和更长时间的影响力,风险社会事实上已成为贝克所说的世界风险社会。"就其轴心原则而言,它的挑战是无论在时间上还是在空间上都无法从社会的角度进行界定的现代文明制造的危险。"② 比如:臭氧层空洞、温室效应、热带森林的消失、遗传工程、核技术等,其影响都是世界性的。包括那些制造风险的人,最终也会受到风险的威胁,贝克将此称为"飞去来器效应"。"或早或晚,现代化的风险同样会冲击那些生产它们和得益于它们的人,它们饱含着一种打破了阶级和民主社会模式的'飞去来器效应'。"③

(二) 风险社会的治理困境

面对风险社会的严重威胁和社会成员日益增加的对风险的恐惧,政府被迫采取行动以试图降低危险并缓解公众的压力,正如吉登斯在分析现代性时所指出的,我们今天生活于其中的世界是一个可怕而危险的世界。这足以使我们去做更多的事情,而不是麻木不仁,更不是一定要去证明这样一种假设:现代性将会导向一种更幸福更安全的社会秩序。④ 贝克也指出,在哪里现代化风险被"承认"——并且在这里有很多东西卷入进来,不仅仅有知识,并且有集体的对风险的知识和信仰,以及对原因和结果的关联链的政治

---

① 《马克思恩格斯选集》第4卷,人民出版社1995年版,第383页。
② [德] 乌尔里希·贝克:《世界风险社会》,南京大学出版社2004年版,第24页。
③ [德] 乌尔里希·贝克:《风险社会》,译林出版社2004年版,第21页。
④ [英] 安东尼·吉登斯:《现代性的后果》,译林出版社2000年版,第9页。

阐述——在那里风险就发展出一种难以置信的政治动力。[①] 但政府和社会的努力却往往难以收到预期的效果，这不是因为风险还不够严重，以至于政府不够重视，而是因为风险社会本身就存在着治理困境。杨雪冬等人认为，国家中心的治理失效有三种基本形式，即结构性失效、制度性失效以及政策性失效。结构性失效涉及以国家为中心构建的整个治理结构，它有两种表现形式：一种是国家治理能力的软弱，无法承担起应有的提供社会秩序和社会安全的功能，更无法保证市场和公民社会的正常运行；另一种是国家与公民社会、市场的关系不平衡，挤占了后两者的边界，僭越了它们的功能，从而诱发了后两者的失效。制度性失效通常指某种规则和安排存在明显的缺陷。它有三种表现形式：或者指某些社会安全问题上没有建立相应的制度，存在制度真空；或者是虽然建立了相应的制度，但无法充分实行，实现其应有的绩效，存在制度不到位；或者是已经建立的制度并不适应具体的条件，存在制度的不适应。政策性失效主要是因为国家要面对和解决不断出现的各类问题，任何一项解决措施都存在失效的可能。[②] 我们认为，风险社会之所以存在着治理困境，其根源主要在于风险社会自身。

首先，风险的毁灭性质使得任何事后的补救和保险措施都失去了意义。随着科技的发展，人类已经有能力制造出足以毁灭人类自身的风险。"核能的、化学的、遗传的及生态的大灾难毁掉了风险微积分学的基本支柱。"[③] 很显然，这种足以毁灭整个世界的风险是无法进行补救和保险的。贝克对此进行了深入的分析："首先，人们在此关注的是全球的、往往是无法挽救的、不再被限制的损害；金钱补偿的概念因而失败了。其次，预防式的事后安置因致命灾难情形的可想象的最坏的情形而被排除；原先准备用于对结果进行检测的安全概念失败了。第三，'事故'失却其时空上的分界，并因此失却意义。它成为一种有始无终的事件；一种爬行的、疾奔的和重叠的破坏之浪的'没完没了的节日'。"[④]

其次，解决风险的努力却在制造着新的风险。风险的产生通常不是源于邪恶的目的，恰恰相反，它们更多的是来源于人类美好的愿望。正是出于创

---

① ［德］乌尔里希·贝克：《风险社会》，译林出版社2004年版，第93页。
② 杨雪冬等：《风险社会与秩序重建》，社会科学文献出版社2006年版，第68—69页。
③ ［德］乌尔里希·贝克：《世界风险社会》，南京大学出版社2004年版，第72页。
④ 同上。

造财富的愿望导致环境的破坏，正是为了安全的目的才研制出越来越先进的武器。现在，为了应对风险，我们可能正在制造新的风险。鲍曼说，最可怕的灾难是那些灾难，它们可被追溯于对理性的解决办法的过去和现在的追寻中。最可怕的灾难已经出现于——或可能出现于——与灾难的抗争中……危险随着我们的权力而增长，我们感觉最缺少的一种权力是预言危险的来临并估计其规模的权力。[1] 人类的欲望是无穷的，在解决风险问题时亦是如此，人们希望在保留早期利益的前提下降低风险，这便是确定所谓的"可接受的接触量"，这便是为什么贝克说"任何限制污染的人也同时赞同污染"。[2] 然而，这实际上是基于错误的起点、错误的逻辑而采用的错误的做法。最终，"可接受的接触量"变成"不可容忍的危险源泉"。[3] 对此，吉登斯等人给出了精辟的分析："我们关于世界的知识增加后，制造信息的驱动力创造了新的风险形式，而对此风险，我们毫无经验——也不能以被设定的时间序列为基础对此进行计算，因为数据并不存在。"[4]

第三，解决风险的努力面临着知识的局限性。尽管新的知识可能带来新的风险，那可能是因为我们缺少对新知识的风险的知识。这种知识仍有可能带来新的风险，这又要求我们了解更多的知识。这说明，解决风险社会的问题要求我们具备关于风险的知识，但遗憾的是我们关于风险的知识总是严重地滞后于制造风险的知识。吉登斯曾说："对于人化风险，历史上没有为我们提供可资借鉴的经验和知识，我们甚至不知道这些风险是什么，就更不要说对风险的精确计算，也谈不上对风险结果的预测，这就使人们陷入到前所未有的风险环境之中。"[5] 这种风险知识的缺乏主要是因为人们通常无法准确地预测人类行动的未来影响。正如恩格斯所说的，"如果说我们需要经过几千年的劳动才多少学会估计我们的生产行为的较远的自然影响，那么我们想学会预见这些行为的较远的社会影响就更加困难了"[6]。也许，正是因为人们

---

[1] Z. Bauman, *The Solution as Problem*, *The Times Higher Education Supplement*, 13 November, 1992, p. 25.
[2] [德] 乌尔里希·贝克：《风险社会》，译林出版社 2004 年版，第 76 页。
[3] 同上书，第 94 页。
[4] A. Giddens and C. Pierson, *Conversations with Anthony Giddens: Making Sense of Modernity*, Cambridge: Polity, 1998, p. 104.
[5] [英] 安东尼·吉登斯：《现代性：吉登斯访谈录》，新华出版社 2001 年版，第 195 页。
[6] 《马克思恩格斯选集》第 4 卷，人民出版社 1995 年版，第 384 页。

无法彻底克服在风险知识方面的局限性，人类社会或将永远处于风险社会之中。

第四节 社会变革的时代背景对政府有效性提出的挑战

我国自1978年以来的社会变革是在特定的时代背景下展开的。计划经济体制使我国经济发展陷入困境，社会发展停滞不前；全球化时代的竞争使我国的政治、经济和社会生活各领域面临着前所未有的压力，也对我国的政府管理提出了更高的要求；工业化的快速推进和社会经济生活的迅速变迁推动了我国风险社会的形成，使社会治理在某种程度上陷入困境。可以说，我国社会变革的时代背景既赋予了我国社会变革以动力，又注定使我国的社会变革充满风险与挑战。

我国的社会变革是在二十多年计划经济体制实践的基础上展开的。我国计划经济体制的实践，特别是"大跃进"和"文化大革命"的极端"左"倾路线，给我国的政治、经济、文化和社会生活各领域的发展带来了几乎致命性的损害。在政治上，民众对"文化大革命"的后果极端失望，已经影响到公民对社会主义理想的信念；在经济上，国民经济并没有实现"有计划"的增长，相反，发展极度失衡，居民收入长期停滞不前，广大人民，特别是绝大多数农民仍处于极度贫困的状态；在文化教育方面，长期执行的对知识和知识分子的不信任甚至敌视政策使文化教育事业一片萧条；在社会生活领域，长期的阶级斗争使得整个社会的人际关系极为紧张，公民的社会权利得不到有效保障。"文化大革命"结束以后，我国在政治、经济、文化、社会等领域陷入全面危机，改革计划经济体制下的社会治理结构和治理方式已变得迫在眉睫。

我国社会变革的过程同时也是我国对外开放、逐步融入世界的过程。虽然自1840年鸦片战争打开我国国门，开启了我国的百年屈辱历史，但与此同时，我国被迫放弃"闭关自守"的政策，中外之间的政治、经济和文化交流也日益广泛。在新中国成立后，由于受到西方资本主义国家的经济封锁，中西方的交往几近中断。1957年我国与苏联闹僵以后，我国对外交流的大门基本上重新关闭。在全球化的时代，我国关起门来"自力更生"地进行了二十余年的经济建设。在与世界发展进程几乎处于"隔绝"状态下经济发展的结果就是我国与世界的差距以惊人的速度拉大了。当我国打开国门才发现，我国已经错过一次新技术革命的机遇。经过战后三十年的发展，西方国家已经是经济高度繁荣，人民生活富足，而我国还远远没有解决人民群众的温饱问题。在这种情况下，对外开放成为我国加快经济发展的必然选择。但同时，对外开放也使我国不得不迎接全球化时代更为激烈的竞争。这种竞争不仅仅是经济上的，而是体现在政治、经济和社会生活的各个方面，大大增强了我国社会变革进程的不确定性。

我国社会变革的进程更是一个快速工业化的过程。这种工业化进程伴随着经济体制由计划经济向市场经济的转轨，社会形态由农业社会向工业社会，封闭社会向开放社会，传统社会向现代社会转型的过程。在这一过程中，工业化带来的生态破坏问题、环境污染问题、生产安全问题日益严重，经济转轨中出现的利益冲突、分配不公、腐败等现象层出不穷，社会转型中出现的民主诉求、民族矛盾、区域差异、意识形态多元化等导致社会不稳定因素显著增多。这一切表明，我国已经进入风险社会。

面对极端落后的经济状况、日趋激烈的国际竞争和风险社会的治理危机，如何在发展经济的同时，提高国家的竞争力，保护生态环境，降低社会风险，无疑是当代中国政府面临的严峻挑战。

一 社会变革时期中国政府的使命与责任

中国当代的社会变革是在政府的推动下展开的。1978年12月，中国共产党十一届三中全会作出了把党和国家的工作重心转移到经济建设上来的战略决策，拉开了当代中国社会变革的序幕。当时，"文化大革命"刚刚结束，许多极"左"观念还在禁锢着人们的思想。同时，二十余年的计划经济实践带来的严重后果也在一定程度上影响了政府的威信。解放思想、加快发展就成为贯穿当代中国社会变革的基本主题，也成为中国政府赢得合法性的重要基础。在当代中国社会变革的进程中，增强国家竞争力，有效应对各种风险与挑战是中国在全球化背景下参与国际竞争，维护国家安全，促进经济长期发展，保持社会稳定的必然选择，也是中国成功实现社会变革的基本保证。

（一）推进社会经济发展

计划经济的实践不但没能实现"赶英超美"的目标，中国与西方的差距反而拉大了。与西方发达国家相比，我国民众既缺乏财富也缺乏自由。如果说这种状况在闭关自守的情况下还能勉强维持的话,那么在全球化的开放时代就根本不能够持续下去。加快经济发展不仅仅是因为来自国际比较的压力,更是维持人民对政府的信心和对社会主义信念的根本措施。因此,在当代中国,经济发展问题已成为影响社会主义前途与命运的政治问题。邓小平说:"社会主义制度优越性的根本表现,就是能够允许社会生产力以旧社会所没有的速度迅速发展,使人民不断增长的物质文化生活需要能够逐步得到满足。按照历史唯物主义的观点来讲,正确的政治领导的成果,归根到底要表现在社会生产力的发展上,人民物质文化生活的改善上。生产力发展的速度比资本主义慢,那就没有优越性,这是最大的政治,这是社会主义和资本主义谁战胜谁的问题。"[①] 我们一向宣称,社会主义制度比资本主义制度更为优越,而这种优越性只有体现在社会经济发展上才能让人信服。正如邓小平指出的,"社会主义的优越性归根到底要体现在它的生产力比资本主义发展得更快一些、更高一些,并且在发展生产力的基础上不断改善人民的物质文化生活"[②]。因此,推进经济发展是政府工作的首要任务。

应该说,在计划经济时期政府同样非常重视经济工作,希望通过对国民经济的计划管理实现经济的快速增长,同时避免资本主义国家经济发展中的无序和危机。计划经济的实践使人们对政府发展经济的能力产生了怀疑,继续遵循以前的计划管制的方式显然是不行的,政府必须通过一种更有效的方式来促进经济的发展。中国政府和人民经过长期的探索,终于找到了一条建设有中国特色的社会主义道路,实现了经济快速、平稳增长。在发展经济的同时,政府还要推进社会的全面进步。社会主义不仅仅要在经济增长上,还应在社会的公平、文明、安全、自由、民主等各个方面,赢得与资本主义制度相比较的优势。

(二)提升政府竞争力

在全球化背景下,一个国家能否在世界政治经济舞台占据一席之地,关键取决于国家竞争力的高低。影响国家竞争力的因素很多,比如:国内的自然资源、环境状况、教育科技水平和创新能力、人口规模和人口素质、资本状况、基础设施、企业的规模和竞争力、国内市场发育状况和竞争水平、政

---

① 中共中央文献研究室:《邓小平年谱(1975—1997)》上,中央文献出版社 2004 年版,第 379—380 页。

② 《邓小平文选》第 3 卷,人民出版社 1993 年版,第 63 页。

府管制与政府服务等。在这些因素中,有些是难以改变的,如自然资源、人口规模等;有些是短期内难以改变但最终能够改变的,如教育科技水平、资本状况、人口素质、环境状况等;有些是可以迅速改变的,如政府管制等。提高国家竞争力的关键在于改进那些能够改变的因素,而对于那些难以改变的因素则只能尽可能地变劣势为优势。

随着科技的飞速发展,世界各国之间的联系越来越紧密,全球化的趋势正在进一步加强。这主要表现在各种影响国家竞争力的因素正在全世界跨国移动。比如:随着航运价格的下跌,工业原材料的跨国交易使得国内自然资源的"瓶颈"已不再是制约经济发展的关键因素,战后日本的再次崛起充分说明了这一点;随着国际资本市场的发展和国际资本流动的加速,数以万亿计的资本在全球寻找具有更高回报的投资项目,资本短缺也不再是制约经济发展的关键因素,只要国内具备安全的诱人的赢利机会,资本问题就能够得到解决;随着跨国知识产权交易,知识和技术的跨国流通已变得非常便捷;虽然大规模的人口跨国迁移还不太可能,但人才特别是高科技人才的跨国流动变得越来越普遍。可以看出,影响国家竞争力的大多数因素都可以通过这些因素的跨国流动来获得,比如:自然资源、资金,甚至知识和人才。

随着国际市场的形成,作为国家竞争力要素之一的国内人口规模的重要性也在降低。那么,什么才是影响一国国家竞争力的关键因素呢?我们认为,那些不能流动或者很难流动的因素是最为关键的,正是这些不能流动的因素吸引了能够流动的因素。这些不能流动或很难流动的因素主要包括:基础设施、市场状况、政府管理、人口规模等。很显然,政府管理是其中最为关键的因素,因为基础设施和市场状况取决于政府的投资和市场政策,而人口规模也在一定程度上受到政府政策的影响,尽管难以在短期内加以改变。从历史经验可以看出,仅有人口规模并不足以保证经济的发展。同时,政府政策还是影响科技进步和人才成长的关键因素,对环境状况和企业管理也具有重大影响。因此,"在全球化时代,国家的作用实际是加强而不是削弱了"[①]。国家间竞争的实质是政府竞争力的较量。

然而,这种政府竞争力的较量却并不是公平的,强国总是试图把自己的意志强加给弱国。在解决共同面临的国际问题中,弱国的发言权是极为有限

---

① 杨丹萍:《对波特国家竞争优势理论的评析》,《技术经济与管理研究》2004年第3期。

的。正如贝克所说:"全球化暗示着国家结构的弱化,以及国家自治和权力的弱化。弱国对'全球管理'机构的服从,实际上为权力战略伪装为人道的调停创造了空间。"① 一些国家和国际组织推行双重标准也是造成国家竞争不公平的另一个原因。贝克曾颇为幽默地说:"如果美国要成为欧盟的一个成员会发生什么?它自然会被拒绝。为什么?因为它显然缺乏民主!"② 自从苏联解体之后,中国已成为以美国为首的西方国家在意识形态上的主要对手。为了对中国进行遏制,它们总是设法阻挠和破坏中国发展。美国对一些"不听话"的国家,如伊朗、伊拉克、古巴、利比亚等,一直坚持进行经济制裁,严重影响了这些国家的发展。

(三) 有效化解社会风险

任何社会都存在着某种风险。随着工业社会的到来和全球化的发展,人类面临的风险急剧增加,风险可能造成的灾害也达到前所未有的程度,特别是与现代科技相联系的一些风险。"与早期的工业风险相比,核的、化学的、生态的和基因工程的风险,(a) 既不能以时间也不能以空间被限制,(b) 不能按照因果关系、过失和责任的既存规则来负责,(c) 不能被补偿或保险。"③ 对于国家而言,风险会对政治、经济、社会和文化等各方面造成巨大冲击,有效化解风险已成为社会繁荣进步的基础。改革开放以来,随着经济的发展,我国民众面临饥饿的风险正在逐步消除,因政府合法性危机可能引发的政治风险也大大降低,但新的更多的风险已经出现。一是工业化的发展带来的工业风险,比如:生产安全、生态破坏、环境污染等,化工厂、核电站、冶炼厂、发电厂等成为重要的风险源。二是宏观经济风险,比如:通货膨胀或通货紧缩、失业、金融危机等。三是社会风险,比如:地区之间、城乡之间收入差距拉大引发的社会不满,社会资源和权利分配不公导致的社会不稳定等。四是政治风险,比如:公权力滥用、腐败蔓延引发的政府合法性危机,民族分裂势力、恐怖组织引起或煽动的政治动荡等。五是自然风险,比如:地震、台风、洪水、干旱、流行病等。我国是自然灾害频发的国家,如果不能有效应对自然风险,自然风

---

① [德] 乌尔里希·贝克:《世界风险社会》,南京大学出版社 2004 年版,第 17 页。
② 同上。
③ U. Beck, *Ecological Enlightenment: Essays on the Politics of the Risk Society*, Atlantic Highlands, NJ: Humanities Press, 1994, p. 2.

险也可能会演化为政治、经济、社会的全面危机。另外，随着我国日益融入全球化，其他国家的风险也可能在我国导致相应的危机。比如当前美国次贷危机引发的金融风暴已给我国的经济造成了严重困难。随着我国工业化进程的加快和对外开放的深入，上述风险在某种程度上已变得越来越严重，政府能否有效化解这些风险成为政府面临的严峻挑战。

二 社会变革进程中政府所面临的困境

当今的世界是一个不断变化的世界，对于政府管理而言，这些变化并不总是意味着威胁，但是政府必须使自己跟上社会变革的步伐，并能够对变革进行有效的管理，以便将变革引向政府所期望的方向。同时，充分利用变革中孕育的机遇，并将风险降到最低。面对飞速变化的事态和环境，政府需要具备应对挑战和解决困难的能力，因为"威胁来自四面八方，而且有些会很突然"[①]。社会变革的进程很容易变得失控，这不仅是因为政府仅是众多影响变革的因素之一，更是因为政府可能并不具有所需要的能力，而且政府也可能会错误地采取一些不明智的行为。

（一）政府实现有效治理的愿望与政府知识有限性的冲突

在当今社会，人民主权的原则已经得到了坚持形形色色的治国理论的人的一致赞成。这种理论的中心思想就是国家的一切权力来自人民，国家（通过政府）的目的仅仅在于服务于民众的愿望和要求。"从19世纪起，人民的福利也越来越不仅仅被看做强化国家能力的工具，而且被作为目的本身。"[②]实际上，不仅政府一直声称他们能够并且正在努力创造一个更美好的世界，而且人们也相信，政府能够被用来追求一些美好的目标。我国作为社会主义国家，全心全意为人民服务是政府的宗旨，政府建设美好社会的愿望似乎也不容置疑。我国改革开放以来的社会变革同样是在政府的领导下开创的，改革的目的同样是提高人民的生活水平，建设富强、民主、文明的社会主义国家。但是，政府美好的愿望并不足以保证目标的实现。社会变革的过程是一个充满不确定性和风险的过程，而政府对此并不具有足够的知识准备。首先，政府同样是由人组成的，和个人一样仅仅具有有限的理性，对于社会中

[①] ［英］菲利普·海恩斯：《公共服务管理的复杂性》，清华大学出版社2008年版，第81页。
[②] ［美］詹姆斯·C.斯科特：《国家的视角》，王晓毅译，社会科学文献出版社2004年版，第120页。

的很多事务政府无疑是陌生的。如果政府凭借极为有限的知识却相信能够处理陌生的事务就极有可能遭遇失败。如同帕斯卡（Pascal）所说的，理性主义的最大失败"不在于它对技术知识的认知，而在于不能认知其他"①。其次，政府所拥有的知识中很可能包含着许多谬误。这种责任不在政府，而是因为在发现知识的过程中谬误就会隐藏在其中。沃勒斯坦在《知识的不确定性》一书中深入分析了知识本身具有不确定性的原因。一方面，人们对资料的分析能力有限。"在知识的专业化程度越来越高的现实情况下，对每一个具体的科学论断而言，不管是对所提供的证据的可靠性，还是对资料分析所作的理论推理的严密性，除极少数人外，人们都不能作出个人的理性判断。"②另一方面，科学研究并不是理性无私的，它会受到私利的影响。"由于全世界的科学家主要地来自占社会统治地位的阶层，所以完全可以说：科研问题的选择是有所偏颇的。这种现象对社会科学来说非常明显，对自然科学而言似乎也确实存在。"③而且正如海森堡原理（Heisenberg principle）④所揭示的那样，研究过程也会影响到研究结果。第三，政府无法准确地预测未来，因此，政府不清楚政府的活动能否达到预期目标，也不清楚社会会有什么新的变化。正如斯科特所指出的，"我们很清楚地知道，从现在的出生率、城市移民、就业和收入结构的趋势作出预测是很值得怀疑的。这样的预测经常是错误的。对于战争、石油禁运、天气、消费倾向、政治危机爆发，我们的预测能力实际是零"⑤。

（二）政府责任的拓展与政府能力不足的冲突

政府的责任是随着社会需求的增长而增长的。在国家产生初期，政府的责任主要是抵御外敌，或者维护国内秩序，或者解决共同面临的自然风险，如洪水等。随着社会的发展，政府又逐渐承担了教化民众、裁定纠纷

---

① 转引自［美］詹姆斯·C.斯科特《国家的视角》，王晓毅译，社会科学文献出版社2004年版，第469页。
② ［美］伊曼纽尔·沃勒斯坦：《知识的不确定性》，山东大学出版社2006年版，第4页。
③ 同上书，第5页。
④ 海森堡原理（Heisenberg principle）的内容是：调查研究的过程（即进行观察的过程）会改变调查研究的对象；在某种情况下，调查研究的过程会使调查研究的对象发生很大变化，使所获得的资料十分不可靠。转引自［美］伊曼纽尔·沃勒斯坦《知识的不确定性》，山东大学出版社2006年版，第5页。
⑤ ［美］詹姆斯·C.斯科特：《国家的视角》，王晓毅译，社会科学文献出版社2004年版，第193页。

的责任。在当今社会，政府不仅承担着提供公共安全，维护社会稳定的职责，而且负责提供基础设施，治理环境污染，保障生产安全，保障食品安全、药品安全和其他工业品的消费安全，解决所有的有一定影响的公共问题，比如：自然灾害、传染病、饥荒等，甚至许多以前纯属私人的问题，现在也由政府加以解决，比如：基础教育（在一些国家中高等教育也实行全免费）、养老、医疗、失业等。可以预见，政府所承担的责任还将进一步拓展。

然而，政府责任的拓展却没有伴随着政府能力的同步提升。首先，政府责任的增加与政府财政拮据并存。随着政府责任的拓展，政府机构也随之膨胀。以美国为例，在1789年，美国政府只有三个部——国务院（有9名雇员）、战争部（有2名雇员）、财政部（有39名雇员）和总检察官办公室（后来变成了司法部）。而今天，美国联邦行政机构已拥有15个部，280万名政府雇员。[①] 随着政府规模的扩大，政府成本急剧增加，一方面是因为人员增加而导致的薪水开支的增加；另一方面也因为随着政府规模的扩大而导致的政府效率的降低。政府成本的增加加重了政府的财政负担，也就减少了政府在解决公共问题、提供公共服务等方面的财政支出比例，从而降低了政府履行职责的财政能力。其次，政府责任的拓展与政府履行职责的技术能力不足并存。政府责任的增加根源于社会需要的增长，而很少考虑政府有没有能力去承担这种责任，因为人们倾向于相信政府能够做好任何事情（政府的这种意识其实更为强烈）。而事实上，政府通常缺乏履行职责的知识和技能。在决定某块土地上播种何种农作物更为合适的问题上，政府通常不及当地的农民。在计划经济时期，人们假定政府知道所有公民的需求和需求偏好，而事实证明这是不可能的。第三，政府责任的拓展通常伴随着政府权威的衰落。这是一个很奇怪的现象。一方面，人们希望政府承担越来越多的责任，当然也赋予了政府越来越多的权力；另一方面，民众却越来越不相信政府能够把事情做好。随着政府失败的增多，政府在民众心中的权威随之降低，民众也越发不愿意配合政府，这反过来又增加了政府政策执行的困难和政府政策失败的可能。在推进社会变革的过程中，社会的不稳定性、不确定性和风险会显著增加。这自然会加

---

① 楚德江：《大部门体制：优势与风险的权衡》，《理论研究》2008年第2期。

剧人们对政府服务的需求，但这种急剧扩大的需求和快速变化的社会环境更容易增加政府能力的不适应。

（三）社会治理复杂性的增加

社会治理的困难程度主要取决于这样几个因素：一是社会的规模，包括人口规模和流动速度。社会规模越大，流动速度越快，社会治理难度越高。二是社会内部矛盾的尖锐程度。社会矛盾越尖锐，社会越难以治理。三是公民的服从意愿。公民的服从意愿越低，社会越难以治理。四是社会变迁的速度。社会变迁的速度越快，社会治理难度越高。五是国际比较的差距。国家越落后，往往也越难以治理。在我国，这些因素都倾向于增加我国社会的治理难度。首先，二十多年的计划经济实践制约了我国的社会经济发展，加上"大跃进"和"文化大革命"的破坏，中西方的差距急剧拉大，与我国台湾地区、韩国、新加坡等相比也有较大差距。中国政府的合法性和威望大大降低，加大了政府治理的难度。其次，改革开放以后，随着国家对社会经济生活管制的放松，人们参与经济活动和社会生活的自由大大提高，社会流动性也随之提高。国内人口流动的加快，一方面使人们的观念更新加快，公民自愿服从的意愿有所降低，人们对社会治理状况的不满也日渐增多；另一方面也使城乡之间、区域之间发展的不平衡凸显在人们面前，增加了社会的不稳定因素。第三，随着收入分配体制的改革，人们收入差异扩大，社会利益分配的不公现象也日益突出。同时，权力寻租、行政垄断、行业垄断现象加剧了这种社会不公，社会矛盾显著增多。第四，改革开放加快了我国社会变革的速度，这不仅表现在我国经济的高速增长，还表现在经济体制和社会生活方式的巨大转变。所有这些都极大地增加了社会治理的不确定性。可以看出，改革开放所启动的当代中国社会变革几乎在所有的领域都增加了社会治理的困难程度。与此同时，与我国快速工业化和中国经济融入全球化的进程基本一致，我国的工业风险和国际竞争风险也在急剧增加，进一步增加了我国社会治理的难度。

三　提升政府有效性：社会变革时期中国政府的必然选择

急剧变化的社会环境、政府责任的迅速拓展、政府知识的有限性、社会治理的复杂性、风险社会的来临、国际竞争的加剧，所有这一切似乎都在预示着政府的失败。这是很有可能的。很多国家的政府治理已经陷入失败，导致经济发展停滞,政府频繁更迭,甚至出现内战爆发、国家分裂等恶果。这似乎验证了亨廷顿所说的那句话:"现代性产生稳定性,而现代化却不产生稳定性。"① 成功地推进社会变革是困难的,因为社会变革本身导致了太多的不确定性和风险,社会的发展变化及其引发的各种后果往往会远远超出政府的控制能力。亨廷顿认为,改革者的道路比革命者的道路更艰难,其原因有三:第一,"他必须两线作战,既要反对保守,又要反对革命";第二,"改革者不仅必须比革命者更善于操纵社会力量,还必须在控制社会变化方面更加老练";第三,"对改革者而言,各种变化类型的孰先孰后,以及怎样加以选择的问题,要比对革命者尖锐得多"。② 不变革只能是死路一条,实行变革又充满了太多的风险。在社会变革的进程中,政府怎样才能有效地承担起推进社会经济发展,提高政府竞争力和化解社会风险的职责,如何克服政府治理的知识缺陷,提高政府的治理能力呢?出路只能是提升政府有效性。

(一)社会变革进程中政府有效性的体现

在导论中我们对政府有效性的概念和内涵进行了分析,认为政府有效性是指政府活动对社会发展所发挥的功能以及政府在保障和促进其他社会治理机制功能发挥中所起的作用。这是从结果的角度也是从根本意义上来说的。评价政府有效性的高低最终要从政府行为效果的角度来判断,在这方面必须坚持马克思主义的唯物主义立场。但是,政府行为如何才能取得期望中的效果,也就是说政府的哪些特征和素质更有助于政府实现预期目标与政府所要实现的目标本身是完全不同的。政府的行为效果是判断政府有效性的尺度,而有助于政府取得良好行为效果的政府特征和政府素质则是政府有效性的根源。我们把这些决定政府有效性高低的政府特征和政府素质称之为政府有效性的"体现"。也就是说,这些表征与政府有效性的高低具有直接的关联,它们决定了政府有效性的高低,通过它们就能初步判断政府是否具备有效性以及政府有效性的高低,但它们不是政府有效性的最终的判断依据,最终的依据只能是政府行为的实际效果。

政府有效性的概念是基于社会发展的坐标提出来的,没有社会发展就没有政府有效性。社会变革的目标同样是社会发展,如果社会变革没有带来社

---

① [美]塞缪尔·P. 亨廷顿:《变动社会的政治秩序》,张岱云等译,上海译文出版社1989年版,第45页。
② 同上书,第373—374页。

会发展，那么这种社会变革就是历史的反动。因此，政府有效性通常与社会变革联系在一起，变革速度的快与慢并不是最重要的，政府有效性首先与社会变革是否带来了社会民众福祉的增长联系在一起。

社会变革意味着政府管理始终面对着一个变动不居的环境，政府要在这样一个充满不确定性和风险的环境中引导变革走向政府所期望的方向是非常困难的。变革社会中的政府有效性要求政府应该具备这样几方面的素质要求：

1. 明智的判断。一方面，政府要对社会变革的目标和方向有一个基本正确的判断，不仅能够正确地选择社会变革的近期目标和远期目标，而且对如何实现目标的途径和方式作出正确的选择。另一方面，政府要对自身的职责和能力有一个基本正确的判断，政府要能够根据社会发展的现实需要和自身能力确定正确的职责范围，并根据社会需求的变化适时地对政府职责作出相应的调整。

2. 高效地履行职责。明确了职责以后，政府就知道了哪些是必须做的，哪些是不能做的。政府职责范围内的事务大致可分为两类，一类是促进好的结果，比如保障机会平等和公平竞争；另一类是避免不好的结果，比如避免恶意竞争和行业垄断，降低环境污染等。政府高效地履行职责受到多方面因素的影响，比如所处理的事务的复杂性，政府所具有的知识、技能和工具的有效性等。从政府行为的角度来看，高效履行职责要求政府具备快速的反应能力、高效的运行能力和较强的创新能力。

3. 推进其他社会治理机制的功能发挥。现代社会的复杂性和高风险性决定了任何单一的治理结构必然失败，因为任何治理结构都存在着自身的缺陷和不足。政府必须充分发挥市场、社会等治理结构的优势，这样，一方面可以弥补政府治理的缺陷，另一方面也有助于发挥市场、社会等治理机制的相对优势。政府能否发挥其他治理机制的功能已成为决定政府有效性的重要因素。政府推进其他社会治理机制功能的发挥主要从这样三个方面入手：一是积极培育市场机制和社会机制，为它们发挥社会治理功能创造条件；二是充分发挥市场机制和社会机制在社会治理中的功能；三是积极推进政府与市场机制、社会机制的合作。政府职能和市场职能、社会职能不是截然分开，更多的是相互交叉、相互配合的关系，只有实现充分、有效的协作才能发挥更大的功效。

4. 良好的适应能力。社会生活的快速变革会不断地向政府提出新的问题和挑战，政府不能以不变应万变，而必须适应社会生活的变化而作出适当的调整。这种调整主要集中在三个方面：一是重视学习，构建学习型政府。快速的社会变迁使得政府所面临的环境和问题几乎每天都在变，只有坚持不断学习，提高政府的知识和技能，才能适应不断变化的社会需求。二是及时调整政府职能。政府的职能定位不是一成不变的，在变革的时代更是如此。政府只有根据社会需求和环境变化及时调整政府职能才能更好地引导和推进社会变革的进程。三是知错就改。不管是决策还是执行，在如此复杂多变的环境中出错是在所难免的。关键是政府是否具有知错就改的勇气，不断总结经验教训，在此基础上，不断提高政府的社会治理能力。

（二）社会变革进程中政府有效性的价值

工业化的进程使社会风险不断累积，变革的社会环境增加了社会的不稳定性，激烈的国际竞争加剧了国家生存的压力，这一切既增加了政府的责任，也增加了社会管理的难度，降低了政府成功的可能性。只有不断提高政府有效性，政府才有可能驾驭变革的浪潮，履行好自身的职责，更好地促进社会的繁荣与进步。在社会变革的进程中，政府有效性的价值主要体现在这样几个方面。

1. 保持变革与稳定的均衡。从社会发展的角度来看，社会变革是永恒的主题，没有变革就不会有发展；社会稳定是相对的，是某一社会形态在特定时期和特定历史阶段的持续状态。社会变革和社会稳定对于社会发展都是必需的。变革是发展的推动力，而稳定是发展的基础。没有社会的相对稳定，社会就会陷入混乱状态，不但发展不能实现，还会给社会生产力造成极大的破坏。政府有效性首先体现在政府能够有效地塑造和维持良好的社会秩序。这种社会秩序的维持主要不是依靠国家暴力，而是建立在政府权威、公正合理的社会规范、社会成员的自愿遵从的基础之上。这种建立在公正合理的社会规范基础上依靠政府权威加以保证的社会秩序只需要极低的维持成本。其次，政府有效性还表现在政府推进社会变革的努力上。政府积极推进变革，但并不试图一次性地对所有社会生活领域进行全面的革新，而是在对社会矛盾和变革风险分析的基础上，选择那些风险较小，成效较高的领域作为变革的突破口，在取得一定成效和赢得民众对变革的支持以后再稳步推进其他领域的革新。之所以如此，一方面体现了政府对自身的能力有一个恰当的判断,政府十分清楚它无力为社会变革设计一个全面清晰的蓝图;另一方面也体现了政府对变革的风险有一个充分的估计,政府知道它没有能力控制社会全面变革的风险。任何政府的能力都是有限的,政府有效性就体现在政府能够在自己的能力范围以内作出正确的选择并加以实施。这样,政府就通过明智的选择和稳健的改革举措实现了既有效推进社会变革又保持社会稳定运行的双重目标。

2. 在推进社会经济发展的同时,降低社会风险。社会经济发展是社会变革应始终坚持的主题,但发展并不是社会变革的全部内涵,社会变革本身还伴随着失误、不确定性和各种风险。如果不能有效化解风险,社会发展的成果最终会在社会危机面前丧失殆尽,导致多年的努力付诸东流。因此,政府不能仅仅关注发展,而是要在重视发展的同时,对各种可能的社会风险保持高度的敏感和警惕。政府有效性作为对政府行为结果的衡量是一种综合性的考察,既关注正面的效果,也关注负面的影响,正如前文所说的,政府既要促进好的结果,又要避免不好的结果。政府既要根据社会环境的变化确定自身的优势和发展的机会,也要根据新的环境状况和政府的政策选择分析可能存在的威胁和风险,并及早采取预防措施。在社会发展的进程中,政府的政策失误和政策缺陷也可能成为社会风险的根源。这种因政府政策而产生的风险常常会导致政府合法性丧失,甚至会引发政治动荡。较高的政府有效性要求政府在推进发展的过程中,高度重视发展中的风险,尽可能采用风险较小、可控、可逆的发展思路,既体现推进经济社会发展的坚定性,又体现在具体发展方式上的灵活性。没有发展就没有政府有效性,而风险可以毁灭一切发展的成果,因此,同样意味着政府有效性的丧失。在现代风险社会,风险不仅仅是破坏发展的成果,甚至可能毁灭整个人类。从这个角度来看,政府应首先关注风险,在风险可控的前提下谋求发展才能真正赢得政府有效性。

3. 提高政府竞争力。政府竞争力不是表现为在国际竞争中政府是否坚持强硬的立场和保持战斗的姿态,而是政府能否通过政府行为提升本国企业、科技、文化等在国际市场上竞争优势。在全球化时代,随着社会发展要素跨国流动性的增强,当代社会的国家竞争最终将体现为政府竞争力的较量,而政府竞争力则主要体现为政府是否能够为社会发展创设一个更适宜的环境。可以看出,政府竞争力和政府有效性在根本上是一致的。缺乏政府有效性就谈不上政府竞争力，而改善政府有效性同时也是在提高政府的竞争力。为了确保和改进政府行为的有效性，政府不得不放弃宏大而周密的变革计划而改用探索性的试错策略，不得不放弃全面的控制而改用引导和激励的方式，不得不放弃冒险的激进的变革路线而改为相对安全的渐进的变革道路，不得不放弃单一的经济发展而改为推进社会经济全面发展。所有这一切，在改进政府有效性的同时也提高了政府的竞争力，因为它们提高了政府决策的科学性，降低了社会变革和政府运行中的风险，在提高政府效率的同时激发了社会成员的积极性和能动性，从而为社会的发展进步创造了良好的环境。

第三章

当代中国社会变革的路径及政府有效性的体现

纵观人类社会演进的历史，我们观察到两种主要的社会变革类型：社会自发的变革和政府驱动的变革。改革开放三十年来，中国社会各领域都经历了举世瞩目的深刻变革。然而，对于改革成功背后的根源却有着不同的解读。一方面，近三十年的中国社会变革体现了从人为秩序走向自发秩序的演变历程；另一方面，改革的进程又明显体现出改革者的意图和设计，而不是纯粹的自发秩序形成的过程。推动我国社会变革的根本动力是什么？如何认识我国社会变迁的路径选择？正确解答这些问题不仅是对过去三十年改革实践的经验总结，更是正确确立今后发展路径的迫切需要。

第一节 自发秩序与政府驱动：社会变革的两种路径选择

在历史上，人们对于社会变革普遍采取两种基本态度：保守主义的态度和激进主义的态度。保守主义怀疑人类具有充分的理性，主张"把政治安排牢固地植根于从属于这种安排的人们的经验之中"[1]。而激进主义者却充分相信自己的理性或信仰，他们认为已经掌握了关于社会秩序安排的绝对的和永恒的真理。"按照他们的理解，历史是集体撞墙的令人痛心的社会事故。然而他们找到了钥匙，现在门开了，历史已经到达了它的最后阶段，从此以后，只要遵从他们的指示，就会诸事顺畅。"[2] 可见，保守主义体现了社会秩

---

[1] [美] 约翰·凯克斯：《为保守主义辩护》，江苏人民出版社2003年版，第32页。
[2] 同上书，第31页。

序渐进发展的图景，而激进主义则展现了人类改造社会的雄心壮志。与此相类似，哈耶克根据社会秩序是如何形成的把社会秩序分为自发秩序和人为秩序。虽然哈耶克坚决否认自己是保守主义者，他所推崇的自发秩序却有着明显的保守主义倾向。自发秩序的理念相信良好的社会秩序是在一定环境和规则约束下由社会成员的自主行为所自生自发产生的；而人为秩序的理念则主张美好社会能够由人类理性加以设计并通过政府强制推行得以实现。可见，社会秩序变迁具有自发秩序和政府驱动两种基本路径。

一 自发秩序的社会变迁

自发秩序的理念根源于对人类理性有限性的深刻洞见。显然，每个人的理性都是有限的，人们所拥有的知识和经验又是各不相同的，但人类却很难通过信息交流和相互学习实现全部知识和经验的综合。一方面，人们之间的信息交流和相互学习存在各种各样的障碍；另一方面，人们对自己所拥有的知识和经验并不能清晰地认知和表述，也就是说，人们对自身的大多数知识和经验处于"无知"的状态。"人不仅对于自己为什么要使用某种形式之工具而不使用他种形式之工具是无知的，而且对于自己在多大程度上依赖于此一行动方式而不是他种行动方式亦是无知的。人对于其努力的成功在多大程度上决定于他所遵循的连他自己都没意识到的那种习惯，通常也是无知的。"[①] 同时，人们不知道谁拥有最权威的知识，因为每个人所拥有的经验和知识都是独特的。

正是由于人类知识的有限性和分立的特征，自发秩序的理念相信，那种通过人类理性的审慎思考所设计的所谓"完美"的社会制度必然都会因存在着各种难以预料的缺陷而走向失败。哈耶克认为，人为秩序观秉承的是建构论唯理主义传统，而自发秩序观则坚持进化论理性主义。建构论唯理主义认为"所有的社会制度都是而且应当是刻意设计的产物"[②]。而进化论理性主义则相信那些"被人们认为极有作用的种种实在制度，乃是某些显而易见的原则经由自生自发且不可抗拒的发展而形成的结果——并且表明，即使那些

---

① ［英］弗里德里希·冯·哈耶克：《自由秩序原理》上，邓正来译，生活·读书·新知三联书店1997年版，第26页。
② ［英］弗里德里希·冯·哈耶克：《法律、立法与自由》第1卷，邓正来等译，中国大百科全书出版社2000年版，第8页。

最为复杂、表面上看似出于人为设计的政策规划,亦几乎不是人为设计或政治智慧的结果"①。在哈耶克看来,不仅每个人的知识都极为有限,而且"从整体上讲,任何一个个人对于所有其他社会成员所知道的绝大多数事实都处于一种无知的状态",人们无法知道谁懂得更多,因此,要充分利用人类的知识和经验,"唯一途径便是一种社会过程,而在这个过程中,每个人都可以自由地去尝试和发现他自己所能够做的事情"②。可以说,正是出于无知,人类才会更加需要自由。

在社会生活中,人们经由对环境的认知和自主的选择,会不断学习和运用一些对人类社会有助益的社会规范和行为规则,它们体现为一些惯例和制度,比如价格体制。这些规则、惯例和制度绝非任何人所能设计,它们是在人类社会生活中自发形成的。③ 哈耶克认为,这些规则至关重要,"只有当那些引导个人以一种使社会生活成为可能的方式行事的规则是经由选择的过程而演化出来的时候,社会才可能存在"④。"只要人不是无所不知和无所不能的,那么能够给个人以自由的唯一途径就是用这样的一般性规则(general rules)来界定个人得以在其间进行决策的领域。"⑤ 人们遵循着这种一般性规则,经由基于个人知识的选择和行为,一些自生自发的社会秩序、法律、道德、语言、市场、货币等,最终得以产生。⑥ 虽然人们能够逐步学会如何改进这些规则,进而推进社会秩序的变革,但是,"我们还必须始终在这个给定的整体内进行工作,旨在点滴的建设,而不是全盘的建构,并且在发展每一个阶段都用既有的历史材料,一步一步地改进细节,而不是力图重新设计这个整体"⑦。

因此,自发秩序的社会变革秉承渐进的发展理路,强调尊重每个人的独

---

① [英]弗里德里希·冯·哈耶克:《自由秩序原理》上,邓正来译,生活·读书·新知三联书店1997年版,第65页。

② F. A. Hayek, *Individual and Economic Order*, Chicago: University of Chicago Press, 1948, p. 16.

③ Ibid., p. 89.

④ [英]弗里德里希·冯·哈耶克:《法律、立法与自由》第1卷,邓正来等译,中国大百科全书出版社2000年版,第65页。

⑤ F. A. Hayek, *Individual and Economic Order*, Chicago: University of Chicago Press, 1948, p. 20.

⑥ 哈耶克认为,道德、宗教、法律、语言、书写、货币、市场以及社会的整个秩序,都是自生自发的社会秩序。参见[英]弗里德里希·冯·哈耶克《法律、立法与自由》第1卷,邓正来等译,中国大百科全书出版社2000年版,第5页。

⑦ [英]弗里德里希·冯·哈耶克:《自由秩序原理》上,邓正来译,生活·读书·新知三联书店1997年版,第82页。

特知识和经验,并对人类知识的有限性保持着清醒的认识;强调尊重个人的自由、安全和对个人生活的自主的选择权利,并尽可能地避免借助于强制;强调尊重法律、习俗等一般性规则,反对任何旨在建构完美社会秩序的理性设计。自发秩序观坚信,"各民族于偶然之中获致的种种成就,实乃人的行动的结果,而非实施人的设计的结果,……我们所说的政治秩序,绝不是一般人所想象的条理井然的智识的产物"①。而"所有试图对社会进程作有意识的控制或指导的各种诉求,不仅永远不能实现,而且还会导致自由的丧失,并进而摧毁文明"②。

自发秩序所赖以产生的个人自由和自主选择有助于激发社会公众的自主性和创造性,对于促进社会的竞争和活力的确至关重要,是推进社会发展的重要力量。然而,哈耶克从个人主义的自由观出发,在推崇自发秩序的同时,完全否认以政府干预为主要形式的人为秩序可能发挥的功能,犯了极端主义的形而上的错误。首先,既然人类智识的有限性可能导致政府的愚蠢干预,依靠个人自主选择而形成的自发秩序就同样无法避免因理性的有限性而造成的缺陷;其次,没有政府对一般性规则的维持和保障,自发秩序根本无法形成,已经形成的也会随时遭到个人机会主义行为选择的威胁;第三,和理性的个人一样,政府同样可以通过经验的积累和审慎的选择不断提高政府干预的科学性和有效性;第四,作为人类合作的重要组织形式,政府在推动集体行动方面具有天然的优势,发挥着不可替代的功能。可见,仅仅依靠自发秩序是不够的,顺利实现社会变革还需要政府的有效推动。

二 政府驱动的社会变革

值得注意的是,自发秩序的说辞并没有为反对政府驱动的变革提供充分的论证。问题的关键或许不是自发秩序和以政府干预为代表的人为秩序孰优孰劣,而是人们根本就难以把自发秩序和人为秩序清晰地区分开来。另一方面,自发秩序本身并不完美,存在着许多其自身难以克服的缺陷,而这些缺陷只有在政府适当的干预下才有可能得以克服。而且,历史和现实的经验也

---

① [英]弗里德里希·冯·哈耶克:《自由秩序原理》上,邓正来译,生活·读书·新知三联书店1997年版,第64页。
② 罗建国:《哈耶克"自生自发秩序"概念评析》,《武汉理工大学学报》(社会科学版)2005年第2期。

告诉我们,在很多情况下,只要人们足够谨慎,政府干预也存在着较大的成功的可能。

第一,人为秩序是自发秩序发展中合乎逻辑的结果。首先,自发秩序自身体现着人为秩序的因素。自发秩序强调尊重个人的知识和行为的自主性,认为自发秩序体现的是在一定规则下人类行为的结果,这个结果可能并不能完全反映任何一个人的意愿。但是,这种自发秩序必然会在某种程度上反映人们的意愿,否则,这种秩序便不可能持久。而且,人类会不断调适自己的行为,以便使自发秩序更多地体现自己的意愿。可见,自发秩序体现的是人类共同"设计"的结果,尽管在这个过程中并不存在人类的"共谋"。其次,人为秩序本身就是自发秩序发展的产物。比较典型的人为秩序主要有外部规则[①]和组织[②]秩序。就外部规则而言,哈耶克认定它是一种只适用于特定之人或服务于统治者的目的的规则。[③] 然而,一些外部规则和内部规则一样,同样具有抽象性和普遍性,而不是具体的命令,并不是完全如哈耶克所说的是一种只适用于特定之人的规则。外部规则在适用于具体情形时会转变为具体的要求,但内部规则也要求能够在具体环境中转化为具体的规范才有可能加以适用,它们在这方面并没有明显的区别。至于外部规则服务于统治者的目的,这个判断也不是必然的。假定设计外部规则的政治权威(主要是政府)只存在利己心并没有充分的理论和现实依据。相反,我们却观察到大量的内部规则(习俗、惯例等)在内容上并不是公正无偏的,而是带有明显的政治倾向,偏向于维护社会中强者的利益。就组织秩序而言,几乎所有的

---

① 哈耶克将社会秩序规则区分为内部规则和外部规则。所谓内部规则是指在长期的社会进化过程中自发形成的规则,也就是那些"在它们所描述的客观情势中适用于无数未来事例和平等适用于所有的人的普遍的正当行为规则,而不论个人在一特定情形中遵循此一规则所会导致的后果。这些规则经由是每个人或有组织的群体能够知道他们在追求他们目的时可以动用什么手段进而能够防止不同人的行动发生冲突而界分出确获保障的个人领域。这些规则一般被认为是'抽象的'和独立于个人目的的。它们导致了以平等抽象的和目标独立的自生自发秩序或内部秩序的型构"。外部规则则是指"那种只适用于特定之人或服务于统治者的目的的规则。尽管这种规则仍具有某种程度的一致性,而且也指向各种各样的特定事例,但是它们仍将在不知不觉中从一般意义上的规则转变为特定的命令。它们是运作一个组织或外部秩序所必要的工具"。参见 F. A. Hayek, *New Studies in Philosophy, Politics, Economics and the History of Ideas*, Routledge & Kegan paul, 1978, p. 77. 转引自邓正来《法律与立法的二元观》,上海三联书店 2000 年版,第 59 页。

② 哈耶克对组织的范围界定较广,他指出,"家庭、农场、工厂、商号、公司和各种结社团体,以及包括政府在内的一切公共机构,都是组织"。参见 [英] 弗里德里希·冯·哈耶克《法律、立法与自由》第 1 卷,邓正来等译,中国大百科全书出版社 2000 年版,第 68 页。

③ 邓正来:《法律与立法的二元观》,上海三联书店 2000 年版,第 61 页。

社会组织都是自发秩序的结果。人们在社会生活中发现，通过某种形式把多个人联合起来更有助于实现这些人共同的或各自的愿望。这样，组织就产生了。可见，组织体现了人们之间的某种合作关系。没有证据表明组织与道德、市场等自发秩序的产生有什么本质的不同。哈耶克之所以认为组织是人为秩序，并不是他有充分的证据表明组织产生于人类的理性设计，而是因为在组织内部存在着等级命令关系，这种等级命令关系使组织成员失去了自主选择的自由和权利。正如哈耶克所说的，组织所发布的命令"都无一例外地对应当采取的行动作出了规定，从而使命令所指向的那些人根本没有机会运用他们自己的知识或遵从他们自己的倾向。因此，根据这类命令所采取的行动，只服务于发布该命令的人的目的"①。然而，组织中存在的命令关系同样可以是基于组织成员的自主选择。根据组织的性质和使命的不同，组织成员所享有的自主选择权利也存在着较大的差异。在一些现代组织中，组织成员之间更多的是信息沟通与协助的关系，而不是命令与服从的关系。而且，在大多数组织中，组织命令绝不会"只服务于发布该命令的人的目的"，而是要服务于组织的整体利益并考虑到组织成员的利益需求。其实，在市场这样的自发秩序中，参与者面对价格机制所能作出的选择亦是极为有限的，强制同样存在于自发秩序中，只不过没有明确的命令发布者而已。

第二，自发秩序存在着自身难以克服的缺陷。自发秩序观相信，在遵循一般性规则的前提下，基于对环境认知基础上的个体自主行为能够形成有益的社会秩序。然而，事实并非完全如此。首先，自发秩序观过分相信自由和个人基于分立知识上的自主选择。由于个人知识的有限性，并不能确保个体自主选择的适当性；即使个人都能作出对自己的利益而言的理性选择，也不能保证他们的选择有助于整个社会的生存。有时候，个体的理性选择对整体而言可能是致命的。这也是为什么那些约束自主选择的一般性规则对自发秩序的形成至关重要的根本原因。然而，这些自生自发而形成的一般性规则受到人们的生活环境、文化传统、风俗习惯、生活方式等的影响，能否有助于形成有效的自发秩序不容乐观。中国历史上许多自发形成的社会秩序，如娶妻纳妾的婚姻制度、"三纲五常"的伦理观念等，都严重窒息了社会的发

---

① [英]弗里德里希·冯·哈耶克：《自由秩序原理》上，邓正来译，生活·读书·新知三联书店1997年版，第186页。

展活力。在中国封建社会，政权不下县的传统给乡村社会留下了形成自发秩序的广阔空间，但自秦汉以降，两千年来中国农村社会始终处于停滞状态，有效的自发秩序并没有形成。其次，自发秩序缺乏对社会公共事务的抉择机制。从总体上来看，自发秩序强调个人选择，却忽视集体行动机制，甚至把作为人类合作基本形式的组织看成是人为秩序而加以排斥，试图通过独立的个人之间的互动所形成的社会秩序来解决所有的社会问题，而没有认识到基于合作的集体行动机制对人类社会的重要价值。由于成本收益不对称以及搭便车的存在，缺乏集体行动的自发秩序难以有效地处理社会公共事务。最后，自发秩序本身存在着内在缺陷。即使形成了有效的自发秩序，这种自发秩序也会存在这样那样的缺陷，有些缺陷甚至很难通过人类个体行为的自我调适加以解决。比如亚当·斯密论证的市场机制就是备受哈耶克推崇的有效的自发秩序之一。亚当·斯密认为，在"看不见的手"——市场机制的作用下，经济效益可以通过个人的自利行为自发实现，并且，"他追求自己的利益，往往使他能比在真正出于本意的情况下更有效地促进社会的利益"[1]。然而这并不是全部事实。"人们花了上百年的时间才弄清在这个理论后面有严格的假定前提。其中最重要的假定之一就是完全信息。"因此，"追逐个人利益不是一定会实现社会经济效率的"[2]。市场中的信息可能既不完全，也不准确，甚至是错误的信息，这使得市场机制并不必然带来社会利益的提升。另外，在缺乏政府有效监督的市场机制中，商业欺诈和腐败也会广泛存在。

第三，政府驱动是社会发展进步的重要推动力量。其实，政府驱动的变革并不必然是哈耶克所声称的试图设计完美的社会秩序，也不像哈耶克所说的只追求统治者的目的，而是能够根据社会的需求，确定适当的行为范围并作出理性的行为选择。和其他组织一样，作为人类合作的一种形式，政府有其存在的价值和必要性。首先，由于政府享有其他组织和个人所不具有的权威性和强制力，使它在处理一些社会公共事务方面具有独特的优越性，如维护国家安全、保持国内的社会稳定、保障公民的自由和其他各项权利不受非法侵犯等，这些社会事务一直以来都被认为是政府的职责。随着福利国家的兴起，政府的职责范围逐步扩大。目前，人们普遍认为，在教育（特别是基

---

[1] ［英］亚当·斯密：《国民财富的性质和原因的研究》下卷，商务印书馆1974年版，第27页。

[2] ［美］约瑟夫·斯蒂格利茨：《市场机制与政府干预的平衡》，《中国金融》2004年第8期。

础教育)、公共卫生、社会保障及维护社会公平等领域政府负有不可推卸的责任。其次,政府干预有助于弥补自发秩序的不足。如前所述,自发秩序并不必然是有效的,即使自发秩序是有效的,也会存在某种不足和缺陷,而政府干预则可能对克服这种缺陷发挥一定的作用。比如在典型的自发秩序——市场机制中,价格信号对资源的配置作用未必十分有效。价格机制难以为产业政策提供指导,也很难依赖价格机制实现工业化所必需的资源转移。而政府则可以通过保护、补贴、提供融资等方式为投资者提供资助,并可以通过直接投资来突破关键性的瓶颈。在当今全球化背景下,落后国家面临着更为严峻的竞争压力,如果政府放任市场调节,国际竞争对国民经济的打击可能是致命的,特别是在市场机制不健全的情况下更是如此。正如斯特里顿所说的,"在许多发展中国家,看不到'看不见的手'"[①]。"倘若存在一只看不见的手的迹象的话,它肯定被一只强有力的看得见的胳膊所引导。"[②] 再次,政府干预行为本身也能够随着知识和经验的增长不断改进。事实证明,政府干预可能会严重损害社会经济的健康发展,一些看似不错的政府计划在经历短暂的成功之后最终仍然走向失败。比如,埃及在尼罗河上建造的阿斯旺大坝,解决了数万亩农田的灌溉问题,但在几十年后,却带来了严重的生态和社会问题。和个人的自主选择一样,政府的政策选择也可能不够完善或出现失误,甚至出现根本性的错误。但政府一样能够从过去的经验和教训中学习,不断改进政策水平,提高政府干预成功的可能性。比如在经历数次经济危机、财政危机、金融风险之后,西方国家政府对经济干预的方式和手段的运用变得日益成熟和有效。最后,在一定条件下,政府干预能够成功地发挥作用。一些国家通过审慎的政治选择,为国家的整体发展铺平了道路。美国建国之初,汉密尔顿、麦迪逊等联邦党人相信人类社会能够通过深思熟虑和自由选择来建立一个良好的政府,设计了至今仍运转良好的美国宪政体制,为美国社会两百多年的健康稳定发展作出了不可磨灭的贡献;第二次世界大战后日本成功的教育政策不仅推动了日本经济的振兴,其人力资源优势也使日本在经历多次严重危机之后仍然能够立于不败之地;东亚四小龙的经济腾

[①] P. Streeton, *Markets and States: Against Minimalism*, in World Development, Vol. 21, No. 8, 1993, p. 1293.

[②] P. Streeton, Governance, in M. G. Quibria &J. Malcolm Dowling (eds.), *Current Issues in Economic Development: An Asian Perspective*, Oxford: Oxford University Press, 1996, p. 34.

飞与政府所发挥的主导作用也密不可分。因此，笼统地肯定或否定政府干预都是不可取的，问题的关键不是政府应不应该干预，而是政府应该如何干预的问题。"一个什么都包办的政府和一个什么都不管的政府同样都是不好的，两者必须达到一种平衡。"[①] 就政府与市场的关系而言，政府"干预只有在对市场能产生'友善'作用的情况下，才可能是有益的"[②]。

自发秩序和政府驱动是推动社会变革的两种基本力量。人们在生活中逐步认识到，个人选择对于处理一些公共事务通常是无效的，而政府干预也有一些不宜涉足的领域。自发秩序重视发挥个人的智识和经验，而政府驱动则强调通过集体行动改进公共事务的处理方式，它们都有着天然的优势和不足，如何有效地利用它们的优势而避免它们的不足是值得研究的课题。在我国三十年的改革历程中，较好地利用了自发秩序和政府驱动的优势，使中国的社会变革逐步走上了良性发展的道路。

三 自发秩序和政府干预的相互关系

作为推动社会发展的两种基本力量，自发秩序和政府干预似乎秉承着两种截然相反的理念与主张，如何处理好二者之间的关系是解决社会发展动力的核心问题。然而，它们之间并不总是一种水火不相容的关系，相反，而是存在着一种天然的相互依赖的关系。

（一）自发秩序与政府干预难以有效分开

基于个人知识的分立和有限，哈耶克推崇那种在一定规则体系下基于个人自主选择而形成的自生自发的秩序，而反对通过国家干预而形成的人为秩序。然而，在当今社会，纯粹的自发秩序和人为秩序都只是一种理论的抽象，在现实中并不存在。所有的社会秩序都是自发秩序与人为秩序的某种综合，一些秩序更多地体现自发的特征，而另一些秩序更多地体现人为的特征。

首先，人类知识的分立和有限理性的特征并不能为否定人为秩序提供充分的论证。一方面，人类对理性的信心并不必然导致对社会秩序的设计，也可能会增强人们对自发秩序的期待。如果相信人人都具有某种程度的理性，

---

① ［美］约瑟夫·斯蒂格利茨：《市场机制与政府干预的平衡》，《中国金融》2004年第8期。
② ［日］青木昌彦等主编：《政府在东亚经济发展中的作用》，张春霖等译，中国经济出版社1998年版，第19页。

通过知识的传播，必然会在社会中达成某种对未来某种社会形态的共识，而且人们也会为此目标而共同努力，那么这种社会秩序的形成其实就体现为一种自发秩序，是社会成员共同活动的结果，而不是设计的结果。另一方面，正是人类理性的有限性才为社会秩序的公共选择机制提供了生存的空间。其一，正如国家干预可能失败一样，公民基于有限理性所作出的选择同样可能会失败，他们都需要从试错中总结经验教训，并争取在新的尝试中获得成功。其二，个体理性的选择很可能导致集体的谬误，纠正这类谬误只能依靠公共理性去作出集体行动的选择。

其次，和自发秩序一样，政府干预也可能体现为不断的探索和试错，而不是对社会秩序的全面理性的设计。我国的改革实践充分体现了这一点。当然，对于政府干预应该持有一种更为慎重的态度。这是因为，一方面，政府的决定会影响到大多数公民的生活与福利，比起公民个人的决定，政府错误的干预带来的损失更大，而且政府的错误也更难以矫正。在这个意义上，哈耶克反对通过政府来设计美好社会的思想是有着充分理由的。我们知道，即使对某一历史时期而言科学的设计，也会随着社会的变迁而变得不合时宜，并最终会走向失败，因此，任何理性的设计都必须随着社会的变迁不断进行调适。另一方面，政府对社会秩序所作出的集体选择会在一定程度上妨碍公民个人理性选择的机会，这样就容易使社会走向僵化。因此，政府管理方式的完善应有助于促进和保障公民个人的理性选择，至少要尽可能少地阻碍公民个人的理性选择，以促进社会秩序的自发演进。而政府在改革进程中的探索和试错正是避免集体选择出现重大失误并能对出现的问题及时作出调整的可行的机制。在这个时候，政府已不是社会秩序的塑造者，而是和其他社会群体一样成为"自发"秩序演变的参与者。

第三，自发秩序和政府干预在历史上总是交织在一起的。在自发秩序中，每个人都根据自己的知识和对环境的判断作出自己的行为选择，这些选择既是对环境作出的个人反应，也是对行为规则作出的反应。行为规则是个人行为方式竞争的结果，一些行为方式（人与人之间的互动方式）在竞争中显示出优势，被越来越多的人所接受，从而成为习俗和惯例。一些行为方式也会因得到政治权威的支持而成为规则或法律。所以最早的规则和法律是政治权威对自发秩序所形成的某种习俗的认可。但随着社会的发展，政治权威在面临一些较为严重的社会问题时，也会根据社会习俗和自身所掌握的信息，发展出一些新的规则和法律。这些规则和法律一经产生就会成为一个影响因子参与到公民在涉及此问题时的行为选择，并在此影响下形成新的社会秩序。这种秩序虽然是在没有政府直接干预的情况下形成的"自发秩序"，但这种在政府所制定的规则与法律的影响下所形成的"自发秩序"其实体现了政府干预与自发秩序的融合。其机理在于：社会的变迁导致以前的行为规则体系（习俗、法律等）产生了不适应，从而引发了一些社会问题。对此，公民首先在规则范围内通过自身的行为调适来解决这些问题。然而，由于人的理性的有限性，特别是人们对此问题会作出不同的判断，从而作出不同的行为选择，这就可能使问题没能得到有效解决并蔓延开来。这时，人们会选择调整习俗，如果对习俗的调整仍不能有效解决问题，政治权威就会面临来自社会的巨大压力以改变法律性行为规则。当然，政治权威也会主动尝试性逐步改变法律性行为规则，以改变公民的行为方式，使之更好地适应变化了的社会环境。这种情况表明：在现代社会，所谓的自发秩序其实也是在政府干预的影响下形成的。

（二）自发秩序与政府干预之间是一种相互依赖的关系

在哈耶克看来，自发秩序是人们在一定规则下的自主选择所形成的秩序，它反对公共权威对个人自主性的干预。政府干预恰恰会妨碍公众的自主选择，从而不利于自发秩序的生成。因此，自发秩序和政府干预是完全不相容的关系。但现实的情况是，自发秩序和政府干预都存在着一些致命的弱点，单纯依靠任何一方都难以产生令人满意的结果，甚至会造成严重的不良后果。自发秩序和政府干预都有着更有效的功能领域，而且，新的社会秩序的生成往往需要二者功能的相互配合。

首先，在现代社会，政府对公民权利的保障为自发秩序的形成提供了前提条件。个人的自主选择是形成自发秩序的基础，然而，个人选择的自主性受到多种因素的制约。其一，个人选择的自主性会受到经济、社会、科技等发展水平的制约。其二，个人选择的自主性受到法律、习俗、传统等行为规则的制约。其三，个人选择的自主性受到个人认识水平和行为能力的制约。其四，个人选择的自主性还可能会因为他人和政府的强制而受到损害。这些制约因素妨碍了自发秩序的有效生成，而政府对公民权利的有效保障能够在一定程度上为公民的自主选择创造条件。这是因为，一方面，政府对公民权利的平等保护既是对自身行为的一种约束，也排除了其他公民和组织对公民行为的肆意干涉；另一方面，政府能够通过多种措施改善公民的经济权利、教育权利等，增强了公民自主选择的能力。

其次，自发秩序需要得到政府的认可和推广才能发挥其应有的功能。一般而言，自发秩序往往只会产生于一个地域相对狭小而稳定的具有互动关系的人群中。这种自发秩序经过长期的演变，会在这一区域以习惯、习俗、传统、信仰等形式流传下来。随着社会环境的变化，这些习俗和传统也会发生一定的变化，一些习俗和传统可能得以保存，而另一些则可能逐步消失，与此同时，一些新的行为方式也会随之出现。在影响自发秩序的诸多因素中，政治的因素至关重要。一些习俗会因其与政府的取向一致或接近而得到政府认同、支持和推广，从而成为更广泛区域中人们的行为准则，而另一些习俗却会因政府的禁止而逐步消失。在我国，儒家文化传统之所以对中华民族有如此之大的影响力，与历代王朝对儒家文化的推崇息息相关。

第三，政府干预的成效在很大程度上取决于政府行为是否得到民众的支持和配合。政府推进的社会变革能否取得成功，或者能够在多大程度上取得成功不仅取决于政府自身的能力及其采用的策略，更取决于政府推进社会变革的努力是否得到了民众的认同和接受。戊戌变法的失败既是皇权弱小的结果，也是变法没有得到社会广泛支持的必然结局。政府推进社会变革的努力首先要顺应历史的潮流，变革要符合最广大人民的根本利益以争取社会公众的普遍支持。同时，政府推进变革的努力要以开放的姿态欢迎社会公众和团体的积极参与。我国解放战争时期的土地改革和20世纪80年代初期的农村土地家庭联产承包责任制的成功实践都充分证明了这一点。

第二节 自发秩序与当代中国社会变革

由于政治权威在中国改革进程中占据明显的主导地位，人们常常看不到改革的过程其实也是自发秩序生成的过程。在改革开放以前，我国缺乏自发秩序生成所必需的基本条件。在经济上，我国实行典型的计划经济体制，个人缺乏创业的自由。政府控制着几乎所有的就业岗位，每位就业者都依附于一个全民或集体单位，政府通过控制单位组织从而控制了每个人的生活选择。在政治上，政治权力不仅影响巨大，而且高度集中，极"左"思想的影响根深蒂固，公民权利和个人自由成为忌讳的话语。公民没有择业自由和迁徙自由，公民的社会身份也趋于固化。在文化上，单一、封闭的意识形态禁锢了人们的思想，因循守旧、不思进取、逃避风险成为公众在当时环境下的理性选择。在这样的社会背景下，人们不能追求，也没有机会追求个人的利益，只能安于社会和组织的安排，自发秩序因缺乏其赖以存在的个人自主选择的环境而无从生发。中国的改革进程虽然是在政治权威的推动下逐步推进的，但在改革的过程中，有利于自发秩序生成的环境逐步形成。可以说，自发秩序的生成和改革的进程几乎是同步的，并且相互促进。改革促进了自发秩序的生成和完善，自发秩序也推动着改革进程逐步走向深入。

一 自发秩序在中国社会变革中的体现

党的十一届三中全会揭开了中国改革开放的序幕。通过改革，中国社会各领域中的国家控制逐步削弱，个人自主和积极性得以发挥，为自发秩序的生成创造了基本条件。在当代中国社会变革进程中，自发秩序不仅体现在个人自由和权利的扩展、渐进的改革路径，还体现在自下而上的改革实践和市场化的改革方向等诸多方面。

第一，个人自由和权利的扩展。改革过程的一个显著特征就是随着改革的推进，个人自由和权利越来越得到国家的尊重和保障。改革首先从农村开始，土地联产承包责任制赋予了农民土地承包权和经营自主权。第一轮承包期虽然只有五年甚至更短，但第二轮承包期便显著延长，一般达十年。在十年承包期结束之前，国家又出台了土地承包期再延长三十年的政策。全国大多数地方在第二轮承包期结束后没有重新分地，土地承包期的延长实际也意味着承包权更加稳定。从目前的情况看，农民土地承包权正在向物权的方向发展。可以预见，国家会逐步赋予农民对土地更清晰、更稳定的预期。与此同时，国家取消了对农产品的统购统销制度，逐步放开了农产品市场，农民的经营自主权得到了保障，地方政府对农民农业生产的干预也越来越少。1984年我国开始了城市经济体制改革，改革的方向是下放企业经营自主权，减少政府对企业的直接干预，逐步实现政企分开。不论是推行企业承包制，还是对国有和集体所有的企业实行出售、出让等，抑或对国有企业实行股份制改造，都是试图割断政府对企业的行政控制，从而赋予企业完整的自主经营、自我发展的权利。在此期间，国家逐步放开了对就业的限制，允许并鼓励个人创业，个体和私人工商业得到迅速发展。农民在城市就业的限制和居民在异地就业的限制也逐步得到取消，企业单位的用人自主权逐步放开。户籍管理制度也逐步放松，居民的户口迁移虽然还没有完全放开，但比以前便捷多了。

第二，渐进的改革路径。我国的改革没有一套完整的改革方案，而是采取逐步推进的策略。比如我国开放格局的形成就充分显示了改革的渐进性特征。1978 年底我国确定了改革开放的基本方针以后，1979 年中央决定设立深圳、汕头、珠海和厦门四个经济特区，作为我国改革开放的试点区。1982 年，进一步开放沿海 14 个城市，同时赋予沿海省份一定的设立外商投资企业和合资企业的权限。1988 年，成立最大的经济特区——海南省。1990 年，党中央、国务院作出开发开放上海浦东新区的战略部署。1992 年，党的十四大决定建立社会主义市场经济体制。同时，对外开放战略向中西部延伸。从沿海开放到沿江、沿线（铁路线）、沿边（边境）开放，一直到内陆开放，形成了全国多层次、全范围的整体开放格局。这种小步走、探索性的改革路径体现了自发秩序形成中的试错特征，是一种逐步改进的有限理性策略。它承认人类理性的有限性，反对对改革进行全方位的细致规划，而是在改革中不断总结经验教训，反复试验，逐步改进。

第三，自下而上的改革实践。虽然改革开放的总体战略和宏观决策是由中央决定的，但是具体的改革措施大多是由基层首先进行实践，然后再由中央和上级政府根据地方实践的效果加以确认并决定是否加以推广。设立经济特区的目的之一就是对改革措施进行试验和实践，总结改革的经验和教训。土地联产承包责任制是由安徽凤阳小岗村的 18 户居民首先冒险进行试验，得到安徽省委的认同和推广，并最终得到中央的认同。这种自下而上的改革实践既能够减轻中央政府进行政策试验的风险，降低了改革的成本，同时也使地方政府和基层拥有了更多的自主权。

第四，分权及多样化的探索。改革的进程伴随着地方分权化改革。20 世纪 80 年代，类似于企业承包制的财政包干体制在政府内部加以推广，财政包干、分灶吃饭成为中央与地方之间以及地方各级政府之间财政关系的典型特征。这种财政包干赋予了地方政府较大的财政自主权，也极大地激发了地方政府发展地方经济的热情。尽管这种改革也带来了一些问题，一是诸侯经济开始形成，二是中央对地方的控制有所减弱，在一些领域出现了混乱的状况，如重复投资、恶性竞争等，三是中央财力削弱，影响了中央对宏观经济的调控能力,等等。但这种改革有效地突破了我国传统的集权体制,使我国政治体制的分权特征日趋明显。1994年我国实行了分税制改革,扩大了中央财政在整个财政收入的比重,增强了中央政府的调控能力,在一定程度上克服了财政包干制的弊端。这反映了改革的试错特征,不适当的改革措施最终能够得到纠正。但我国政治体制的分权化趋势没有改变,这种分权体制为地方政府开展改革探索提供了前提和条件。在不同时期,我国分别就不同的改革领域在不同的地方进行试验,既有中央部署的试点,也有地方政府的自主试点,如深圳的行政分权改革试点,安徽的农业税费改革试点,重庆的农村综合配套改革试点,上海市地方政府机构改革试点等,同时,中央鼓励各地根据当地的情况进行各项改革措施的试点。这些试点和探索体现了我国中央政府与地方政府的分权趋势,地方政府之间的分权趋势和各地多样化探索的特征。

第五,市场化的改革方向。虽然我国在1992年才最终确定改革的目标是建设社会主义市场经济体制,但从改革伊始就已经逐步走上了市场化的道路。首先,公民和企业的市场主体地位逐步确立。农村改革的基本点就在于赋予农民的生产自主权和剩余获取权,使农民既获得了参与市场交换的条件,又获得了参与市场交换的动机。随着土地承包期的延长和农民经营自主权的扩大,与农业相关的产权更为清晰,农民的市场主体地位日益确立。在工商业领域,企业的经营自主权得到了有效保障,以产权清晰、自主经营、自负盈亏为特征的现代企业制度逐步建立,企业成为最主要的市场主体。对公民个人而言,国家对个人经济利益的承认,完善对私人财产权的保障,赋予公民自由择业的权利等都体现了政府推动公民个人成为独立的市场主体的努力,政府对公民个人创业的鼓励更体现了政府改革的市场导向。其次,各类市场体系逐步建立和完善。政府在这方面的改革措施集中在两个方面:一方面,政府推动各类市场的建立,形成市场经济得以运行的基础。这些市场不仅包括商品市场和生产资料市场,而且包括人力资源市场、资本市场、技术市场等各类市场体系。随着各类市场的发育和逐步成熟,这些市场对企业的生产经营活动的影响也越来越大。另一方面,政府为各类市场体系建立了基本的运行规则,在很大程度上避免了市场自身存在的缺陷和不足。再次,国家的直接干预逐步减少,市场功能的发挥逐步有效。正是由于各类市场的建立和有效运转,政府才得以从各种经营管理事务中解脱出来。比如,由国家定价的商品逐步减少，到目前为止，几乎所有商品的价格均由市场供需关系来确定，政府极少干预。这样，政府就能够集中精力做好它职责范围内的事，专注于公平的市场竞争秩序的建立和维持，专注于建设和谐、稳定、有效的社会环境、政治环境和文化环境。

第六，法治化的制度选择。自发秩序强调个人自主，这种个人自主既反对他人的肆意干涉，也反对政府对个人的任意干涉。但这并不意味着个人可以任意作为，而是必须置于法治的制约之下。在社会生活中，个人权利的保障、市场经济的有效运行都需要法治的保障。市场经济在某种程度上来说就是法治经济，市场法规体系不断完备，保证了各类市场的有效运行。可见，自发秩序不但不反对法治，反而必须在法治的前提下才能得以有效发育。改革开放的进程伴随着法治水平的不断提升和民众法治意识的不断提高。我国法治水平的不断提升不仅保障了人民依法管理国家的权利，更为重要的是，在法治的环境中，政府的权力能够得到有效制约，公民能够免于政府的肆意干涉和侵犯，保证了公民的自主选择和行动自由，从而促进了自发秩序的生成。

二 自发秩序对当代中国社会变革的功能

自发秩序是在一般性规则的约束下依赖民众的自主选择形成的，它有助于社会成员运用和发挥个人的知识、偏好、创新和积极性，从而激发社会的活力。在我国改革进程中自发秩序的形成不仅依赖公民个人自主意识的增强和个人自主选择权利的扩展，也依赖自下而上的渐进改革实践，这种实践不仅减少了改革出现重大失误的可能，也极大地调动了各地方和各部门的主动性和积极性。与此同时，市场化的改革方向和法治化进程的推进为自发秩序的生成提供了必不可少的外在条件和保证。在我国，自发秩序反映了个人的努力、社会的努力和地方的努力，这种努力对于推进我国的社会变革发挥了重要功能。

第一，激发了社会活力。在计划经济时期，个人没有择业自由，也没有自主创业的权利，个人依附于单位和国家，个人积极性的发挥受到了广泛制约；同时，由于社会的高度一元化，各种社会公共组织和企业都在政府的直接控制之下，高度集权的行政体制也使下级政府完全服从于上级政府，直至中央政府，以致各行业和各地方的自主性和积极性都受到了抑制。随着时间的推移，整个社会趋于停滞和僵化。改革后自发秩序的形成起源于个人和地方自主性的增强，这种自主性不仅直接突破了僵化的社会管理体制，而且极大地促进了社会成员和各种社会组织的主动性和积极性的发挥，促进了社会流动性的增强和社会活力的激发。

第二，促使社会变革获得民众的自觉支持。自发秩序强调尊重个人的自主选择，鼓励个人能力和积极性的发挥，因此，这种秩序的形成是每个人自愿选择的结果。虽然这种结果可能和每个人的愿望都不完全一致，但这种秩序往往能够最大限度地反映每个公民的愿望和要求，因而更具合法性，更容易获得民众的认同和自觉的支持。这种支持与强制体制下的被动支持和被迫服从完全不同。在强制体制下，社会往往存在潜在而广泛的抵制，只有在强有力的监督和控制之下，社会才能够有效运行。而通过自发秩序形成的自觉的支持则完全是民众的一种自愿行为，即便这种秩序在某种情况下可能会有损一些人的利益，这种秩序也会因具有广泛的合法性而得到自觉遵循。这种自发秩序推动的社会变革不仅有助于减少社会监督的成本，也会使社会运行变得更为有效和顺畅。

第三，促使变革与稳定保持均衡的状态。自发秩序的生成和秩序的变迁本身就意味着社会的变革，但由于这种变革是基于社会公众的自愿选择，能够较好地反映公众的需求和愿望，因此能够保持社会变革与民众愿望的一致性，从而使这种变革能够在社会稳定的前提下得以实现。而政府强力推行的改革却会因为社会利益关系的人为调整而引发广泛的社会利益失衡和利益冲突，以致影响社会稳定的局面，损害进一步推进改革的社会环境。

第四，降低了社会变革的成本。社会变革必然牵涉到社会价值分配格局的转变和社会利益关系的重新调整，不可避免地会使一部分社会成员的利益受损。使部分成员的社会福利得到改进而没有任何人的福利因此受到不利影响的"帕累托改进"状态在社会变革中是很少见的，因此，社会变革必然会遭到一部分人的反对从而使得社会变革的成本过于高昂。即便社会变革是"帕累托改进"，也可能会遭到那些从变革中获益较少的人的反对和抵制。一般而言，在社会力量推动下体现自发秩序特征的社会变革比政府强力推行的社会变革所遭遇的阻力会更小，而获得的支持却会更多。因此，自发秩序的社会变革能够使社会变革的成本得以降低。

第五，把民众对政府的压力变为推进社会变革的动力。社会的进步会使社会成员的需求结构和需求偏好发生重要变化。为了使这种新的需求能够得到更好的满足，社会成员会把这种需求变化转变为对政府的新的期望和要求，这就给政府的社会管理和公共服务职能提出了新的挑战。如果这种需求长期不能得到满足，政府的合法性基础就会遭到削弱甚至丧失，进而引发政府危机，因此，公众的需求变化往往会转变为对政府施政的强大压力。而在自发秩序条件下，公民享有充分的权利进行自主抉择以满足个人需求的变化，从而引发社会关系的自动调整。如果存在新的自发秩序生成的条件，社会需求的变化会通过引导人们行为方式的转变促进社会变革的实现。可见，在政府管制的情况下，社会需求的变化会转变成政府管理的压力，而在自发秩序的演变中则会成为推进社会变革的强大动力。

第三节　政府驱动与当代中国社会变革

虽然社会自发的力量极大地推进了改革的进程和社会经济的发展，但是这种自发秩序需要在一个适宜的环境中才能形成并成为建设性的力量。在计划经济时期，"国家通过单位制、户籍制以及票证制，将所有的人组织在政治、经济、文化、军事的体制之中，国家湮没了社会，个人丧失了基本自由和创造力，国家也因而失去了活力"[1]。一方面，社会运行的低效率导致社会发展的停滞，进而引起民众的不满和社会不稳定因素的增长，需要加强对公民生活的微观控制以保持社会的基本稳定；另一方面，对公民生产、生活的严密控制进一步限制了公民的积极性和进取精神，导致社会活力的缺失。这两方面因素的相互作用，使社会发展陷入一种"锁定"状态。在这种情况下，仅靠社会自发力量的推动，并不能有效冲破制约社会发展的重重桎梏，并引导社会进入良性发展的轨道。历史经验表明，当一种社会体制使社会陷入一种停滞状态，通常需要通过社会革命或社会改革才能打破原有的社会均衡状态，推进社会的发展。由于社会革命一般会引起社会动荡和社会生产力的严重破坏，因而社会变革的成本通常过高。当社会革命的时机尚不成熟，社会改革就成为社会变迁的基本方式。社会改革往往是通过政府自上而下的变革，逐步破除原有体制中制约社会发展的重重障碍。社会改革有可能在社

---

[1] 杨光斌：《中国政治 30 年：变迁与反思》，《探索与争鸣》2008 年第 12 期。

会稳定的前提下得以推进,但改革也会遭遇较大的风险:其一,改革可能使社会矛盾进一步表面化和尖锐化,进而引发社会动荡;其二,改革也可能因阻力过大而步履维艰,收效甚微;其三,改革还可能因没有得到公众的支持和配合而失败。社会改革的成功,往往需要以下基本条件:首先,改革需要强有力的政府管理,以确保改革进程中的社会稳定;其次,政府出台基本正确的改革政策,推进社会主要问题的逐步解决,减少社会冲突并获得较多的社会支持;第三,改革举措获得多数民众的支持,改革的社会成本较低,社会活力的增强与改革的目标相一致。可见,在社会变革的进程中离不开政府的有效作为。在我国社会变革的进程中,政府同样发挥了重要的作用。

一 政府驱动在当代中国社会变革中的体现

从总体上来看,我国的改革是在政府的推动下逐步展开的。虽然一些改革措施是在地方甚至民间首先进行了探索,但这些改革举措的普及和推广仍是在政府的倡导和推动下才得以实现的。我国社会变革进程中的政府驱动主要体现在以下几个方面。

第一,启动并推进社会变革。改革开放前夕,我国的国民经济已临近崩溃的边缘,人民生活长期得不到改善,社会改革迫在眉睫。但是,在僵化的政治经济体制和意识形态的约束下,社会改革并不能自动展开。在这种情况下,只有政府的强力推动,才有可能开创我国改革开放的道路。1978年围绕"真理标准"的大讨论,破除了人们思想观念上错误观点,创新、实践、探索而不是因循守旧成为社会成员普遍接受的行为准则。在各地农业责任制实践的基础上,1982年中央关于农村问题的第一个一号文件,肯定了农业生产经营责任制的做法,要求各地推广实施,加快了农业改革的步伐。在总结农村改革经验的基础上,1984年政府又启动了城市经济体制改革,引导改革向纵深方向发展。在国有企业经营体制改革的进程中,不管是承包制的推广还是通过股份制对国有企业产权进行改造都是在政府的鼓励下进行试点、探索和全面推广的。通过探索和试错,政府得以认识到改革措施的不足和缺陷,确保改革走向正确的道路。

第二,加强对社会经济的宏观调控与战略规划。在计划经济时期,虽然政府干预延伸到社会生活的各个角落,甚至个人生活的日常决策,但政府的宏观调控和协调能力却相当低下,不仅社会总供给和总需求严重失衡,而且城乡结构、产业结构均严重失衡。虽然政府对每个人的日常生活进行着有效控制，但对社会经济的宏观运行却显得无能为力，以致出现了民众个体生活的有序和社会经济整体无序并存的状态。在我国改革进程中，一方面，政府通过推行各种责任制在工农业领域赋予了个人和组织广泛的经营自主权；另一方面，政府加强了对社会经济生活的宏观调控和战略规划，保证了社会经济运行的总体效率。政府对社会经济生活的宏观调控和战略规划在早期主要通过政府直接掌控一定比例的战略资源得以实现，后来逐步演变为通过产业政策、财政政策、金融政策等手段实现对宏观经济生活的引导和控制。另外，政府还通过制定五年规划、十年规划和未来远景目标等确定国家发展的重点领域，引导社会成员建立合理期望，以保证国家发展的良好宏观环境。

第三，培育与完善市场主体和市场体系。在从计划经济走向市场经济的改革历程中，政府的驱动作用不仅体现在政府放松对公民和社会组织的管制，更体现在政府对市场体制的建设功能。市场是无处不在的，即使在计划经济时期也没能完全消除市场。市场与市场的不同取决于市场的有效性，即市场的配置效率和激励功能，只有效率高的市场才能促进社会经济的繁荣。在我国，市场的形成不是一个自发的过程，而是在政府的主导下建立起来的。政府在这方面的功能主要体现在完善市场机制和培育市场主体。其一，政府放松了对市场价格的管制，为市场机制发挥功能提供了前提和基础。其二，政府直接建立了商品市场、生产资料市场、人力资源市场、资本市场、技术与产权市场等市场经济有效运行所必需的市场体系，并为这些市场体系建立了较为规范的运行规则，以确保这些市场体系的有效运作。其三，政府通过赋予公民自由择业权，赋予企业自主经营权，加强对产权和私有财产的保护，确立了公民和企业的市场主体地位。

第四，规避与治理社会风险。社会变革往往伴随着巨大的社会风险，这种风险不仅体现为社会利益关系的重大调整，也表现为在社会转轨过程中社会规范和约束体系的失灵，以及人们观念和信仰体系的多元与冲突。这些因素可能导致政治凝聚力的降低、利益分配的不均衡和社会生活的混乱，从而引发政府的合法性危机。我国政府在推进社会变革的过程中特别注意防范和治理社会风险，为社会变革的顺利推进提供了良好的外部环境。在规避和治理社会风险方面，政府所采用的措施主要有：首先，渐进式地推进改革，努力把改革成本分散在各个不同的时期，降低改革本身的风险。这样，既减轻了改革的阻力，也提高了改革措施的有效性和针对性，增加了改革成功的可能性。其次，积极采取有效的财政、货币和金融政策，及时化解宏观经济风险。比如20世纪90年代中期治理通货膨胀和经济过热所采取的措施以及1998年的东亚金融危机的应对举措等。再次，加强精神文明建设，牢固树立社会主义价值体系的主导地位，避免社会意识形态的多元化对人们价值观念造成的过度冲击。最后，未雨绸缪，有效防范各种政治和社会风险。比如：在1979年邓小平提出了四项基本原则，反对资产阶级自由化思潮，防范国家的政治风险；当前各地方政府积极采取措施消除城乡二元格局，建立覆盖全社会的保障体系等也有助于减少社会矛盾，化解社会冲突。

二 政府驱动对当代中国社会变革的功能

自发秩序激发了社会的力量，而政府驱动则试图尽可能地发挥政治权威的功能。我国改革开放事业之所以能够不断地从胜利走向胜利，离不开中国共产党强有力的政治领导和高效的政府体系。具体而言，当代中国政府推进社会变革的功能主要体现在以下几个方面。

第一，推进社会变革，引导变革进程。我国的社会变革体现了明显的政府驱动特征。不管是农村经济改革还是城市经济改革，不管是经济体制改革还是政治体制改革都是在政府的倡导和推动下得以实施的；不管是改革时机和改革路径的选择，还是改革范围和深度的确定都深深地打上了政府的烙印。我国政府采取了多种多样的措施来推进社会变革，既通过强大的宣传工具引导和转变民众的思想观念，也通过政治性立法和决策活动来规范、约束和激励个人和社会组织的行为；既通过转变自身的行为方式间接推动社会变革，也通过直接调整社会关系，确立新的社会规范来推进社会变革。正是政府通过其主动性的作为打破观念和体制上的重重束缚，才得以推进改革进程，并引导社会变革沿着政府所期望的方向演进。

第二，凝聚社会力量，建立社会互信。社会变迁的过程通常是一个充满矛盾和冲突的过程，思想观念的多元化和各种利益冲突很容易引发政治动荡和社会不稳定，甚至导致政府合法性危机。我国政府在推进社会变革的过程中，始终注意整合各种社会力量，并注意把一些新生力量纳入社会权力体系。一方面，政府通过立法确认社会各行业、各阶层的合法地位和利益格局，保障社会公众和各利益主体的合法权益，比如宪法修正案明确了对私有财产权的保障；另一方面，政府及时对一些社会利益失衡和权利失衡进行适当调整，缓和社会各阶层之间的矛盾与冲突，比如提出并实施西部大开发战略、出台保护社会弱势群体的政策等。另外，政府还通过对民族精神、时代精神、爱国主义和社会主义价值观的倡导，来塑造相对统一的价值体系，凝聚和团结全国各族人民。

第三，治理社会风险与危机，确保社会稳定。在当今社会，各种社会风险层出不穷，给政府管理提出了严峻的挑战。在社会变革的过程中，由于社会的不稳定性增加，各种危机的爆发变得更为频繁，影响也更加广泛和深远。中国政府在推进社会变革的进程中较好地化解了各种社会风险，使改革能够在一个相对稳定的环境下稳步推进。在治理社会风险方面，中国政府具有一定的优势。首先，政府具有较高的政治权威，能够有效地动员各种社会资源，为治理社会风险提供了政治保证。其次，中国具有一个强大的执政党，保证了中国的政治稳定。中国共产党能够适应新形势的变化，不断提高执政能力和执政水平。江泽民在纪念建党80周年的讲话中提出，"必须始终自觉地加强和改进党的建设，不断增强党的创造力、凝聚力和战斗力，永葆党的生机和活力"[①]。再次，相对集权的行政体制能够保证各级政府在解决社会风险的过程中行动迅速和相互协调。最后，中华民族有着强大的内聚力，当面临重大的社会风险时，民众愿意和政府站在一起，共担风险。

第四节　中国社会变革进程中政府有效性的体现

政府作为国家和社会的控制中心，对于推进社会变革发挥着至关重要的功能。但是，由于政府能力的有限性，政府在推进社会发展的过程中必须充分发挥市场、社会等其他治理机制的功能，以弥补自身能力的缺陷。而且，由于政府的不当干预常常给社会发展带来严重的损害，因此，政府有必要在采取行动时保持谨慎，并采取有效措施提高决策的科学性和行为方式的合理性，以尽量避免政府自身行为所导致的风险。可见，在推进社会变革的进程中，政府有效性不仅在于政府自身行为的有效性，还在于政府能够调动并发挥其他社会机制的功能，也就是保证和发挥哈耶克所说的自发秩序的功能。

---

① 《江泽民文选》第3卷，人民出版社2006年版，第271页。

具体说来，中国社会变革进程中的政府有效性主要体现在以下三个方面。

一 积极有效地发挥政府自身的功能

在中国改革的进程中，政府不仅是改革的启动者，而且始终是推动变革的关键力量。虽然一些改革措施首先在地方甚至民间进行探索，但这些改革举措的普及和推广也是在政府的倡导和鼓励下才得以实现的。在我国社会变革的进程中，政府能够积极有效地发挥自身应该承担的各项功能，主动启动并有效引导社会变革的进程，加强对社会经济的宏观调控与战略规划，促进经济的平稳快速发展，努力建立公平的社会制度，保证公民享有平等的社会权利和机会，注意科学规避与治理社会风险，维护社会的和谐与稳定，为社会经济的发展创造了较为良好的环境和条件。

二 为有效的自发秩序的形成创造有利条件

政府能够在推进社会变革中发挥重要作用，但政府自身的能力毕竟是有限的，而且政府也存在着理性缺陷，可能会犯各种各样的错误。因此，为了有效促进社会的发展与进步，政府有必要放松对社会生活的不当管制，并为市场机制的有效运行创造良好条件，以便发挥公众和各种社会组织在推进社会发展中的功能与作用。政府通过塑造良好的市场和社会环境，激发公民和社会组织在促进社会发展中的自主性和积极性，从而更有效地推进社会的进步与繁荣，这既是政府的重要职责，也是政府有效性的重要体现。政府通过创设有利于自发秩序生成的环境，激发社会内部的动力和活力，形成有利于社会发展的社会秩序，能够最大限度地推进社会发展的进程。在社会变革的进程中，我国政府通过采取积极保障和不断扩大公民和社会组织的自由和权利，鼓励自下而上的改革实践及多样化的探索，不断推进地方分权改革，不断完善市场体系和深化市场化改革，稳步推进政府管理的法治化等多种措施，形成了有利于自发秩序形成的社会条件。

三 促进两种变革力量的相互配合与有机结合

在推进中国社会变革的进程中，社会自发的力量和政府的推动都至关重要。中国的改革进程之所以能够取得如此令人瞩目的成功，关键在于政府的改革举措迎合了社会公众的普遍诉求，而社会自主开展的探索和经验也往往在政府的强力推动下使其功能发挥到极致。一方面,"充分发挥自发性改革的作用和基层单位的主动精神,是中国渐进式改革的一个重要经验"①。胡锦涛同志在《在纪念毛泽东同志诞辰一百一十周年座谈会上的讲话》中指出,"我们必须最充分地调动人民群众的积极性、主动性和创造性,最大限度地集中全社会全民族的智慧和力量,最广泛地动员和组织亿万群众投身中国特色社会主义伟大事业"②。另一方面,当代中国的社会变革是在党和政府直接领导下逐步展开的,具有明显的政府主导型特征。马德普认为,中国改革模式的特点是:"在一个强有力的政府的领导下,根据中国社会的具体情况和现实需要,走一条渐进的、自主的改革发展之路。"③杨光斌则把中国民族国家建设成功的基本经验归纳为两个方面,"第一,一个稳定的制度结构凝聚国家权威;第二,一个主导的政治力量去组织国家的制度化建设"④。他们都强调了中国政府对推动社会变革的重要功能。因此,我国社会变革的突出特点是其动力来源于自发秩序与政府驱动的有机结合和相互配合,这是我国社会变革得以有效推进的重要条件。

第一,政府驱动创设了自发秩序生成的基本环境。在我国,政府驱动的改革进程与社会公众自主性的增强紧密相连。在计划经济时期,社会公众的生产和生活都由计划部门统一安排,个人缺乏自主选择的权利,自发秩序的生成缺乏最基本的条件。我国的改革首先从赋予生产者经营自主权方面获得突破。农村土地的家庭联产承包责任制的推行赋予了农民种什么、怎么种的自主权和土地产出的剩余索取权,激发了农民的生产积极性。在企业改革中,主要的问题就是存在着政企不分的管理体制,企业缺乏经营自主权。企业改革之初曾借鉴农村改革经验,实行企业承包制,激发了企业的活力。但由于企业的承包制改革并没有改变企业的所有制结构,企业仍不拥有企业的法人财产所有权,企业的发展仍缺乏长期的激励机制。而且,承包制没有改变企业内部的治理结构,企业的成败过于依赖承包人的素质高低。此后,企

---

① 赵海东:《中国经济改革模式:路径、经验与国际比较》,《内蒙古大学学报》(哲学社会科学版)2008年第6期。
② 胡锦涛:《在纪念毛泽东同志诞辰一百一十周年座谈会上的讲话》(2003年12月26日),《十六大以来重要文献选编》(上),中央文献出版社2005年版,第646页。
③ 马德普:《渐进性、自主性与强政府——分析中国改革模式的政治视角》,《当代世界与社会主义》2005年第5期。
④ 杨光斌:《中国政治30年:变迁与反思》,《探索与争鸣》2008年第12期。

业改革逐步走上股份制改造的道路。企业的股份制改革使企业拥有了完整的企业法人所有权和经营自主权,从而使企业能够作为独立的市场主体参与市场竞争。此外,政府通过立法加强对公民权利的保障,加强对私有财产的保护,逐步放松对户籍的管制,加强社会保障事业建设等,都为公民实现自主选择权利提供了条件,构建了有利于自发秩序生成的基本环境。

第二,民间的实践经验得到政府的重视和推广。当政府对微观个体的经济行为和社会活动放松管制之后,人们在现行规则的框架下的自主探索和实践活动就会以多种形式展开,自发秩序就会逐步生成。有时候,民间的自发探索却引发了全国性的改革浪潮,比如20世纪80年代初的安徽小岗村的大胆实践最终促使农村联产承包责任制在全国的推行。但是,这种情况与政府对民间实践经验的重视和推广密不可分,小岗村的实践"如果没有中央层面作出了制度的安排是很难成大气候的"[①]。20世纪80年代中期我国乡镇企业的兴起也是基层社会的一大创举,它不仅提供了农民增收的另一渠道,也是对我国农村城镇化道路的有益探索。政府随即通过立法保障乡镇企业的权益,引导和鼓励乡镇企业健康发展,对乡镇企业的发展和繁荣作出了贡献。民工潮是另一个社会自发秩序的例子。随着我国沿海经济的快速发展,劳动力需求急剧增加,中西部农村的剩余劳动力自发地到沿海发达地区和城市寻找就业机会,形成了规模浩大的民工潮。尽管在早期,政府对民工潮主要强调管理,但后来政府的态度逐步转变到对民工潮的引导、支持、鼓励,并通过立法等措施加强对外出务工人员的权益保障。

第三,渐进式的改革路径为政府驱动和自发秩序的结合提供了现实条件。自发秩序是社会成员在一定的规则体系中基于自主选择进行反复探索和试错而形成的社会秩序,社会没有对于未来社会秩序的总体设想和规划。我国的渐进式改革也体现了相同的特征。很多改革措施都是经过多次反复才找到正确的改革方向,更多的改革措施仍在探索之中。比如农村土地制度改革,从集体所有、集体劳动的大集体制转变到集体所有、家庭劳动的短期联产承包经营责任制再到长期的承包经营责任制,未来农村土地制度改革既要保证农村稳定、农业发展和农民增收,又要逐步消除城乡二元结构,实现大多数农民向城市化转移的目标,具体的改革措施尚在进一步的探索之中。由

[①] 周原:《农民,农民》,花城出版社2004年版,第12页。

于经济效益和社会效益非常明显，政府系统也会认同源于自发秩序原本并不合法的创新。比如始于四川的企业岗位责任制改革，事后被中央政府承认并在全国推广就是一个很好的例子。这种渐进式改革既有利于发挥政府的引导功能，增强政府决策的科学性，而且有利于社会成员的参与和积极性的发挥。在渐进式改革的背景下，各地的实践和探索为政府推进改革进程提供了经验，政府的推动又促进了那些成功的实践经验在全国的普及。

第四章

中国社会变革进程中的政府
有效性分析

　　三十年来，中国作为世界上人口最多的大国，在经济发展水平极端低下的情况下，能够实现如此长时间持续高速的经济增长，并在保持社会稳定的前提下实现了社会生活的全面进步，在整个世界发展史上是绝无仅有的。是什么力量推动了中国社会的发展与进步？对这一复杂问题的任何简单化的回答都可能犯以偏概全的错误，而任何试图对该问题进行全面回答的尝试又都会面临无数无法克服的困难，并会使人陷入困惑的境地。因为，与这一复杂的社会变革相联系的因素之多可能超出任何观察者所能达到的范围，而且对于任何因素在社会变革进程中所发挥的功能的测量都会因各因素的相互作用而纠缠不清，因而不可避免会犯主观主义的错误，更何况还存在着众多在我们的视线之外的不可见因素的影响。但是，这并不意味着我们无法对这一现象进行分析，并得出一些有价值的认识。因为人类不仅应该从失败中吸取教训，也应该从成功中收获经验。我们并不试图对当代中国的社会变革给出一个全面的解释，而是试图找出影响中国社会变革的最为核心和关键的因素。在我们看来，这一因素就是政府有效性。在我国社会变革进程中，政府有效性主要体现在三个方面：一是积极有效地发挥了政府自身的功能；二是为有效的自发秩序的形成创造了有利条件；三是促进了这两种变革力量的相互配合与有机结合。然而，中国政府为什么能够发挥这些功能，为什么中国现行的政府模式有助于这些功能的发挥，是值得我们进一步探讨的问题。这里，我们试图从政府理念、政府职能、政府行为三个方面对我国政府有效性的内在机制作出更为细致的分析。

第一节 "有为"的政府理念

　　计划经济的实践并没有带来有效的经济发展，恰恰相反，这种中央集权的计划体制带来的是经济发展的严重失衡、经济增长的剧烈波动和更低的增长速度。加之"大跃进"和"文化大革命"的破坏，我国经济已经陷入崩溃的边缘。这种状况不仅严重挫伤了人们对社会主义事业的信心，也极大地刺激了政府特别是政府中一些开明人士发展经济的使命感。在经历二十多年计划经济实践之后，中国政府和民众目睹了政府对国民经济全面干预的失败。但是，在这个时候，不管是政府还是民众都没有把经济失败的责任归咎于政府对经济的不当干预，他们认为那是政治上的失误和不当的政策所致。因此，改革者并没有放弃政府对经济的干预，相反，他们依然认为发展经济是政府责无旁贷的职责。经济发展的失败一方面使改革者认识到新中国成立以来的经济管理存在着严重的问题，需要加以改革；另一方面也加剧了改革者的危机感和急迫感，他们希望通过政府的努力尽快扭转国民经济的严重局面，并设法找到一条社会主义国家发展经济的道路。这就是说，不管是改革的初期，还是在改革的过程中，中国政府所坚持的基本理念就是政府能够并且应当为国家的社会经济发展作出贡献，我们称之为"有为"的政府理念。不过这一次，中国政府不是通过加强对国民经济的计划管理和控制来体现自身的价值，而是从实用主义的立场出发，对原有的计划经济体制进行了改革。随着改革的推进和经济形势的变化，政府对"有为"内涵的认识以及对如何才能做到"有为"的看法均发生了比较大的变化。随着社会经济发展需要的变化，政府为了做到"有为"，也需要采取不同的政策和方式。尽管如此，政府坚持"有为"的政府理念却始终没有改变。具体来说，我国政府在追求"有为"的过程中逐步形成的"有为"的政府理念主要体现在以下行政理念中，即服务行政理念、积极行政理念、责任行政理念、高效行政理念和合作行政理念等。

一 服务行政理念

　　马克思主义认为，在阶级社会里，国家是阶级斗争的产物，是统治阶级剥削、压迫被统治阶级的工具。"国家的本质特征，是和人民大众相分离的公共权力。"① 随着社会的发展，这种剥削和压迫越来越采取更为隐讳、更不易察觉的手段和方法。进入资本主义社会以后，资产主义国家通过保护资本家对工人阶级的剩余索取权来维护资产阶级对无产阶级的剥削关系。在社会主义国家，剥削阶级作为一个阶级已经消灭，社会主义国家的根本任务就是逐步建立劳动者与生产资料紧密结合的生产关系，"解放生产力，发展生产力，消灭剥削，消除两极分化，最终达到共同富裕"②。社会主义的国家制度为广大人民群众掌握国家权力提供了经济基础和制度保证，为实现国家的一切权力来自人民、服务于人民提供了现实条件。在社会主义国家，"国家权力来源于人民的权利，必须为保障人民的权利而存在和运行，也只能为实现同样的目的而受到限制"③。因此，服务于民众是社会主义制度对政府的内在要求。

新中国成立后，面对极端落后的生产力状况，尽快发展经济成为政府服务民众的首要任务。但由于对经济发展规律的认识出现偏差，加之主观上的急躁冒进，经济发展遭受了严重挫折。比如：过于重视发展重工业，造成了国民经济发展比例严重失调，资源环境遭到严重破坏，人民生活长期得不到提高；认为公有制程度越高越有利于发展生产力，造成了"吃大锅饭"的平均主义盛行，反而使国民经济失去了活力。

改革开放以后，中国政府始终秉承"为人民服务"的思想，一切以人民的根本利益为出发点和立足点。面对"文化大革命"对国民经济的严重破坏，尽快发展经济，提高人民的生活水平成为政府服务民众最为迫切的要求。党的十一届三中全会果断停止"以阶级斗争为纲"的口号，决定把党和国家的工作重心转移到经济建设上来。正如邓小平所指出的："中国社会从1958年到1978年二十年时间，实际上处于停滞和徘徊的状态，国家的经济和人民的生活没有得到多大的发展和提高。这种情况不改革行吗？"④ 中国政府推进改革的最终目的在于造福于人民。"社会主义现代化建设是我们当前最大的政治，因为它代表着人民的最大的利益、最根本的利益。"⑤ 经济改革

---

① 《马克思恩格斯选集》第4卷，人民出版社1995年版，第116页。
② 《邓小平文选》第3卷，人民出版社1993年版，第373页。
③ 钱福臣：《美国宪政生成的深层背景》，法律出版社2005年版，第8页。
④ 《邓小平文选》第3卷，人民出版社1993年版，第237页。
⑤ 《邓小平文选》第2卷，人民出版社1994年版，第163页。

如此，推行政治改革同样如此，同样是为了发展生产力和改善人民生活。邓小平指出："我们政治体制改革总的目标是三条：第一，巩固社会主义制度；第二，发展社会主义社会的生产力；第三，发扬社会主义民主，调动广大人民的积极性。而调动人民积极性的最中心的环节，还是发展生产力，提高人民的生活水平。"① 党和政府的任何工作都要以服务于广大人民的利益为出发点和归宿，"各项工作都要有助于建设有中国特色的社会主义，都要以是否有助于人民的富裕幸福，是否有助于国家的兴旺发达，作为衡量做得对或不对的标准"②。在 1992 年南方谈话中，邓小平提出了改革成败的判断标准，"应该主要看是否有利于发展社会主义社会的生产力，是否有利于增强社会主义国家的综合国力，是否有利于提高人民的生活水平"③。这充分说明，更好地服务于民众的利益既是改革的动因，也是改革的目标。

江泽民继承并发展了邓小平的改革思想。2000 年 2 月江泽民同志在广东考察工作时提出了在对外开放和市场经济条件下，中国共产党作为工人阶级先锋队"在社会经济成分、组织形式、就业方式、利益关系和分配方式多样化的趋势进一步发展的条件下，如何始终保证全党同志按照党的奋斗目标，按照国家和人民的最高利益来行动，维护和加强党的坚强团结和高度统一"④的问题。江泽民指出："我们党所以赢得人民的拥护，是因为我们党在革命、建设、改革的各个历史时期，总是代表着中国先进生产力的发展要求，代表着中国先进文化的前进方向，代表着中国最广大人民的根本利益，并通过制定正确的路线方针政策，为实现国家和人民的根本利益而不懈奋斗。"⑤ 这就将代表工人阶级的利益与代表最广大人民的根本利益一致起来。虽然我国仍存在着不同的阶级或阶层，但剥削阶级作为一个阶级已不存在。这时，作为与人类发展和进步具有高度一致性的工人阶级的利益必然要符合最广大人民的根本利益。江泽民在党的十六大报告中指出："中国共产党深深扎根于中华民族之中。党从成立那一天起，就是中国工人阶级的先锋队，同时是中国人民和中华民族的先锋队，肩负着实现中华民族伟大复兴的庄严使命。"正

---

① 《邓小平文选》第 3 卷，人民出版社 1993 年版，第 178 页。
② 同上书，第 23 页。
③ 同上书，第 372 页。
④ 《江泽民文选》第 3 卷，人民出版社 2006 年版，第 1 页。
⑤ 同上书，第 2 页。

如毛泽东在中共七大会议上就曾指出的那样，"共产党人的一切言论行动，必须以合乎最广大人民群众的最大利益，为最广大人民群众所拥护为最高标准"①。这些论述清晰地阐明了党和政府服务于最广大人民根本利益的理论依据和现实要求，为服务行政理念的确立提供了理论依据。

我国政府的服务行政理念更充分地体现在服务型政府的建设上。长期以来，我国政府虽然坚持"为人民服务"的宗旨，但在政府与人民的关系上却更多地表现为管理与被管理的关系。政府在城市和农村分别通过单位和人民公社将广大人民组织起来，按照计划统一安排生产和生活，形成了个人对组织的依赖。但"由于组织并不是真正的利益主体和资源主体，而是国家分配资源、管理社会的代理人，因此，成员对组织的依赖只是形式，对国家的依赖才是实质"②。公民个人缺乏必要的自主和自由。这里面隐含的逻辑是：对于个人的工作和生活，政府能够作出比个人更明智的决策，因此，政府对公民的管理是出于公民真正的和长久的利益考虑。计划经济的实践表明这种认识是错误的，政府的管理并不总是有效，而且，政府的作为很有可能与民众的愿望相违背。正是在这种背景下，我国走上了市场化的道路。进入21世纪，我国提出在转变政府职能的基础上建设服务型政府。这既是对长期以来所实行的管理型行政的一种矫正，也是我国政府适应新时期经济社会发展需要的战略选择。党的十六届三中全会要求"切实把政府经济管理职能转到主要为市场主体服务和创造良好发展环境上来"，"完善就业服务体系，加强职业教育和技能培训，帮助特殊困难群体就业"，"改善农村富余劳动力转移就业的环境"，"营造实施人才强国战略的体制环境"，"完善劳动、就业和社会保障等方面的法律法规，切实保护劳动者和公民的合法权益"，"加快形成行为规范、运转协调、公正透明、廉洁高效的行政管理体制"等。③ 十六届四中全会首次正式提出建设"服务型政府"。在此之前，地方政府就率先进行了服务型政府建设的实践，比如，2003年2月南京市政府出台了《关于推进服务型政府建设的实施意见》，2003年8月重庆市政府出台了《关于建设

---

① 《毛泽东选集》第3卷，人民出版社1969年版，第997页。
② 孙立平等：《改革以来中国社会结构的变迁》，《中国社会科学》1994年第4期。
③ 《中共中央关于完善社会主义市场经济体制若干问题的决定》（2003年10月14日中国共产党第十六届中央委员会第三次全体会议通过）　（http：//www.people.com.cn/GB/shizheng/1024/2145119.html？）。

服务型政府的工作意见》等。2005年温家宝总理在政府工作报告中从五个方面论述了服务型政府建设问题，即创新政府管理方式，寓管理于服务之中，更好地为基层、企业和社会公众服务；整合行政资源，降低行政成本，提高行政效率和服务水平；政府各部门要各司其职，加强协调配合；健全社会公示、社会听证等制度，让人民群众更广泛地参与公共事务管理；大力推进政务公开，加强电子政务建设，增强政府工作透明度，提高政府公信力。① 至此，建设服务型政府已成为国家意志。近年来，我国各级政府及其工作人员的服务意识和服务能力均得到较大提高，服务型政府建设初见成效。

二 积极行政理念

计划经济的实践表明，政府的能力是有限的，政府对社会经济事务特别是对微观经济活动的过多干预对于社会经济的正常运行和发展常常产生破坏性作用。无政府主义者和极端的自由主义者都相信，政府干预带来的负面作用远远超过它能带来的正面功能，因此，政府干预越少越好。但是，这些并不能成为否定政府功能的依据。"以政府为主导的发展必然地失败了，但缺少政府的发展也必然如此——像利比亚和索马里这样政府崩溃的国家人民遭受的痛苦十分清楚地表明了这样一个信息。历史反复地表明，良好的政府不是一个奢侈品，而是非常必需的。"② 问题的关键在于政府是否有效地做了它应该做的事情。很显然，政府做得太多或者太少对于社会发展都是极为不利的。积极行政理念是适应这种两难困境的折中选择，它既反对无所不包的全能政府，也反对无所作为的无能政府。积极行政理念相信，政府能够而且应当在推进社会进步方面发挥一定的功能。"积极"意味着政府不仅要避免做错事，还要主动地去做对社会有益的事。由于政府能力的有限性，政府在某些方面的"积极"实际上也意味着在其他许多方面的"消极"，因此，"积极行政"必然意味着某种"有限的行政"。

在某种程度上，积极行政理念可能与现代控权理论之间存在着张力。控权是实现宪政的基础。控权理论认为，政府的一切权力来自人民，因而必须

---

① 温家宝：《2005年政府工作报告——2005年3月5日在第十届全国人民代表大会第三次会议上》（http://gov.people.com.cn/GB/46733/46842/3499606.html）。

② 世界银行：《1997年世界发展报告——变革世界中的政府》，蔡秋生等译，中国财政经济出版社1997年版，前言第1页。

服务于人民的利益和需要。然而，权力缺乏制约必然会被滥用，进而危害到权力的主人——人民的利益。因此，人民必须通过各种手段监督和控制政府权力的行使，以防止政府权力的滥用。控权理论深刻认识到不受制约的政府权力可能给人类社会带来的危害，主张通过控权来确保政府权力的正当行使，这在人类文明的发展史上都是极具价值的。然而，传统控权机制基于"公权力是必要的恶"的理念，只看到公权力可能为"恶"的一面，而没有看到公权力也可以为"善"的一面。① 这样，控权就可能使人们失去利用政府权力建设美好生活的机会。其实，控权理论完全可以和积极行政理念完美地结合在一起。积极行政理念要求政府在其职能领域积极地发挥功能，履行应尽的职责，这同样需要对政府权力的有效控制才能实现。这就是说，积极行政理念不仅要求避免政府权力的滥用，还要求政府发挥有效的功能；既要加强制约，又要在制约的前提下提供必要的行为激励，以推动其更有效地履行职责。从根本上来说，"鼓励政府积极主动地履行职责本身就是对政府权力的一种制约。过分抑制政府权力行使的主动性、自觉性和创造性，不仅难以发挥权力的正面潜能，也并不真正有利于权力的控制"②。

虽然经历了计划经济的失败，但我国并没有怀疑政府能够发挥适当的功能，而是在改革的进程中逐步探索政府的合理定位。伴随这一进程的是积极行政理念的确立。在计划经济体制下，国家的一切生产、经营和消费活动都是在国家计划中心（中央政府）的统一安排下进行的。地方各级政府、各种社会组织和个人都是在国家计划的指导下开展活动的，因而是不需要发挥积极性和主动性的。在大多数情况下，这种积极性和主动性也是被禁止的。在计划经济体制下，除了中央政府能够"积极"开展活动之外，是不存在"积极行政"的。然而，作为"计划者"的工作特点又不容许中央政府"积极"地行政，因为计划活动本身要求建立在客观的理性基础之上，它需要的是理性的判断，而不是主观的努力。对于中央政府而言，所谓的"积极"行政不过是确定一些不切实际的发展目标罢了。

随着改革开放的不断深入，中央政府不断调整其职能范围，基本的趋势是削减那些行政性的计划职能，而增加了许多充满不确定性的宏观调控、社

---

① 姜明安：《行政程序：对传统控权机制的超越》，《行政法学研究》2005年第4期。
② 楚德江：《控权理论的价值与缺憾》，《甘肃社会科学》2008年第3期。

会管理和公共服务职能。这为发挥中央政府的能动性提供了条件。与此同时，改革还伴随着地方政府自主权的扩大。这种地方自主权体现在外贸、投资、税收等诸多方面，这同样极大地促进了地方政府积极主动地发挥功能。特别是20世纪80年代中期开始的以"财政包干"为特征的财政体制改革，把地方政府的财力与地方经济发展紧密地联系在一起，极大地提高了地方政府发展经济的积极性。我国地方政府的积极性不仅体现在推进地方经济发展方面，也体现在对各方面改革的探索方面。改革开放以来，中央政府一直鼓励地方政府对政治、经济和社会改革进行探索和试点，也鼓励地方政府在与法律、法规和上级政策不相抵触的前提下，根据本地实际制定具有地方特色的管理制度和方法。比如：一些地方对基层选举制度进行的改革试点和对农村土地流转方式进行的试点等。我国目前已经实施的各项改革举措基本上都是先经过地方试点而后再逐步推广的，如国有企业改革、农村税费改革等。

仅仅赋予地方政府自主权并不足以使地方政府成为"积极行政"的实践者，我国政府奉行积极行政理念的另一个促进因素是我国地方政府官员竞争性的绩效晋升制度。这种晋升制度把官员的晋升建立在其政绩的基础之上。同"财政包干"一样，地方政府的积极努力能够给地方官员带来实实在在的收益，这就促使地方政府在自主权的基础上，积极主动地开展工作以取得更高的政绩（主要表现为地方经济增长）。

其实，随着公民的民主意识和权利意识的增强，政府能否有效地发挥其应有的功能已成为政府获得民众支持和信任的重要基础。"公众参与的不断增加，合法性越来越取决于政府的作为，政策倾向于改善生活质量的明示努力。"[1] 对于中央政府而言，全球化时代国家间竞争的加剧是我国政府奉行积极行政理念的另一个重要的原因。刘昌明曾经从四个方面分析了全球化对民族国家的不利影响：首先，全球化对民族国家主权的侵蚀，直接冲击了对传统国家概念认知图式，导致传统政治认同的淡化或转移；其次，全球化所导致的政治文化的世俗化往往破坏着传统政治认同的基础；再次，全球化引发的急剧膨胀的"期望革命"与难以满足的现实挫折的矛盾，导致对现存国家政治认同感的淡化；最后，全球化也对居住于固定的民族国家领土范围并效

---

[1] 陈文鸿等：《1998东亚经济何处去》，经济管理出版社1998年版，第316页。

忠于国内政府的传统公民观和种族观提出了挑战。① 在这种情况下，政府只有积极有效地作为，才有可能减缓全球化对民族国家形成的冲击与挑战，重塑公民对政府的信心和认同。

三　责任行政理念

责任政府是现代政府的基本特征之一。弗雷德里克·莫舍曾经说："在公共行政和私人部门行政的所有词汇中，责任一词是最为重要的。"② 政府权力的行使必须伴随着相应的责任的承担，无需承担责任的权力必然会变得暴虐，因为这种政府权力会轻易地超越权力的边界而被用于谋取个人的利益，这便是洛克所说的暴政。"如果说篡夺是行使另一个人有权行使的权力，那么暴政便是行使越权的、任何人没有权力行使的权力。这就是任何人运用他所掌握的权力，不是为了处在这个权力之下的人民谋福利，而是为了获取他自己私人的单独利益。统治者无论有怎样正当的资格，如果不以法律而以他的意志为准则，如果他的命令和行动不以保护它的人民的财产而以满足他自己的野心、私愤、贪欲和任何其他不正当的情欲为目的，那就是暴政。"③ 在民主国家，政府的一切权力来自人民，人民在将权力授予政府的同时，也要求政府按照民众的意愿行使权力，服务于民众的利益。就如密尔顿所说的："国王和官吏的权力不过是派生的东西，是出于人民的信赖，为了全体人民的共同利益而授予并委托给他们的。从根本上说，这个权力仍然为全体人民所有，不能从他们那里拿走，否则就是侵犯他们的天赋权利。"④ 杰斐逊也持有类似的观点，他说："我认为构成一个社会或国家的人民是那个国家中一切权力的源泉；他们可以自由地通过他们认为适当的代表处理他们所共同关心的事情；他们可以随时个别地撤换这些代表，或在形式上或在职能上改变代表的组织。"⑤ 如果政府违背人民的意愿，人民当然有权利收回授予政府的权力，并惩罚那些滥用权力的人们。格劳秀斯宣称："如果违反了法律和国

---

① 刘昌明：《全球化与当代国家政治职能》，山东大学出版社 2006 年版，第 198—204 页。
② 转引自［美］特里·库伯《行政伦理学：实现行政责任的途径》，中国人民大学出版社 2001 年版，第 62 页。
③ ［英］洛克：《政府论》下篇，商务印书馆 1964 年版，第 121—122 页。
④ ［美］乔治·霍兰·萨拜因：《政治学说史》下册，商务印书馆 1986 年版，第 571 页。
⑤ 转引自谷春德、吕世伦《西方政治法律思想史》上册，辽宁人民出版社 1986 年版，第 330 页。

家利益，人民不但可以用武力反抗他们，而且在必要时还可以处他们的死刑。"① 这表明，在现代国家，政府的权力再也不是封建君主的专制权力，它必须承担服务于人民的责任。"责任制"这个概念通常用来指行政机关回应公众要求和公意的变化的政府制度。② 通过政府的责任承担和对政府责任的追究，履行相应责任已成为政府的首要使命，政府权力本身已不再是政府统治社会的武器，而成为政府履行职责的工具。

可见，现代政府的人民性必然要求政府承担起服务于民众的职责，并且政府权力的行使不能损害到民众的利益，这就要求政府树立责任行政观念。责任行政观念是指政府把履行职责作为工作的中心并承担与职务行为相关的责任，从而对公民、民意机关或司法机关负责的思想观念和行为取向。现代政府的责任承担是通过法治得以实现的。在法治国家，宪法和法律规定了人民对政府的授权方式，规定了政府的权力范围和运行方式，规定了政府应履行的职责和履行职责的方式，所有这些既构成了对政府权力的制约，也是政府承担责任的依据。首先，政府必须始终受制于人民。"在一个民主国家，统治者必须对受他们统治的人们说明情况或负责。统治权得自选民的选票，也可以被这些选票收走。"③ 其次，法律的地位至高无上，政府必须在法律的范围内活动。"法律一经制定，任何人也不能凭他自己的权威逃避法律的制裁；也不能以地位优越为借口，放任自己或任何下属胡作非为，而要求免受法律的制裁。"④ 如果社会上存在着某种高于法律的权威，那么法律的尊严便不复存在。柏拉图曾说："在法律服从于其他某种权威，而它自己一无所有的地方，我看，这个国家的崩溃已为时不远了。但如果法律是政府的主人并且政府是它的奴仆，那么形势就充满了希望，人们能够享受众神赐给城市的一切好处。"⑤ 法治也许显得过于冷峻，缺少人治可能存在的关爱和温暖，但正是这种冷峻使得政府权力摆脱各种利益的诱惑，从而保障政府权力的公正

---

① [美] 汉默顿：《西方名著提要》（哲学社会科学部分），中国青年出版社 1957 年版，第 114 页。

② A. H. Birch. *Representative and Responsible Government——An Essay on the British Constitution*. Toronto: University of Toronto Press, 1964, p. 17.

③ A. W. Bradley and K. D. Ewing. *Constitutional and Administrative Law*, Twelfth Edition, London and New York: Longman Limited, 1997, p. 113.

④ [英] 洛克：《政府论》（下篇），商务印书馆 1964 年版，第 59 页。

⑤ [古希腊] 柏拉图：《法律篇》，上海人民出版社 2001 年版，第 123 页。

性和正当性。再次，政府必须处于人民的监督之下。不管法律有多严密，如果人民对政府的活动一无所知，法治便无从落实，政府责任就会被虚置。这就不仅要求政府的活动必须公开，而且要求公民具有参与政府过程的权利和途径。

在我国，政府所承担的责任一般可分为政治责任、法律责任、行政责任和道德责任。政治责任是指政府及其工作人员的公共决策和政策执行必须符合人民和民意机关的意愿，否则将面临政治风险。我国宪法规定："人民是国家一切权力的所有者，人民通过人民代表大会行使国家权力；国家行政机关由人民代表大会产生，对它负责、受其监督"；"一切国家机关和国家行政人员都必须依靠人民的支持，经常保持同人民群众的密切联系，倾听人民的意见和建议，接受人民的监督，努力为人民服务"。这就明确了政府必须对人民和人民代表大会负责。在我国，人大一般通过以下途径对政府进行监督和追究其责任：听取和审议人民政府的工作报告；审查和批准国民经济和社会发展计划、预算以及它们执行情况的报告；审查行政法规、地方政府规章；对法律的实施进行检查监督；询问和质询；特定问题调查；罢免和撤销政府组成人员的职务；人民代表大会代表对政府部门的工作进行评议；人民代表大会常务委员会对政府组成人员进行述职评议等。法律责任是指政府必须依法行政，履行法律义务，否则将承担相应的法律责任，包括刑事法律责任、民事法律责任和行政法律责任。我国《行政诉讼法》为政府承担法律责任提供了法制基础。行政责任是指政府及其工作人员依据其职责权限而应履行的职务责任和对上下级政府及相关工作部门应承担的义务。行政责任的追究一般由领导和上级政府追究，也可以由政府内部的专门机构（监察部门、审计部门等）来追究。比如我国《行政监察法》第18条规定，监督机关可以检查国家行政机关在遵守和执行法律、法规和人民政府的决定、命令中的问题。道德责任是指政府组织及其成员的行为必须符合社会道德规范和行为准则，不得违反社会公认的道德准则和职业要求，同时，政府又负有建设良好社会道德风尚的义务。行政职业伦理是对政府及其工作人员的基本道德要求。对政府道德责任的追究既可以通过社会舆论的压力，也可以通过行政伦理制度化的途径，依法加以追究。

改革开放以来，我国不断推进法治进程，公民的权利意识和民主观念不断增强，政府的责任意识也得到明显提高，责任政府观念初步确立，责任政府建设初见成效。首先，法制建设稳步推进。1982年新中国第四部宪法颁布，确立了行政部门实行首长负责制，为政府责任承担明确了责任主体。各种规范行政权力运行的法律法规相继出台，为落实行政责任奠定了法律基础。其次，行政公开化、透明化程度不断提高。当前，政务公开不仅是公民对政府的基本要求，也正逐步成为政府的自觉行动。中央政府门户网于2006年1月1日正式开通，为公民获取政务信息，为公民和企业与政府之间进行双向互动提供了重要渠道，推进了我国政府运行的公开化进程，为公民和社会组织监督政府提供了条件。2008年5月1日，《中华人民共和国政府信息公开条例》正式施行，进一步推进了政府过程公开化和透明化的进程。再次，行政问责制度得以建立并发挥了重大影响。行政问责是指行政人员有义务就与其工作职责有关的工作绩效及社会效果接受责任授权人的质询并承担相应的处理结果。[1] 我国行政问责制的起步较晚，2001年4月21日《国务院关于特大安全事故行政责任追究的规定》颁布施行标志着我国行政问责制度的正式确立。2003年"非典"期间，包括原卫生部部长张文康、北京市市长孟学农在内的近千名官员因防治非典"工作不力"被罢免官职，才算正式掀起了我国的行政问责风暴。近年来，每年都有众多的官员因问责而被免职或给予其他处分。国家环保总局前局长解振华则因松花江污染事件而辞职，山西省省长孟学农因襄汾溃坝事故再次被问责，三鹿奶粉事件、深圳龙岗火灾、黑龙江鹤岗市煤矿火灾、河南登封矿难等使得多名地方和中央官员受到处罚。与此同时，行政问责法制化建设稳步推进。2003年7月，青海省政府公布了《青海省行政工作人员行政过错责任追究办法》。2003年8月，长沙市颁布了《长沙市人民政府行政问责制暂行办法》。2004年2月，《中国共产党党内监督条例（试行）》公布实施，明确写入了"询问和质询"、"罢免或撤换要求及处理"等内容。2004年4月中共中央批准实施的《党政领导干部辞职暂行规定》，对官员因涉及"工作严重失误、失职造成重大损失或恶劣影响、对重大事故负有重要领导责任"等应引咎辞职的相关情况进行了明确规定，将引咎辞职明确引入问责制度。2004年5月，重庆市出台《政府部门行政首长问责暂行办法》，接着，成都市、南京市也制定了类似的问责制度，公安部制定了《关于人民警察执法过错责任追究的规定》，等等。

---

[1] 宋涛：《行政问责概念及内涵辨析》，《深圳大学学报》（人文社会科学版）2005年第3期。

最后，绩效责任成为我国政府责任的重要形式。我国的行政体制是一个明显的压力型体制，在这一体制下，下级政府和官员面临着上级分配的沉重的绩效压力。这种压力型体制的典型表现有这样几个方面：一是末位淘汰制。上级政府对其安排的某项工作或者对其下级工作的整体情况进行评估，排名末尾者将被免职，名次靠后者也将被训诫。二是一票否决制。这是指下级政府或工作人员的某项工作如果没有达到一定的要求，不管其其他的工作多么出色，都将被取消一切评先评优及职务晋升的机会，甚至会受到处分。三是平级之间的绩效竞争制。这通常表现为不成文的规定，也就是上级对下级官员的提拔任用依据下级的工作绩效（主要是 GDP 增长率），而不考虑（或很少考虑）下级官员的工作环境、原有基础等特殊因素。对这些绩效责任的追究极大地促进了政府及其官员的责任意识，增强了他们努力工作的积极性和主动性。

四　高效行政理念

近年来，人们越来越多地关注政府效能的问题。人们不仅关心政府做了些什么，是否做了正确的事，是否按照正确的方式做事，而且关心政府所耗费的成本，关心政府对社会问题的反应速度和行政效率，关心政府行为的社会效果。民众的这种要求反映在政府身上就体现为高效行政理念。高效行政理念是指政府在开展行政活动、处理公共事务的过程中坚持用最廉价、最快捷的方式去实现最优的社会效果。虽然出于种种原因，这种理想的高效状态可能永远都无法实现，但它作为政府追求的目标，对于克服政府机构的官僚主义、办事拖沓、效率低下的弊病却有着直接的效果。在计划经济体制下，高度集权的管理体制严重阻碍了政府内部信息的快速传递，加上计划本身的不科学所造成的浪费和效率损失，导致计划经济体制下政府管理的整体低效。对于计划经济体制下的行政组织和工作人员而言，重要的是被动地遵循国家的计划安排，而不是积极主动地开展工作，也很少考虑行政成本和工作的效果，因而行政效能普遍低下。改革开放以后，为了加快经济发展和推进各项社会事业，行政效能低下越来越成为阻碍现代化建设的重要因素。随着地方自主权的扩大和地方政府间竞争的加剧，提高政府效能已经成为地方政府的自觉选择。我国政府的高效行政理念主要体现在降低行政成本、提高行政效率和改善行政效能等方面。

（一）降低行政成本

行政成本有狭义和广义之分。狭义的行政成本是指政府机构在运行过程中的运转成本和人头费用；而广义的行政成本是指政府的全部开支，即除了狭义的行政成本之外，还包括政府在基础设施、社会事业等方面的投入，甚至包括政府活动给社会成员带来的额外成本。从广义行政成本的含义来看，降低行政成本不仅要削减政府自身的运行费用，还要提高政府在兴办社会事业和提供公共服务中的资金运作效益，提高政府服务水平，为公众提供高效便捷的服务，从而降低社会公众的办事成本。这里所说的降低行政成本主要是指狭义的行政成本，因此，降低行政成本一般是通过削减政府机构和人员规模，提高机构运行效率，减少铺张浪费等途径得以实现。在计划经济时期，我国政府是国民经济建设和各项社会事业发展的具体决策者、实施者和管理者，是典型的全能型政府，管理着过多过细的社会经济事务，造成机构和人员的过快膨胀，行政成本急剧上升。虽然进行过几次精简，但由于政府职能未能转变，精简之后往往会再次膨胀。1959年底，我国大幅度地精简了政府机构，国务院从81个部门减为60个部门。但调整后不久，机构又重新膨胀起来，到1965年恢复到79个部门。"文化大革命"期间，各级革命委员会独揽大权，政府工作基本上处于瘫痪状态，国务院减到32个部门。"文化大革命"结束以后，随着各方面工作恢复正常，机构逐步增加。到1981年，国务院设置的机构总数高达100个，达到了新中国成立以来的最高峰。

改革开放以来，我国已进行了六次政府机构改革，精简机构和人员规模、提高行政运行效率始终是行政改革的重要目标。1982年开展了改革开放以后的首次政府机构改革，重点是精简机构和人员，取得了一定成效。首先，改革了国务院领导体制，减少了副总理的人数，设置了国务委员，由国务院总理、副总理、国务委员和秘书长组成国务院常务会议；其次，根据重叠的机构撤销、业务相近的机构合并的原则精简了国务院机构，裁减合并了一批经济部门，大大减少了直属机构。国务院工作部门由100个减少到61个。但这次改革之后，机构和人员规模又出现了反弹，到1987年底国务院又达到72个部门并且行政费用急剧上升。1988年的第二次政府机构改革首次提出了转变政府职能，并决定对机构人员实行"三定"（定职能、定机构、定人员编制）试点，在取得经验后推行了"三定"制度。经过这次改革，国务院机构总数由72个精简为68个。这次改革与以往不同的是区分了不同情况，在机构、职能和编制上有增有减。1993年的第三次政府机构改革是在我国决定建设社会主义市场经济体制的背景下展开的，但是着眼点仍在精简机构和人员，政企分开没有迈开步伐。这次改革国务院各部门精简了20%的人员，地方各级政府机构精简了25%的机关人员。1998年的第四次机构改革在转变政府职能方面取得了较大突破，专门从事行业管理的国务院部委几乎全部被撤销，国务院组成部委由40个减至29个。地方政府机构改革也取得较大进展。1999年1月，中共中央、国务院发出《关于地方政府机构改革的意见》，同年7月，召开全国地方机构改革工作会议，明确了地方机构改革的指导思想、目标任务和方针政策。2000年，又发出《关于市县乡人员编制精简的意见》，提出了编制精简的指导思想和原则、配套政策与措施，明确了市县乡各级政府精简的重点和具体要求。2003年的政府机构改革是在我国加入世贸组织的背景下展开的。这次改革进一步推进政企分开，成立了国务院国有资产监督管理委员会；加强了政府的宏观调控职能，将国家发展计划委员会改为国家发展和改革委员会，成立中国银行业监督管理委员会，组建了商务部。经过这次改革，国务院组成部委减至28个，国务院机构总数由71个减至62个。在2003年改革的基础上，2008年的政府机构改革继续解决政府职能转变不到位，机构设置不够合理，部门职责交叉、权责脱节、效率不高、制约和监督机制不够完善等问题，旨在加强和改善宏观调控以及重要领域的管理，加强社会管理和公共服务部门建设，探索实行职能有机统一的大部门体制。这次改革新组建了工业和信息化部、环境保护部等五个部，调整了国家发展和改革委员会、卫生部两个部委，撤销国防科工委等六个部委，国务院组成部门由28个调整为27个。经过这六次政府机构改革，在政府职能转变的基础上，政府机构和工作人员得到较大规模的精简，行政职能交叉和重叠的现象得到较好的克服，政府运行效率得到极大提高，行政成本控制取得良好成效。

与此同时，政府还通过采取各种措施节约开支，如推行无纸化办公，召开电视电话会议等，既提高了效率，又降低了政府成本。在我国，公务招待和公车费用始终占据政府开支的较大比重。近年来，政府通过确定招待规格，实行公车改革等措施试图降低在这些方面的费用，收到了一定的效果。另外，我国在政府开支控制方面也采取的一些措施，比如加大了人民代表大会对各级政府财政预决算的监控力度，强化了审计部门对政府各部门收支状况的审计监督等，也收到了较好的效果。

（二）提高行政效率

行政效率是指在保证政府活动目标方向正确，并给社会带来有益成果的前提下，行政活动的产出与投入之间的比率。① 在行政活动必要和正确的前提下，行政效率取决于两个因素，即行政投入和行政产出。行政投入就是前面所说的广义的行政成本，而行政产出则是行政活动所取得的社会成果。对于政府管理而言，行政效率具有特殊的重要意义，它既是政府发挥功能的基础，也是行政管理应坚持的核心价值之一，长期以来受到政府和学术界的高度关注。

行政效率的高低受到多种因素的影响，这些因素主要有：行政组织、行政人员和行政技术，当然也受到行政环境的影响。行政组织是行政职能的载体，是行政活动的基本主体。行政组织通过这样几个方面影响行政效率。一是决策权的集中程度。决策权过于集中不仅会导致上级决策负担和决策责任过重，而且由于上级不具有对于决策问题的信息优势，决策失误的可能性更大。同时，决策权的过于集中也会抑制下级组织的积极性和自主性，从而影响组织的整体效率。这也是我国官僚主义盛行、行政效率低下的重要原因。而决策权过分分散，又不利于行政组织间的协调和沟通，也会影响行政效率的提升。二是组织机构设置的合理程度。主要包括两个方面：其一，组织职能是否交叉重叠。组织职能的交叉重叠是导致责任不清、相互掣肘、推诿扯皮的重要原因；其二，管理层次和幅度是否适当。管理层次和幅度应依据工作性质、人员能力、办公技术的不同而不同，层次过多或过少、幅度过宽或过窄都是不利的。三是组织间的沟通协调机制是否完善。现代社会问题的复杂性越来越要求行政组织间的相互协调和配合。

行政人员是影响行政效率的另一个重要因素。邓小平同志在南方谈话中指出："中国的事情能不能办好，社会主义和改革开放能不能坚持，经济能不能快一点发展起来，国家能不能长治久安，从一定意义上说，关键在人。"② 行政工作需要行政人员去落实。在行政过程中，行政人员的业务素质、工作能力和敬业精神无疑是决定行政效率的关键因素。行政人员作为行

---

① 王乐夫、许文惠主编：《行政管理学》，高等教育出版社2000年版，第369页。
② 《邓小平文选》第3卷，人民出版社1993年版，第380页。

政管理的主体和运作者，是行政效率的力量源泉，因此，行政管理现代化，首先是行政人员的现代化，是行政人员知识素质和专业技能的现代化。

行政技术也是影响行政效率的重要因素。随着科技的发展，现代科技在行政过程中的应用越来越广泛，其地位也越来越重要。比如，现代通讯和信息技术彻底改变了政府内部的信息传递和信息沟通方式，对行政决策过程和行政执行方式都产生了重大影响。

改革开放以来，我国始终高度重视行政效率的提升，并采取多种措施提高行政效率。首先，转变政府职能，精简机构和人员。如上所述，改革以来，我国已进行六次行政机构改革，在转变政府职能，适应市场经济需求，精简政府机构和行政人员，提高行政效率方面取得了巨大成效。

其次，加强公务员队伍建设，公务员素质得到普遍提高。1993年8月，国务院制定并颁布了《国家公务员暂行条例》并于同年10月起施行。2005年4月，全国人大常委会通过了《中华人民共和国公务员法》并于2006年1月起施行。公务员制度的实施，对于提高公务员队伍的工作素质和各级政府的工作效能起到了重要推进作用。与此同时，国家通过系统开展公务员培训、挂职锻炼等形式不断提高公务员的知识水平、业务能力和管理能力。

第三，各级政府组织普遍加强了内部管理，不断强化工作人员的责任心和使命感。政府部门普遍通过推行服务承诺制，公开办事流程，明确责任人，加强社会监督等形式强化政府工作人员的服务意识和工作责任，并通过督察、督办、催办等方式加强工作人员的时间观念，提高工作效率。

第四，改进工作流程。工作流程是指政府内部的工作过程和工作程序，体现了部门之间以及部门内部的工作协调关系。改进工作流程的关键在于理顺工作关系，削减不必要的工作程序。为了改进服务水平，提高工作效率，我国各级地方政府普遍设立了政务大厅，实行一站式服务。这样就把公民与各政府部门之间的独立的工作关系转变为政府内部工作流程设计，对于简化行政程序，提高办事效率起到了重要作用。

第五，改革行政审批制度。行政审批制度是政府对社会事务进行管理的重要手段，对于维护社会公共利益发挥着重要作用。由于受到计划经济体制的影响，我国政府对社会事务的管理仍然过多过细，行政审批事项过于繁多，改革行政审批制度成为提高行政效率的重要举措。自1999年我国启动行政审批制度改革以来，中央各部门的2000多项行政审批事项已有1000多项被废止。地方政府行政审批制度改革也同时展开。中山市2000—2001年初对全市1404项审批项目进行了全面清理，砍掉了600多项，只保留了769项。泉州市行政审批改革自2000年9月开始全面实施，对1323项行政审批事项认真清理，分四批向社会公布了改革行政审批事项814项，改革面达61.53%，其中减少事项463项，减少面达41.8%。[①]

第六，引进先进技术，改进行政手段。现代科技的发展为提高行政效率提供了新的技术手段。电话、传真、打字机、复印机等设备在政府部门的应用极大地改善了政府的办公条件，加快了政府信息的传递速度，提高了行政效率。现代通讯技术，特别是互联网技术广泛应用，为彻底改革政府工作方式和运行方式提供了技术基础。政府上网为政府和公民之间搭建了新的全天候的互动平台，电子政务、网上审批、信息发布、公共事务讨论等，几乎所有的政府事务均可在网上办理，既提高了政府的办事效率，也极大地推进了政府活动的公开化、透明化和民主化进程。

（三）改善行政效能

行政效能是指政府活动或政府产出对社会经济发展所发挥的功能与影响。政府活动的效果如何最终要体现在行政效能上，因此，行政效能是评价政府优劣的最终尺度。然而，行政效能的高低却极难测评，这是因为：第一，行政职能的范围很广，涉及社会生活的各个方面。行政活动对社会生活的各领域都会产生或多或少的影响，这使得对相关信息的收集变得十分困难和昂贵。第二，政府活动对社会生活的影响又是极其复杂的，有直接影响，也有间接影响；有短期影响，也有长期影响；有明显的影响，也有隐含的影响；这使得对政府行为效果的评价变得异常困难。第三，社会变迁和社会发展往往是多种因素共同作用的结果，既有政府的努力，也有其他社会主体的参与，甚至可能有许多社会偶然因素的推动，政府活动在其中发挥了多大作用往往也很难确定。第四，政府活动的成本往往交织在一起。一个政府组织通常同时开展多项活动，而且不同的政府组织也会在同一公共事务上进行合作。这就使得衡量某一社会效果所花费的政府成本也很难衡量。第五，政府对社会发展的功能往往表现为环境的改善、生活的便利、权利的保障、公平

[①] 陈振明主编：《公共管理学——一种不同于传统行政学的研究途径》，中国人民大学出版社2003年版，第131—132页。

的维护等众多不易衡量的结果上。也就是说，这些结果是难以通过定量方式加以测量的，而且这种变化的程度和变化的方向也缺乏客观的评价标准，通常需要依赖人们的主观判断，这也会在一定程度上降低评价的客观性。所有这些困难至少在目前还不能被有效地克服。但是，这不表明我们完全不能够对行政效能进行测量。虽然人们还不能非常精确地测量行政效能，但人们能够通过各种方式近似地衡量行政效能，并能根据行政效能的影响因素设法改进行政效能。

在计划经济时期，行政效能问题根本无法引起人们的关注。这是因为，在高度集权的中央计划体制下，行政效能的高低主要取决于计划本身的科学化程度。地方政府缺乏自主安排经济社会事务的权力，只是被动地负责计划的落实。由于缺乏有效的价格机制，甚至在经济领域也很难衡量行政活动的效能。在社会生活领域，行政效能的高低与地方政府的努力程度也没有直接的关系，而更多的是与国家的资源分配政策密切相关。改革开放以后，随着地方自主权的扩大，地方的利益机制也随之形成。地方政府具备了推动地方社会经济发展的动力和政策环境，也就使各地方政府不同的行政效能能够通过地方社会经济的发展状况体现出来。这不仅使行政效能建设引起地方政府的高度关注，也使得对地方政府行政效能进行测评变得可行和有价值。

由于行政效能所衡量的是政府活动所产生的正向功能，因此，提高行政效能不仅要求政府廉价和高效，也就是成本低、效率高，而且要求政府做正确的事，取得好的成效。为了改善政府效能，我国地方政府进行了多种尝试，取得了一定的成效。这些尝试主要包括以下四个方面。

一是开展效能监察。效能监察是指监察机关或者受其委托的组织，对国家行政机关及其工作人员贯彻实施国家法律、法规、政策，执行国民经济和社会发展计划的行政效能所进行的监督、检查。虽然效能监察在20世纪90年代才在我国一些地方试点，但由于其不仅关注行政机关依法行政的状况，更关注政府活动效果，因而提高了对政府的要求，很快引起了地方政府的高度关注。一些地方还加强了效能监察的制度建设，比如，青海省监察厅2003年印发了《关于对全省乡镇以上政府机关开展行政效能监察工作进行量化考核的通知》。

二是强化效能建设。效能建设的目的不在于追究责任，而是着眼于提高行政活动的效能。自20世纪90年代末以来，效能建设在全国各级政府广泛开展起来，主要形式是政府机关效能建设。效能建设涉及政府管理的方方面面，如职能定位、流程再造、能力培养、效能评价等，对于加强政府内部管理，提高行政效能发挥了积极作用。

三是开展政府绩效评估。政府绩效是比行政效能含义更广的一个概念，包括经济、效率、效果，甚至还包括公平、民主等价值，但由于政府绩效也是以结果为导向的，所以其核心内容与行政效能是一致的。然而，同行政效能一样，政府绩效也是很难评估的。我国地方政府对政府绩效评估进行了多样化的探索，比如：南京、珠海等地的"万人评议政府"；深圳市的"企业评议政府"；甘肃省的"非公有制企业评议政府"；福建安溪开展了政府绩效社会评议调查；上海徐汇区进行了政府绩效群众满意度测评；湖北省财政厅聘请相关专家成立财政支出绩效评价专家库，等等。

四是实施绩效问责。绩效问责是政府绩效评估活动与行政问责活动的有机结合，它通过政府绩效评估活动来考察政府绩效水平，并依据政府绩效目标，对政府组织及其公务人员进行问责。[①] 凡是开展了政府绩效评估的地区，无一不实行某种奖惩措施，也就是对绩效优异者进行奖励，同时追究绩效低下者的责任。有的地方实行末位淘汰制，有的地方对名次倒数者实行诫勉、黄牌警告、取消评优资格、扣发奖金等处罚，连续倒数者将被淘汰。这些措施使得绩效问责成为极具威慑力的行政手段。

五 合作行政理念

全能政府的失败表明，并不是任何事情政府都有能力做好。政府要更有效地推进社会经济的发展与进步就必须善于利用其他社会力量，并与之开展有效的合作，这就是合作行政理念。政府合作的对象是多种多样的，既有外国政府、国际组织、跨国公司，也有国内的地方政府、各种社会组织等。政府合作的主要形式有三种：一是国际间政府合作；二是国内地方政府间合作；三是政府与公众和社会组织的合作。

首先是国际间政府合作。伴随着经济的发展和科技的进步，全球化趋势不断发展，国家之间、地区之间的联系越来越紧密，相互之间的影响也越来越大。以前完全属于国内管辖的许多事务现在也具有了跨国的影响，而且各

---

① 徐元善、楚德江：《绩效问责：行政问责制的新发展》，《中国行政管理》2007 年第 11 期。

国共同面临的全球性的公共问题越来越多也越来越复杂，仅仅依靠单个国家的努力已很难有效加以解决，国家间的政府合作比以往任何时候都显得重要。"面对全球化，单边行动往往是不够的，它往往导致失败或引起对抗性反应。面对全球化的深化，各国越来越愿意牺牲某些合法的行动自由，以限制他国对自己采取的措施，或防止他国行动变得不可预测。"[1] 以国家安全为例，虽然传统的国家安全问题依然存在，但在全球化背景下，非传统国家安全问题变得日益突出，比如，跨国犯罪、核武器的扩散、极端民族主义、国际恐怖主义、难民潮等。这些问题只有在国际合作的前提下才有可能得到解决，一个有效的区域性的甚至全球性的安全体系正在成为现实的需要。"在这一体系中，即使是最强大的国家也会发现自己是相互依赖、相互影响的。"[2] 这要求国家放弃早期的那种孤立主义的自我安全观念，而采取一种合作安全的做法。"合作安全表明的是磋商而非对抗，确保而非威慑，透明而非秘密，预防而非纠正，相互依存而非单边主义。"[3] 但是这并不表明国家应该放弃维护本国安全的责任，"大多数国家不可能依靠别国帮助它们维持自己的安全，大多数国家不得不自己解决普遍存在的不安全问题"[4]。而是说，在解决众多的国家安全问题时，政府必须寻求有效的国际合作才能更加有效。

在经济领域同样如此。随着跨国投资、国际贸易的飞速增长，区域经济一体化、经济全球化的趋势日益明显，国际经济交流与合作已经成为推动经济发展的巨大动力。任何一个国家想关起门来发展经济都只能面临被其他国家抛在身后的结局。改革开放政策为我国政府开展国际合作提供了现实需要和政策环境。三十年来，我国几乎与世界上所有的国家和地区都建立了政治、经济、文化等领域的交流与联系。我国作为安理会常任理事国在解决国际重大安全问题中发挥了积极的建设性功能，积极参与联合国、世界贸易组织、世界银行、世界卫生组织等国际组织的各项事务；积极参与国际政治、

---

[1] [美] 罗伯特·基欧汉、约瑟夫·奈：《权利与相互依赖》，北京大学出版社 2002 年版，第 313 页。

[2] [澳] 约瑟夫·凯米莱里等：《主权的终结》，浙江人民出版社 2001 年版，第 8 页。

[3] Gareth Evans, Cooperative Security and Intrastate Conflict, *Foreign Policy*, No. 96, Fall 1994, pp. 1 – 8.

[4] [美] 迈克尔·曼德尔鲍姆：《国家的命运——19 世纪和 20 世纪对国家安全的追求》，军事科学出版社 1990 年版，第 3 页。

经济、文化、环境保护等方面的协调与合作；积极发展和世界各国的关系；积极参与区域性的政治经济合作；积极参与亚太经合组织、亚欧会议，并在其中发挥了重要作用；积极开展大国外交，发展与美国、欧盟、日本的战略伙伴关系；积极发展与周边各国的关系，特别是与韩国、东盟的关系；组织发起成立了上海合作组织等。经过三十年的发展，我国与世界各国的政治交流更加频繁，经济联系更加密切，文化交流日益增多，中国正在逐步融入全球化的进程。

其次，与国际政府间合作的发展相一致，改革开放以后，地方政府间的合作也日益加强。在计划经济时期，为了保障中央计划的顺利实施，也为了加强对地方政治、经济和社会生活的控制，中央政府通常禁止地方政府间的直接合作。地方政府间的合作通常是在中央政府的计划安排下实现的。不管是物资的调拨还是技术的转让，都是在中央的统一领导下进行的，所以，真正意义上的地方政府间合作是很少的。改革开放以后，特别是随着市场经济体制的逐步建立，地方政府发展本地社会经济事业的愿望越来越强烈，地方政府间的竞争也日趋激烈。为了在竞争中获取更多的竞争优势，开展广泛的区域合作日益成为地方政府的自觉选择。一方面，地方政府间的合作是地方经济合作的重要推动力量，也可以说是经济合作的需求推进了我国的地方政府间合作。各地经济结构的互补性为合作双方带来了巨大的经济发展机会。另一方面，区域间公共问题的增多也使地方政府间的合作变得日益迫切，比如：基础设施建设的协调、资源的共同开发、环境保护等。

目前，我国地方政府间合作较好的区域主要集中在东部发达地区的泛珠三角、长三角和环渤海地区。泛珠三角区域的范围包括：福建、江西、湖南、广东、广西、海南、四川、贵州、云南九个省（区）以及香港、澳门两个特别行政区，简称"9+2"。内地九省（区）占全国区域面积的1/5，人口的1/3，经济总量的1/3。加上香港和澳门两个特别行政区，泛珠三角区域在全国的地位十分突出。2003年6月29日，内地和香港特别行政区在香港签署了《内地与香港关于建立更紧密经贸关系的安排》，2003年10月17日，内地和澳门特别行政区在澳门签署《内地与澳门关于建立更紧密经贸关系的安排》，加强了内地与香港、澳门地区的合作关系。在此基础上，2004年6月3日，内地九省区政府与香港、澳门两个特别行政区政府在广州签署《泛珠三角区域合作框架协议》，泛珠三角区域政府合作得到加强。长江三角洲北起通扬运河，南抵杭州湾，西至镇江，东到海边，包括上海市、江苏省南部、浙江省北部以及邻近海域。20世纪90年代后期国务院成立了"长江三角洲城市经济协调会"，其后启动了"二省一市省市长联席会议制度"。从2001年开始，每年召开一次由常务副省（市）长参加的"沪苏浙经济发展座谈会"。2003年春，江浙沪三省市高层领导进行了互访，签订了进一步推进经济合作与发展的一揽子协议，并提出共同建设以上海为主导的"区域经济一体化试验区"。环渤海区域狭义上指中国辽东半岛、山东半岛、京津冀为主的环渤海滨海区域，同时延伸可辐射到山西、辽宁、山东及内蒙古中、东部盟市，整个大的范围占据中国国土的12%和人口的20%。20世纪80年代，国家就提出"环渤海经济圈"规划。2004年2月12日至13日，国家发改委召集京津冀发改委在廊坊达成加强京津冀经济交流与合作的《廊坊共识》。2004年5月21日，在北京召开的由北京、天津、河北、山西、内蒙古、辽宁、山东环渤海七省市区领导同志参加的"环渤海经济圈合作与发展高层论坛"达成三点共识：一是建立环渤海合作机制，推动环渤海地区经济一体化；二是召开五省二市副省级会议，正式建立环渤海合作机制；三是鉴于河北廊坊的区位优势，将合作机构的日常工作班子设在廊坊。2004年6月26日，国家发改委、商务部和京、津、冀、晋、蒙、鲁、辽七省区市领导齐聚河北廊坊召开会议，达成了《环渤海区域合作框架协议》。

　　另一个地方政府合作的典型是淮海经济区。淮海经济区早在1986年就成立了，由鲁苏豫皖四省的20多个地级城市组成，区域面积达17.8万平方公里，总人口约1.23亿。这一区域包括鲁南的泰安、莱芜等地，苏北的徐州、淮安等地，豫东的开封、商丘等地，皖北的淮北、蚌埠等地。此外，我国还有武汉经济协作区、中原经济合作区、哈大齐工业走廊、长株潭经济圈、成渝经济区、赣鄂湘皖毗邻区等共约上百个政府间区域合作组织。

　　最后，除了国际政府间合作和国内地方政府间合作以外，另一种重要的政府合作形式是政府与公众和社会组织间的合作。不论是现代政府理论还是政府实践都已表明，正如存在市场失灵一样，同样存在着政府失灵。之所以存在政府失灵，主要有这样几个原因。其一，和个人存在理性缺陷一样，政府也存在着理性缺陷。由于存在着知识缺陷和信息不完全，政府甚至无法确认作为公共决策目标的公共利益究竟是什么。即便公共利益是明确的，政府也不能确定什么决策是合理的，也很难预见决策执行的过程中会遇到什么困难以及会造成何种不良影响。其二，虽然现代民主决策体制比起早期的独裁专制体制要优越很多，但无论哪一种民主制度都存在着内在缺陷。直接民主制可能存在投票悖论、投票人短视、偏好显示不真实等问题；间接民主制则会存在代表者的偏好偏离公众偏好，而公众又难以对代表进行有效的监督。同时，投票规则无一不存在着一定的缺陷和不足。这些都使得民主决策也可能会出现失误。其三，由于政府活动影响的广泛性和深远性，对政府绩效的评估还存在着难以克服的困难，局部绩效与整体绩效可能存在相反的结果，短期绩效与长期绩效也可能存在相反的结果。其四，政府行为受到内在性的影响。由于政府不存在诸如财务收益之类的客观标准以证明政府行为的合理性，政府就需要创立自己的标准以利于内部管理。沃尔夫将这种用以指导、调整和评估机构绩效和机构全体员工表现的目标称为"内在性"（internalities）。[①] 沃尔夫认为："外在性的存在，意味着一些社会成本和收益在私人决策者的计算中没被包括在内；内在性的存在，意味着'私人'或组织成本和收益很可能支配着公共决策者的计算。外在性是市场失灵理论的核心，而内在性——存在于公共官僚机构中，激发它们的行动并且影响他们的议程——则是非市场失灵理论的核心。"[②] 其五，在政府决策和执行过程中，政府容易受到利益集团和其他特殊因素的影响，从而导致政策扭曲。

另外，在缺乏有效监督的情况下，寻租和腐败现象的蔓延也会给社会公共利益造成极大的损失。但是，这种政府失灵却并不容易得到矫正，正如沃尔夫所说的，创造将会避免非市场失灵的合适的非市场机制的前景显然并不比创造和完善合适的市场光明。只要市场的"看不见的手"没有把"私人的恶转变为公共的善"，它也不会更轻易地构造出将公共的恶转变为公共的善的看得见的非市场的手。[③] 因此，政府要想更好地推进社会经济发展，就必须与公众和社会组织充分合作，更有效地利用市场机制和社会机制，以便更好地实现社会公共目标。我国改革开放的进程实际上就是一个逐步走向市场化的过程，在市场化的过程中，个体利益、组织利益、行业利益、地方利益、民族利益、国家利益等经过分化、重组而日益凸显，各类非政府社会组

---

① [美] 查尔斯·沃尔夫：《市场，还是政府——不完善的可选事物间的抉择》，重庆出版集团2007年版，第51页。
② 同上书，第52页。
③ 同上书，第28—29页。

织得以出现并不断发展,为市场机制和社会机制发挥功能提供了基础。在这一过程中,我国政府的作用主要体现在培育市场和社会主体并为它们发挥相应的功能创造良好的环境和条件。

第二节 "有限"的政府职能

在我国社会变革的进程中,政府发挥了举足轻重的作用:引导着社会变革的方向,创造有利于社会变革的环境,推进经济社会的健康发展,等等。政府不仅是社会变革的发起者和领导者,其本身也是社会变革的基本动力。但是,我国社会变革的进程中却并没有出现政府职能的过度扩张,相反,在很多地方,政府不是管得更多了,而是比以前更少了。从总体上来说,我国改革的过程也是政府职能不断调整的过程,是从全能政府走向有限政府的过程。在这一过程中,政府从许多管不了也管不好的事务中解放出来,一方面为其他社会治理机制发挥功能提供了必要条件,激发了社会活力;另一方面也使政府能够集中精力和资源做好政府应该做的事务,从而极大地提高了政府活动的有效性。

一 全能政府体制的失败

在改革之前,我国政府事实上处于无所不包无所不管的地位,是一种典型的全能型政府。在这种全能型的政府体制下,政府包揽了所有的经济、政治和社会事务,同时也掌握着管理各种事务的全部权力。在政府面前,一切经济组织和社会公共组织都是政府的附庸,是实现政府管理目标的工具。虽然"全能"政府并不能做它想做的任何事情,但这种限制不是来自公众和社会组织对政府的制约和控制,而是受到政府自身能力和客观规律的约束。相对于全能政府而言,公众和社会组织基本上是处于无权的地位。二十多年的全能政府实践使我国社会经济陷入到全面危机,从而也宣告了全能政府的失败。从历史的角度来看,我国全能政府模式的形成不仅受到我国传统集权体制的影响,也是向"斯大林模式"学习的结果。全能政府体制之所以会失败,不仅是因为政府的能力极为有限,更是因为全能政府模式违背了社会发展的基本规律。具体来说,主要体现在以下几个方面。

首先,全能政府是极端理性主义的产物。人是具有理性的,人能够通过实践和学习在某种程度上掌握自然和社会的发展规律，并运用这些规律达到自己的目的。虽然经验能够不断积累，知识能够代际相传，但人类对自然和社会规律的认识却是永无止境的。相对于知识的无限性，人的理性永远是极为有限的。无论是在理论上还是在实践上都不可能出现福山所预言的"历史的终结"。全能政府相信，人类已经找到了自然和社会发展的规律，因此，政府能够运用这些规律造福于人民。于是，政府通过掌握所有的社会资源，对人、财、物的生产、分配和消费进行科学的统筹安排，就能够建立起最美好的社会制度，最有效地推进社会的繁荣与进步。然而，政府的这种美好愿望和"科学"的规划却并没有实现预期的效果，相反，却给社会发展带来了严重损害。其根本原因在于，这种极端理性主义的社会计划恰恰是建立在极端非理性的基础之上的。一方面，政府无法克服人类知识的有限性。人类对自然规律的认识的有限性决定了人类在处理与自然界的关系的过程中可能会犯各种严重的错误。这一点从风险社会的产生已经得到了证实。与人类对自然规律的有限认知相比，人类对社会规律的认知更为有限。这是因为，社会规律是在人类自身活动的基础上产生的，而每个人的行动又都受到自身有限理性的支配，也就是说每个人都可能出错。因此，社会的发展必然表现为人类社会的不断探索与试错，而不可能像自然规律那样"客观地"被人类所认知。社会发展规律是客观存在的，但这种规律是通过各种不同的形式呈现出来的，而不是单一和刻板的教条。正如对自然规律的认识一样，人类对自身社会发展规律的认识也是永无止境的。极端理性主义相信人类已经彻底掌握了社会发展的规律，但这种认识本身就是错误的，因而是不理性的。另一方面，即使政府已经认识到社会发展的客观规律，政府有没有能力承担起领导社会发展的职责仍然是令人怀疑的。至少政府不可能知道每个人的兴趣、爱好、能力、愿望，因此，政府不可能对个人的生活道路和生活方式作出科学的选择。

其次，全能政府导致社会结构的僵化。全能政府基于对社会规律的认知而实施的社会发展规划要想取得成功，必须尽可能有效地减少人们的"不理性"行为。全能政府之所以必要，其原因不仅在于社会规律已经被人们所认知，还在于人们很可能不愿意按照社会规律所揭示的那样去做。这是因为，人们可能没有认识到遵循社会发展规律的重要性，而且人们也容易因为个人的私利而损害社会公共利益，从而阻碍社会的进步。因此，全能政府试图理性地改造社会,就必须能够对社会成员实现有效的控制,以便使他们的行为符合社会发展规律的要求。在全能政府看来,政府越是能够有效地控制社会,那么政府就越有可能"科学地"推进社会的发展。在我国,全能政府实现对社会成员的有效控制主要是通过控制社会资源和限制公民权利两种途径实现的。我国通过社会主义改造把几乎所有的社会资源转变为公有制,这样,个人必须依附于公有资源才可能获得谋生的途径。虽然在理论上,公民是公有资源最终的主人,但真正的主人是政府,这就形成了公民对政府的依附关系。与此同时,政府通过固化社会身份、限制社会流动等方式把每个人的社会地位和社会角色永久化,以便于政府实施管理活动。政府还通过禁止公民个人的投资经营活动,从而在很大程度上剥夺了公民改变自身命运的权利。这种对社会资源的全面控制和对公民权利的限制共同导致了社会结构的僵化。这种社会不是没有变化,但相对来说变化是较小的,而且这种变化集中表现在这样三个方面:政府政策的变化,错误政策导致的社会矛盾的加剧,以及社会结构的越来越僵化。

第三,全能政府必然是一种集权体制。全能政府相信自己肩负着历史的重任,应该也能够有效地改造社会并建造一个美好的未来,但全能政府需要一个集权的体制才能保障其"科学"的设计得以实施。全能政府的集权体制使得政府管理能够深入到社会生活的每一个角落,以便使整个社会按照全能政府的规划去运转和发展,从而实现人类的美好理想。然而,全能政府这种集权管理模式却并没有带来社会的繁荣和进步,相反,带来的却是社会的停滞甚至倒退。其原因主要在于这样几个方面:其一,集权的微观管理造成了宏观的失序。在全能政府体制下,政府几乎把所有精力都放在了微观经济和社会事务的管理上,本以为微观上管好了,宏观的良好秩序自然就会出现。从理论上看这是可能的,但由于微观管理不可避免地会出现大量失误,加上各种不确定性因素的影响,一部分微观目标经常不能实现。这就使得政府对微观的经济和社会生活的干预并不能保证宏观社会经济的均衡。其二,集权体制压抑了社会的活力。全能政府的集权体制往往通过唤起公民的集体情感特别是国家情感来表明其合法性。一般来说,全能政府并不是为了自身的利益去奋斗,其行动是为了社会的根本的和长远的利益。因此,全能政府必须在社会中塑造集体主义的(特别是国家主义的)信念,并要求公民为了集体和国家的利益作出牺牲。由于这种集体利益和国家利益是由政府表述的,它排除了公民个人对集体和国家利益的理性判断，因此，公民的认知很可能与政府的看法并不一致。这就导致公民不愿意为所谓的集体和国家利益作出牺牲或者付出努力。另外，在追求国家利益的名义下，政府剥夺了公民谋取私利的权利，这时，自利的动机通常使公民选择消极怠工。这就直接导致全能政府管理的效率低下。其三，集权与人治相伴而行，阻碍了法治的进程。在全能政府的集权体制下，政府掌握着管理社会经济事务的全部权力，公民和社会组织必须依附于政府才能得以生存。这就使得对政府的监督和控制变得不可能。这种状况使得掌握政府权力的官员能够以公共利益的名义去实现个人的目标，而公民对此既无从知晓又无可奈何。由于在集权体制下公民缺乏制约政府的权利、途径和方式，那些本来要服务于民众的官员最终却成了民众的主人，法治的进程只能是遥遥无期。在集权体制下，社会上也可能会存在众多的法律，但这些法律是出于政府管理社会的需要，而不是出于监督和控制政府的需要，因此，这些法律也与法治的精神格格不入。

由于政府在信息、能力、资源等方面都存在着有限性，而全能政府的无限职能使其不得不把有限的资源过多地用于那些不该做而且也做不好的职能上，严重影响了政府本职职能的履行，甚至使政府无法做好任何一件事情。因此，政府要想有所作为，就不应该去做太多的事情（当然，也不应该做太少的事情），而应该把主要精力放在自身应该承担的职能上，发挥有效但有限的功能。

二　我国政府履行的有限职能

改革开放以来，我国政府经历了三十年的职能转变，已经从计划经济的全能政府模式转变到适应市场经济需求的有限政府模式。我国政府的职能转变主要涉及这样几个方面。一是放松管制。在全能政府体制下政府管理的范围过宽，其职能领域不仅涉及公共生活，也广泛渗透到私人生活领域。改革开放以后，政府不仅从私人领域中逐步退出，而且也减少了对部分公共领域的干预，表现在：允许并鼓励私人个体经济的发展，赋予个人创业的权利；赋予农民农业生产的自主权，提高了农民的生产积极性，解放了大量的农村剩余劳动力；提高了企业的生产自主权，逐步将国有企业转变为自主经营、自负盈亏、自我发展的市场主体；放松了对劳动就业的管制，公民已经享有较大程度的择业自由；放松对生产资料和商品流通的管制，并逐步放开价格管制，使市场在资源配置中发挥基础性功能；等等。二是实行某种程度的地方分权。全能政府时期的集权体制极大地加重了中央政府的负担，也制约了地方政府推动社会经济发展的积极性。改革开放以来，虽然我国仍保持着单一制的国家形式，但地方分权的格局越来越明显。改革初期，我国就在经济特区实行特殊的经济政策，赋予特区在贸易、投资等领域更多的自主权。随着改革开放的深入，经济管理权限大多已下放到地方政府。在政治生活中，地方政府已拥有较大的地方立法权、较为独立的财政权和广泛的社会事务管理权，地方政府的自主性得到了显著提高。三是加强了宏观调控职能和外交职能。我国政府职能转变并不是单一地削减职能，而是在削减部分职能的同时，强化另一部分职能。随着市场化改革的逐步深入，我国的宏观经济风险也在逐步增加。于是，政府在放松对微观经济事务管理的同时，通过财政、金融、货币政策加大了宏观经济调控的力度，以确保我国经济的良性运行。在外交方面，我国放弃了全能政府时期以意识形态画线的做法，积极发展与世界各国的友好合作关系，努力为我国的社会经济发展创造一个良好的国际环境。四是加强了政府的公共服务职能。全能政府时期的政府管理着眼于人民群众的整体利益和长远利益，却极力抑制公民的现实需求，忽视了政府为公民个人提供良好服务的责任和义务。改革开放以来，特别是2004年中央提出建设服务型政府和2005年胡锦涛总书记提出构建社会主义和谐社会以来，政府高度重视民生，着眼于建设覆盖城乡的公平的社会保障体系和公共服务体系，政府的公共服务职能得到加强。就我国政府承担的职能而言，1998年《国务院机构改革方案》提出，我国政府的基本职能是：宏观调控、社会管理和公共服务。党的十六大把我国政府的基本职能确定为"经济调节、市场监管、社会管理和公共服务"四个方面。从我国政府的实际运行状况来看，我国政府的基本职能主要有以下五个方面。

（一）引导社会变革

社会的发展变化是多种因素共同作用的结果。随着科技的进步、社会生产力的发展和社会意识形态的变化，社会形态都会或多或少地发生某种变化。然而，一般来说，在任何一个国家中，政府都是对社会变革最有力的影响者。这是因为，一方面，政府通常是社会中拥有最广泛人力、物力、财力等资源的主体，能够通过自身的活动对社会的政治、经济生活产生重大影响；另一方面，政府是社会中唯一拥有合法使用暴力的主体，能够通过运用国家强制力或通过国家强制力的威慑作用强制公众和其他社会主体服从政府的意志。在社会变革的进程中，政府可能阻碍也可能推动社会发展的进程，这取决于政府的活动是否适应社会发展的要求以及政府能力的高低。政府的不当行为会阻碍社会的进步，政府的能力低下同样会使政府推动社会发展的努力遭遇挫折。正如亨廷顿所指出的，政府的软弱通常使政府的努力难以收到预期的效果。"亚洲、非洲和拉丁美洲许多国家……确实苦于食物匮乏、文盲众多、教育落后、国贫民弱、收入微薄、保健无门、生产力低下，但这些问题大多已被认识，并且针对它们已努力采取了某些措施。然而，除这些欠缺之外，更加缺乏的是政治上的一致，以及高效、权威的合法政府。"[①] 而且，政府推动的变革还可能使政府自身的地位受到挑战。"在某些情况下，改革可以缓和紧张程度，鼓励和平的变化而不是暴力的变化；但在另一些情况下，改革反而加剧紧张程度，触发暴力，从而成为革命的催化剂而不是革命的替代物。"[②]

在我国，改革始终是在政府的引导和控制之下展开的。虽然一些改革是从基层最先发起的，比如：安徽凤阳县小岗村的农村土地改革，广西宜州市屏南乡合寨村果作屯和柳州市宜山县三岔乡的村民自治改革等。但这些改革措施如果得不到政府的认可和支持，就不可能生存下去，更不可能在全国迅速推广。而其他大多数改革措施都是在政府的引导和直接推动下出台的，比如：对外开放战略的实施、私营经济和合资企业的发展、价格改革和市场化的推进、国有企业改革、政府自身的改革，等等。在社会变革的进程中，改革道路的选择最能体现政府对变革的引导性功能。围绕我国改革的道路和方向究竟"姓资姓社"的问题曾经有三次激烈的争论。第一次争论是在1980年至1984年间围绕着产品经济与有计划的商品经济而展开，第二次是1989年至1992年围绕着计划经济与市场经济的争论，第三次是2004年至2006年出现的围绕着国有企业改革、医疗、教育、住房改革、贫富差距等问题而展开的争论，直接涉及对改革本身的判断。这三次争论既反映了我国改革历程的复杂和困难，也反映出改革中存在着许多不同的观点和意见，但改革方向的最终选择都只能由政府来确定。我国改革开放的总设计师邓小平既反对传

---

① ［美］塞缪尔·P. 亨廷顿：《变动社会的政治秩序》，张岱云等译，上海译文出版社1989年版，第2页。
② 同上书，第7页。

统计划经济的社会主义模式又反对否定社会主义道路的资产阶级自由化改革模式，而选择了一条建设有中国特色的社会主义的改革道路。事实证明，这条道路是正确的。

（二）推动社会经济发展

计划经济时期的全能政府模式给社会经济的发展带来了严重损害。这表明政府活动的结果很可能与其愿望不相一致，甚至会相反。但是，这并不能表明政府对社会经济生活的干预一定会妨碍社会的发展与进步，相反，合理的政府干预是社会经济发展必不可少的条件。政府可以通过制定合适的经济、文化、教育、科技政策等对社会经济发展产生重要影响。

首先，政府能够为社会经济的发展创造一个公平和谐、竞争有序的宏观环境。从经济的角度来看，公平竞争是现代市场经济体制发挥功能的基础，也是推动经济发展的强大动力。但公平竞争的环境需要政府来塑造和维护，比如，政府需要提供市场经济运行的法治基础，通过建立公平的竞争规则，保证契约的履行，构建社会信用体系，消除不当竞争和垄断等途径保证竞争的公平性和市场的有效运行。从政治的角度来看，公民政治权利平等是现代文明的重要特征，在政府主导下建立保障公民权利的公平的法律体系并加以落实是推动政治发展的基本前提。从社会的角度来看，基于身份不平等的等级制度不仅是社会矛盾和冲突的重要根源，也是阻碍社会经济发展的重要因素。政府通过确立和保障公民平等的社会权利不仅有助于消除社会中存在的不平等因素，促进人与人之间形成和谐平等的社会关系，而且对于激发个人的社会责任感，充分发挥个人潜能，激发社会活力等发挥着重要作用。

其次，政府通过建立有效的激励和约束机制推动社会的良性发展。有效的激励机制是社会活力的源泉。其实，公平的竞争环境是最主要的激励机制。只有在公平竞争的环境下，社会主体才可能在平等的基础上参与竞争，并根据社会贡献确定合理的社会回报，这样便能激励社会成员和社会组织积极主动地为社会发展作出贡献。除此之外，政府还可以通过提供特殊的激励引导社会主体的行为使之符合社会发展的需求，比如引导公众和组织服务于社会公益事业等。有效的约束机制是维护社会稳定和良好秩序的基本条件，而良好的社会秩序是社会发展的前提。缺乏约束机制的无政府状态不仅会破坏激励机制的基础，而且会使社会陷入极度的混乱状态，其恶果往往比专制统治更令人难以忍受。

另外，政府还可以在许多其他领域为推动社会发展发挥其独特的功能。比如，在全球化背景下，企业的技术创新能力已成为决定其能否赢得国际竞争的关键因素。"创新能力应该被视为比较优势差别的一种基本来源，技术变革则看做现有比较优势模式的一种顽强的干扰器。"① 由于国家的教育和科技政策不仅在很大程度上决定了人才培养的结构、数量和质量，而且为科技进步提供了基本的激励环境，因此，政府在促进人才培养和科技进步方面能够发挥重要功能。克林顿的首席经济顾问劳拉·泰森就非常重视政府在科技进步中的重要角色，她说："我们再也不能忽视日本和欧洲为推动高科技产业发展所作的努力……由于日本和欧洲的经济实力现在已经能与美国相媲美，当年令美国成为世界公认的科技领袖时所采用的政策和制度现在需要接受彻底的检查。"②

改革开放以来，我国政府始终是推动社会经济发展的重要力量。第一，政府放松了对社会经济生活的不当控制，个人权利得到明显增长，公民个人和社会经济组织发展生产、创造社会财富的积极性得到空前提高。第二，政府实施了渐进式的市场化改革，商品市场、生产资料市场、人力资源市场、技术市场和资本市场逐步建立起来，市场法制体系也得到逐步完善，为经济发展创造了一个较为良好的市场环境。第三，政府放弃了计划经济时期的平均主义分配体制，而采取了以按劳分配为主、多种分配方式并存的分配制度，极大地提高了社会成员的劳动积极性。第四，积极探索国有企业改革，从承包租赁改革到股份制试点，从扩权让利到建立现代企业制度，我国国有企业终于找到一条在政企分开前提下健康自主地发展的道路。这不仅实现了国有企业保值增值的目标，国有企业的国际竞争力也得到了极大的增强。第五，加快科技进步，推动社会经济的跨越式发展。改革开放以来，我国高度重视教育和科技发展。1977 年我国恢复高考招生，我国的高等教育重新走上健康发展的道路，为我国的科技进步和社会经济发展提供了巨大的人才基础。在科技发展方面，我国政府出台了多项鼓励政策和措施。1986 年 3 月 3 日，科学家王大珩、王淦昌、陈芳允、杨嘉墀上书中共中央，提出发展高技

---

① H. G. Johnson, Technological Change and Comparative Advantage: an Advanced Country's Viewpoint, *Journal of World Trade Law*, Vol. 9, Jan. – Feb., 1975, pp. 1 – 14.

② [美] 乔治·洛奇：《全球化的管理——相互依存时代的全球化趋势》，上海译文出版社 1998 年版，第 88 页。

术的建议。这一建议后来被称为"八六三"计划。当年 11 月 18 日，中共中央、国务院转发《高技术研究发展计划〈"八六三"计划〉纲要》。1988 年 8 月 5 日至 8 日，国家科委召开全国第一次"火炬"计划工作会议，以此为标志，全国"火炬"计划正式开始实施。1999 年 8 月 20 日，中共中央、国务院作出《关于加强技术创新，发展高科技、实现产业化的决定》。从 2000 年起，党中央、国务院决定以国家名义对为科学技术发展作出杰出贡献的科学家给予最高荣誉的奖励。2006 年 1 月 26 日，中共中央、国务院作出《关于实施科技规划纲要，增强自主创新能力的决定》。这些措施都极大地推进了我国的科技进步。第六，积极开展国际合作，为我国社会经济发展创造了良好的国际环境。改革开放以来，我国积极采取措施鼓励引进国外资金和技术，支持发展对外贸易，迅速提高了我国的产业技术水平和国际竞争力。

（三）促进民族团结，凝聚民族精神

我国自古以来就是多民族国家，各民族共同创造了辉煌灿烂的中华文明。历史经验表明：民族团结，则政通人和；民族纷争，则国家衰落。当前，民族团结既关系到国家的持久稳定，也关系到现代化建设的成败。新中国成立后，我国执行了一系列正确的民族政策，进一步改善了民族关系，加强了民族团结。但由于历史上的民族压迫和民族剥削所导致的民族矛盾和民族隔阂并没有彻底消除，各民族之间的发展差距依然较大，因此，我国政府加强民族团结的任务仍然十分艰巨。改革开放以来，我国各民族的社会经济事业都得到了较快发展，各民族间的传统友谊得到巩固和加强，新型的民族互助关系正在形成。随着各民族间经济文化联系日益紧密，已经形成了汉族离不开少数民族，少数民族离不开汉族，各少数民族也相互离不开的民族关系。但我国的民族关系也存在着一些不稳定的因素，主要表现为少数民族聚居的西部地区与东中部地区的社会经济发展的差距进一步扩大，一些民族地区的民族分离思潮有所抬头，一些民族分裂分子不断制造破坏活动，干扰民族团结事业。从前苏联和前南斯拉夫的解体可以看出，如果不能妥善处理好民族关系，可能会给国家的发展带来致命性的威胁。

我国政府始终坚持民族平等、民族团结、各民族共同发展的民族政策，较好地处理了各民族之间的关系，为我国的现代化建设事业创造了良好的国内环境。首先，坚持民族平等和民族团结。新中国成立后，通过社会主义改造，消灭了阶级剥削和阶级压迫，消除了民族压迫和民族不平等的根源，为实现真正的民族平等和民族团结提供了政治基础。民族平等是指各民族在国家的政治和社会生活的一切方面都具有平等的地位，享有相同的权利，履行相同的义务。民族团结是指各民族之间建立和睦、友好的关系，相互帮助，共同发展，共同维护国家的稳定与统一。我国宪法规定："中华人民共和国各民族一律平等。国家保障各少数民族的合法权利和利益，维护和发展各民族的平等、团结、互助关系。禁止对任何民族的歧视和压迫。"民族平等是实现民族团结的前提，而不平等则是民族矛盾的根源。民族平等要求各民族公民享有相同的政治、经济、文化和社会权利，任何形式的民族歧视都可能对民族团结和国家的社会经济发展造成损害。比如在马来西亚，由于存在着对华人的种族歧视，导致了大量华人精英的外流。"马来西亚政府虽然培训了华人工程师，但他们中很多人却流失到新加坡，因为那里的企业没有亲马来人的种族歧视。"[1] 在我国，不仅国家保证各族民众具有相同的参与国家政治、经济和社会生活的权利，而且政府还积极采取措施消除因人口、语言、经济发展水平等因素造成的事实上的不平等。从1954年第一届全国人民代表大会至今，历届全国人民代表大会中，少数民族代表在全国人民代表大会代表中所占名额的比例，均高于同期在全国人口中所占的比例。中国还加入了《消除一切形式种族歧视国际公约》、《禁止并惩治种族隔离罪行国际公约》、《防止和惩治灭绝种族罪行公约》等国际公约，与世界各国一起努力实现民族平等，反对民族歧视和民族压迫。

其次，我国通过民族区域自治制度实现各民族自主管理本民族、本地方内部事务的权利。我国的民族区域自治制度是我国的一项基本政治制度，是在国家的统一领导下，各少数民族聚居的地方实行区域自治，设立自治机关，行使自治权，使少数民族人民当家做主，自己管理本自治地方的内部事务。《中华人民共和国民族区域自治法》于1984年5月31日第六届全国人民代表大会第二次会议通过，2001年2月28日第九届全国人民代表大会常务委员会第二十次会议对《中华人民共和国民族区域自治法》重新进行了修订和完善。我国的民族区域自治地方包括自治区、自治州、自治县三类，分别相当于省、市、县三级。为了解决杂居、散居少数民族的权利保障问题，

---

[1] ［英］约翰·斯托普福德、苏珊·斯特兰奇：《竞争的国家，竞争的公司》，社会科学文献出版社2003年版，第249—250页。

国家还在相当于乡镇一级的行政区域民族聚居区域建立了民族乡。民族乡不是民族区域自治地方，它不具有自治地方的自治权力，但民族乡拥有比一般乡更多更大的自主权。截至2003年底，中国在少数民族聚居的地方共建立了1173个民族乡。通过建立民族自治地方，赋予民族自治地方自治机关自治权，较好地保障了少数民族自主管理本民族、本地方的各项政治、经济、文化、教育、卫生等事务的权利，极大地调动了广大少数民族群众的积极性，增进了民族团结。

第三，实现各民族共同发展。《中华人民共和国民族区域自治法》中有十三个条款规定了上级国家机关帮助民族自治地方发展的义务。国家在制定国民经济和社会发展计划时，有计划、有意识地在少数民族地区安排一些重点工程，改善少数民族地区的基础设施和投资环境，赋予民族地区特殊的税收政策，加大对少数民族地区的投资力度，引导外资到民族地区投资，以加快少数民族地区的社会经济发展步伐，缩小民族间的发展差距。从具体政策措施来看，中央政府对民族地区、上级政府对本辖区中的民族自治地方和民族乡都从财政、金融、税收、基础设施建设等方面采取了某些特殊政策和措施以支持民族地区的发展。从1983年起，中央政府每年拨出两亿元专款用于甘肃和宁夏少数民族比较集中的"三西"（甘肃省的定西、河西地区和宁夏回族自治区的西海固地区）干旱地区的农业建设。1996年，中央政府决定组织九个沿海发达省、直辖市和四个计划单列市对口支援帮助西部十个贫困省、自治区，取得了较好成效。为了加快民族地区社会经济发展，中央政府高度重视民族教育工作。比如：1992年11月2日，教育部印发了《普通高等学校少数民族预科班、民族班管理办法（试行）》；2000年7月28日，国家民委、教育部联合下发了《关于加快少数民族和民族地区职业教育改革和发展的意见》，加快民族地区职业教育；2002年7月27日，国务院发布《关于深化改革加快发展民族教育的决定》；2005年6月8日，教育部、国家发展改革委、国家民委、财政部、人事部联合发布《关于大力培养少数民族高层次骨干人才的意见》，加强对少数民族高层次骨干人才的培养；等等。近年来，为了加快少数民族和民族地区的发展，国家还采取了以下三项措施：一是实施西部大开发战略。我国的少数民族主要集中在西部，西部地区少数民族人口占全国少数民族人口的71%，西部的民族自治地方占西部地区总面积的86.4%。湖南的湘西土家族自治州、湖北的恩施土家族自治州及吉林的延边朝鲜族自治州虽不在西部，但也享受西部大开发优惠政策的待遇。因此，少数民族群众是西部大开发的最主要的受益主体，西部大开发加快了民族地区的发展。二是开展"兴边富民行动"。这一行动的主要目的是加快边境少数民族和民族地区发展，范围包括分布在我国2.1万公里陆地边界线上的135个县（旗、市）。该行动的主要内容有三个方面：加大基础设施建设；大力培育县域经济增长机制和增强自我发展能力；努力提高人民生活水平。三是重点扶持22个人口较少民族的发展。人口较少民族指人口在10万人以下的民族，全国有22个，总人口不足60万人。由于历史、地理等方面的原因，这22个民族的发展程度相对较低。

（四）提供公共服务

改革开放以来，我国政府逐步从全能型政府走向了有限政府，从管制型政府走向了服务型政府，提供公共服务已成为政府最主要的职责。在现代社会，政府提供公共服务的能力高低以及政府所提供的公共服务适应社会需要的程度已成为影响社会经济发展的关键因素。第一，政府提供的公共服务是市场经济有效运行的基础和前提。政府不仅为市场的运行提供规则性基础设施，制定市场交易的规则并确保契约的履行，而且宏观经济的良性运行也需要政府恰当地运用财政、金融、货币政策加以调节。第二，政府需加强对市场的监管，确保市场竞争的公平性和有效性。政府需要采取有效措施禁止市场欺诈和不正当竞争，保持市场信息的公开性和流通性，并防止市场垄断行为的发生。政府不仅要制止国内企业垄断，也要防止国外企业垄断国内市场。"外国人垄断与本国人垄断一样坏。如果本国企业没有能力竞争，那么也不要让外国企业占据垄断地位。如果外国企业不止一家，要保证它们不得串谋瓜分市场、哄抬价格，以及形成明目张胆的卡特尔。"[①] 第三，政府能够通过实施正确的教育和科技政策推动人力资源的培养和企业的科技进步，增强国家的竞争力。正如斯托普福德等人所指出的："政府通过对正规教育和培训机构的投资可以为提高雇员生产能力作出相当大的贡献。……政府还可以在推动建设一个鼓励效率、质量和可靠性的激励环境方面多做些工作。"[②] 第四，政府提供的基础设施通常是企业赢得竞争优势的重要条件。政府提供

---

① [英]约翰·斯托普福德、苏珊·斯特兰奇：《竞争的国家，竞争的公司》，社会科学文献出版社2003年版，第250页。
② 同上书，第228—229页。

良好的交通、通讯、水利设施、环境保护乃至宽松的政策环境等能够为企业节省大量的运营成本,并有利于营造适宜企业成长的基础环境。第五,政府提供的公共服务也是促进社会进步的重要条件。由于政府垄断了国家暴力,政府通过运用国家暴力的威慑作用和国家权威就能够最廉价地为社会提供基本的安全和稳定,保证社会的正常运行。政府还可以通过保障公民的基本权利和自由,形成平等互助和有序竞争的人际关系,促进人的全面和健康发展。同时,政府通过提供覆盖全社会的平等的失业、医疗、养老等社会保障,不仅能有效缓解社会矛盾,而且也是保持社会长期、健康发展的重要条件。

近三十年来,随着经济的发展和社会的进步,我国社会的公共服务需求日益膨胀,推动了我国政府公共服务职能的不断扩张。这与我国政府职能不断缩小的趋势形成了鲜明的对照。除了提供国家安全和社会稳定之外,目前我国政府的公共服务职能主要包括以下几个方面:一是加强市场建设,提供市场运行的制度和规则。我国是从计划经济体制走向市场经济体制的,既没有完整的市场体系,更缺乏规范市场运行的规则。政府通过逐步缩小指令性计划的范围,逐步扩大市场调节的范围,通过价格改革、工资制度改革、劳动用工制度改革、加快市场立法等,逐步建立起适应市场经济要求的宏观调控和市场监管体系,确保市场的健康良性运行。二是加大了对农村的支持力度。这包括免除农业税,加大对农村基础设施建设和农业科技研究的投入,免费向农民提供农业生产信息和技术,实施基本农产品价格保护价政策等。三是提供基础教育。2007年,中央政府决定在全国农村全部免除义务教育阶段的学杂费,继续对农村贫困家庭学生免费提供教科书、补助寄宿生活费,并决定从2008年春季学期起,免除城市义务教育学杂费,基础教育实现了费用由政府全额支付的免费教育。四是加大了科研投入的力度,特别是加强了基础研究和高科技领域的研究。五是稳步推进覆盖城乡的社会保障体系,并逐步加大了扶贫攻坚的力度。在计划经济时期,城镇国有和集体单位职工享有退休、公费医疗的福利,并且没有失业之忧。而农村居民除了极低水平的合作医疗以外,几乎没有任何社会保障。改革开放以后,我国对社会保障体系进行了较大范围的改革。以劳动就业保障为例;1986年4月18日,中共中央、国务院发出《关于认真执行改革劳动制度几个规定的通知》,决定对劳动就业制度进行改革。同年7月,国务院颁布了《国营企业职工待业保险暂行规定》，标志着我国失业保险制度的建立。1986年10月，国务院颁布了国有企业劳动制度改革的"四项规定"，即《国营企业实行劳动合同制暂行规定》、《国营企业招用工人暂行规定》、《国营企业辞退违纪职工暂行规定》与《国营企业职工待业保险暂行规定》。1992年10月，我国正式提出培育和发展"劳动力市场"。1998年6月，政府又提出"劳动者自主择业、市场调节就业、政府促进就业"的新时期就业方针。1999年1月，国务院发布《失业保险条例》，将参保范围扩大到所有企业和事业单位及其职工，建立用人单位、职工和财政共同负担的筹资机制。2005年11月8日，国务院印发了《关于进一步加强就业再就业工作的通知》。2007年6月29日，十届全国人民代表大会常务委员会第二十八次会议通过了《中华人民共和国劳动合同法》，推进了我国劳动就业保障的法制化进程。六是高度重视铁路、公路、电网、通讯等基础设施建设，特别是加快对中西部落后地区基础设施建设的投入。这对于推动我国经济健康快速地发展，缩小地区差距发挥了巨大作用。

（五）实施社会管理

在某种程度上，实施社会管理和提供公共服务可能是交织在一起的，并不容易彻底分清。比如，政府为公民提供人身和财产安全保护，是一种基本的公共服务，但这种公共服务往往需要政府在加强社会管理的过程中才能提供。政府开展社会管理活动不仅对社会的健康运行至关重要，而且关系到政府自身的生存，因为政府成功地实施社会管理是政府从社会中汲取管理资源、树立政府权威的前提和基础。在现代社会，随着社会生活的日益复杂，政府实施社会管理活动也变得越来越困难，以前的管理方式和手段很快就不再适应新的社会条件和新的社会问题的需要，政府需要不断改进管理方式，提高管理技能才能适应社会环境的迅速变化。与此同时，由于全球化的深入发展，政府已不再像从前那样对国内事务拥有至高无上的权威，而需要考虑到国际上对某些问题的特殊关切。"国际上对于人权包括结社自由等的关注，似乎可能越来越多地被用于约束东道国政府对付有组织工人的专制主义行径，因而改变了三方结构的权力均衡。"[1] 这使得当前政府在实施社会管理活

---

① ［英］约翰·斯托普福德、苏珊·斯特兰奇：《竞争的国家，竞争的公司》，社会科学文献出版社2003年版，第212页。

动时面临着更为复杂的国际环境。

政府开展社会管理活动的基本目标包括安全和秩序两个方面。安全与秩序是紧密联系的两个概念，没有秩序就没有安全；没有安全，秩序也会遭到破坏。但是安全并不等同于秩序，有秩序也并不总是意味着安全。安全通常意味着免于现实或潜在的危险或威胁，它具有非常广泛的内涵。政府的社会管理活动所涉及的安全目标主要包括以下几个方面的内容。

一是维护国家安全。国家安全是政府最为关心的安全内容，国家安全受到威胁将极大地削弱政府的管理能力和政府的合法性基础，并给政府自身带来直接的威胁。对国家安全的威胁可能来自国外，也可能来自国内，其内容主要包括国家政治安全和国家经济安全。国家政治安全主要是指来自国外的军事威胁、颠覆活动和来自国内的政治动荡、军事政变和政府的合法性危机。国家经济安全主要是指全球性经济危机、国外的经济封锁以及国内的经济动荡和严重衰退所引发的风险。在当代全球化背景下，国家的政治安全和经济安全都有了新的变化。政治安全中的战争、内乱等传统安全的地位有所下降，恐怖活动、分裂活动等非传统安全问题的地位有所上升。我国与中亚国家成立的上海合作组织的一个重要任务就是应对这些非传统安全。经济安全的中心任务也已转到防范和抵御经济全球化可能带来的风险。"经济全球化趋势是当今世界经济和科技发展的产物，给世界各国带来发展的机遇，同时也带来严峻的挑战和风险，向各国特别是发展中国家提出了如何维护自己经济安全的新课题。"[①]

二是保护公民的人身和财产安全。改革开放以前，由于我国法治进程缓慢，公民的人身安全并没有得到有效保障，冤假错案令人触目惊心。而且在计划经济体制下，公民除了仅能维持生存的生活资料之外，并没有多少财产，财产安全问题也未能引起人们足够的重视。改革开放以后，随着生产的发展和市场化的推进，人们的权利意识不断增强，人身权利和财产权利的保护日益引起民众的重视，政府也不断加强了对公民人身和财产权利的保障。政府通过加强对公民人身和财产权利的宪法保障，强化对政府权力的约束，打击各种侵犯公民人身和财产权利的不法行为，使我国公民的人身和财产安

[①] 中华人民共和国外交部政策研究室：《中国外交（1999）》，世界知识出版社2000年版，第717页。

全得到了较为有效的保护。

三是保障服务安全和消费安全。服务安全和消费安全是指公民作为消费者在接受服务和消费产品时应得到的安全保障。由于产品生产者和服务提供者与作为顾客的公民之间存在着严重的信息不对称，为了保障公民的合法权益不受侵犯，政府有责任保障公民在接受服务和消费产品时的安全。比如，政府应加强对行医资格的管理，以确保公民获得安全的医疗服务；政府应加强对社会保障基金的管理，以确保公民的保命钱免遭挪用和贪污；政府应加强对飞机、火车、汽车等交通工具的安全性能检查，以保护公民的旅行安全；政府应加强市场管理，防止假冒伪劣产品进入市场；政府应加强食品药品检验，防止这些食品药品对公民的生命和健康带来威胁；等等。

四是保障生产和经营安全。一些生产和经营活动存在着极大的危险性，这要求政府加强对这些领域的安全管理。比如：化工厂的安全生产；企业的锅炉安全；煤矿的塌方和瓦斯爆炸预防；商场、网吧的火灾预防；等等。

五是保障公民的生活安全。这里的生活安全不是指公民的人身安全、财产安全和贫困问题，而是指公民在日常生活中所面临的其自身难以摆脱的可见和不可见的威胁，比如，大气、水和土壤的污染，任意堆放的放射物质，等等。

这些安全问题都需要政府实施有效的社会管理才可能加以解决。

秩序是政府实施社会管理的另一个目标。一般说来，秩序可分为专制统治下的秩序和民主治理下的秩序。在现代社会，只有民主治理下的秩序才会具有合法性和稳定性。从秩序的内容上来看，我们又可以把秩序分为政治秩序、经济秩序和社会秩序。政治秩序是指政治权力的分配和权力运行的方式以及国家政权的获取和交替的规范化程度。比如，我国中央政府总理由国家主席提名，全国人民代表大会选举产生；政府组成人员由总理提名，全国人民代表大会选举通过。这既体现了我国政府的人民性，也是政府秩序的体现。经济秩序是指经济运行的规则和方式，主要有小农经济秩序、市场经济秩序和计划经济秩序等类型。我国的改革历程在经济领域主要表现为从计划经济转向市场经济的过程。计划经济秩序是政府对经济活动直接管理和控制下形成的人为秩序，而市场经济秩序是指自利的市场主体在遵循既定的市场规则的前提下，在国家的宏观调控下进行有序竞争所形成的秩序。市场经济较好地解决了消费者偏好信息显示和供需信息显示的问题，同时保证了公民和组织参与经济活动的自主权,因而效率较高。社会秩序是指人们在一定的社会行为规范的约束下,在社会生活中所表现出来的互动方式以及所形成的社会关系状况。社会秩序是社会有效运行的基本前提,因此,维护良好的社会秩序是政府社会管理的重要内容。

政府的社会管理活动是要耗费成本的,不管是保证安全还是维护秩序都不能不考虑效益问题。事实上,安全和秩序都是相对的,不存在绝对意义上的安全和秩序。人们不会为了实现某种安全或秩序而不惜一切代价,因为安全和秩序都是人们谋求社会发展的条件,其本身并不是目的。计划经济的实践实际上就是人们追求某种绝对秩序的一种努力,结果因代价高昂而被人们抛弃。改革开放以来,我国坚持把发展放在第一位的政策导向,冒着政治安全和经济安全的风险毅然打开国门,实行对外开放政策;冒着可能发生经济秩序动荡的风险果断地扩大农民和企业的经营自主权,实施价格改革等,就是试图通过维持一种动态的安全和秩序来实现社会经济发展的目标。

三 不断完善对政府权力的制约机制

政府对于社会发展的重要价值并不表明政府应该拥有至高无上的权威。由于社会生活的复杂性和政府能力的有限性,政府对社会生活的过多干预不但不能有效地解决社会问题,反而可能制造更多的社会问题。这表明,政府要有效地发挥其在推动社会发展中的重要功能,必须将自身发挥功能的范围限定在某些合适的领域。尽管政府职能的合适领域会因不同国家的国情差异而有所不同,但在政府只能承担有限职能这一点上是相同的。然而,由于政府权力及其对社会生活的干预能够给政府带来谋取地位和利益的巨大机会,政府权力和职能总是具有不断扩张的趋势,很容易超越自己应有的权力和职能边界。因此,为了限制政府的权力范围,也为了防止政府权力的滥用,必须对政府的权力进行有效的制约。

自西方启蒙运动以来,人们呼唤个性自由,探讨对君主专制权力进行制约的艺术,逐步发展出一套较为完善的控制政府权力的理论体系,我们通常称之为控权理论。控权理论为人们有效地制约政府权力提供了理论依据。控权理论认为,人们可以通过以下途径实现对政府权力的制约。

1. 实现法治。在集权体制下,法律是用来实现统治者意志的工具,是用来限制和约束民众自由的枷锁。因此,在集权体制下,纵然有多如牛毛的法律，也仍然没有法治。法治首先意味着排除领导人的个人专制，而代之以法律的统治。亚里士多德曾说："谁说应该由法律遂行其统治，这就有如说，惟独神祇和理智可以行使统治；至于谁说应该让一个个人来统治，这就在政治中混入了兽性的因素。常人既不能完全消除兽欲，虽最好的人们（贤良）也未免有热忱，这就往往在执政的时候引起偏向。法律恰恰正是免除一切情欲影响的神祇和理性的体现。"① 其次，法治意味着对政府权力的限制，这也是宪法和行政法的首要目标。"宪法的主要目标是保护人民的权力以防国家的干预，而不是把布丹式的主权交到一般人民或他们的代表手中。"② 韦德指出："行政法定义的第一个含义就是它是关于控制政府权力的法。行政法的最初目的就是要保证政府权力在法律的范围内行使。"③ 第三，法治意味着对公民权利的保障，并通过民主机制制约政府权力。李景鹏认为，"民主主要表现为一种自下而上运行的权力。它是在政治管理系统中处于被管理地位的多数人对处于管理地位的少数人的制约"④。政府可能会拥有强大的权力，但政府必须服从通过民主机制制定出来的用来保护公民权利的法律。"政府必须强大到足以维持社会安定并抵抗手中掌握权力的人施加的压力，如果政府认为应当这样做的话。但是政府不能强大到企图使它自己的官员不受法律控制的地步。"⑤ 戴雪认为英国的法治包含了三个指意，较好地体现了法治的上述三种内涵。他说："第一指意解作国法的至尊适与武断权力相违反。四境之内，大凡一切独裁，特权，以至宽大的裁夺威权，均被摒除。……第二指意解作人民在法律前之平等。换言之，四境之内，大凡一切阶级均受命于普通法律，而普通法律复在普通法院执行。当法律主旨用在此项指意时，凡一切意思之含有官吏可不受制于普通法律及普通法院者皆被摒除。……第三指意表示一个公式，……凡宪章所有规则，……在英格兰中，不但不是个人权利的渊源，而且只是由法院规定与执行个人权利后产生之效果。"⑥

---

① [古希腊] 亚里士多德：《政治学》，吴寿彭译，商务印书馆1965年版，第168—169页。
② [美] 斯科特·戈登：《控制国家——西方宪政的历史》，江苏人民出版社2001年版，第33页。
③ [英] 威廉·韦德：《行政法》，中国大百科全书出版社1997年版，第5页。
④ 李景鹏：《论权力分析在政治学研究中的地位》，《天津社会科学》1996年第3期。
⑤ [英] 彼德斯坦、约翰·香德：《西方社会的法律价值》，中国人民公安大学出版社1990年版，第37页。
⑥ [英] 戴雪：《英宪精义》，雷宾南译，中国法制出版社2001年版，第244—245页。

2. 实施分权制衡。这是制约政府权力的又一重要方式。首先提出分权学说的是洛克,他在《政府论》中把国家的权力分为立法权、行政权和对外权。洛克认为:"如果同一批人同时拥有制定和执行法律的权力,这就会给人们的弱点以绝大诱惑,使他们动辄要攫取权力,借以使他们自己免于服从他们所制定的法律,并且在制定和执行法律时,使法律适合于他们自己的私人利益,因而他们就与社会的其余成员有不相同的利益,违反了社会和政府的目的。"[①] 分权制衡就是孟德斯鸠所说的"以权力制约权力"的思想。孟德斯鸠认为,"一切有权力的人都容易滥用权力,这是万古不易的一条经验。有权力的人们使用权力一直到遇有界限的地方才休止"[②]。分权制衡的前提是分权,也就是"将宪法性权力分别授予国家政府中的三个不同部门。在立法机关、行政机关和司法机关之间对权力进行宪法性划分,立法机关负责制定法律,行政机关负责执行和实施法律,司法机关负责解释法律"[③]。可以看出,"分权学说显然信奉的是这样一种政治自由观,这种自由观的关键是限制政府权力,而这种限制可以最好通过在政府内进行划分,防止权力集中于一群人手中来取得。限制政府是秘藏于这种方式内的政治自由观的精髓组成部分"[④]。通过在宪政体制中实现分权制衡,政府必须执行立法机关制定的法律和法规,并接受立法机关的监督。同时,政府所制定的规章还必须接受司法部门的审查,政府违反法律的行为还会受到司法部门的审判。这样,分权制衡就能够在很大程度上制约政府的权力不被滥用。

3. 通过行政程序制约政府权力。行政程序是关于政府权力运行的途径、方式和步骤的规范和制度的总称。行政程序对于行政行为而言至关重要,"没有程序的支持,实体便失去了赖以发挥作用的时空平台"[⑤]。行政程序虽然没有对行政活动的内容作出规定,但它限定了政府作出决策的过程,通过在行政程序中明确规定行政相对人参与行政决策的途径和方式,为公民参与政府决策、监督政府行为提供了法律保障。因此,科学的行政程序既是行政科学化的前提,也是制约政府权力的有效途径。"程序运行的目标是结果合

---

① [英]约翰·洛克:《政府论》下篇,商务印书馆1964年版,第89页。
② [法]孟德斯鸠:《论法的精神》上,商务印书馆1961年版,第154页。
③ [美]詹姆斯·麦格雷戈·伯恩斯等:《民治政府》,中国人民大学出版社2007年版,第34页。
④ [英]维尔:《宪政与分权》,苏力译,生活·读书·新知三联书店1997年版,第14页。
⑤ 秦前红:《宪法变迁论》,武汉大学出版社2002年版,第244页。

理性，程序自身并没有预发真理性标准，但程序通过平等参与、表现自由、排除干扰，以增强流通渠道和参与各方意见契合的机会，保证决定的成立和合法性。"① 而行政程序的控权功能则是靠行政相对人的参与得以实现的。"行政程序最重要的特征是行政相对人参与：参与立法；参与决策；参与管理；参与执法特别是参与与其自身利益有利害关系的各种具体行政行为。相对人通过参与实现公民权利对政府权力的制约。"② 正如季卫东所说："程序的实质是管理和决定的非人情化，其一切布置都是为了限制恣意、专断和裁量。"③

改革开放以来，我国逐步改革了计划经济时期的全能政府模式，一方面，虽然中央政府集权的体制没有得到彻底的改变，但通过持续的放权改革，中央政府与地方政府之间的分权特征日益明显；另一方面，全能政府的失败使人们对政府的能力产生怀疑，缩小和转变政府职能成为改革的一项重要内容。同时，随着社会主义民主法治进程的推进，依法行政成为对政府活动的基本要求，代议机关、司法机关、人民群众、新闻媒体等对政府活动的监督也日益加强，对政府权力的制约逐步走上科学化和法制化的道路。具体来说，我国政府权力制约机制建设所取得的成就主要体现在以下三个方面。

1. 来自政府外部的监督和制约日益加强。尽管目前我国对政府权力的监督体系仍存在着诸多漏洞和不足，但一种全方位的监督体制正在形成。这种监督主要来自其他国家机关、公民和社会组织。一是人大对政府的监督和制约得到强化。改革开放以来，人民代表大会"橡皮图章"的形象逐步得到改变，而作为我国权力机关的宪法权威得到较大程度的增强。随着人大代表素质的提高，代表们的参政意识也日益增强。全国人大和地方各级人大通过行使宪法规定的立法权、任免权、决定权、监督权等对政府权力构成了有效的制约：政府必须执行人大制定的法律、法规等规范性文件；政府的重大决策需经过人大的同意和批准；政府必须接受人大的监督。人大对政府的监督主要包括法律监督和工作监督两个方面。前者是指监督政府实施宪法、法律、行政法规和地方性法规的情况；后者是指监督政府在工作中执行国家权力机

---

① 汪进元：《论宪法程序》，《宪政论丛》第3卷，法律出版社2002年版，第149页。
② 姜明安：《行政程序：对传统控权机制的超越》，《行政法学研究》2005年第4期。
③ 季卫东：《程序比较论》，《比较法研究》1993年第1期。

关决议、决定的情况。① 二是对行政行为的司法监督得到加强。随着《中华人民共和国行政诉讼法》的颁布和行政法体系的逐步完善，"民告官"的现象日益普遍。当政府的行为侵犯了公民和社会组织的合法权益，公民和社会组织就能够通过寻求司法帮助保障自身的合法权益。司法机关通过对行政诉讼案件的审理，制裁政府部门及其工作人员的行政违法行为，体现了司法部门对政府行为的监督和制约功能。三是对政府的社会监督也日益加强。我国是人民民主专政的社会主义国家，国家的一切权力属于人民，人民享有参与政府管理和监督政府的广泛的权利。但在计划经济时期，政府所处的全权的地位使人民管理国家的权利变为服从计划者安排的义务，人民并没有享有监督和管理政府的真实的权利。改革开放以后，随着市场化改革的推进，政府的全能角色日益丧失，与此同时，个体和组织的利益观念日益觉醒，公民的权利意识日益增强，市民社会正逐步形成。在市民社会中，"健全的社团组织和发达的公共领域能够形成强大的力量来制约国家权力的滥用和扩张"②。这种社会"具有一只独立的眼，监督着国家，使之不沦为专制"③。其实，这种监督并不仅仅是对政府行为的一种限制，它对于改进政府工作极其重要。邓小平曾说："对于我们党来说，更加需要听取来自各个方面包括民主党派的不同意见，需要接受各方面的批评和监督，以利于集思广益，取长补短，克服缺点，减少错误。"④ 2007 年 4 月 5 日国务院总理温家宝签署了《中华人民共和国政府信息公开条例》，并于 2008 年 5 月 1 日起开始施行，这对于促进公民和社会组织更有效地监督政府行为将产生积极的影响。

2. 规范和制约政府权力运行的法律体系日益完善。政府权力的膨胀源于缺乏制度的规范和责任的追究，因此，加强政府权力运行的制度约束是控制政府权力的治本之策。改革开放以后，我国在总结"文化大革命"中法制遭到破坏的惨痛教训的基础上，特别重视法制建设，加强了对政府权力的法律规范。1989 年 4 月 4 日七届全国人大二次会议通过《中华人民共和国行政诉讼法》，并于 1990 年 10 月 1 日起施行。该法对于政府拒绝履行义务以及政府侵犯公民合法权益的案件通过司法途径解决提供了法律依据。为了加强行政监察，改善

---

① 浦兴祖主编：《当代中国政治制度》，上海人民出版社 1990 年版，第 109 页。
② 叶长茂：《市民社会：民主政治发展的基础和动力》，《甘肃社会科学》2003 年第 2 期。
③ John Kean. *Democracy and Civil Society*, London: Verso, 1988, p. 51.
④ 《邓小平文选》第 2 卷，人民出版社 1994 年版，第 205 页。

行政管理，提高行政效能，促进国家行政机关及其工作人员廉洁奉公、遵纪守法，国务院于 1990 年 12 月 9 日发布了《中华人民共和国行政监察条例》，并于即日起施行。1990 年 12 月 28 日国务院颁布《行政复议条例》，该条例于 1991 年 1 月 1 日起施行。1994 年 5 月 12 日，《中华人民共和国国家赔偿法》由八届全国人大常委会第七次会议通过，并于次年 1 月 1 日起实行。该法规定了国家对政府机关及其工作人员在工作中对公民和社会组织合法权益造成损害的赔偿义务，是一部保障公民合法权益的法律。它确立了以行政赔偿为核心的国家赔偿制度，从而使宪法的有关规定得到了落实。1996 年 3 月 17 日，《中华人民共和国行政处罚法》由八届全国人大四次会议通过，自 1996 年 10 月 1 日起施行。其主要内容是规范行政机关享有的行政处罚权限，以及实施行政处罚的程序。其侧重点是约束行政机关，防止滥施行政处罚，以保障行政相对人的合法权益。1997 年 5 月 9 日，《中华人民共和国行政监察法》由八届全国人大常委会第二十五次会议通过，并于当日公布实施。该法的目的在于加强监察工作，保证政令畅通，维护行政纪律，促进廉政建设，改善行政管理和提高行政效能。在《行政复议条例》实施 8 年之后，1999 年 4 月 29 日，《中华人民共和国行政复议法》由九届全国人大常委会第九次会议通过，自 1999 年 10 月 1 日起施行。该法对于健全我国的行政法制体系，强化层级监督和行政复议的权威性，优化权利救济制度，促进依法行政、依法治国，均具有重大的意义。2003 年 8 月 27 日，《中华人民共和国行政许可法》由十届全国人大常委会第四次会议通过，并于 2004 年 7 月 1 日起施行。《行政许可法》对中国各级政府落实依法行政要求，推进行政审批制度改革，进一步繁荣发展市场经济，产生了强有力的促进作用。2004 年 3 月 22 日，国务院发布了《全面推进依法行政实施纲要》，明确提出要全面推进依法行政，建设法治政府。上述法律法规的颁布实施，极大地完善了我国的行政法制体系，对于约束政府权力，规范权力运行，提高政府效能发挥了重要作用。

3. 高度重视遏制腐败和防止权力滥用。改革开放以来，伴随着经济体制转轨，各种腐败的机会随之增多。计划经济时期遗留下来的政府对经济活动过多的干预权力为政府获得了众多的寻租机会。随着市场化的推进，在国有企业经营自主权扩大的同时，有效的监督机制并没有及时建立起来，使得侵吞公共资产的犯罪行为普遍蔓延。因而，我国反腐败的形势在改革开放以后变得异常艰巨。在这种情况下，党和政府高度重视反腐败工作，加强对政府权力的制约，依法严惩腐败行为。邓小平说："我们要反对腐败，搞廉洁政治。不是搞一天两天、一月两月，整个改革开放过程中都要反对腐败。"① 为了遏制腐败现象的蔓延，防止政府权力的滥用，党和政府加快了反腐败的制度建设，并严惩各种腐败行为。

首先，高度重视反腐败的制度建设和组织建设。改革开放以来，在反腐败的制度建设和组织建设方面，我国主要采取了以下措施：1978年12月召开的十一届三中全会，决定成立中央纪律检查委员会。1982年1月11日，中共中央发出《紧急通知》，传达了中央常委关于对一些干部走私贩私，贪污受贿，把大量国家财产窃为己有等严重违法犯罪行为采取紧急措施的指示。《通知》指出，对于这个严重毁坏党的威信，关系党的生死存亡的重大问题，全党一定要抓住不放，雷厉风行地加以解决。同年3月8日，五届人大常委会第二十二次会议通过了《关于严惩严重破坏经济的罪犯的决定》，加大对经济犯罪的打击力度。1982年4月13日，中共中央、国务院公布《关于打击经济领域中严重犯罪活动的决定》。《决定》指出，打击经济领域的严重犯罪活动，进行反对腐化变质的斗争，关系到我国社会主义现代化建设的成败，关系到我们党和国家的盛衰兴亡。1984年12月3日，中共中央、国务院发出《关于严禁党政机关和党政干部经商、办企业的决定》。1984年12月5日，中共中央纪律检查委员会发出《关于坚决纠正新形势下出现的不正之风》的通知。1986年2月4日，中共中央、国务院发出《关于进一步制止党政机关和党政干部经商、办企业的规定》。重申党政机关一律不准经商、办企业，党政机关的干部、职工除特批的以外，一律不准在各类企业中担任职务，等等。1988年6月1日，中央发出《关于党和国家机关必须保持廉洁的通知》。《通知》指出，在整个改革开放的过程中，我们必须做到：改革开放，繁荣经济，要坚定不移；保持廉洁，防止腐败，也要坚定不移。1989年2月5日，中共中央办公厅、国务院办公厅发出《关于清理党和国家机关干部在公司（企业）兼职有关问题的通知》。1995年4月30日，中共中央办公厅、国务院办公厅发出《关于对党和国家机关工作人员在国内交往中收受的礼品实行登记制度的规定》和《关于党政机关县（处）级以上领导干部收入申报的规定》。1997年3月28日，中共中央印发《中国共产党党员领

---

① 《邓小平文选》第3卷，人民出版社1993年版，第327页。

导干部廉洁从政若干准则（试行）》。2001年5月1日，中纪委和中组部发出《关于坚决防止和查处干部选拔任用工作中的不正之风和违纪违法行为的通知》。《通知》要求严明组织人事纪律，按照规定的原则、标准和程序选拔任用干部；加强对干部选拔任用工作的监督检查，及时发现和纠正存在的问题；加大查处力度，严厉惩处干部选拔任用工作中的违纪违法行为；教育干部和党员加强党性修养，提高遵守组织人事工作纪律的自觉性；深化干部人事制度改革，从源头上防止和克服用人上的不正之风和违纪违法行为。2003年12月31日，中共中央印发《中国共产党党内监督条例（试行）》。这是我党历史上第一部系统规范党内监督工作的基本法规。2004年4月，中央办公厅印发的《党政领导干部辞职暂行规定》，对"引咎辞职"和"责令辞职"进行了规定。2004年11月，经中央军委批准，解放军总参谋部、总政治部、总装备部联合颁布《军队领导干部经济责任审计规定》。《规定》指出，军队团级以上单位和机关部门负有经济责任的领导干部，在任现职两年以上、即将离任、干部考核或经济方面有反映的情况下，都应当按照规定接受审计。2004年11月29日，中纪委、中组部、监察部、人事部、审计署联合发文，决定自2005年1月1日起，将党政领导经济责任审计范围从县级以下扩大到地厅级。2004年12月27日，胡锦涛主持召开政治局会议，审议通过《建立健全教育、制度、监督并重的惩治和预防腐败体系实施纲要》，2005年1月3日，《实施纲要》正式颁发。2006年10月31日，《中华人民共和国反洗钱法》由第十届全国人民代表大会常务委员会第二十四次会议通过，并于2007年1月1日生效，有力地遏制了贪污贿赂犯罪以及金融犯罪洗钱。2007年5月31日，中央正式批准设立国家预防腐败局。2007年9月13日，国家预防腐败局挂牌成立。

其次，严惩各种腐败分子。改革开放以来，我国高度重视腐败案件的侦破工作，成克杰、胡长清、李继周、丛福奎、石兆彬、李嘉廷、王雪冰、陈良宇等一大批高级领导干部纷纷落马。2003年至2007年五年间，检察机关共立案侦查贪污贿赂、渎职侵权犯罪案件179696件209487人，已被判决有罪116627人，比前五年上升30.7%。立案侦查贪污受贿十万元以上、挪用公款百万元以上案件35255件，涉嫌犯罪的县处级以上国家工作人员13929人（其中厅局级930人、省部级以上35人）。大案、要案占立案数的比例分别从2003年的46.8%和6.3%上升为2007年的58.3%和6.6%。对在逃的5724名职务犯罪嫌疑人已抓获4547名,追缴赃款赃物244.8亿多元。立案侦查涉及国家工作人员的商业贿赂犯罪案件19963件,涉案金额34.2亿多元。① 这既反映了我国反腐败面临着严峻形势,也反映了我国党和政府反腐败的决心和反腐败措施的有效性。

第三节 "有效"的政府行为

政府对社会发展的功能最终需要通过政府行为的效果才能体现出来。对于政府来说,仅仅拥有良好的愿望是远远不够的,政府必须通过采取有效的行动,为社会的发展与进步作出切实的贡献。由于政府管理方式本身的局限性以及政府能力的有限性,政府只能在有限的领域内发挥有限的功能。而且,政府只有着眼于发挥有限的职能,而不是试图去做所有的事情,才能够最大限度地发挥政府在社会发展中的功能。与此同时,由于政府掌握着数量惊人的公共资源,对于掌权者而言,在政府权力的运行过程中存在着巨大的谋取私利的诱惑。因此,必须对公共权力的运行实施有效的监控,既防止运用政府权力谋取个人和小集团的私利,又避免政府权力对个人和社会组织的合法权益以及公共利益造成损害。但是,限制政府权力本身并不是目的,限制政府权力的行为本身必须有助于发挥政府的积极功能。霍尔姆斯说:"宪政政体必须不只是限制权力的政体,它还必须能有效地利用这些权力,制定政策,提高公民的福利。"② 从行政法的角度来看,行政法治的目标也绝不限于防止权力的滥用。"法律控制行政权的目的是双重的:一方面是防止权力的行使者滥用权力从而保障公民的合法权益不受侵犯;另一方面则是使行政权能有效地运作,从而使行政活动发挥效能并能尽为民服务之职责。"③ 在现代社会,政府日益成为推进社会进步与繁荣的重要力量,人们对政府也抱有越来越高的期望。"许多社会活动甚至经济活动的完成或多或少都必须通过行政和立法程序,这促使权力的功能从消极维护安全和基本的市场条件转向积极、主动地立法、执法、制定政策,以解决各种社会问题,维护正常秩

---

① 贾春旺:《最高人民检察院工作报告——2008年3月10日在第十一届全国人民代表大会第一次会议上》,2008年3月22日,中国政府网(http://www.gov.cn/2008lh/content_ 926172.htm)。
② Stephen Holmes, "The Liberal Idea", *The American Prospect*, 7 (Fall), 1991, pp. 81–96.
③ 杨解君:《当代中国行政法(学)的两大主题》,《中国法学》1997年第5期。

序，这使得片面强调控权的观点成为僵化和过时的教条。"① 因此，仅仅控制政府权力是远远不够的，政府有效地发挥其应有的功能已变得至关重要。正如埃尔金所说："权力既要受到制约又要能动进取，也就是说，既能积极促进社会福利，与此同时，又不陷入仅仅在其组织得最好的公民之间分配利益的专制之中。"② 影响政府行为有效性的因素很多，政府权威、决策的质量、执行的方式与策略、技术手段、财政资源、组织绩效、公民态度、传统文化等，都会从不同的方面对政府行为的有效性产生影响。可以说，在不同的经济发展水平、不同的文化背景、不同的社会条件下，政府行为的有效性也会有不同的体现。在特定的历史条件下，政府行为的有效性往往与解决特定社会环境中的特定问题有关，因而往往具有不同的特色。改革开放以来中国社会的成功变革离不开政府的有效作为，具有中国特色的政府行为模式中内含着政府推进社会变革的有效性的根源。如上所述，有效的政府行为总是由众多的影响因素共同作用的结果。仅就当代中国社会变革中的政府行为而言，其有效性主要是基于科学的决策、有力的执行、有效的竞争和其他社会治理机制功能的发挥。

一 探索性决策

在现代社会，有效的政府对于社会的发展和进步已显得极端重要，这不是因为政府已经做得足够好，而是因为政府的表现普遍不尽如人意。虽然一般而言，政府总是怀着解决社会问题、造福民众的良好愿望，但政府实际发挥的功能却往往非常有限，有时候还可能对社会的发展与进步造成严重破坏。导致这种现象的原因通常不在于政府所掌握的资源太少或者政府的权力太小，而是因为政府往往不能够作出正确的选择。众所周知，政府组织及其成员的自利倾向会扭曲政府的公共目标和行为选择，从而使政府行为偏离公共利益的要求。然而，即便政府行为只受公共目标的驱使，由于政府理性必然存在的有限性，也可能导致政府作出错误的选择，这在社会问题日益复杂的当今社会更是如此。在计划经济时期，政府对自身理性的盲目自信给社会发展造成的严重后果让我们明白了一个基本的常识：任何人都可能犯错，政

---

① 肖北庚：《控权与保权的统一：现代宪政发展新趋势》，《现代法学》2001年第1期。
② [美] 斯蒂芬·L. 埃尔金、卡罗尔·爱德华·索乌坦：《新宪政论》，生活·读书·新知三联书店1997年版，第39页。

府也不例外。历史经验反复告诉我们,任何宏大的社会改造工程几乎都会面临着失败的结局。比如:美国约翰逊总统的"伟大社会"工程、中国的"大跃进"和"文化大革命"、俄罗斯的"休克疗法",等等。在很多时候,政府的雄心往往意味着社会的灾难。对于政府来说,犯错误也许是必然的,但这并不意味着人们应该放任政府的错误,问题的关键在于政府如何才能作出正确的决策,并尽可能避免重大的失误。

改革开放以来,我国政府逐步放弃了计划经济的政府理性观,认识到政府不可能制订出完美的社会经济发展计划,政府对社会生活的全面干预必然失败。之所以不可能,一是因为经济计算本身的复杂性。正如安东诺夫所说:"基辅的数学家已经计算过,仅仅为乌克兰编制一项精确的和十分完整的物资和技术供应年度计划,就需要全世界所有的人工作一千万年。"[①] 二是因为人类需求的复杂性。人们几乎不可能知道别人真正需要什么,更不知道别人的偏好顺序(即便是本人也不一定十分清楚),因为人们的需求及偏好会随着社会的发展、环境的变化和个人目标的变化而迅速变化。三是人类所掌握的知识仍极为有限。现代科技的飞速发展并不能证明人类已经知道了很多,相反,它向人们展示了无限的未知的领域。同时,科技的发展很容易使人们精心拟定的看似科学的宏伟蓝图变得落后和一无是处。正是认识到政府的任何重大决策都可能存在着不足和失误,才使我国政府选择了一条看似笨拙却极为科学的决策方式,这就是探索性的决策方式。正是这种决策方式使我国政府制定和执行了一系列正确的政策方针,并最终找到了一条正确的改革道路。

探索性决策就是在对事物有限认知的基础上,通过广泛的试验、试点,并在此基础上不断总结经验教训,加深认识,校正前进的方向,最终找到可行道路的过程。探索性决策的前提是解放思想、实事求是的思想路线。解放思想就是敢于怀疑任何与实践不相符合的思想教条,改革开放政策正是在解放思想的基础上展开的。党的十七大报告指出:"解放思想是发展中国特色社会主义的一大法宝,改革开放是发展中国特色社会主义的强大动力。"实事求是就是一切从实际出发,从人民的根本利益出发,遵循事物发展的客观

[①] [苏] 亚历克·诺夫:《政治经济学和苏联社会主义》,上海译文出版社1983年版,第185页。

规律，以实践作为检验真理的唯一标准。"既坚持实事求是的思想路线，一切从实际出发，理论联系实际，在实践中检验真理和发展真理；又坚持一切从人民的利益出发的根本要求，顺应人民的要求和期待。"① 正是在解放思想、实事求是的思想路线的指引下，我国才得以打破旧的思想观念的束缚，勇于实践，不断探索，走出了一条有中国特色的社会主义道路。

党的第二代中央领导集体总结出来的三条经验——"猫论"、"摸论"、"不争论"集中反映了解放思想、实事求是的思想路线，同时也是探索性决策的具体理论体现。"猫论"体现了彻底的实践论，"摸论"表明了改革的探索性质，"不争论"就是不受意识形态教条的束缚，一切从实践的结果作出判断。1962年，邓小平在《怎么恢复农业生产》的讲话中就曾指出："生产关系究竟以什么形式为最好，恐怕要采取这样一种态度，就是哪种形式在哪个地方能够比较容易比较快地恢复和发展农业生产，就采取哪种形式；群众愿意采取哪种形式，就应该采取哪种形式，不合法的使它合法起来……刘伯承同志经常讲一句四川话：'黄猫、黑猫，只要捉住老鼠就是好猫'。"② "猫论"改变了过去一切从意识形态出发的思维习惯，为十一届三中全会将党和政府的工作重心转移到经济发展上来，特别是为农村改革的启动提供了思想基础。"摸着石头过河"是对改革方式的一种形象说法。由于改革无任何经验可以遵循，只有不断探索，不断实践，及时总结经验教训，才能少犯错误，尽快找到可行的改革之路。1980年12月在中央工作会议上，陈云指出，"我们要改革，但是步子要稳。……随时总结经验，也就是要'摸着石头过河'"③。邓小平完全赞成陈云提出的"摸着石头过河"的改革方法。他指出："我们现在做的事都是一个试验，对我们来说，都是新事物，所以要摸索前进。既然是新事物，难免要犯错误。我们的办法是不断总结经验，有错误就赶快改，小错误不要变成大错误。"④ "不争论"就是不纠缠于意识形态的不同看法，坚决尝试，以实践而不是以理论教条作为判断的依据。邓小平说："证券、股市，这些东西究竟好不好，有没有危险，是不是资本主义独有的东西，社会主义能不能用？允许看，但要坚决地试。看对了，搞一两

---

① 高尚全：《30年，四次解放思想》，《时政》2008年第3期。
② 《邓小平文选》第1卷，人民出版社1994年版，第323页。
③ 《陈云文选》第3卷，人民出版社1993年版，第279页。
④ 《邓小平文选》第3卷，人民出版社1993年版，第174页。

年对了，放开；错了，纠正，关了就是了。关，也可以快关，也可以慢关，也可以留一点尾巴。怕什么，坚持这种态度就不要紧，就不会犯大错误。总之，社会主义要赢得与资本主义相比较的优势，就必须大胆吸收和借鉴人类社会创造的一切文明成果，吸收和借鉴当今世界各国包括资本主义发达国家的一切反映现代社会化生产规律的先进经营方式、管理方法。"① 他还说："对改革开放，一开始就有不同意见，这是正常的。……我们推行三中全会以来的路线、方针、政策，不搞强迫，不搞运动，愿意干就干，干多少是多少，这样慢慢就跟上来了。不搞争论，是我的一个发明。不争论，是为了争取时间干。一争论就复杂了，把时间都争掉了，什么也干不成。不争论，大胆地试，大胆地闯。农村改革是如此，城市改革也应如此。"②

从我国的决策实践来看，先试点，后推广是探索性决策的基本做法。这种试点主要有三种形式：一是基层群众的自发实践；二是中央政府在地方的改革试点；三是地方政府的自主试点。我国的许多改革举措都是由基层群众最先进行探索，后来才得到政府的认可和推广的。比如，安徽凤阳县小岗村的农村土地改革、广西宜州市屏南乡合寨村果作屯的村民自治探索、村社企业（后来改称为乡镇企业）的兴起等。最典型的就是安徽小岗村的土地包产到户改革，揭开了农村改革的序幕。1978年12月，安徽凤阳小岗村18户农民订下秘密协议，决定分田到户。但在当时，分田到户的做法是不允许的。党的十一届三中全会原则通过的《农村人民公社工作条例（试行草案）》和《关于加快农业发展若干问题的决定（草案）》中仍明确规定："不许分田单干"，"不准包产到户"等。1979年3月12日至24日，国家农委邀请广东、湖南、四川、江苏、安徽、河北、吉林七省农村工作部门和安徽全椒、广东博罗、四川广汉三县的负责人召开座谈会，讨论建立健全农业生产责任制问题。会上围绕联产计酬特别是包产到户问题进行了热烈争论，最后达成的意见是：在深山、偏僻地区的孤门独户，可以包产到户。1979年6月15日，万里在安徽省凤阳县农村调查时，肯定了当地实行的"大包干"生产责任制。同年8月8日，《安徽日报》发表《凤阳县在农村实行"大包干"》一文，向全省介绍了这一做法。1980年1月11日至2月2日，国家农委在北

---

① 《邓小平文选》第3卷，人民出版社1993年版，第373页。
② 同上书，第374页。

京召开全国农村人民公社经营管理会议，是否允许包产到户又一次引起与会代表的热烈讨论。安徽省代表以《联系产量责任制的强大生命力》为题介绍了安徽农村实行包产到户的情况和好处。1980年9月14日至22日，中共中央召开各省、市、自治区党委第一书记座谈会，讨论加强和完善农业生产责任制问题。9月27日，中央印发《关于进一步加强和完善农业生产责任制问题》的会议纪要中认为，在边远山区和贫困落后地区，实行包产到户，是联系群众、发展生产、解决温饱问题的一种必要的措施。1982年1月1日中共中央批转《全国农村工作会议纪要》即1982年中央1号文件中指出：目前，全国农村已有百分之九十以上的生产队建立了不同形式的农业生产责任制，包括小段包工定额计酬，专业承包联产计酬，联产到劳，包产到户、到组，包干到户、到组等，都是社会主义集体经济的生产责任制，反映了亿万农民要求按照中国农村的实际状况来发展社会主义农业的强烈愿望。至此，政府第一次明确承认包产到户是社会主义集体经济的生产所有制形式，距离小岗村包干到户已过去了整整三年时间。

为了保证改革措施的有效性，中央政府在推行重大改革之前，总是要在许多地方对改革措施进行试点，以便总结经验教训，并进一步完善改革方案。我国设立经济特区、沿海开放城市等，在某种意义上就是对改革开放政策进行试点。以20世纪80年代初期城市经济体制改革为例，1981年，中央确定沙市作为全国第一个经济体制改革综合试点城市。其后，中央又在常州、重庆、武汉、沈阳、南京、大连等城市进行经济体制综合改革试点。到1984年，综合改革试点城市已发展到58个。这些城市对经济体制改革涉及的众多领域进行了有益的探索。比如，重庆于1983年开始进行经济体制综合改革试点，在国务院批准同意的《关于在重庆进行经济体制综合改革试点的意见》中确定了改革的主要内容包括八个方面：改革城乡分割、条块分割、领导多头的管理体制，实行以大中城市为中心的城乡结合、条块结合的经济管理体制；在不改变省辖市的行政关系的条件下，给市以相当于省的经济管理权力，由市直接承担完成国家的计划和上缴财政任务的责任；在全国统一计划下，国家对市实行计划单列，由市负责计划的综合平衡，按照计划经济为主、市场调节为辅的原则，积极发挥各种经济杠杆的作用；坚持以社会主义公有制经济为主体，统筹安排全民、集体、合营和个体经济，发展多种经济形式和多种经营方式；按照专业化协作的原则和经济合理的要求，发展多种形式的经济联合,形成合理的产业结构、产品结构和企业组织结构;打破地区、部门、城乡的分割状态,在重庆建立商业、物资中心,按经济合理流向组织商品流通,做到货畅其流;全面实行利改税的体制,改善国家与企业的关系,进一步健全经济责任制,改革工资奖励制度,克服统收统支"吃大锅饭"、平均主义的弊病;按照党政企合理分工的原则和以大中城市为中心管理经济的要求,改革行政管理机构。改革的重点领域涉及了计划体制、企业管理体制、流通体制、财政税收金融体制、劳动工资体制等诸多方面。这种先试点、后推广的决策方式有效地提高了中央决策的科学化程度。

地方政府的自主试点是我国改革试点的另一种重要形式。改革开放以后,我国改变了计划经济时期中央对地方严密控制的管理体制,赋予地方政府(特别是省级政府)制订适合本地实际的政策措施的权力,使地方政府能够在某种程度上对改革措施进行自主探索。以农村改革为例,自1987年1月中共中央政治局会议通过《把农村改革引向深入的决议》以后,各地方政府广泛开展了农村改革试点,农村改革试验区发展到30个。其中土地制度改革试点项目主要有:贵州湄潭"增人不增地、减人不减地"和农村税费制度改革试验;山东平度的"两田制"试验;北京顺义县土地适度规模经营试验;苏南农业现代化建设试验;广东南海农村土地股份合作制试验;湖南怀化长期租赁开发山地试验;陕西延安"四荒"地使用权拍卖与小流域治理试验;安徽阜阳土地制度与农村税费制度改革试验等。[①]再比如各地对乡镇长选举制度改革的探索也采用了多种模式,自1998年以来,主要有四川步云乡选民直接选举模式、四川遂宁市市中区的公开选拔模式、山西省临猗县卓里镇"两票选任"模式、深圳大鹏镇的"三轮两票制"选举、湖北京山县杨集"两推一选"模式、云南红河州石屏县乡镇长直选等典型方式,为发扬基层民主、改革基层政府治理模式进行了有益的探索。

我国地域广大、人口众多,社会经济发展相对落后,同时面临着严峻的国际竞争和工业化进程中的多种风险,社会治理的复杂性是其他国家所难以比拟的。这种探索性决策对于我国政府在有限理性条件下积极探索成功的发展道路,减少改革的阻力,避免改革陷入重大失误等,具有重要意义。

[①] 王景新:《中国农村土地制度的世纪变革》,中国经济出版社2001年版,第24页。

二 建立广泛的社会参与机制

社会参与既是公民行使民主权利的基本表现,也是政府开展科学决策的重要保证。一方面,社会公众的经验和智慧对政府决策具有重要的参考价值,通过建立有效的社会参与机制,政府能够分享公众的经验、知识、看法和政策建议。另一方面,有效的公民参与也使政府能够更好地了解公民的愿望和需求,从而使政府的决策更加符合公民的期望,获得社会成员的广泛支持。我党在革命时期就充分认识到群众路线的重要性。1934年1月,毛泽东在《关心群众生活,注意工作方法》一文中提出:"革命战争是群众的战争,只有动员群众才能进行战争,只有依靠群众才能进行战争。"① 延安整风时期,毛泽东在论述群众路线时说:"全心全意为人民服务,一刻也不脱离群众;一切从人民的利益出发,而不是从个人或小集团的利益出发;向人民负责和向党的领导机关负责的一致性;这些就是我们的出发点。"② 在1945年中国共产党"七大"会议上,刘少奇代表党中央所作的修改党章的报告中,阐释了群众路线的核心观点:第一,一切为了人民群众的观点,全心全意为人民服务的观点;第二,一切向人民群众负责的观点;第三,相信人民群众自己解放自己的观点;第四,向人民群众学习的观点。③ 1982年,中共中央在《关于建国以来党的若干历史问题的决议》中,将群众路线列为毛泽东思想的三个"活的灵魂"之一,并将其表述为:"群众路线,就是一切为了群众,一切依靠群众,从群众中来,到群众中去。"④

改革开放以来,我国政府在放松对社会生活的集权管制的同时,本着"重大情况让人民知道,重大问题让人民讨论,重大决策让人民参与"的精神,积极拓宽人民群众的参与渠道,逐步形成了广泛的社会参与机制。就直接参与的活动形式而言,目前中国主要有:直接选举、监督和罢免县、乡两级人民代表大会代表和基层单位公职人员;企事业单位职工民主管理;基层群众自治;全民讨论法案和重大问题;社会协商对话;信访;举报;合理化

---

① 《毛泽东选集》第1卷,人民出版社1966年版,第122页。
② 《毛泽东选集》第3卷,人民出版社1969年版,第995—996页。
③ 《刘少奇选集》上卷,人民出版社1981年版,第348—352页。
④ 《三中全会以来重要文献选编》下,人民出版社1982年版,第834页。

建议活动；游行、示威；等等。① 随着公民权利意识的增强和社会民主制度的健全，公民参与国家政治生活的深度和广度都得较大提高。特别是党内民主制度的逐步健全，群众性社会公共组织的快速发展，以互联网为主的各种媒体的普及及其监督作用的增强，都为公民参与公共决策提供更为便利的条件。党和政府在进行公共决策时也更愿意主动发动社会公众的广泛参与，以便集思广益，使决策方案更为科学有效。在立法过程中，也注意广泛征求社会公众的意见。1989 年 4 月七届全国人大二次会议通过的《全国人民代表大会议事规则》，规定法律草案可以公布征求意见。2000 年 3 月颁布实施的《立法法》，对法律草案的公布作了进一步规定。截至 2008 年 10 月，我国先后共公布过两部宪法草案和 19 部法律草案公开征求意见，均收到较好的效果。

　　在立法和政府决策中引入听证制度，更体现了公民对公共决策的参与。1993 年深圳在全国率先实行价格审价制度，可以看做是中国听证制度发育的雏形。1996 年 3 月 17 日，中华人民共和国第八届全国人民代表大会第四次会议通过的《中华人民共和国行政处罚法》首次以法律的形式确立了听证制度。《行政处罚法》第四十二条规定：行政机关作出责令停产停业、吊销许可证或者执照、较大数额罚款等行政处罚决定之前，应当告知当事人有要求举行听证的权利；当事人要求听证的，行政机关应当组织听证。1998 年 5 月 1 日起实施的《中华人民共和国价格法》要求"制定关系群众切身利益的公共事业价格、公益性服务、自然垄断经营商品价格等政府指导价、政府定价，应当建立听证会制度"，从而把听证程序引入到我国行政决策领域。1999 年 9 月，广东省人大常委会就《广东省建设工程招标投标管理条例（修订草案）》进行听证。这是地方人大系统的第一次立法听证会，被誉为立法改革的创举。2000 年 3 月 15 日，九届全国人大第三次会议通过的《立法法》第三十四条规定："列入常务委员会会议议程的法律案，法律委员会、有关的专门委员会和常务委员会工作机构应当听取各方面的意见。听取意见可以采取座谈会、论证会、听证会等多种形式。"第五十八条规定："行政法规在起草过程中，应当广泛听取有关机关、组织和公民的意见。听取意见可以采取座谈会、论证会、听证会等多种形式。"2002 年 1 月 1 日施行的《行

---

① 浦兴祖主编：《当代中国政治制度》，上海人民出版社 1990 年版，第 428 页。

政法规制定程序条例》和《规章制定程序条例》对法律、法规和规章起草过程中采取听证会形式听取意见作了具体规定。随后,各地在行政规章的制订过程中,纷纷就立法中涉及的人民群众普遍关心的重大问题举行立法听证会。如济南市政府法制办公室就《济南市机动车排气污染防治办法(草案)》、安徽省政府法制办公室就《安徽省失业保险规定(草案)》、北京市政府法制办公室就《北京市商场超市安全生产管理规定(草案)》、《北京市餐饮经营单位安全生产管理规定(草案)》等五个规章草案举行了听证会。2005年9月27日,全国人大法律委员会、财经委员会和全国人大常委会法制工作委员会联合举行第一次立法听证会,就《个人所得税法(修正案草案)》有关工薪所得减除费用标准举行听证会。这是最高立法机关举行的首次立法听证会。可以预见,听证制度将在我国立法和政府决策中发挥着越来越广泛的作用。

　　以政治协商制度为代表的社会协商对话机制是我国社会参与机制的重要组成部分。政治协商制度是中国共产党统一战线政策在特定历史条件下的产物。1949年9月21日至30日,中国人民政治协商会议第一届全体会议在北平召开,标志着我国政治协商制度的形成。在全国人民代表大会成立之前,中国人民政治协商会议代行全国人民代表大会的职权。在1954年9月,第一届全国人民代表大会召开之后,中国人民政治协商会议仍作为中国共产党领导下的全国人民统一战线组织继续存在。在当前,"政治协商制度是指在中国共产党的领导下,各政党、各人民团体、少数民族人士和社会各界的代表,以中国人民政治协商会议为组织形式,经常就国家的大政方针进行民主的、平等的、真诚的讨论、协商的一种制度"[①]。"政治协商的好处在于既能实现最大多数人民的民主权利,又能尊重占少数地位的人民的民主权利,在经过充分协商之后,使各方面的政见在基本上达到适当的集中和统一。"[②] 政协委员一般都是来自社会各阶层、各行业、各民族、各党派的代表人物,具有很强的参政意识和参政能力。他们通过讨论国家大政方针、开展视察和调研活动、提出议案和批评建议等行使政治协商、民主监督和参政议政的职能,已成为反映民众意愿、发挥民间智慧、协调社会利益的重要渠道。此

[①] 浦兴祖主编:《当代中国政治制度》,上海人民出版社1990年版,第495页。
[②] 李维汉:《统一战线问题和民族问题》,人民出版社1981年版,第160页。

外，政府还通过设立市长、县长接待日，邀请民主党派、社会组织、各行各业代表人士和人民群众参加座谈会，借助媒体促进政府与民众的双向沟通，邀请专家就重大决策进行论证等途径开展社会协商对话，不仅密切了政府与人民群众的关系，更有助于确保政府决策的科学有效。

三　渐进地推进改革进程

与探索性决策相一致，我国走了一条渐进式的改革道路。改革之初，不要说为改革设计一个完整的蓝图，就是改革要实现哪些目标也并不十分清楚。人们只是认识到，经过二十多年的社会主义建设之后，我国不仅在经济发展和社会管理等方面面临着严重的困难，而且与西方国家的差距更大了。仅从农业生产来看，1956年全国人均粮食产量310公斤，1960年下降到215公斤，1978年达到320公斤，整整徘徊了22年。1978年，全中国有三分之二的农民生活水平不如20世纪50年代，有三分之一农民的生活水平不如30年代。不仅农民家中一无所有，连树木都砍光烧尽。[①] 面对如此严重的困难，人们认识到原有的计划经济管理体制肯定存在问题，需要进行改革。与此同时，"文化大革命"极"左"路线的结束，为推行社会经济改革提供了一个相对宽松的政治环境。但是极"左"思想仍有巨大影响，改革派也不清楚究竟应该如何改革，更不存在什么改革共识。在这种情况下，改革只能是在探索中逐步推进，是"问题导向型"的改革，而不是"目标导向型"的改革，也就是要"摸着石头过河"。在这种情况下，改革的目标模式只能在解决问题的过程中逐步形成，而不可能在改革之前就确定下来，而且这种目标也会因认识的深入而发生一定的变化。渐进式的改革路径就是这种改革方式的必然结果。

我国渐进式改革体现在改革的各个领域，农村改革、企业改革、对外开放、价格改革、工资制度改革、社会保障改革、劳动用工制度改革、金融、财政、税收制度改革、行政体制改革等，都体现了明显的渐进特征。下面我们以工业企业改革为例来看改革过程的探索性质。

在改革初期，工业企业面临的首要问题是企业活力不足。现在我们知

[①] 杨继绳：《中国改革三十年：回顾与前瞻》，中国改革论坛网（http：//www.chinareform.org.cn/cirdbbs/dispbbs.asp? BoardID=2&ID=165801）。

道，从根本上来说这是由计划经济管理体制造成的。但在当时，人们只是意识到这是由于在企业缺乏自主权的情况下，"职工吃企业的大锅饭，企业吃国家的大锅饭"，企业的经营状况与企业的收益没有必然联系所导致的。因此，改革的主要内容就是扩大企业自主权。在1978年12月中央工作会议上，邓小平指出："当前最迫切的是扩大厂矿企业和生产队的自主权，使每一个工厂和生产队能够千方百计地发挥主动创造精神。"① 从1978年第四季度开始，四川省率先在宁江机床厂等六家国有企业进行扩大企业自主权的改革试点。1979年5月，国家经委、财政部等六个单位在北京、天津、上海选择了首钢等八个企业，进行扩大企业自主权的试点。1979年7月13日，国务院发布《关于扩大国营企业经营管理自主权的若干规定》等五个文件，分别就扩大企业经营管理自主权，实行利润留成，开征固定资产税，提高折旧率和改进折旧费使用办法，实行流动资金全额信贷等问题作出部署，并要求地方部门选择少数企业进行试点。1979年底，试点企业扩大到4200个，1980年6月又发展到6600个，约占全国预算内工业企业数的16%，但产值和利润分别占60%和70%左右。试点的基本原则是"扩权让利"，给企业一定的生产经营自主权，在利润分配上给企业一定比例的利润留成，以便调动企业和员工的积极性。1981年10月29日，国务院批转国家经委、国务院体改办《关于实行工业生产经济责任制若干问题的意见》，一方面通过利润留成、盈亏包干、以税代利和自负盈亏等措施建立企业对国家的责任；另一方面，在企业内部实行包括厂长负责制、任期目标责任制、岗位责任制在内的各种形式的经济责任制。但是在计划管理体制没有实质性改变的前提下，放权是极为有限的，而让利又出现了"截留税利，乱摊成本，滥发奖金和补贴"等行为。②

这时，决策层认为，实行利改税是企业改革的方向。1983年4月27日，经国务院批准，由财政部制定的《关于国营企业利改税试行办法》下发各地，"利税并存"的第一步利改税开始实施。1984年9月18日，国务院颁布《国营企业第二步利改税试行办法》，从10月1日起施行。第二步利改税改革旨在由"税利并存"逐步过渡到完全的"以税代利"，税后利润归企业自

---

① 《三中全会以来重要文献选编》上，人民出版社1982年版，第24—25页。
② 《中华人民共和国经济管理大事记》，中国经济出版社1986年版，第420页。

己安排使用。但实际实行的是在统一的所得税以外，用"一户一率"的调节税替代了利润上交。1984年5月10日，国务院又发出《关于进一步扩大国营工业企业自主权的暂行规定》，进一步下放了生产经营计划、产品销售、产品价格、物资设置、人事劳动管理、工资奖金、联合经营等十个方面的权力。1984年10月中共中央十二届三中全会通过的《关于经济体制改革的决定》提出要使全民所有制企业"真正成为相对独立的经营实体，成为自主经营、自负盈亏的社会主义商品生产者和经营者，具有自我改造和自我发展的能力，成为具有一定权利和义务的法人"，突破了全民所有制企业由国家直接经营的观念。

但是，利改税改革没有解决企业行为短期化、负盈不负亏、国家所得部分持续下降、企业严重亏损等问题。为了解决这些问题，原国家经委提出了承包经营责任制，并从1987年全面推行。截至1988年底，承包企业已占国有企业总数的90%以上。但承包制也有一些难以克服的缺陷：第一，承包企业没有真正从国家手里索回自主权，它的权利是不完整的，收益权和处分权则仍旧属于所有者。第二，承包企业的收益在很大程度上仍然取决于企业领导与国家管理机关之间的人际关系，使承包缺乏客观的依据和公正的尺度。第三，承包企业缺少开放性和竞争性，难以与市场机制相结合。第四，承包制未能给企业综合资产存量的重组提供有利和有效的机制。[①] 所以，承包制并没有扭转国有企业亏损严重的问题。这使人们认识到，国有企业改革必须同时着眼于企业内部管理的创新。

于是，1992年7月国务院公布了《全民所有制工业企业转换经营机制条例》，旨在使企业适应市场的要求，成为依法自主经营、自负盈亏、自我发展、自我约束的商品生产和经营单位，成为独立享有民事权利和承担民事义务的企业法人。1993年11月，中共十四届三中全会审议并通过的《中共中央关于建立社会主义市场经济体制若干问题的决定》要求：进一步转换国有企业经营机制，建立适应市场经济要求，产权清晰、权责明确、政企分开、管理科学的现代企业制度。从1994年起，国务院确定在100家国家大中型企业进行建立现代企业制度试点。同时，国家在政企分开、政资分开、建立健全国有资产监管体系、实施企业破产、建立社会保障等方面进行了积极有

[①] 郎毅怀：《中国国有企业改革模式的评议与选择》，《经济科学》1990年第2期。

效的探索。1999年9月，中国共产党第十五届中央委员会第四次全体会议审议并通过了《中共中央关于国有企业改革和发展若干重大问题的决定》。全会认为，必须大力促进国有企业的体制改革、机制转换、结构调整和技术进步。进入新世纪，国有企业改革的中心工作是实现国有资本的战略性调整和对国有企业实行股份制改造，建立归属清晰、权责明确、保护严格、流转顺畅的现代产权制度。至此，国有企业改革终于找到了正确的方向。

从国有企业的改革的历程可以看出，国有企业改革经历了从放权让利到利改税，从承包制到转换企业经营机制，从公司制的现代企业制度试点到在现代产权制度基础上对国有企业进行股份制改造，国有企业改革走了三十年的探索之路。虽然承包制和股份制几乎在同时进行了试点，但在20世纪90年代中期以前，承包制始终占据主流地位，股份制试点仅限于很小的范围内。但实践证明，承包制不能从根本上解决国有企业存在的问题，不断的探索使我国最终选择了股份制改革的方向。这充分表明了我国改革的渐进曲折发展的特征。这种渐进改革既能够使我们及时发现改革中的不足与缺陷，避免出现重大的失误，又能够使我们在实践中不断增长对事物的认识，使改革措施不断走向完善。这种渐进改革路线不是事先设计好的，而是随着实践的发展、认识的深入和环境的变迁而不断进行调试，从而使改革措施不断适应社会发展的需求，推动社会的繁荣与进步。这种渐进式的改革是对那种试图一劳永逸地解决社会发展问题的革命性变革的否定。渐进式改革者相信，革命性变革既没有认识到人类理性的有限性，也没有用发展的眼光看待社会的发展，因而必然走向失败。而只有经过渐进式的不断探索，才能最终实现革命性的进步。

四 建立强有力的行政执行机制

正确的决策只是实现政府有效性的第一步，要把政府决策变为现实，实现政府的决策目标和意图，还需要有效的政策执行，因而，建立强有力的行政执行机制是实现政府有效性的必要条件。我国是单一制国家，实行民主集中制的组织原则。毛泽东曾经指出："一方面，我们所要求的政府，必须是能够真正代表民意的政府；这个政府一定要有全中国广大人民群众的支持和拥护，人民也一定要能够自由地去支持政府，和有一切机会去影响政府的政策。这就是民主制的意义。另一方面行使权力的集中化是必要的：当人民要求的政策一经通过民意机关而交付于自己选举的政府的时候,即由政府去执行,只要执行时不违背曾经民意通过的方针,其执行必能顺利无阻。这就是集中制的意义。只有采取民主集中制,政府的力量才特别强大。"① 可以看出,在决策的过程中应着重体现民主制,以便集思广益,保证决策的科学性;而在执行的过程中则应强调适当的集中,以便统一行动,保证政策执行的高效。民主集中制在政策执行中的体现就是相对集中的执行体制。在我国,中央政府与地方政府之间、上级政府与下级政府之间是领导与被领导的关系。这有助于保障中央和上级政府决策的贯彻和落实。改革开放以后,我国进一步完善了行政执行体制,既保留了原行政体制的一些优点,又在很大程度上克服了原有体制的不足,使行政执行体制的效能不断提高,适应了我国社会变革对高效的行政执行体制的要求。改革开放以后,我国之所以能够逐步形成强而有力的行政执行机制是以下几个方面的因素共同作用的结果。

1. 中国共产党的坚强领导。1979 年 3 月 30 日,邓小平在党的理论工作务虚会上提出了四项基本原则。② 而坚持四项基本原则的核心是坚持共产党的领导。中国共产党是中国无产阶级的先锋队,也是全中国人民的先锋队。中国共产党坚持解放思想、实事求是、与时俱进的思想路线,以不断发展的马克思主义理论为指导,勇于修正自身的缺点和错误,是我国现代化建设事业的领导力量。中国共产党聚集了全中国各行各业绝大多数的精英人物和群众代表,视人民的利益高于一切。同时,用严格的组织原则和组织纪律约束自身的行为,因而具有极高的威信和强大的领导能力。改革开放以后,我国不断加强和完善党的领导,坚持"党要管党"的方针,加强党的自身建设,改善党的领导方式,使党的凝聚力和战斗力不断增强。党的领导主要通过政治领导、思想领导和组织领导来实现。党通过制订科学的路线、方针、政策,培养、选拔、任用优秀领导干部,加强对党员群众的思想教育等,为政府的政策执行提供了正确的政策指导和组织保证。在我国改革进程中,中国共产党的坚强领导和严明的组织纪律对政府的政策执行始终起到了有力的促进、保障和监督的作用,确保了党和政府的决策能够得到严格有效的落实。

2. 条块结合的政府体制。在我国政府内部实行的是条块结合的政府体

---

① 《毛泽东选集》合订本,人民出版社 1964 年版,第 354 页。
② 《邓小平文选》第 2 卷,人民出版社 1994 年版,第 158—184 页。

制。这种体制既保证了上级政府政策的贯彻执行，又保证了地方政府的统一指挥与协调，形成上下贯通、左右协调的统一体。"所谓上下贯通，是指虽然上下级工作部门不必完全对口，但上下级的领导与指导关系一定要明确，上级机关布置的行政任务，下级机关一定要有负责贯彻的工作部门。所谓左右协调，是指同一级政府所属的工作部门要科学配套，建立合理的分工与协作机制。"① 这就是说，政府机构既要接受上级主管部门的领导或指导，又要接受地方政府的领导；既要落实上级主管部门的决策，又要执行本级政府的决策和规定。在实际的执行过程中，这种政府体制也曾出现了条块分割、双重指挥的问题。目前，除了少数必须实行垂直管理的部门以外，其他政府机构均以地方政府的领导为主。这既避免了双重领导的问题，也与我国政府首长负责制的精神相一致。这种条块结合的政府体制强化了对政府机构的监督和控制，对于协调政府的政策执行行为，监督政策措施的落实发挥着重要的作用。

3. 自上而下的任命制。从形式上看，我国各级地方政府的正副职行政首长都是由选举产生的，政府的其他组成人员则是由行政首长提名，人大表决通过的。而实际上，这些行政领导人都是由上级组织部门考察，由上级加以任命的，人大的选举和投票在很大程度上只是履行法律程序。在任期内，上级政府能够很轻松地调动下级政府领导人的职务。据报道，过去17年，河北省邯郸市先后经历了八任市长，从未有一位能够任满五年的法定任期，邯郸市长成了名副其实的走马灯。这一现象并不仅仅存在于邯郸，而是具有相当的普遍性。② 中国市长协会曾就市长任期作过一次调查：在中国的661个城市中随机抽样调查了150个城市，目标选取对象是这些城市的市长2002年到2006年的任期。其中更换了一次市长的城市有92个，占61.3%；更换了两次的有38个城市，占25.3%；一直在做没有更换的占13.3%，只有20个城市。③ 之所以会存在这种市长频繁调动的现象，乃是因为决定市长人选的不是市人民代表大会，而是上级党政首长。可见，不论是选举还是调任，

---

① 浦兴祖主编：《当代中国政治制度》，上海人民出版社1990年版，第182页。
② 《"流动性过剩"致市长任期打折》，搜狐网（http://star.news.sohu.com/20090123/n261915681.shtml）。
③ 《要改变"渡金"式选拔干部思路》，中国网（http://www.china.com.cn/review/txt/2009-01/23/content_17173689.htm）。

其实质仍然是自上而下的任命制。这种任命制的直接结果就是政府官员眼睛朝上和对上负责。虽然这种任命制存在着很大的弊端,但对于贯彻执行上级的政策方针却非常有效。

4. 责任明确的首长负责制。我国宪法第86条规定,国务院实行总理负责制,各部、委实行部长、主任负责制。宪法第105条规定,地方各级人民政府实行省长、市长、县长、区长、乡长、镇长负责制。首长负责制是指在民主讨论的基础上,行政首长对本部门工作中的重大问题具有最后决定权,并对这些决定及其所领导的全部工作承担全面责任。首长负责制使行政首长对本级政府的工作拥有最高领导权,对重大决策拥有最后决定权,同时也承担相应的责任。可见,首长负责制最主要的特点是权力集中和责任明确。对于政策执行而言,权力集中有利于减少工作中的矛盾和扯皮现象,从而提高工作效率;责任明确能够最大限度地避免执行工作中可能出现的违规和不法现象,同时有利于激励政府首长改进本级政府的工作方法,创新工作思路,提高政府工作效能。因此,首长负责制是与高效的政策执行相适应的领导体制。

5. 适应社会需求的行政体制改革。对于政策执行而言,政府自身运作效率的高低在很大程度上决定了政策执行的效果。受计划经济体制的影响,我国政府权力渗透到社会生活的各个角落,管了许多政府管不好也不应该管的事务,导致政府机构臃肿、人员膨胀、运转不灵、效率低下。改革开放以后,我国先后进行了六次政府机构改革,取得了较好的效果。一是政府机构得到精简,政府运作成本得到降低,效率有了很大提高。经过改革,国务院所属部门总数由1981年的100个下降到2003年的62个。二是政府职能转变取得较大进展。自1987年我国就提出要转变政府职能,以后的每次政府改革,转变政府职能都是其重要目标之一。经过改革,我国政府职能已经从全能型政府、管理型政府逐步走向有限政府和服务型政府,政府已经从大量的微观事务管理中解脱出来,集中精力履行好经济调节、市场监管、社会管理和公共服务的职能。这种转变不仅使政府决策的内容发生了重大变化,也极大地改变了政府政策执行的方式、手段和效果,政府政策执行的影响变得更广泛和更深远。三是在很大程度上实现了党政分开和政企分开。党政分开使党不再任意干涉政府职责范围的事务,使政府能够独立自主地开展行政活动,并承担相应的责任,极大地提高了政府的积极性和主动性。政企分开使政府不再干预企业内部的生产经营活动，这样政府就能够把更多的时间、资源和精力用于自身职责范围内的事务，从而提高政府效能。四是政府效能得到提高，工作作风得到改善。通过改革，不仅实现了机构精简和职能转变，而且普遍建立了岗位责任制，政府工作人员的工作责任心得到增强；改进了政府的工作方法和技术手段，提高了政府的工作效率；建立了政府绩效评价体系，提高了政府部门和工作人员的绩效水平，同时政府机关的工作作风也得到了较大的改善。

我国的这种相对集中的执行体制并不是要否定执行中的民主。在执行的过程中，为了解决执行中遇到的困难和问题，仍然需要充分发扬民主，以便寻找科学的解决方案。为了保证政策执行不偏离决策的目标，在政策执行的过程中仍然要尽可能地做到公开和透明，以便加强对执行过程的监督。

五　形成地方政府间的有效竞争

在任何一种社会形态下，地方政府之间都会存在着某种形式的竞争，只不过竞争的内容和形式会存在巨大的差异，地方政府间的竞争所产生的社会效应也会显著不同。在计划经济体制下，我国地方政府完全受制于中央政府，省部级和地厅级官员的任命完全由中央政府决定。而且，地方政府不具有独立的财政能力，物资、资金的调拨也完全由中央政府的计划所决定，地方政府的基本职能就是完成国家制订的计划指标。"在这种情况下，上级政府的认可就是地方政府合法性的唯一来源。"[①] 在计划经济条件下，似乎不存在地方政府竞争，但实际上，地方政府间的竞争以另一种形式体现出来，那就是争先恐后地向中央政府"表忠心"，与中央政府保持"高度一致"，即使在有损地方利益的情况下也是如此。比如在20世纪50年代末期，一些地方政府为了完成国家的粮食征订任务，曾出现了大范围的饥荒。改革开放以后，党和政府的工作重心转到经济建设上来，"在对待地方政府工作的评价标准上，'不问绩效、只求与中央保持一致'的标准被'既不与中央相抵触，又能开创地方新局面'的标准所取代"[②]，地方政府间竞争的主要领域也从政治忠诚转向了经济发展。从改革以来我国地方政府经济竞争的根源来

[①] 张淑惠：《转轨时期的政府竞争及其变革趋势》，《现代经济探讨》2007年第1期。
[②] 庞明礼：《地方政府竞争的约束与激励：一个拓展研究》，《中南财经政法大学学报》2007年第5期。

看，地方政府在经济领域的竞争主要源于分权改革下的利益激励和地方官员的绩效晋升机制。

改革开放以后，我国改变了计划经济时期中央政府高度集权的状况，实行了分权化改革。这种经济领域的分权化改革涉及很多领域。何盛明认为："中国的经济改革，不仅是行政性分权的过程，而且是经济分权的过程。中央与地方之间的分权，是行政分权；政府与企业间的分权是经济分权。行政分权，涉及计划管理权、财政管理权、信贷管理权、外贸管理权、外汇管理权、价格管理权、投资管理权、人事管理权等。但是，行政分权的重点是中央政府与地方政府之间的财政关系，因此财政分权是行政分权的重点。"[①] 我国的财政体制改革从 1980 年开始，在 1985 年和 1994 年又经历两次重大调整。1980 年，国家下放了财政管理权力，开始实行"划分收支，分级包干"的"分灶吃饭"体制。经过了 1983 年和 1984 年对国有企业实施的两步"利改税"改革之后，税收已成为政府财政收入的主要形式。于是，中央决定从 1985 年起施行"划分税种，核定收支，分级包干"财政管理体制。这次改革并没有突破"分灶吃饭"的总体框架。1988 年，开始推行财政大包干，进一步强化了对地方政府的激励。但是，这种财政包干改革"包死"了中央财政收入，导致中央财政收入占全国财政收入的比重逐年下降，严重影响了中央的宏观调控能力，并且导致地区差异扩大。于是，在 1994 年，中央实施了分税制财政体制改革。其主要内容是：在划分事权的基础上，划分中央与地方的财政支出范围；按税种划分收入，明确中央与地方的收入范围；分设中央和地方两套税务机构；建立中央对地方的税收返还制度；建立过渡期转移支付制度。不管是财政包干还是分税制，地方的经济发展状况都直接决定了地方政府的财政收入和政府官员所能支配的资源。这样，地方政府与地方经济发展之间就存着巨大的"共容利益"，自身经济利益的激励成为地方政府推动经济发展的强大动力。

地方政府致力于推进地方经济发展的另一个重要原因是地方官员的经济绩效晋升制。"在现行的行政体制中，由于政府官员的工资、地位、成就感及其福利待遇都主要取决于一个人的职位的高低，因此追求职位的升迁也就成为地方政府官员之间竞争的主要目标，职位的晋升是地方政府官员目标函

---

① 何盛明：《中国财政改革 20 年》，中国古籍出版社 1999 年版，第 85 页。

数的集中体现。"① 改革开放以后，官员晋升的依据已经由"文化大革命"时期的意识形态标准转变为经济发展绩效标准。正如周黎安所说："20世纪80年代初实施的领导干部选拔和晋升标准的重大改革使地方官员的晋升和地方经济发展绩效直接挂钩。"② 据一项对部分地（厅）级领导干部的问卷调查显示，在影响职务升迁的具体因素中，"政绩"、"机遇"与"关系"列首选因素的前三位，分别为52.1%、21.5%和18.2%。其他依次是："为人处世的方式"（3.3%）、"经济实力"（2.5%）、"学历"（1.7%）。③ 可见，经济绩效已成为影响官员职务晋升的最主要的因素。

在这样的背景下，不管是为了提高地方政府的财政能力，还是为了赢得晋升的资本，地方政府都会把推动地方经济发展作为首要任务。这必然导致地方政府为了促进经济发展而展开激烈的竞争。地方政府不仅在争取国家投资、项目建设、政策优惠、设立国家级开发区和工业园区等方面展开激烈竞争，而且在引进外资、吸引人才、制度建设等方面展开激烈争夺。"随着对自身长期利益的关心以及外部压力的驱动，地方政府之间的竞争已由最初的争夺原材料（如羊毛大战、棉花大战、烟草大战等）、市场分割、重复建设等原始性竞争，逐步转向市场制度建设、市场环境建设、政府服务质量、市场开放以取得经济互补等高层次竞争，竞争的手段也逐步走向规范化。"④ 为了吸引投资，地方政府采取了一系列措施，从降低土地出让金、给予税收减免、保障产权安全、放任环境污染、容忍恶劣的工作条件等，发展到建设良好的基础设施、公平开放的市场竞争环境、高效优质的政府服务等。在市场经济条件下，商品是自由流动的，资本也是自由流动的。"即在国家的任何一个地区合法生产的产品在国家各地的销售都自动地具有合法性，任何对不同地区生产的产品进行差别待遇都是非法的。"⑤ 这时，资本就可以在一国之内选择最有利的投资场所。影响资本投资地域选择的因素除了接近原料和消

---

① 刘泰洪:《我国地方政府竞争机制：一个制度经济学的分析范式》,《人文杂志》2007年第4期。
② 周黎安:《晋升博弈中的政府官员的激励与合作》,《经济研究》2004年第6期。
③ 谢志强、青连斌:《影响干部职务升迁的主要因素——一项对地（厅）级干部的调查》,《中国行政管理》1999年第2期。
④ 任维德:《地方政府之间的竞争及其竞争力提升》,《内蒙古大学学报》（人文社会科学版）2005年第3期。
⑤ 谢晓波:《经济转型中地方政府竞争与区域经济协调发展》,《浙江社会科学》2004年第3期。

费者之外，投资者还会考虑到交通、电力、通讯、技术、市场环境、社会治安等多方面的因素。地方政府竞争的实质就是为投资者创造一个更好的投资环境。

在这方面，政府管理本身就是一个重要的因素。正如斯蒂格利茨所说："最重要的一种公共产品是政府管理。我们都能从一个好的、有效率的、反应灵敏的政府那里得到好处。……如果政府能够变得更有效率，而且在不降低服务水平前提下能减少税收，那么我们可以取得更多的益处。"① 与此同时，人口也是可以自由流动的，他们会选择自己满意的地方去生活。"当居民不满意这一地方政府提供的公共物品的质量和数量时，居民就可以采取'用脚投票'的方式，离开这一区域而选择公共产品的质量和数量符合其偏好的区域来居住。这样做的直接结果是，每一区域的居民可以通过自由流动而对本地区的公共产品达到满意，从而达到了帕累托最优状态。"② 这实际上能够给地方政府竞争造成极大的压力。但地方政府间的竞争并不是在一个完全公平的平台上展开的，发达地区往往具有更多的优势。以人才竞争为例，"20年间，新疆流失各类人才达21万，其中高级教师、学术带头人、技术创新骨干有10万多人"。"90年代中后期，甘肃外流了40%的高级专业技术人员、科研骨干与教学骨干。"③ 人才的大量流失给落后地区的社会经济发展带来了更大的困难。

虽然地方政府间竞争并不必然带来对社会发展有利的结果，甚至地方政府间的不当竞争（比如地方保护主义、重复建设、放任环境污染等），对于经济社会的发展有着极大的负面影响，但随着国家对地方政府竞争方式的规范，地方政府间的竞争对于发挥地方政府的积极性和主动性，提高政府行为的有效性发挥了极为重要的作用。

六 促进市场和市民社会功能的有效发挥

政府行为的有效性并不仅仅体现在政府的决策科学、执行有力和效能提高，更体现在政府有力地促进了市场的发育和市场功能的发挥，保障了公民的权利和自主，激发了社会的活力。三十年的改革历程，既是一个逐步走向

---

① ［美］约瑟夫·斯蒂格利茨：《政府经济学》，春秋出版社1998年版，第135页。
② Tiebout, "A Pure Theory of Local Expenditures", *Journal of Political Economy*, 1956, (64).
③ 赵丽敏、赵文波：《对西部地区人才流失的深层思考》，《经济师》2001年第10期。

市场化的过程，是一个公民民主权利日益得到保障和受到尊重的过程，也是一个社会组织快速发展的过程。由于政府能力的有限性和政府行为方式的自身局限性，仅仅依靠政府自身难以实现有效的社会治理，政府还必须高度重视并保障市场和社会功能的发挥，才能够更好地满足社会发展的需求，并借此增强政府活动的社会效果，提高政府行为的有效性。我国政府在发挥市场和社会功能方面主要作了以下工作。

1. 市场的培育和市场功能的发挥。在计划经济体制下，市场被认为具有资本主义属性而遭到排斥。计划经济以行政垄断代替市场竞争，否定市场机制和价值规律，给社会经济发展带来了严重损害。改革开放以来，我国逐步引入市场机制，市场在社会经济发展中的作用也日益突出。1979年4月在中央工作会议上，李先念提出，国民经济要"以计划经济为主，同时充分重视市场调节辅助作用"[①]。1979年11月26日，邓小平在接见美国不列颠百科全书出版公司编委会副主席吉布尼等国际友人时首次提出社会主义可以搞市场经济的观点。他说："说市场经济只限于资本主义社会，只有资本主义的市场经济，这肯定是不正确的。……市场经济，在封建社会时期就有了萌芽。社会主义也可以搞市场经济。"[②] 1982年9月，党的十二大报告中提出了实行"计划经济为主、市场调节为辅"的经济管理原则，认为"正确贯彻计划经济为主、市场调节为辅的原则，是经济体制改革中的一个根本性的问题。我们要正确划分指令性计划、指导性计划和市场调节各自的范围和界限"。1984年10月，党的十二届三中全会通过的《中共中央关于经济体制改革的决定》中明确提出了社会主义有计划商品经济理论。1985年9月，《中共中央关于制定国民经济和社会发展第七个五年计划的建议》中提出："进一步发展社会主义的有计划的商品市场，逐步完善市场体系"，"国家对企业的管理逐步由直接控制为主转向间接控制为主，主要运用经济手段和法律手段，并采取必要的行政手段，来控制和调节经济运行"。[③] 1987年10月，党的十三大报告对有计划商品经济理论进行了新的概括，指出："社会主义有计划商品经济的体制，应该是计划与市场内在统一的体制。必须把计划工作建立在商品交换和价值规律的基础上。计划和市场的作用范围都是覆盖全

[①]《三中全会以来重要文献选编》上，人民出版社1982年版，第141页。
[②]《邓小平文选》第2卷，人民出版社1994年版，第236页。
[③]《十二大以来重要文献选编》，人民出版社1986年版，第821页。

社会的。新的经济运行机制,总体上说应当是国家调节市场,市场引导企业的机制。"①

1988年,为了治理通货膨胀,中央加强了计划管理。1990年12月,《中共中央关于制定国民经济社会发展十年规划和"八五"计划的建议》强调"计划经济与市场调节相结合","计划的调节重于市场调节",重新强调了计划经济,反市场的思潮有所反弹。为了不使改革走回头路,邓小平于1992年1月至2月,在武昌、深圳、珠海、上海等地发表了一系列谈话。他说:"计划多一点还是市场多一点,不是社会主义与资本主义的本质区别。计划经济不等于社会主义,资本主义也有计划;市场经济不等于资本主义,社会主义也有市场。计划和市场都是手段。"②"应该主要看是否有利于发展社会主义社会的生产力,是否有利于增强社会主义国家的综合国力,是否有利于提高人民的生活水平。"③ 1992年10月,党的十四大郑重提出了"我国经济体制改革的目标是建立社会主义市场经济体制,……就是要使市场在社会主义国家宏观调控下对资源配置起基础性作用"。1997年9月,党的十五大重申"坚持和完善社会主义市场经济体制,使市场在国家宏观调控下对资源配置起基础性作用"。2002年11月,党的十六大报告提出要"在更大程度上发挥市场在资源配置中的基础性作用"。2007年10月,党的十七大报告强调"要深化对社会主义市场经济规律的认识,从制度上更好发挥市场在资源配置中的基础性作用"。

随着党和政府对计划与市场关系的认识的深入,政府对市场的干预逐步减少。同时,随着外商投资的增多和个体私营经济的发展,市场在国家计划管理之外逐步发育起来,并形成了国家定价之外的市场价格,我国的价格双轨制逐步形成。此后,国家逐步减少对商品价格的控制。到1990年,社会全部产品和服务的价值总额中,国家定价仅占25%,其余75%为国家指导价格和市场定价。在工业生产方面,国家的指令性计划产品的品种,由1984年的123种减至1988年的50种;同期,国务院各专业部门的指令性计划产品品种由1900多种减至380种。在工业产品流通方面,计划分配的重要物资占其生产量的比重大幅下降:煤炭由1980年的57.9%降至1988年的

---

① 《十三大以来重要文献选编》,人民出版社1991年版,第26页。
② 《邓小平文选》第3卷,人民出版社1993年版,第373页。
③ 同上书,第372页。

42.7%；钢材由 76.9% 降至 49.2%；木材由 36.96% 降至 12.6%。[①] 1993 年，我国政府决定取消价格双轨制，除极少数关系国计民生的商品之外，一律由市场定价，较为完善的商品市场最终形成。与此同时，我国政府培育并不断完善了人力资源市场、技术市场、资本市场、原材料市场等，加快了市场立法和市场规则的建立，公平有效的市场体系正在逐步形成。

2. 非营利组织的培育与发展。改革开放后人们社会生活的最大变化就是个人获得了一定程度的自主和选择自由。在农村，随着联产承包责任制的推行，农民获得生产的自主权和剩余产品的占有权。在城市，不仅企业获得了某种程度的生产自主权，而且随着国家允许个体经济的发展，人们有了更多的就业自由。1979 年 1 月，中共中央作出了《关于地主、富农分子摘帽问题和地、富子女成分问题的决定》，结束了历史遗留下来的人们身份的不平等。随着经济的发展和公民权利意识的增强，社会的利益分化趋势也日益明显，人们越来越需要通过某种形式维护本行业、本地区、本民族的利益和处理某种共同关心的社会事务，于是，各种社会组织应运而生。这种社会组织通常称为非营利组织、非政府组织、第三部门等，业务范围涉及科技、教育、文化、卫生、劳动、民政、体育、环境保护、法律服务、社会中介服务、工商服务、农村专业经济等社会生活的各个领域，为社会公众提供着各种各样的社会服务，既是党和政府联系人民群众的桥梁和纽带，也是推动经济发展和社会进步的重要力量。可以说，非营利组织的发展状况体现了市民社会的发展水平，是一个社会文明、进步、繁荣的重要标志。在计划经济时期，这些社会服务一般由官办的事业单位来提供。这些组织的人员、经费以及活动的开展都由政府决定，完全失去了社会组织的社会性、民间性的特征，因此，可以将这些组织称为群众的伪组织状态。

改革开放以后，我国政府采取多种措施促进非营利组织的健康发展，不仅从财政上加以扶持，而且从政策上加以鼓励。同时，政府加强了对社会组织的规范和管理，使之既拥有相对宽松的发展环境，又具有有效的约束机制，确保非营利组织的健康发展。为了保障公民的结社自由，维护社会团体和民办非企业单位的合法权益，加强对社会团体的登记管理，1998 年 10 月

[①] 姚会元：《中国模式的市场经济体制改革进程与市场经济发育水平》，《中南财经政法大学学报》2005 年第 3 期。

25 日，国务院发布了《社会团体登记管理条例》和《民办非企业单位登记管理暂行条例》。1999 年 4 月 16 日，国家税务总局印发了《事业单位、社会团体、民办非企业单位企业所得税征收管理办法》。同年 12 月 28 日民政部颁布了《民办非企业单位登记暂行办法》。为了鼓励科技类民办非企业的发展，2000 年 5 月 24 日，民政部发布了《科技类民办非企业单位登记审查与管理暂行办法》。为了加强对社会团体分支机构、代表机构的管理，2001 年 7 月 30 日，民政部出台了《社会团体分支机构、代表机构登记办法》。2003 年 7 月 30 日，民政部、财政部发布的《民政部、财政部关于调整社会团体会费政策等有关问题的通知》提出：国务院和省、自治区、直辖市民政、财政部门不再核定统一的社会团体会费标准，社会团体会费不属于政府收入，可以不纳入国家收支两条线管理范围。该通知自 2003 年 8 月 1 日起施行，1992 年发布的《民政部、财政部关于社会团体收取会费的通知》同时废止。2004 年 3 月 8 日，国务院出台了《基金会管理条例》，自 2004 年 6 月 1 日起施行。1988 年 9 月国务院发布的《基金会管理办法》同时废止。为了规范中央财政农民专业合作组织发展资金管理，提高资金使用效益，2004 年 7 月 16 日，财政部制定并发布了《中央财政农民专业合作组织发展资金管理暂行办法》。为促进民办非企业单位健康发展，保障民办非企业单位的合法权益，加强对民办非企业单位的规范管理，2005 年 3 月 29 日民政部出台了《民办非企业单位年度检查办法》，自 2005 年 6 月 1 日起施行。2007 年 5 月 13 日，国务院办公厅发出了《国务院办公厅关于加快推进行业协会商会改革和发展的若干意见》，提出通过积极拓展行业协会的职能、大力推进行业协会的体制机制改革、加强行业协会的自身建设和规范管理等措施推进行业协会改革，并通过落实社会保障制度，完善税收政策，建立健全法律法规体系，加强和改进工作指导等途径促进行业协会发展。为改进和加强社会团体登记管理有关工作，2007 年 9 月 12 日，民政部发出了《民政部关于社会团体登记管理有关问题的通知》。2008 年 8 月 29 日，国家发改委、国务院纠风办、民政部等九部门联合发布了《关于规范行业协会、市场中介组织服务和收费行为专项治理工作的实施意见》，加强了对行业协会、市场中介组织的服务和收费行为的治理。

在国家政策扶持和有效规范下，我国非营利组织得到了快速的发展。截至 2007 年底，全国共有社会组织 38.7 万个，比上年增长 9.3%；吸纳社会各类人员就业 456.9 万人，比上年增长 7.4%；形成固定资产总值 682 亿元，比上年增长 61.2%；收入合计 1343.6 亿元，比上年增长 111.3%；各类费用支出 900.2 亿元，比上年增长 99.9%；2007 年社会组织增加值为 307.6 亿元，比上年增长 173.9%，占服务业的比重为 0.32%。① 全国的社会团体从 1988 年的 4446 个发展到 2007 年的 21.2 万个；民办非企业单位从 1999 年的 5901 个发展到 2007 年的 17.4 万个；基金会从 2003 年的 954 个发展到 2007 年的 1340 个。② 随着非营利组织的数量的增长和能力的提高，其在提供公共服务、满足人民多方面的需求、推进社会的和谐与进步等方面发挥着越来越大的作用。

3. 基层群众自治组织的兴起与发展。基层群众自治是指人民群众在其居住的基层区域内进行自我管理、自我教育、自我服务的一种自治形式。在我国主要有城市中的（社区）居民委员会和农村中的村民委员会两种形式。城市中的居民委员会成立较早，1954 年 12 月 31 日，全国人民代表大会常务委员会就通过了《城市居民委员会组织条例》，规定"居民委员会是群众自治性的居民自治组织"。这表明，中国共产党并没有放弃马克思、恩格斯的"社会自治"的理论。但在计划经济时期，特别是在 1958 年人民公社体制建立起来之后，城市居民的自治权利并没有得到重视。改革开放以后，居民委员会逐步回归其自治性特征。1989 年 12 月 26 日，七届全国人民代表大会常务委员会第十一次会议通过了《中华人民共和国城市居民委员会组织法》，于 1990 年 1 月 1 日起施行。该法第二条规定："居民委员会是居民自我管理、自我教育、自我服务的基层群众性自治组织。"

农村村民自治是人民公社制度解体后在农村社区逐步建立起来的。1980 年初，在广西宜州市屏南乡合寨村果作屯，村民们自发民主选举产生了中国第一个村民委员会。与此同时，四川、河南、山东等省的一些农村也陆续出现了类似的村民组织。1982 年宪法首次确认了村民自治制度的法律地位，明确规定："村民委员会是我国农村基层群众自治组织。"1987 年 11 月 24 日，

---

① 资料来源：《2007 年民政事业发展统计报告》（社会组织部分），中国社会组织网（http://www.chinanpo.gov.cn/web/showBulltetin.do?id=30672&dictionid=2201&catid=）。

② 资料来源：《民间组织历年统计数据》，中国社会组织网（http://www.chinanpo.gov.cn/web/showBulltetin.do?id=20151&dictionid=2201&catid=），《2007 年民政事业发展统计报告》（社会组织部分），中国社会组织网（http://www.chinanpo.gov.cn/web/showBulltetin.do?id=30672&dictionid=2201&catid=）。

六届全国人大常委会第二十三次会议审议通过了《中华人民共和国村民委员会组织法（试行）》，于 1988 年 6 月 1 起施行。自此，农村村民自治走向法制化的道路。1998 年 11 月 4 日，九届全国人大常务委员会第五次会议通过了正式的《中华人民共和国村民委员会组织法》，即日起施行。此后，各省、自治区、直辖市结合本地实际情况，纷纷制定出台了配套的村委会组织法实施办法和村委会选举办法。在实践中，村民自治的内容被提炼概括为"民主选举、民主决策、民主管理、民主监督"。党的十五大第一次把这"四个民主"的内容写进了政治报告。2004 年中共中央办公厅、国务院办公厅在其下发的《关于健全和完善村务公开和民主管理制度的意见》中提出，要"进一步健全村务公开制度，保障农民的知情权；进一步规范民主决策机制，保障农民群众的决策权；进一步完善民主管理制度，保障农民群众的参与权；进一步强化村务管理的监督制约机制，保障农民群众的监督权"。在村民自治实践中，保障农民的选举权、知情权、决策权、参与权和监督权得到了高度重视，并成为村民自治工作的重心。2006 年 2 月，胡锦涛总书记在省部级主要领导干部建设社会主义新农村专题研讨班的讲话中指出，扩大农村基层民主，搞好村民自治，健全村务公开制度，确保广大农民群众依法行使当家做主的权利是当前和今后一个时期建设社会主义新农村要注意抓好的工作之一。

可以看出，改革开放以后，基层群众自治制度的建设和完善得到了党和政府的高度重视。基层群众自治的广泛实践不仅极大地提高了基层群众的自主意识和自治能力，为今后政治民主和社会民主的深入发展提供了条件，而且使政府从琐碎的社会事务管理中解脱出来，对于降低政府的社会管理成本，融洽政府与人民群众的关系，维护基层社会的稳定与秩序发挥了重要的作用。

第五章
中国政府管理的有效性不足及其原因分析

计划经济实践的失败和"文化大革命"的严重破坏，使我国政府面临着严峻的政治、经济和社会形势，加快我国的社会经济发展、重建民众对政府的信心成为改革初期政府面临的艰巨任务。但是，走向改革开放的中国却处于一个充满激烈竞争和风险的国际和国内环境中。一方面，不仅我国的教育、科技和管理水平远远落后于西方发达国家，而且整个社会经济体制都还处于僵化的政府管制和极左观念的束缚之下；另一方面，西方国家已经完成了工业化进程，正在走向信息化的后工业时代，而我国还处于工业化初期，同时面临着以信息技术为核心的新技术革命的冲击。这决定了我国的改革进程必将处于激烈的国际竞争环境中，同时又面临着不断累积的工业风险和社会风险。在这种情况下，政府通过推进稳健的改革措施，通过对政治、经济和社会生活各领域的渐进式改革，在保持社会稳定的前提下实现了经济快速发展、社会全面进步的良好效果，堪称世界社会发展史上的奇迹。在这一过程中，政府能够根据社会发展的现实需要及时出台相关的改革措施，不断改进政府的管理水平和服务能力，成为社会发展的重要推动力量。可以说，没有政府的有效作为就不会有改革开放的成功。但是，这并不意味着我国的政府管理是完美无瑕、无可挑剔的。相反，由于受到计划经济管理思想和中国传统集权管理思想的不利影响，加上我国社会变革本身的复杂性和政府认识水平、管理水平的有限性，政府在推进社会变革的进程中也有不少失误和不足，政府的管理活动也存在着有效性不足的问题。分析我国政府有效性不足的原因，采取措施提高政府有效性是进一步推进改革进程的现实要求。

第一节 中国政府有效性不足的体现

在现代社会，政府不仅有义务保持社会稳定，维持社会生存，同时也是社会发展和进步的重要动力；既是社会秩序的稳定器，也是社会发展的引导者和推动者。可以说，伴随着科技的发展和社会的进步，政府的功能不是越来越无关紧要，而是越来越成为社会发展的关键因素。但对于社会发展而言，政府的功能是把双刃剑。诺斯指出："国家的存在是经济增长的关键，然而国家又是人为经济衰退的根源，这一悖论使国家成为经济史研究的核心。"[①] 如果政府能够合理地确定自身的角色，在社会发展中发挥适当而有效的功能，它便能够成为社会发展的强大动力，从而也能获得民众的信赖和支持。但如果政府没有履行其应有的职责，或者行使职能的方式不当，或者干预了其不该插手的事务，都会对社会发展的进程造成不利的影响。然而，准确地界定政府的职能范围，合理地确定政府的行为方式，却并不是一件容易的事，因为这要综合考虑社会事务的性质和社会环境因素的状况。在不同的国家和不同的历史时期，政府应该承担的职能和政府履行职能的合适的方式会有所不同，尽管也存在着大量的相似之处。随着实践的发展和人们认识的深入，人们对政府角色的认识也会更为科学。虽然这种认识的进程可能是永无止境的，但判断这种认识的合理性的标准却只能是政府有效性，也就是看政府的角色和功能是否能够最有效地推进社会的发展和进步。改革开放以来，政府通过自身职能的调整，制定和实施了一系列适应社会经济发展要求的法律、政策和措施，取得了举世瞩目的发展成就，体现了政府行为的有效性。但在中国社会变革的进程中，也存在着政府有效性不足的问题，在一定程度上制约了政府功能的有效发挥。当代中国政府的有效性不足主要体现在以下几个方面。

一 政府决策的理性化程度较低

改革开放以来，我国改变了计划经济时期高度集权的决策方式，采用了

[①] ［美］道格拉斯·C. 诺斯：《经济史中的结构与变迁》，陈郁等译，上海三联书店、上海人民出版社1994年版，第20页。

分权和探索性的决策方式,并随着实践的深入逐步改进和完善决策。与此同时,注重建立广泛的决策参与机制,在很大程度上确保了决策的科学性和可行性,走出了一条渐进式的改革道路。但是,由于受到计划经济体制下决策方式和中国传统官僚决策模式的影响,加上民主科学的决策体系还没有真正建立起来,中国政府决策的理性化程度还相对较低,决策的失误仍然较多,给我国的改革开放事业带来了一些不利影响。

(一) 政府决策的失误较多

和个人决策一样,政府决策也会面临理性有限性的制约。一方面,政府决策者也是人,自然也存在着理性缺陷;另一方面,政府决策所要解决的公共问题通常比个人决策的事务要更复杂,影响因素更多,需要掌握的信息更多,所要求的决策技能也更高,因此,决策失误的可能性更大。同时,由于政府公共决策会对整个社会产生广泛而深远的影响,一旦发生失误,造成的后果将非常严重。因此,人们对政府决策的质量要求和期望也会更高。在我国这个超大社会的改革进程中,所面临的问题通常是前所未有的,在社会转轨过程中所面临的矛盾和冲突也异常复杂,这进一步增大了政府决策失误的可能性。但是,决策问题的复杂性并不是导致我国政府决策失误的首要原因,政府决策体系的民主化、科学化程度不高,政府决策的价值取向偏差等原因导致的政府决策失误不仅数量更多而且后果更严重。

以我国医疗卫生体制改革为例,改革的结果使绝大多数老百姓,特别是农民,越来越看不起病。农村联产承包责任制推广之后,计划经济时期建立在集体经济基础上的农村合作医疗失去了赖以生存的基础,乡村合作诊所逐步被私人诊所所取代,农民就医变成了完全自费。与此同时,为了提高城镇医疗单位的工作效率和积极性,1981年卫生部下发了《关于加强卫生机构经济管理的意见》,将新中国成立后就开始实施的"全额管理、差额补助"的医院财务管理办法改为"全额管理、定额补助、结余留用"的新办法,鼓励医院节约开支和增加收入。1985年,国家开始允许医疗机构对某些新的服务和高新技术实行按成本定价,既造成了各医院竞相购买高新设备,也极大地增加了医院的高新技术服务的收益,改善了医院的收入状况。从1989年起,国家对医院采取了类似企业改革的措施,除了对医院实行定额投入之外,政府不再弥补医院的亏损。同时,国家赋予医院更多的收入自主权,除了可以在销售药品时加价15%—20%之外,还允许医院通过各种形式的服务进行创收，而且，医院的收入可以与职工收入和福利挂钩，这就进一步增强了医院的营利性质。

1992年6月16日，中共中央、国务院发布了《关于加快发展第三产业的决定》，把文化卫生事业作为重点发展的第三产业之一，并要求现有的大部分福利型、公益型和事业型第三产业单位要逐步向经营型转变，实行企业化管理；第三产业的大部分价格和服务收费标准要放开，分别情况实行浮动定价、同行议价或自行定价，以形成合理的比价关系。① 在1993年全国卫生工作会议上，陈敏章部长提出，卫生改革与发展要主动适应社会主义市场经济的需要，改革和完善投入机制，调整投入结构，提高卫生资源的综合效益；进一步理顺和改革医疗卫生服务的价格体制，基本医疗服务逐步实行按成本收费，特殊医疗服务项目逐步放开价格；在收入分配方面，医疗卫生单位可以在工资总额内选择适合本单位的具体分配方式，根据职工的技术水平、劳动质量和实际贡献，自主决定工资、奖金的分配档次，并对本单位职工晋级增薪或降级减薪等。② 这就进一步明确了医疗改革的企业化方向，增强了医院的赢利动机。人民群众看病难、看病贵的现象日益严重。为了扭转这种状况，1997年1月15日，中共中央、国务院作出了《中共中央、国务院关于卫生改革与发展的决定》，认为卫生事业是政府实行一定福利政策的社会公益事业，公立卫生机构是非营利性公益事业单位，并要求防止医疗机构片面追求经济收益而忽视社会效益的倾向。《决定》要求，在城镇建立社会统筹与个人账户相结合的医疗保险制度，保障费用由国家、用人单位和职工个人三方合理负担；在农村积极稳妥地发展和完善合作医疗制度，筹资以个人投入为主，集体扶持，政府适当支持。③ 但由于没有改变医疗机构的营利性质，医疗费用仍然快速上涨。"2003年的平均门诊费用和住院费用分别为108.2元与3910.7元，对比1996年，7年间分别增长了2倍和1.8倍。1998年全国卫生服务调查显示，37%的患

---

① 《中共中央、国务院关于加快发展第三产业的决定》，人民网（http：//www.people.com.cn/item/flfgk/gwyfg/1992/112206199231.html）。
② 《深化卫生改革，加快卫生发展——陈敏章部长在1993年全国卫生工作会议上的报告》，《中国医院管理》1993年第3期。
③ 《中共中央、国务院关于卫生改革与发展的决定》，人民网（http：//www.people.com.cn/item/flfgk/gwyfg/1997/112708199730.html）。

病农民应就诊而未就诊，65%的患病农民应住院而未住院。"[1] 同时，由于农村合作医疗以个人投入为主，参加合作医疗的农民比例很低。2003年SARS事件的爆发，凸显了我国公共卫生体系建设的薄弱，同时也使我国政府重新审视二十多年来医疗体制改革中存在的问题，逐步明确了公共医疗机构的公益性质。此后，我国逐步增加了公共卫生领域的财政投入，并明确了医疗机构改革的非营利方向，为实现"人人享有基本医疗保障"的目标迈出了正确的步伐。

在市场经济体制下，提供公共服务，创造公平竞争的环境是政府义不容辞的职责。公共卫生服务和义务教育一样是公共物品，具有极强的正外部性，同时，确保公民享有基本医疗保障也与公民享有义务教育一样，对于维护市场竞争的基本公平具有极为重要的价值，因此，提供基本医疗保障既是政府的神圣职责，也是确保市场经济有效运行的一个基础条件。而从我国的医疗体制改革历程来看，政府却为了降低自己的财政负担，把医疗机构推向了营利的方向。医疗机构确需改革，改革的目标既要提高效率、增强活力，又要满足民众的就医需要，使民众有能力享有公平、方便、优质的医疗服务。然而，实际的改革却走上了相反的方向，直到2003年以后才逐步走上正确的道路。

在其他领域，比如政府的投资决策、产业政策、科技政策等领域，也存在着较多的失误。据统计，在"七五"到"九五"期间，我国的政策失误率高达30%，资金浪费4000亿—5000亿元，远远高于发达国家平均水平的5%左右。[2]

（二）有些改革被利益集团俘获

公平竞争是市场机制发挥功能的关键，然而，公平的市场竞争环境却不会自动形成，不正当竞争行为和市场垄断行为会严重破坏市场公平竞争的基础。因此，在市场经济体制下，创造和维护公平的市场竞争秩序是政府责无旁贷的职责。政府需要通过建立市场竞争规则，加强市场监管，防止市场垄断等方式创造良好的市场秩序和公平的竞争环境。1992年我国确立经济体制改革的市场经济方向之后，加快了市场体系和市场规则的建设进程。2007年

---

[1] 赖伟：《医疗改革三十年》，《中国医院管理》2008年第11期。
[2] 竹立家：《政府管理改革的几个切入点》，《学习时报》2006年3月13日第5版。

8月30日，第十届全国人民代表大会常务委员会第二十九次会议通过了《中华人民共和国反垄断法》，为建立公平的市场竞争秩序迈出了新的步伐。但是，行政垄断性行业的改革步伐缓慢，比如，各城市的供电、供水、供暖、供气等行业普遍存在着低效和暴利。就全国来说，石化、电信、供电等领域的寡头垄断也是我国汽油价格高昂、电信资费昂贵的重要原因。由于缺乏竞争，民众的不满并不能成为这些行业降低成本、改善服务的动力。1997年12月29日，第八届全国人民代表大会常务委员会第二十九次会议通过的《中华人民共和国价格法》规定，制定关系群众切身利益的公用事业价格、公益性服务价格、自然垄断经营的商品价格等政府指导价、政府定价，应当建立听证会制度，由政府价格主管部门主持，征求消费者、经营者和有关方面的意见，论证其必要性、可行性。但从我国价格听证会的实践来看，价格听证会纷纷演变为"涨价听证会"，民众的反对意见基本上不能发挥作用。正如勒帕日所指出的，一旦垄断被合法化并"被套上'公共服务'的光环，那就不管它是国家垄断，还是政府监护下的私人垄断，它实际上会获得永恒的生命，即使它在经济上已经不是再合理的了"[①]。由于政府与这些垄断性行业存在着利益上的一致性，政府在制定行政垄断性行业的价格时主要考虑的是行业的利润和收益，政府针对垄断性行业的改革举措大多被这些垄断性企业所左右。

（三）对新旧体制下所形成的社会不公现象的改革严重滞后

社会公平既是社会主义制度的本质要求，也是市场经济有效运行的重要基础。在计划经济体制下，由于对社会经济发展规律的认识出现了偏差，我国曾长期实行向工业特别是重工业倾斜的政策，体现为重工轻农、重城轻乡。这种政策导向的结果就是逐步形成了严重的城乡差别。改革开放以后，在经济改革和对外开放方面，我国采取了梯次发展战略，即先沿海、后内地，先东部、后西部的发展思路，并给予了不同的政策倾斜。这对于启动经济改革、探索改革道路是极为重要的，但却又形成了东西部之间较大的发展差距。在社会管理方面，不论是就业、教育，还是在社会救济、养老和医疗保障方面，至今仍存在着计划经济时期所形成的因地域、户口、身份的不同而存在的不平等。

---

① [法] 亨利·勒帕日：《美国新自由主义经济学》，北京大学出版社1985年版，第173页。

以户籍制度为例,新中国成立后,为了维护社会治安,清除国民党残余势力,打击敌对势力的破坏活动,我国建立了人口登记制度。为了加强城市管理,维护城市的生产和生活秩序,1951年7月16日,公安部发布了《城市户口管理暂行条例》。针对随着农民向城市迁移的增多给城市就业和社会稳定带来的压力,1953年4月17日,国务院发布《关于劝阻农民盲目流入城市的指示》。虽然在1954年我国第一部宪法中仍明文规定了我国居民享有"居住和迁徙的自由",但实际上,政府的政策却旨在阻止人们的迁徙行为,使人们安定下来。1957年12月18日,中共中央、国务院发布了《关于制止农村人口盲目外流的指示》。1958年1月9日,毛泽东签署了由第一届全国人大常委会第九十一次会议通过的《中华人民共和国户口登记条例》,从常住、暂住、出生、死亡、迁出、迁入、变更等七个方面重新确立严厉的户口管制,以法律形式严格限制农民进入城市。条例明确规定,公民由农村迁往城市必须持有城市劳动部门的录用证明、学校的录用证明,或者城市户口登记机关的准予迁入的证明,向常住户口登记机关申请办理迁出手续,并限制城市间人口流动。居民的"居住和迁徙的自由"已不复存在。虽然这种严格的户籍管制为实施加快城市工业发展的倾斜发展战略提供了条件,但这是建立在对农民不公正待遇的基础之上的。

随后,我国逐步建立起城乡分割的二元经济和社会结构,城市和农村居民在就业、社会福利和社会保障等方面均享有不同的权利,而且大、中、小城市的居民在各种社会福利待遇方面也存在着较大差异。改革开放之后,随着区域发展差距的扩大,城乡差别、地区差别更为严重。这就意味着具有不同户籍的人所享有的福利待遇的差别更大了。这时,处于农村地区和落后地区的民众的迁移动机就变得更为强烈。在这种情况下,我国的户籍制度实际上陷入了两难困境。一方面,户籍制度的不公正越来越明显,是造成城乡差距、地区差距的重要根源,如果不改革,后果也将越来越严重;另一方面,随着城乡差距、地区差距的扩大,放开户籍管制又可能造成严重的社会动荡。改革面临着风险,而不改革又会使将来的改革风险更大。

为了保持社会的稳定,我国对户籍制度改革始终持一种非常谨慎的态度。1982年5月12日,国务院发布的《城市流浪乞讨人员收容遣送条例》,强制把没有办理暂住证,或者超过暂住期限的人送回农村。随着市场化改革的推进，物质、人员、资本的社会流动越来越频繁，计划经济时期建立的严格的户籍管理变得越来越不适应，人口流动已成为不可阻挡的趋势。2003年6月20日，国务院颁布施行了《城市生活无着的流浪乞讨人员救助管理办法》，同时废止了《城市流浪乞讨人员收容遣送条例》。虽然人口流动已经放开，但户籍管制依然严厉，依附于户籍上的就业、医疗、教育、住房、社会保障等方面的社会不平等仍然存在。农民工进城后却不能获得城市户口，从而子女不能就近上学，无权购买城市的经济适用房，各种社会保障也无法享受。由于在高校招生名额分配上的不公平，拥有北京、上海、天津、海南、新疆等省、市、自治区户口的孩子更容易考上大学。但政府不但不去着手解决这种高考的不公平问题，反而严格禁止高考移民，极力维持这种高考招生的不公平。

二 政策执行低效

我国是一个具有集权传统的单一制国家，地方政府服从中央政府，下级政府服从上级政府是政府体系的一项基本的组织原则，这对于保障上级政府的决策、指示和命令的落实发挥了重要功能。但这种体制的不足在于，上级政府对决策问题缺乏全面真实的了解，容易造成决策失误；集权的决策体制使得决策的效率很低；地方政府缺乏制定政策的权力，不能够根据环境的变化及时采取措施，使得政策难以适应地方的需要，也挫伤了地方政府的积极性和主动性。改革开放以后，随着地方分权式改革的推进，地方政府特别是省级政府享有了较大的地方决策权。这对于提高地方政府的积极性，提高决策的效率和质量都产生了较好的影响。但与此同时，也带来了另外一些问题，比如地方政府的决策权和变通权可能会使中央政策在执行时走样或失效。总的来说，改革以来，我国的政策绩效得到了明显改善，政府执行政策的能力和效率也得到了极大的提高。但不容否认的是，政策执行低效的现象仍然较为普遍。

托马斯·史密斯曾经指出，在政策执行过程中有四个因素至关重要，即理想化的政策、政策环境、目标群体和执行机构。"具体地说，政策的形式、类型、渊源、范围及受支持度、社会对政策的印象；执行机关的结构和人员，主管领导的方式和技巧，执行的能力和信心；目标群体的组织和制度化程度，接受领导的情形以及先前的政策经验；文化、社会经济与政策环境的不同,凡此等等均是政策执行过程中影响其成败所需考虑和认定的因素。"[①]可见,政策执行低效的原因是多方面的。在我国,导致政策执行低效的原因主要有以下几个方面。

首先,政策质量不高导致政策难以执行。公共政策是为了解决社会问题而制定出来的,它必须与现实的社会问题相结合,其政策措施既要具有科学性,又要符合当地的实际,具有现实可行性。政策质量不高就会因为政策措施与解决社会问题的要求不相符合,或者缺乏必要的技术条件和资源条件,而导致政策无效和无法实施。比如,在1993年我国各地兴起了一股兴办开发区的热潮,各种国家级、省级、市级、县级开发区遍地开花,甚至一些乡镇也办起了开发区。但在这场兴办开发区的热潮中,地方政府没有充分考虑到社会投资能力,结果大多数开发区并没有吸引来什么投资,反而使地方政府背上了沉重的债务。

其次,政策执行主体是政策执行低效的另一个原因,也是最主要的原因。政策执行实际上就是政策执行主体对政策措施加以落实的过程。政策执行主体的能力,所拥有的用于政策执行的资源,政策执行主体执行政策的意愿等都会对政策执行造成重大影响。政策执行主体所执行的政策一般都比较原则,比较笼统,需要执行主体深刻理解政策的精神实质,并能够根据现实环境具体加以适用。因此,政策执行主体同样需要具有分析问题和作出决断的能力。在落实政策的过程中,政策执行主体还要做好与政策目标群体间的沟通和协调,争取获得目标群体的支持。另外,政策的落实是一个需要耗费大量人力、物力的工作,因此,政策执行主体是否拥有足够的资源也是影响政策执行效果的一个重要原因。比如,在"普及九年义务教育"政策的落实过程中,中西部的许多地方就因为财政能力差而难以满足"普九"的要求。虽然政策执行主体的能力和资源是执行低效的重要原因,但更重要的原因却来自政策执行主体的主观意愿。当政策的内容与政策执行主体的主观意愿不完全一致,政策执行主体就会通过各种方式对政策执行过程加以扭曲,通过使政策执行发生偏差来满足政策执行主体的需求。周国雄将我国政策执行主体主观意愿造成的执行偏差归纳为五种类型:政策附加、政策替代、政策残

[①] Thomas B. Smith, "The policy implementation process", *policy sciences*, Vol. 4, No. 2, 1973, pp. 203 – 205.

缺、政策敷衍和政策截留。① 政策附加是指政策执行主体在执行上级政策的过程中,人为附加了不恰当的内容,使政策的调整对象、范围、力度、目标超越了原政策的要求,影响了原政策精神的忠实表达。② 政策替代就是用地方政策去替代上级政策,表面上是执行上级政策,实际上与上级政策的目标和宗旨背道而驰。政策残缺是指政策执行主体从自身利益出发选择性地执行上级的政策,有利的就执行,没有利的就不执行。政策敷衍是指在执行的过程中只做表面文章,不采取实行行动。政策截留就是当上级政策不利于政策执行主体的利益时,政策执行主体采取不宣传更不落实的抵制策略,从而使政策失效。宁国良则将我国政策执行偏差概括为:象征式政策执行、附加式政策执行、选择式政策执行、替代式政策执行、观潮式政策执行、照搬式政策执行等六种形态。③ 另外,政府的内部管理制度也可能导致政策执行出现偏差。比如,"一票否决制"的干部目标管理责任制的实施,容易导致执行行为中的粗暴执行和机械执行。干部交流制度容易干扰地方官员的责任心,导致官员在政策执行中的短期行为。④

最后,政策目标群体对政策的抵制也是导致政策执行低效的一个原因。公共政策实质上是对社会价值的权威性分配,这种分配的过程很难使每个人都感到满意。有些政策的制定和实施可能并不是出于保护和增进公共利益,而是为了谋取政府自身的利益。这样的公共政策的制定和实施必然遭到民众的抵制和反对。另一种情况是,政府的政策也可能并不违背民众的利益,但民众对政策的目标或措施存在着某种误解,或者政策执行方式损害了民众的利益,都可能使民众抵制政策的实施。比如 20 世纪 90 年代我国政府试图在农村建立合作医疗体系,虽然从总体而言,这种合作医疗体系对于农民是有利的,但由于农民是最主要的投资主体,而农民看不到实实在在的利益,因此,没有得到农民的认可,从而使得该政策的实施效果极差。

---

① 周国雄:《地方政府政策执行主观偏差行为的博弈分析》,《社会科学》2007 年第 8 期。
② 张国庆:《公共政策分析》,复旦大学出版社 2004 年版,第 240 页。
③ 宁国良:《论公共政策执行偏差及其矫正》,《湖南大学学报》(社会科学版) 2000 年第 3 期。
④ 匡婷婷:《论政策执行中主体的偏差行为及其对策》,《浙江纺织服装职业技术学院学报》 2005 年第 3 期。

三 政府行为失范

政府行为失范是指政府组织和政府工作人员从本地区、本部门甚至个人利益出发，所采取的违背人民根本利益的行为。肖文清等人曾把当前我国政府行为失范的主要表现归纳为三个方面，即行政权力的市场化、行政权力的地方化和行政权力的部门化。[①] 行政权力的市场化是指政府把自身的目标取向等同于企业，片面追求经济利益而忽视其公共责任。行政权力地方化是指地方政府把地方利益最大化作为追求的目标，忽视国家的整体利益。行政权力部门化是指政府机构追求部门利益的最大化，忽视国家的整体利益和人民群众的根本利益。政府组织享有的权力是国家权力的一部分，应该服务于国家和人民的根本利益。行政权力的市场化、地方化、部门化都是政府谋求自身利益和局部利益的表现。这种利益追求如果与国家和人民的整体利益不相一致，就会与国家权力的公共性相冲突。但政府行为失范并不仅仅表现在上述三个方面，它还表现在政府的浪费和过度消费以及政府腐败等方面。

政府浪费和过度消费的现象在我国相当普遍。由于政府的财政资源来自国家税收，是政府从社会中无偿汲取的资源，而不是政府工作人员创造的财富，因而政府在使用这些资源的时候缺乏节约的动机。另一方面，政府及其工作人员不能够把节约的政府财政资源据为己有，相反，却会导致本部门、本单位在下一财政年度拨款的减少，因而政府有动力将其掌握的财政资源消耗殆尽。这两方面的原因都会导致政府浪费和过度消费现象的产生。仅以公车消费和公款吃喝为例就可以看出我国政府的浪费和过度消费现象极为严重。中共中央办公厅、国务院办公厅早在1994年就专门下发了《关于党政机关汽车配备和使用管理的规定》（中办发［1994］14号），旨在规范党政部门的公车消费行为。《规定》指出，部长级和省长级领导干部一人一辆配备专车；现职副部长级和副省长级领导干部保证工作用车或相对固定用车；副部长和副省长级领导干部离休、退休后享受部长级和省长级待遇的不配专车。但现实的情况是，不仅市厅级干部、县处级干部一般都配有专车，许多乡镇领导也配有专车，而且专车的档次也越来越高。"八五"期间，全国公

---

① 肖文清、胡珊琴：《关于当前我国政府行为失范的理性分析》，《云南行政学院学报》2003年第6期。

车耗资 720 亿元，平均年递增 27%，约为 GDP 增长速度的 3.5 倍。到了 20 世纪 90 年代后期，全国约有 350 万辆公车，包括司勤人员在内耗用约为 3000 亿元，采购公车的数量每年以超过 20%的速度递增，也远远超过 GDP 的增长速度。到了 2004 年，全国至少有公车 400 万辆，公车消费财政资源 4085 亿元，占全国财政收入的 13% 左右，占国家财政支出的 38%。① 公款吃喝是财政的另一个沉重负担。全国公款吃喝开支 1989 年为 370 亿元，1990 年达到 400 亿元，1992 年超过 800 亿元，1999 年突破 1000 亿元大关，2002 年达 2000 亿元，等于一个三峡工程。② 这种政府浪费和过度消费的现象不仅耗费了巨量的国民财富，减少了公共服务支出，制约了社会经济的发展，而且极大地影响了政府在民众心目中的形象，损害了政府的公信力和执政能力。

政府腐败是另一个政府行为失范的重要表现。对于政府而言，腐败的不利影响通常是致命的，严重的腐败最终会导致政府的垮台，因此，有人称之为"政治之癌"。③ 一般而言，腐败是不正当地运用权力谋取私利的行为。张曙光认为："所谓腐败就是以权谋私。这里的权是指公共权力（利）而非私人权力（利）。"④ 赵立波认为，腐败的"本质是以公共权力为资本，背离公共利益目标，为个人或集团谋取物质利益与非物质利益，简而言之，以公权谋私利"⑤。朱锡平认为，"腐败乃某组织体系中的行为主体通过自己的行为（合法和非合法的）使民收入发生了有利于自己的转移，而这种转移不是法律所规定的"。⑥ 可见，学者们通常把腐败与公共权力联系在一起，这是因为公共权力腐败的可能性更大，危害也更为严重，而实际上，腐败同样可能发生在私营部门。政府腐败是指政府组织及其工作人员利用公共权力或影响力不正当地谋取私利的行为。

---

① 杨作书、黄鸿翔：《对公车消费"黑洞"的深层爆破与整治》，《中国改革报》2006 年 4 月 18 日第 6 版。
② 姚秋明：《职务消费：难以根除的顽疾》，《上海城市管理职业技术学院学报》2005 年第 6 期。
③ 何增科：《政治之癌》，中央编译出版社 1995 年版。
④ 张曙光：《腐败与贿赂的经济分析》，《中国转型中的制度结构与变迁》，经济科学出版社 2005 年版，第 144 页。
⑤ 赵立波：《公共权力流失与权力腐败》，《中国行政管理》1996 年第 11 期。
⑥ 朱锡平：《腐败行为的形成机理与反腐败》，《宁夏大学学报》（社会科学版）1997 年第 2 期。

改革开放以来,我国始终重视反腐败工作。邓小平曾说过:"风气如果坏下去,经济搞成功又有什么意义?社会会在另一方面变质,反过来影响整个经济变质,发展下去会形成贪污、盗窃、贿赂横行的世界。"[①] 他还说,"在整个改革开放过程中都要反对腐败。对干部和共产党员来说,廉政建设要作为大事来抓。还是要靠法制,搞法制靠得住些"[②]。但由于我国处于经济和社会转轨时期,经济、社会各方面的管理体制不够健全,对政府权力的监督制约机制还存在着诸多漏洞,特别是公民和社会组织对政府监督的有效性不高,政府腐败现象仍非常严重。1983 年至 1987 年,检察机关立案侦查贪污、贿赂、偷税抗税和假冒商标等犯罪案件 15.5 万多件,其中贪污、受贿万元以上的大案 30651 件,查处县团级以上干部 1500 多人。[③] 1988 年至 1992 年,全国检察机关共立案侦查贪污贿赂案 214318 件,其中万元以上的大案 49122 件,查办了犯有贪污受贿罪的县处级以上干部 4629 名,其中厅局级干部 173 名,省部级干部 5 名。[④] 1993 年至 1997 年,全国检察机关共立案侦查贪污案 102476 件,贿赂案 70507 件,挪用公款案 61795 件,查处县处级领导干部 2903 人,地厅级干部 265 人,省部级干部 7 人。[⑤] 1998 年至 2002 年,检察机关立案侦查贪污贿赂、渎职等职务犯罪案件 207103 件。其中,贪污、贿赂、挪用公款百万元以上大案 5541 件,涉嫌犯罪的县处级以上干部 12830 人。[⑥] 2003 年至 2007 年,检察机关共立案侦查贪污贿赂、渎职侵权犯罪案件 179696 件 209487 人,立案侦查贪污受贿十万元以上,挪用公款百万元以上案件 35255 件,涉嫌犯罪的县处级以上国家工作人员 13929 人(其中厅局级 930 人,省部级以上 35 人)。[⑦] 可以看出,我国政府腐败案件数量不断增长,涉案金额不断提高。这一方面反映了我国反腐力度在加大,另

[①] 《邓小平文选》第 3 卷,人民出版社 1993 年版,第 154 页。
[②] 同上书,第 378 页。
[③] 杨易辰:《最高人民检察院工作报告》,1988 年 4 月 1 日,中华人民共和国最高人民检察院网(http://www.spp.gov.cn/site2006/2006 - 02 - 22/00018 - 279.html)。
[④] 刘复之:《最高人民检察院工作报告》,1993 年 3 月 22 日,中华人民共和国最高人民检察院网(http://www.spp.gov.cn/site2006/2006 - 02 - 22/00018 - 284.html)。
[⑤] 张思卿:《最高人民检察院工作报告》,1998 年 3 月 10 日,中华人民共和国最高人民检察院网(http://www.spp.gov.cn/site2006/2006 - 02 - 22/00018 - 289.html)。
[⑥] 韩杼滨:《最高人民检察院工作报告》,2003 年 3 月 11 日,中华人民共和国最高人民检察院网(http://www.spp.gov.cn/site2006/2006 - 02 - 22/00018 - 294.html)。
[⑦] 贾春旺:《最高人民检察院工作报告》,2008 年 3 月 10 日,中国政府网(http://www.gov.cn/2008lh/content_ 926172.htm)。

一方面也反映了我国政府腐败的严重程度。王沪宁认为，我国当前腐败现象有以下五个发展趋势，即从低量腐败向高量腐败发展；从低质腐败向高质腐败发展；从底层腐败向高层腐败蔓延；从境内腐败向境外腐败转移；从单一腐败向多样腐败发展。①

四 地方政府竞争失效

改革以来的地方分权化改革赋予了地方政府在经济领域广泛的自主权，地方政府发展地方经济的愿望和冲动高度膨胀，同时也引发了地方政府在经济领域的激烈竞争。这种竞争极大地激发了地方政府的主动性和创造性，因为"竞争为人们所提供的乃是这样一种激励，即它会促使人们做得比次优者更好"②。地方政府间的有效竞争增强了地方政府的危机意识，提高了政府的效率和服务水平，成为改革开放以后提升政府有效性的重要因素。但地方政府间的竞争并不都是有效的，一些制度因素或者地方政府的不正当竞争手段会导致地方政府竞争失效，从而阻碍地方社会经济的健康发展。地方政府的竞争失效主要体现在以下几个方面。

第一，我国的户籍制度阻碍了地方政府的有效竞争。资源的自由流动是开展竞争的必要前提。随着我国市场经济体制的建立和逐步完善，各种市场体系，包括商品市场、原材料市场、资本市场、人力资源市场、技术市场等先后建立起来并开始发挥功能，物资、人员、信息、技术等都以前所未有的速度流动，市场的竞争推动了经济的发展和社会的进步。但是，由于我国仍然存在着严格的户籍管理制度，人员的自由流动仍存在着巨大障碍，不仅在人力资源市场造成不公平竞争，影响了人力资源的有效配置，而且也降低了地方政府竞争的有效性。地方政府的竞争主要体现在地方政府提供良好的基础设施、公共服务和创造公平有效的竞争环境等方面，并通过这些政府公共服务来吸引人员、资金、技术等生产要素的流入。在公民享有迁徙自由的地方，公民可以通过"用脚投票"来表达自己是否对政府的公共服务满意。"只要个人有选择自由，制度就会为满足人们的需要而演变和变革。"③ 公民

---

① 王沪宁：《当前腐败的特点和趋向：政策选择》，《社会科学》1995 年第 5 期。
② [英] 弗里德里希·冯·哈耶克：《法律、立法与自由》第 2、3 卷，中国大百科全书出版社 2000 年版，第 369 页。
③ [德] 柯武刚、史漫飞：《制度经济学》，商务印书馆 2000 年版，第 495 页。

的自由迁徙权能够对地方政府形成有效的压力和限制。"除非人民不满意政府服务时可以很容易离开其辖区,否则就不会有任何的可以阻止政府官员将其职能扩展到有限政府原则规定的范围之外。它用'退出权'作为政府滥用其职权的限制。"① 因此,只有在公民享有迁徙自由的前提下,地方政府竞争才可能有效。正如哈耶克所指出的:"地方政府之间的竞争或一个允许迁徙自由的地方政府内部较大单位间的竞争,在很大程度上能够提供对各种替代方法进行实验的机会,而这能确保自由发展所具有的大多数优点。"② 而我国目前所实行的严格的户籍管制极大地削弱了地方政府竞争的有效性。

第二,地方保护主义限制了地方政府的有效竞争。在市场经济条件下,地方政府通常通过改进政府效率,改善公共服务来获取竞争优势,但如果一个地方在市场竞争中明显处于劣势,地方政府就可能选择地方保护主义来避免外部竞争并保护本地的产业。冯兴元曾将地方保护分为合法保护和非法保护两类。他认为,地方保护"特指地方政府维护其辖区内经济主体利益(包括其自身利益)的各种保护行为。这里的地方政府包括地方行政、司法和立法当局,在我国甚至包括地方党委。在市场经济里,地方政府作为其职能的一部分保护辖区内经济主体的合法利益是天经地义的,但是无权保护经济主体的非法利益"③。地方保护主义就专指地方政府对本地经济主体的非法保护,通常采用设置进入障碍以避免外部竞争或者直接干预市场竞争来保护本地企业。张曙光指出,改革开放以来我国出现过多次大规模的地方保护高潮。第一次是1980—1982年,各地大办加工工业时为保护本地幼稚的加工业而采取保护措施;第二次是1985—1988年,各地为争夺原材料而展开的各种大战;第三次是1989年各地为保护本地市场而发展起来的保护主义。这些地方保护主要有两个方面:一是阻止短缺产品和稀缺要素流出,以满足本地企业的需求;二是阻止与本地产品有竞争关系的产品的流入。④ 地方政府还能够通过对商品征收各种费用来避免竞争。根据法国经济学家 Sandra

---

① [美]理查德·波斯纳:《法律的经济分析》下卷,中国大百科全书出版社1997年版,第807—808页。
② [英]哈耶克:《自由秩序原理》下,生活·读书·新知三联书店1997年版,第16页。
③ 冯兴元:《中国的市场整合与地方政府竞争——地方保护与地方市场分割问题及其对策研究》,《经济发展论坛工作论文》,FED Working Papers Series No. FC20050096, 2005年,第6页。
④ 张曙光:《地区经济发展和地方政府竞争》,《中国转型中的制度结构与变迁》,经济科学出版社2005年版,第124页。

Poncet 的研究,1997 年中国的国内省级间商品贸易的平均关税达到 46%,比十年前提高了 11%。这一关税水平超过了欧盟各成员国之间的关税水平,与美国和加拿大之间的贸易关税相当。①

第三,过度放松管制扭曲了地方政府的有效竞争。经济分权式改革所产生的财政激励和地方政府官员的绩效晋升体制使地方政府发展经济的愿望高度膨胀。"各级地方政府产生了强烈的产值意识、速度攀比情绪和旺盛的投资冲动。"② 在这种激烈的竞争环境中,如果地方政府发现它们难以通过提高服务水平来赢得竞争,它们便会通过过度放松管制来吸引投资。这种放松管制主要通过两种方式来实现。一是给予税收减免等优惠政策。亚当·斯密在《国民财富的性质和原因研究》一书中指出:"一个国家如果为了要课以重税,而多方调查其财产,他就要舍此而它了。他并且会把资本移往其他国家,只要那里比较能够随意经营事业,而且比较能够安逸地享有财富。"③ 在我国,地方政府为了吸引投资,不仅进行税收减免,而且在土地出让、公用事业收费等方面给予优惠。但税收减免等措施是把双刃剑,它会减少地方财政收入,从而降低政府的公共服务能力。布莱克(Bleak)曾指出,在美国政府间竞争导致了相互间税收的竞争,由于担心失去投资,减少税源,州和地方政府努力的重点放在了屈从资本压力,降低管制标准上,导致了公共服务水平的下降。④ 二是降低进入门槛,放松政府监管。为了吸引投资,一些地方政府不惜降低环保、劳动用工、产品质量等方面的法定标准,放松对工厂的安全生产检查,放任企业污染环境、严酷剥削工人,一些地方甚至放任企业生产假冒伪劣产品。这不仅造成市场竞争秩序紊乱,而且给社会发展带来严重损害。

第四,虚假统计数据使地方政府竞争彻底失效。在市场竞争中有成功者,就必然有失败者,地方政府间的竞争也必然会产生优劣之分。在改革开放后形成的绩效晋升制度下,一个地方的经济发展如果落后于与其有竞争关系的同级政府,就意味着该地方官员晋升无望。一些地方官员为了快速晋

---

① 转引自 Bruce Gilley, "Provincial Disintegration: Reaching Your Market is more than just a matter of distance", *Far Eastern Economic Review*, 2001 - 11 - 22。
② 洪银兴、曹勇:《经济体制转型的地方政府功能》,《经济研究》1996 年第 5 期。
③ [英]亚当·斯密:《国民财富的性质和原因研究》下册,商务印书馆 1972 年版,第 408 页。
④ 转引自杨雪冬等《风险社会与秩序重建》,社会科学文献出版社 2006 年版,第 99 页。

升，不是着眼于搞好地方的社会经济发展，而是通过统计数字造假来达到升官的目的，造成一些地方的经济统计数据"掺水"严重。在一些地方，统计数据造假竟成为地方官员升官的捷径。原安徽省副省长王怀忠在阜阳任职时，"九五"期间授意上报的 GDP 增长率为 22%，而实际仅有 4.7%。1995 年张二江担任丹江口市市长，年报国内生产总值 38.5 亿元，财政收入 1.75 亿元，农民人均纯收入 1494 元，分别比 1994 年增长 35.2%、70.4%、23.9%。1996 年，张二江升任丹江口市市委书记，丹江口市年报国内生产总值一下子比 1995 年增加了 12.8 亿元；1998 年度，该市将全市国内生产总值上报到 79.9 亿元，国民生产总值上报到 82.6 亿元，财政收入上报为 2.85 亿元。2001 年，有关方面作出权威统计，该市 2000 年国内生产总值、财政收入分别为 38.2 亿元、1.75 亿元，比 1998 年该市国内生产总值、财政收入分别缩水 41.1 亿元、1.1 亿元，工业总产值比 1998 年缩水 13.74 亿元，农林牧渔业总产值比 1998 年缩水 5.38 亿元，乡镇企业产值比 1998 年缩水 13.96 亿元。[①] 这种统计造假并不是个别现象。2004 年我国各省区市上报的全年 GDP 与国家统计局公布的 GDP 增速相比高出 3.9 个百分点，总量差距高达 2.6 万多亿元。[②] 当地方政府间竞争转移到统计数据造假时，地方政府间竞争可能给社会经济发展带来的好处将会荡然无存。

第二节 中国政府有效性不足的原因分析

政府的决策质量不高，政策执行低效，政府行为失范等充分体现了我国政府在许多领域仍存在有效性不足的问题。政府有效性不足的直接后果就是政府未能有效地运用其人力、物力和权威资源，未能正确地引导、调节、激励、规范社会发展进程，导致政府的效能低下，甚至会阻碍经济、社会的良性运行和健康发展。其间接后果就是政府合法性的丧失，并可能最终导致政府更迭和社会动荡，从而给社会发展进程带来严重损害。因此，探寻政府有效性不足的深层次根源，进而寻找改进政府有效性的途径和方式具有重要的理论和现实意义。从我国政府有效性不足的表现来看，导致我国政府有效性

---

① 袁野尹：《撰文大放数字"卫星"，湖北"五毒"书记平步青云》，搜狐网（http://news.sohu.com/29/71/news147897129.shtml）。

② 《地方 GDP 增速竟比全国高 3.9%》，《广州日报》2005 年 3 月 8 日 A3 版。

不足的原因主要有以下几个方面。

一 自我中心的政府理念

在我国，自我中心的政府理念的形成具有深刻的历史渊源和现实的社会政治背景。从历史上来看，我国有数千年的封建集权统治的历史，很早就形成了政府是社会的治理中心，政府权威至高无上的社会观念。从当今中国的社会政治环境来看，新中国成立后，经过对农业、手工业、资本主义工商业的社会主义改造，我国建立起高度集中的社会主义计划经济体制。政府对社会成员的政治、经济和社会生活的控制达到了前所未有的程度。依靠现代科技和严密的组织体系，计划经济体制下的政府权力得以高度膨胀，而民众则完全依附于政府，以政府为中心的管理体制最终形成。改革开放以后，政府对社会经济生活的控制有所放松，民众和社会组织也获得了一定的自由和自主，但政府对社会生活依然保持着巨大的影响力和控制力。因此，自我中心的政府理念不仅广泛存在，并且依然发挥着重要影响。在现实生活中，这种自我中心的政府理念通过拒绝社会合作、官本位思想、自负心态、缺乏民主观念、服务意识淡薄等形式表现出来。

1. 拒绝社会合作。长期的政府集权管理使政府始终把公民和社会组织当做管理的对象，努力使之按照政府的意愿和要求去行动，而不允许其具有较多的自主性，更不允许其具有与政府讨价还价的能力。这一方面使公民社会难以有效发育，无法形成自我管理和自我发展的机制；另一方面也使政府意识不到市场和社会能够发挥的功能和价值。在这种社会背景下，政府显然不会设法通过社会合作来共同面对和解决社会公共问题，而是相信自己能够独立解决这些问题。拒绝社会合作的突出表现是政府严格限制公民的自由和自主权利，严格控制社会组织的数量、规模和活动，尽量减少公民和社会组织自主活动的空间。这些现象在计划经济时期无不达到极致。改革开放以后，政府对社会经济各方面的管制逐步放松，公民的自由和权利在很大程度上能够得到政府的尊重和保护，各种社会组织也获得了巨大发展，但广泛的社会合作机制并没有真正建立起来。一方面，政府仍然对各种社会组织有着过多的行政管制；另一方面，政府仍然不愿意主动谋求与公民和社会组织的合作，公民和民间社会组织对政府过程的参与也存在着诸多的障碍。

2. 官本位思想普遍存在。官本位思想是与民本位思想截然对立的。现代民主国家都承认，国家的一切权力来自人民，人民的同意和支持是政府合法性的源泉。作为人民民主专政的社会主义国家，我国政府的人民性是毋庸置疑的。但在现实生活中，由于受传统思想观念和计划经济时期政府职能极度膨胀的影响，官本位思想仍然普遍存在。官本位思想主要表现为政府组织及其工作人员在公共决策和政策执行的过程中从官僚机构和官员自身的利益出发开展行政活动，漠视甚至侵犯民众的利益需求。"现实生活中，我们的一些干部何以对工作无所用心，推诿扯皮，敷衍塞责；何以对群众疾苦漠不关心，麻木不仁，甚至巧取豪夺，作威作福；何以在工作中乐于搞各种'达标'项目、'政绩'工程，劳民伤财，沽名钓誉，甚至弄虚作假，骗取荣誉；何以为官处世明哲保身，不思进取，但求无过，可以说均与'官本位'意识的作祟有着密切的联系。"[①] 官本位思想不仅存在于政府官员的头脑中，在民众的思想观念中也广泛存在，主要表现为民众对政府的依附心理和对权力的崇拜心理。对政府的依附心理是指民众普遍缺乏自主和自立的精神，对于许多不该政府插手的事务仍希望得到政府的同意、指导和帮助。对政府权力的崇拜心理是指民众对官员普遍怀有一种敬畏的心态，不敢和官员平等交往，同时在社会上存在着一种强烈的当官的欲望和冲动。这可以从每年公务员招录考试报名的火暴和激烈竞争充分显示出来。

3. 自负心态。在我国，政府特别是中央政府往往怀有强烈的自负心态。计划经济体制的实施充分显示了中央政府的自负和傲慢。在计划经济体制下，政府相信能够对社会生活的各个方面，包括每一个人的生活方式，作出最明智、最科学的选择，因而，政府能够通过详细周密的计划对社会发展和个人生活作出科学的规划和安排，进而最有效地推进经济的发展和社会的进步。计划经济的实践表明，政府并不具有作出科学的计划的能力，也无力对每个人的生活作出科学的安排，政府的自负只会给社会经济的良性发展带来破坏。但计划经济体制的终结并不表明政府放弃了自负心态，相反，这种心态仍广泛存在于政府决策者和其他政府官员的头脑中，突出表现在政府的随意决策、瞎指挥和权力滥用等方面。政府仍有一种随意干预社会经济生活的强烈的冲动，这种冲动既可能出自自利的动机，也可能出自美好的愿望，而这种美好的愿望就是相信政府的干预总是有利于社会经济的健康发展。

---

① 刘占锋：《还是"官本位"在作祟》，《人民日报》2001年4月3日第9版。

4. 缺乏民主观念。缺乏民主观念是政府自负心态的必然结果。政府通常声称它们是国家和人民利益的代表，似乎政府比民众更知道民众的利益和需求，因此，政府宁愿"为民做主"而不希望"人民做主"。在我国，长期的集权体制使政府及其工作人员的民主观念极为淡薄，他们不相信民众能够管理好自己的事务。我国政府缺乏民主观念的突出表现是暗箱行政，抵制公民参与和代民做主。暗箱行政是指政府过程对公民保密，公民无权知晓和监督政府活动的政府形态。虽然绝对的暗箱行政是不存在的，但政府通过保密法、档案法的严格规定以及对新闻媒体的控制却能够有效阻止公民对行政过程的了解。陕西省曾经报道四位市委书记要求新闻媒体对五种新闻不报道，即正干的事不报道，正想的事不报道，会上研讨的事不报道，面上汇总的事不报道，干扰中心的事不报道。① 也许四位书记是出于"多干事，少宣传"的良好愿望，但这种"不报道"的要求却侵犯了民众的知情权，也使民众无法对政府进行有效监督。暗箱行政为政府抵制公民参与提供了有效的武器。目前我国公民参与政治生活的途径和方式很多，比如，选举人大代表、信访、参加政治党派、通过新闻媒体等，但总的来说，民众对公共决策的影响力很小。即使是与民众利益密切相关的决策，比如房屋拆迁、征地等，地方政府也很少征求民众的意见，使各地因拆迁、征地而引发的社会矛盾激增。

缺乏民主观念的另一种表现是代民做主。代民做主似乎显示了政府为民服务的形象，但实际上是政府对民众个人事务的过度干预。洪堡很早就指出："国家过分广泛的关心确实会对行为者的干劲和性格造成更大的危害，……谁若在很多事情上经常受指导，他就很容易仿佛是自愿地牺牲其剩余部分的自主行为。他会认为不需要他操心，有他人在操心，而且相信如果他期望得到他人的领导，并且言听计从，他就万事大吉了。这样一来，他的功过观念就颠倒混乱了。功的思想点燃不着他的激情，而过的痛苦更少侵扰他，而且很少会有作用，因为他会轻而易举地把过错推给他的地位，推给那个赋予这种地位以形式的人。……不仅力量受到损失，而且道德意志也深受其害。于是他认为，他不仅不受任何不是国家明确强加的义务的约束，而且甚至认为无须对他自己的状况作任何改善。……只要有可能，他就甚至连国

---

① 《四位市委书记不约而同要求五种新闻不报道》，《陕西日报》2000年8月29日第1版。

家的法律都试图摆脱，并且把任何一次逃脱法律都看做是打了胜仗。"① 可见，代民做主不仅侵犯了民众的决策权利，而且会对民众良好品德的形成带来不利影响。

5. 服务意识淡薄。政府官员为民做主的思想并不意味着他们真正拥有为民服务的信念，相反，大多数官员的"为民做主"只是为了剥夺民众的知情权和决策参与权，因为真正有志于服务民众的官员是不会拒绝倾听民众的愿望和要求的。政府服务意识淡薄体现在很多方面，比如政府自利性的膨胀和对社会民生问题的忽视等。前面谈到的政府权力市场化、地方化和部门化以及政府的铺张浪费和形形色色的以权谋私等，都体现出政府违背了服务民众的宗旨，把大量的社会公共资源用于谋取政府组织和官员的私利，而众多的民生问题，比如基础教育、公共卫生、社会保障等，却缺乏足够的财政投入。近几年来，我国提出建设服务型政府并高度关注民生问题，政府服务意识淡薄的问题初步得到了改观。

二 重权轻责的政府角色定位

政府角色是指政府在社会生活中所处的地位和在社会经济发展中所发挥的功能和作用。政府角色通常通过政府与市场、政府与社会的关系体现出来。从政府与市场的关系来看，存在着从政府对经济活动基本不干预的"守夜人"政府，到政府对经济活动有较多干预的福利型政府，再到政府对经济活动全面干预的统制型政府等多种政府类型。从政府与社会的关系来看，存在着从极端独裁的专制政府，到社会权利受到一定程度尊重的管理型政府，再到社会权利受到充分尊重的民主政府等多种类型。由于在不同的国家和不同的历史时期政府应该承担的职能存在着差异，因此，政府合适的角色也会有所不同。比如，在动荡的局势下，人们期望有一个强权的政府来维持社会的稳定；而在社会生活的秩序有了一定的保障之后，人们又期望拥有充分的民主权利来控制政府的权力。

在计划经济体制下，政府为了实现对国民经济和社会生活的计划管理，不仅对社会经济活动实施严格的控制，限制商品的自由流动并剥夺民众的就业自由，而且实施身份控制，限制公民的社会流动，是典型的统制型政府和

---

① [德] 威廉·冯·洪堡：《论国家的作用》，中国社会科学出版社1998年版，第40—41页。

管理型政府。改革开放以后，国家对市场和社会的管制逐步放松，公民的权利意识和民主观念也逐步增强，但政府的社会管理者和控制者的角色并没有根本改变。这一方面表现为政府行为的任意性很强，在政府与市场、政府与社会的关系中，政府始终处于强势地位；另一方面，政府却不愿承担与权力相对应的责任，不作为的现象仍比较普遍。

首先，任意设置审批项目，干涉市场经营活动。在市场经济体制下，政府并不能放任"市场失灵"，而应该通过提供市场交易规则、维持公平的竞争秩序、加强市场监管等保证市场功能的有效发挥。但政府不应该干预微观的经营活动，更不能人为地制造市场的不公平竞争。然而，在现实生活中，我国地方政府对市场的肆意干涉却极为普遍，郑州市的"馒头办"便是其中的一个例子。2000年11月22日，郑州市政府发布了《郑州市馒头生产管理暂行办法》，并于2001年1月1日起施行，决定对馒头加工经营一律采取许可审批制度。随后，郑州市政府成立了六个馒头管理办公室（市政府一个，各区政府五个）。该办法规定：卫生、环境保护、工商行政、质量技术监督等有关部门依照各自的职责，共同做好馒头生产、销售管理工作；卫生、质量技术监督等有关部门应当依照有关法律、法规、规章规定，加强对馒头生产、销售的监督检查；未取得《馒头定点生产许可证》从事馒头生产的，处以3000元以上20000元以下罚款。① 该办法一方面要求工商、卫生、质量技术监督等部门履行好职责；另一方面又要求各馒头生产厂家办理《馒头定点生产许可证》。其实，"馒头办"的职责仅仅是增加行政审批项目和收费。据了解，每个许可证要交纳1100元的办证费（100元是办证，包括制牌、发证；1000元是馒头厂得到许可证以后，在报纸上进行公告的费用），区里办个证要交1600元左右（其中500元要交给市馒头办）；办了证的经营户每天必须在馒头办指定的面粉经营部门购买不少于60袋面粉，50斤一袋的面粉要比市价贵0.5元，面粉厂再掏0.5元，上交"馒头办"。② 可以看出，"保障人民身体健康，方便人民生活"并不是成立"馒头办"的真实目的，因为只要工商、卫生、质量技术监督部门尽职尽责，市民就能吃上放心的馒

---

① 《郑州市人民政府令（第93号）》，法律图书馆网（http：// www. law – lib. com/law/law_view. asp？id = 309612）。

② 梁鹏：《"馒头办"还是"馒头绊"——从郑州"馒头风波"看地方政府的职能错位》，《新华每日电讯》2001年3月22日第1版。

头，而不需要成立"馒头办"。即使办理了《馒头定点生产许可证》，如果工商、卫生、质量技术监督等部门未能履行其职责，市民吃的馒头仍不能令人放心。

其次，政府对社会生活的不当干预普遍存在。很显然，社会管理是政府的一项重要职责，政府开展社会管理活动的目的在于创造一个稳定、有序的社会环境和平等、互助的人际关系。但在现实生活中，某些地方政府的许多社会管理活动并不是着眼于创造良好的社会秩序，而是以此为名义，实现政府的其他目标。"1999年北京市交管局曾出台了一项政策：不论是买新车还是验1998年1月1日以后上车牌的旧车，都要先办一个停车泊位证明，俗称'占地证'。办'占地证'就意味着每年要交1500元至2000元的占地费用。当时交管局声明：办'占地证'是为了规范停车秩序，逐步实行一车一位。"① 然而，办理停车泊位证明并不能对规范停车秩序有任何直接的功能，更不可能实现"一车一位"，因为从根本上来说，停车秩序取决于城市中车辆的保有量与停车泊位的数量及其分布之间的关系。办理停车泊位证明只不过是交管部门从社会中汲取资源的一个借口而已，这体现出政府对社会具有某种掠夺倾向。②

第三，政府部门及其工作人员的公共责任缺失。随着市场化改革的推进，政府的主要职能应从具体的社会经济管理转向宏观管理和公共服务上来，为社会经济发展创造良好的环境和基础。然而，长期以来，政府对公共事业和公共服务的投入明显不足。以教育经费为例，1993年颁布的《中国教育改革和发展纲要》提出，国家财政性教育经费占国民生产总值的比例，到2000年达到4%。然而，十几年来，国家财政性教育经费占国民生产总值的比例并没有明显增长，1992年的比例为2.71%，2000年的比例为2.58%，2001年至2004年的比例分别为2.79%、2.90%、2.84%、2.79%，始终没有达到3%。③ 对于政府工作人员而言，这种责任缺失主要表现为日常工作中严重的官僚主义。政府工作人员往往意识不到自己的公仆角色，而把人民赋予的权力转化为对民众的傲慢。邓小平曾尖锐地指出了这种官僚主义的表

---

① 谢明编：《公共政策导论》，中国人民大学出版社2008年版，第207—208页。
② 青木昌彦曾把政府分为三类：掠夺型、勾结型和民主型。参见［日］青木昌彦《比较制度分析》，周黎安译，上海远东出版社2001年版，第157—164页。
③ 根据《中国统计年鉴2006年》的数据计算得出。

现：高高在上，滥用权力，脱离实际，脱离群众，好摆门面，好说空话，思想僵化，墨守成规，机构臃肿，人浮于事，办事拖拉，不讲效率，不负责任，不守信用，公文旅行，互相推诿，以至官气十足，动辄训人，打击报复，压制民主，欺上瞒下，专横跋扈，徇私行贿，贪赃枉法，等等。[1] 对于政府组织而言，这种责任缺失通常表现为对自身应该承担的责任的漠视和放弃。大兴安岭火灾、SARS 事件、三鹿奶粉事件以及屡屡发生的各类安全生产事故等，都反映出政府组织对自身责任的漠视。以三鹿奶粉事件为例，2008 年 8 月 27 日，武汉同济医院小儿外科副主任张文第一个向媒体说出"高度怀疑三鹿奶粉可能导致婴儿肾结石"，才引起人们的关注。其实，三鹿奶粉含有高浓度的三聚氰胺应该是很早就有的。据张文介绍，近一年来，该科陆续接治小儿肾结石患儿。[2] 三鹿集团自己也披露，早在 2008 年 3 月即已接到消费者投诉，有婴幼儿食用三鹿婴幼儿奶粉后，出现尿液变色或尿液中有颗粒现象。三鹿奶粉作为全国知名品牌，其市场占有率排名第一，其产品全国各地均有销售。人们不禁要问，为什么在如此长的时间内，全国竟然没有一家工商部门、卫生部门或者食品药品监督管理部门检查出三鹿奶粉中存在的问题？！三鹿奶粉事件毁掉的不仅是三鹿集团，也不仅是中国的奶制品行业，更是人民对政府监管的信心！

可见，中国政府角色定位的偏差突出表现在这样两个方面：一方面，政府过多地干预了经济和社会生活，作了许多不该做的事情；另一方面，政府又放弃了许多自己应该履行的责任。也就是说，政府还没有从社会领导者的角色转变到服务提供者的角色。政府往往重视对经济、社会的直接干预，而没有着眼于塑造良好市场环境和社会环境；重视对社会成员的控制而忽视了对社会公众权利的保障；重视自身权力的行使而忽视了责任的承担。

三 亟待提高的政府能力

对于政府有效性来说，政府能力是至关重要的，政府能力低下必然导致政府有效性的不足。但政府能力强并不能必然带来较高的政府有效性，这取决于强大的政府能力是否正确地发挥了功能。正如世界银行发展报告中所指

---

[1] 《邓小平文选》第 2 卷，人民出版社 1994 年版，第 327 页。
[2] 《湖北医生首曝奶粉事件，称只是凭良心说出这事》，搜狐网（http://news.sohu.com/20080912/n259522575.shtml）。

出的:"一个更为精明强干的政府可以是有效性更高的政府,但是有效性与精明强干并不是一回事。精明强干在指国家时,是指有效地实施并推动集体行动的能力,它包括法律与秩序、公共卫生以及基础设施等。有效性是指利用这些能力以满足社会对这些物品需求的结果。一个政府也许精明强干,但是如果这种能力不是用于社会利益上,那么它就不是有效的。"① 政府能力是一个内涵丰富的概念,人们对政府能力的理解也各不相同。胡宁生等人认为,政府能力本质上是政府与社会互动关系中政府活动的可能性与限度,是政府在治理社会过程中所表现出来的潜力(可能性)和效力,一方面体现了政府实现自主目标的潜能,另一方面则体现了政府向社会提供服务的供给状况。② 沈荣华认为,政府能力就是指政府能不能制定一个切合实际的政策,能不能有效地推行和贯彻这种政策,能不能持续稳定地将这种政策引向深入的能力。③ 金太军认为,所谓政府能力是指政府依据自己拥有的公共权力,通过制定政策和组织动员,实施自己承担的职能,贯彻自己的意志,实现自己目标的能力。④ 世界银行发展报告认为:"政府的能力是指政府以最小的社会代价采取集体行动的能力。这种能力的概念包含国家官员的行政或技术能力,但是远远不限于此。"⑤ 我们更倾向于张国庆对政府能力的界定,他认为:"政府能力主要指现代国家政府即国家行政机关,在既定的国家宪政体制内,通过制定和执行品质优良、积极而有效的公共政策,最大可能地动员、利用、组合、发掘、培植资源,为社会和公众提供广泛而良好的公共物品和公共服务,理性地确立社会普遍遵从的正式规则并积极引导更为广泛的非正式的社会规则,维护社会公正和秩序,形成有效调节社会关系和社会行为的制度及其机制,进而在比较的意义上促进国家快速、均衡、持续、健康发展的能力。"⑥

政府能力的获取需要一定的资源作为基础。陈国权认为,政府能力是以

---

① 世界银行:《变革世界中的政府——1997年世界发展报告》,中国财政经济出版社1997年版,第3页。
② 胡宁生、张成福:《中国政府形象战略》,中共中央党校出版社1998年版,第222页。
③ 沈荣华:《关于转变政府职能的若干思考》,《政治学研究》1999年第4期。
④ 金太军:《政府能力引论》,《宁夏社会科学》1998年第6期。
⑤ 世界银行:《变革世界中的政府——1997年世界发展报告》,中国财政经济出版社1997年版,第77页。
⑥ 张国庆:《行政管理学概论》,北京大学出版社2000年版,第562页。

吸蓄权力资源、信息资源、人力资源、物质资源等为前提，政府能力的强弱与政府所赖以建立的物质基础、信息资源、管理水平、社会支持有关。① 汉密尔顿认为："使行政部门能够强而有力，所需要的因素是：第一，统一；第二，稳定；第三，充分的法律支持；第四，足够的权力。"② 汪永成则把政府能力所需的资源概括为七种，即人力资源、财力资源、权力资源、权威资源、文化资源、信息资源、制度资源（管理水平）。③

政府能力究竟包括哪些能力呢？王绍光等人认为，政府（中央政府）能力包括四种：汲取财政能力、宏观调控能力、合法化能力、强制能力。④ 黄兴生认为政府能力的内涵包括政府公共财政能力、政府社会平衡能力、组织协调能力、提供公共产品能力、危机处理能力、政府宏观调控能力等六个方面。⑤ 金太军则认为政府能力是由若干功能性能力构成的一个复杂体系，包括：第一，社会抽取能力。第二，社会规范能力。第三，维持社会秩序的能力。第四，社会整合能力。第五，维持社会公正能力。第六，创新能力。第七，宏观调控能力。第八，自我更新能力。⑥ 事实上，试图对政府能力的内涵进行科学的归纳并不容易，因为政府所需要的能力与政府承担的职能和政府开展的活动密切相关。政府承担了什么职能，相应地就需要什么能力，如社会管理能力、宏观调控能力、市场监管能力等；同样，政府开展了什么活动，就需要有什么能力，如公共决策能力、信息沟通能力、政策执行能力、危机管理能力等。

在我国这样一个拥有13亿人口的超大型社会推进改革，所面临的困难和风险都是空前的。极端落后的经济条件，僵化的管理体制，落后而守旧的思想观念，激烈的国际经济竞争，尖锐的意识形态冲突以及日渐积累的工业风险和社会风险，加上资源问题、人口问题、民族问题等交织在一起，对我国的政府能力提出了严峻的挑战。在改革进程中，我国政府能够充分运用强大的政府组织资源、权力资源、权威资源等，在原有体制较强的组织动员能力、社会汲取能力、社会管理能力、社会整合能力的基础上，培育并塑造了

---

① 陈国权：《政府能力的有限性与政府机构改革》，《求索》1999年第4期。
② [美]汉密尔顿等：《联邦党人文集》，商务印书馆1980年版，第356页。
③ 汪永成：《政府能力的结构分析》，《政治学研究》2004年第2期。
④ 王绍光、胡鞍钢：《中国国家能力报告》，辽宁人民出版社1993年版，第222页。
⑤ 黄兴生：《政府能力及其提升》，《中共福建省委党校学报》2004年第8期。
⑥ 金太军：《政府能力引论》，《宁夏社会科学》1998年第6期。

社会规制能力、创新能力、宏观调控能力等，从而有效地推进了社会变革。但从我国改革的实践来看，我国政府能力总体上仍然不高，在许多方面仍存在着能力缺陷和能力不足的问题。当前，我国改革已进入深水区，面临的困难和风险更大也更为艰巨，对政府能力也提出了新的更高的要求，进一步提高政府能力的任务极为紧迫和艰巨。具体来说，我国政府能力存在的问题主要有以下几个方面。

首先，政府内部人力资源素质有待提高。没有一个高素质的干部队伍，政府能力就失去了最基本的载体。罗伯特·达尔曾经说过："只要一个政治体系复杂而稳定，就会产生种种政治角色，最明显的政治角色或许就是由那些制订、解释并实施对政治体系成员有约束力的法规的人来扮演的。这些角色就是官职，而一个政治体系中官职的集合体就构成那个体系的政府。"① 虽然政府工作人员的平均受教育年限远高于国民的平均受教育程度，但政府工作人员的知识跟不上社会发展的要求却是常有的事。更为重要的是，政府工作人员的道德素质难以让民众满意，他们的责任意识、服务意识、自律观念也亟待提高。另一方面，政府官员自我学习的观念普遍不强，难以有效适应急剧变革的社会的需要。

其次，政府的规制能力有待改进。政府制定社会行为规范的能力是政府管理水平和管理效能的重要标志。亨廷顿曾经指出："制度化程度低下的政府不仅仅是个弱政府，而且还是一个坏政府。"② 只有建立起明确的国家制度和社会行为规范，公民与公民之间、政府与社会之间才能真正建立起信任关系，才能在确保社会有序运行的前提下降低社会管理的成本，政府才能赢得公民的信赖和支持。"政府的可信度——政府的规则和政府的可预见性及与实施中的一致性——对于吸引私人投资而言，与这些规则和政策的内容一样重要……脆弱而专制的国家机构往往采取不可预见的、前后不一致的行为，从而使问题更加复杂化。这些行为不仅不能对市场的成长有所帮助，反而会损害政府的信誉，损害市场的发展。"③ 在我国，政府在规制能力方面存在的

---

① ［美］罗伯特·达尔：《现代政治分析》，上海译文出版社1987年版，第26页。
② ［美］塞缪尔·P.亨廷顿：《变化世界中的政治秩序》，生活·读书·新知三联书店1989年版，第26页。
③ 世界银行：《变革世界中的政府——1997年世界发展报告》，中国财政经济出版社1997年版，第4页。

问题主要是政府规制的民主化和科学化程度尚待提高。一些社会管理制度和公共政策的制订受到垄断性利益集团的左右,或者受到既得利益者的阻碍,或者被政府自利性所扭曲。因此制订公正、合理、有效的制度规范应成为我国政府规制活动的目标追求。

第三,政府的自我约束能力有待加强。政府能力不仅包括政府对社会公共事务和社会秩序的管理能力,还包括自我管理能力,特别是自我约束能力。不管是服务型政府还是掠夺性政府都有自我扩张的倾向。服务型政府希望通过扩大政府权力和职能以便更好地服务民众,而掠夺性政府则希望通过扩大权力来谋取更多的利益。这都可能给社会发展带来不利影响。政府理性的有限性表明,政府只有在有限的领域内活动才是有效的,因此,有效制约政府的扩张冲动是提高政府有效性的必然要求。在我国,由于受集权思想和计划经济体制的影响,政府的自我约束能力相对较弱,主要表现在:对政府权力缺乏有效制约,政府对市场和社会的随意干预仍普遍存在;社会对政府的监督尚缺乏有效的机制;政府的责任追究机制不够健全;政府的自利倾向仍非常严重,不仅表现在政策制定和执行中的自利倾向,也表现在政府权力腐败现象仍极为严重。

在其他一些方面,政府能力也有待提高,比如,政府适应社会变化的能力,政府的社会伦理建设能力特别是行政伦理建设的能力,政府的权威影响力,政府的信息能力特别是对民众意愿的收集和整理能力,政府机构间的协调能力,等等。

四 激励扭曲的绩效评估

政府绩效评估起源于人们对政府效率的关注。随着政府职能的扩张和科学管理运动的兴起,人们开始关注对政府行为效果的评价,"通过预算、成本核算、审查和报告制度,可以使行政部门对立法机关和公众负责"[①]。1907年,纽约市政研究院首次把以效率为核心的绩效评估技术应用到纽约市政府,开启了对政府绩效的实际评估。自20世纪40年代起,美国开始以预算手段控制政府支出,希望通过最小的财政支出取得预期的行政目标。70年代

[①] D. W. Williams, "Before Performance Measurement", *Administrative Theory and Praxis*, 2002 (6), pp. 457 – 486.

末，为了解决财政困难，应对全球化时代的国际挑战，提高政府的有效性、回应性和公共服务品质，以英、美为代表的西方国家兴起了一股公共管理改革浪潮，政府绩效评估得到各国的高度重视。评估的内容也由早期的关注政府效率转向对经济（economy）、效率（efficiency）、效果（effectiveness）、公平（equity）等的综合评估，并更加重视对结果的评估。但由于政府活动的复杂性、政府行为影响的广泛性和长远性特点，对政府绩效进行科学评估仍有很多难以解决的问题，在一定程度上影响了政府绩效评估的应用。

改革开放以来，我国逐步形成的绩效晋升制度对于激励地方政府的竞争意识，提高地方政府发展地方经济的积极性、主动性和创造性，发挥了重要作用。绩效晋升制度的实施首先需要对政府的绩效进行科学的评价和衡量。然而，正是在政府绩效评估这个关键的环节上，我国仍存在着诸多不足。这不仅使绩效晋升制度的有效性大打折扣，而且还产生了许多新的问题，给社会经济发展带来了诸多不利影响。政府绩效评估的目的在于通过评估寻找政府管理中存在的问题和不足，以便查找原因，改进绩效，并通过实施绩效奖惩措施，激励政府组织及其成员不断改进政府绩效。可见，政府绩效评估的最终目的在于提高政府的绩效水平，更好地促进社会经济的发展和进步。然而，由于评估内容和评估方式存在的偏差，我国政府绩效评估中仍存在着严重的激励扭曲问题。具体来说，导致激励扭曲的主要原因体现在以下几个方面：

1. 评估主体单一。在我国相对集权的政府体制下，能够发动并开展政府绩效评估的主体只能是党政主要领导。他们开展政府绩效评估的意图主要在于加强对下级部门和人员的管理，确保他们所关心的工作得到有效落实。这种自上而下的绩效评估加强了上级对下级的控制，也使下级政府和官员"眼睛向上"，而不是着眼于切实提高政府绩效。在这种情况下，"这些官员做事情不是基于自身所负的职能责任，也不是出于人民群众的利益需求，而是出于取悦上级领导的投机心态。他们眼观上级领导脸色的阴晴变化，耳听顶头上司暗藏禅机的言外之音，揣摩着领导人内心隐秘不宜的意图，刻意地去迎合上级领导的价值偏好，让上级领导满意成了他们行动的唯一原则。我们相信那些大大小小的'形象工程'、'政绩工程'，与其说是做给群众看的，毋宁说更主要是做给上级领导看的，这是现行政绩考评制度的逻辑必然"[①]。

---

① 徐邦友：《中国政府传统行政的逻辑》，中国经济出版社 2004 年版，第 454 页。

"结果,在一些地方和部门,干部的政绩有了,而地方的经济发展和群众的利益却受到严重损害。"[①] 正确确定政府绩效评估的主体,一要考虑信息问题,二要考虑公平问题,三要考虑科学问题。信息问题是指谁更了解政府的投入和成效,公平问题是指由谁来评估更中立,科学问题是指谁拥有评估政府绩效的手段和能力。可以说,上级领导既不具有信息优势,也很难保持中立,更不具有评估的技能。但这并不是说上级领导不应参与政府绩效评估,而是不能垄断评估权力。上级领导在推进政府绩效评估活动、监督评估过程、确保评估结果的应用等方面能够发挥重要作用。为了解决仅有上级领导进行评估而存在的问题,一些地方采取将政府绩效评估活动委托给中立的"第三方"进行评估,如兰州大学中国地方政府绩效评价中心接受甘肃省委托所开展的非公有制企业评议政府部门活动。另有一些城市发起了市民评议政府的活动。1998 年 12 月初到 1999 年 1 月中旬,拥有 570 万人口的特大城市沈阳举行了大规模的市民评议政府活动。2000 年 1 月,珠海市政府向全市发放了一万份问卷,由群众对 85 个机关单位进行测评,评出了三个"作风差"的,又组织了 200 名各界人士组成测评团深入这 85 个机关单位明察暗访进行测评,两项结果相加即为该单位"机关作风"的年终成绩。此举被称为"万人评政府"。[②] 据报道,"万人评政府"取得了良好效果。在开展"万人评政府"活动前的 1998 年,老百姓对珠海市公务员的满意率仅为 14%,开展活动后的 2000 年达到 86%。[③] 2001 年 12 月,南京市也展开了"万人评议机关"活动。随后,其他一些城市也进行了类似的试验。但由于我国没有统一的政府绩效评估的法律和法规,政府绩效评估权力仍集中于上级领导,自上而下的单一主体评估仍是我国政府绩效评估的基本形式。

2. 评估内容单一。对于政府绩效评估而言,评估什么是最为重要的。人们常说:"你评估什么,你就会得到什么。"政府绩效评估的内容是政府行为的指挥棒,它会把政府的精力集中于评估的内容,而忽视政府的其他职能。改革开放以后,党和国家的工作重心转到了经济建设上来。政府是否推动了

[①] 薄贵利:《当前我国干部人事制度改革亟待研究和解决的几个问题》,《新视野》2003 年第 1 期。

[②] 杨玲:《珠海:万人评政府》,《北京青年报》网络版 2000 年 2 月 18 日第 14 版。

[③] 《敢叫"万人评政府"——珠海市加强和改进机关作风纪实》,东方廉政网(http://www.dflz.gov.cn/12class/dtxx.jsp? aid = 13575)。

经济发展成为评价政府绩效的首要标准,甚至是唯一标准,而经济发展又主要看 GDP 的增长速度。"经济成了压倒一切的最大政治,经济指标自然也成为考评党政干部政绩的最重要尺度,并和官员的利益得失、仕途进退紧密地关联在一起,这已经是时下普遍存在的不争事实。"① 甚至有一些官员为了获得升迁的机会,不惜在经济统计数据上造假。与高度关注 GDP 增长形成鲜明对照的是,政府对其应尽的其他职责却极端漠视,不关心民众的生活是否得到改善,不注重提供公共产品,也不关心社会建设和资源、环境的保护,甚至通过损害民众的利益来实现经济的增长。比如,一些地方把房地产业作为经济发展的支柱产业之后,为了加快房地产开发的进程并减少开发成本,政府强行进行房屋拆迁和农地征用,通过损害拆迁户和农民的利益来发展经济,提高 GDP 的增长率。由于官员的任期较短,官员们特别重视短期内的经济发展,既不重视为当地经济的长久发展打下良好的基础,甚至会为了短期的经济发展而牺牲长期的经济利益。"为确保 GDP 增长,不惜饮鸩止渴,竭泽而渔,掠夺性开发使用非常稀缺的宝贵资源,使经济及社会发展出现'可持续性'危机。"②

3. 评估方式不够规范。政府绩效评估方式决定了政府绩效评估的科学化程度,而政府绩效评估的法制化是政府绩效评估走向科学化的标志,因为只有实现了法制化才能克服政府绩效评估的随意性。英国、美国、新西兰等国都非常重视政府绩效评估的法制化建设。以美国为例,1993 年,美国第 103 届国会通过了《政府绩效和结果法案》(Government Performance and Results Acts/GPRA),主要内容包括:阐述绩效改革立法的目的和意图;制定战略规划(五年);制定年度绩效计划和绩效报告;强调管理的责任和灵活性;实行新的绩效预算;重视国会的审查和立法等。③ 为了贯彻和执行《政府绩效和结果法案》,1993 年 3 月,克林顿还成立了国家绩效审查委员会(NPR),并任命副总统戈尔主持该委员会的工作,负责统筹联邦政府绩效改革计划的实施。我国的政府绩效评估没有相应的法律法规的规范,因而随意性很强。比如,大检查、大评比是我国政府绩效评估的重要形式。对于政府

---

① 徐邦友:《中国政府传统行政的逻辑》,中国经济出版社 2004 年版,第 456 页。
② 同上书,第 458 页。
③ Government Performance Results Act of 1993, http://www.john-mercer.com/library/gpra_text.pdf.

绩效评估而言，由谁进行评估、评估哪些内容、如何进行评估、评估的结果如何使用等都没有具体明确的规定。这就使得政府绩效评估有时会被行政领导不正当地加以运用，比如，把政府绩效评估作为炫耀业绩或者逃避责任的手段，把政府绩效评估作为统驭下级的工具，甚至成为排除异己的手段。

在我国政府绩效评估中还存在其他一些问题，比如：只重视发展的速度，忽视发展的质量，导致经济发展的速度很快，但居民的生活水平并没有太多的增长；绩效评估过度重视结果，忽视产生结果的过程，导致一些政府为了达到经济发展的目标而不择手段，甚至鼓励一些非法的经营活动；对评估结果的应用过度重视奖惩，忽视评估对政府绩效提升的功能，导致政府绩效水平长期得不到改善，等等。

第六章

提升我国政府有效性的路径选择

在党和政府的领导下，中国改革始终坚持解放思想、实事求是、与时俱进的思想路线，在不断探索和反复实践的基础上，带领中国人民走出了一条成功的现代化道路，取得了巨大的经济和社会成就，体现出当代中国政府具有较高的政府有效性。但在现实生活中，由于在政府理念、角色定位、政府能力、激励机制等方面存在的一些偏差和不足，中国政府在公共决策、政策执行、自我约束、行为激励等方面也存在着有效性不足的现象。采取有效措施提升我国政府有效性是进一步推进改革开放事业，促进社会经济全面、和谐、可持续发展，实现中华民族伟大复兴的重要保障。

第一节 创造有利于提升政府有效性的社会环境

政府有效性是政府行为适应社会环境的要求，在解决社会问题，推动社会进步的过程中所发挥的直接和间接的功能，因此，政府有效性的高低在很大程度上取决于政府行为适应社会环境需求的程度。政府角色和职能的确定，政府权力及其责任的分配，政府管理方式的选择等都应根据社会发展的现实要求来确定。然而，历史的经验和现实都告诉我们，一些社会的治理难度会远远高于另一些社会，同样，某些特定社会环境能够给政府有效性的发挥提供更多的支持和激励。在政府与社会环境的关系中，由于政府不仅仅是被动地适应社会环境的要求，而是能够对社会环境发挥一定的反作用，进而改造社会环境。因此，为了提高政府有效性，政府不仅可以通过提高自身的能力，以便更好地适应社会环境的需求，还可以通过塑造有利于政府有效性发挥的社会环境来提高政府有效性。一般来说，这种有利于提升政府有效性的社会环境具有以下几个方面的特征。

一 培养挑剔而富有责任感的公民

古今中外都有人从伦理的视角来看待国家和政府,而把公民看做被教导的和被管理的被动的对象。古希腊哲学家柏拉图认为国家是为了满足人们的需求才产生的,是一个具有伦理目的的共同体。他说:"之所以要建立城邦,是因为我们每个人都不能依靠自己的力量达到自足,我们需要许多东西,……因此,我们每个人为了各种需要,招来各种各样的人,由于需要许多东西,我们邀集许多人住在一起,作为伙伴和助手,这个公共住宅区,我们叫它作城邦。"① 柏拉图认为,国家有三种职能,即生产职能、保卫职能和管理职能,分别由生产者、护卫者和统治者来承担,他们分别具有节制、勇敢和智慧三种美德,这三种美德共同构成了国家的善。"正义就是每个人作为一个人做他自己分内的事儿不干涉别人分内的事,……当生意人(生产者)、扶助者(护卫者)和护国者(统治者)这三种人在国家中各做各的事而不相互干扰时,便有了正义,从而也就使国家成为正义的国家了。"② 在柏拉图看来,城邦的"最终目标是达到所谓的'至善'——正义,只有符合正义原则的城邦的生活才是幸福和谐的"③。

在中国,儒家思想特别重视统治者通过行德治、施仁政来治理国家。孔子在政治上主张德治,"为政以德,譬如北辰,居其所而众星共之"④。孟子主张施仁政,使民众在物质上"使有菽粟如水火"⑤。宋代朱熹提出了为政以德的思想,他说,"政之为言正也,所以正人之不正也。德之为言得也,德于心而不失也……为政以德,则无为而天下归之,其象如此"⑥。他还说,"先王之道,仁政是也"⑦。正是由于政府具有道德上的优越性,它也就更有资格对民众进行教化。汉代董仲舒就主张通过政府的教化引导民众向善。他说:"夫万民之从利也,如水之走下,不以教化堤防之,不能止也。是故教

---

① [古希腊]柏拉图:《理想国》,商务印书馆1986年版,第58页。
② 同上书,第155—156页。
③ 王彩波主编:《西方政治思想史》,吉林大学出版社1997年版,第11页。
④ 《论语·为政》。
⑤ 《孟子·尽心上》。
⑥ 《论语集注》卷一。
⑦ 《孟子集注》卷七。

化立而奸邪皆止者，其堤防完也；教化废而奸邪并出，刑罚不能胜也，其堤防坏也。"① 可见，中国人更倾向于认为政府是社会的道德典范。"中国人笃信政府从根本上看是个伦理形象。其他民族相信神，或者寻求世俗权力的好处，而中国人把政府看做道德力量，主张君主应该通过自己异乎常人的道德行为力量作为榜样，来进行统治。"②

这种把政府当作道德模范的思想意识虽然在一定程度上有助于维护社会的稳定和民众对政府的忠诚，但却严重削弱了民众对政府的批判精神，不利于推进政府改革，也不利于提高政府有效性。由于政府本身是道德的，人们就不需要对政府进行监督和批评，这反而为政府的集权专制统治提供了伦理上的依据。这也在某种程度上解释了我国封建社会统治者倡导以德治国却实行专制统治，享有稳定的社会环境而社会经济发展却停滞不前的奇怪现象。

在现代社会，人民主权理论已经深入人心，政府不再是道德的典范，而成为保障公民权利、提供公共服务、实现公共利益的工具。政府权力来自人民，必须服务于人民的利益。洛克认为，保障公民的天赋权利，是评价政府价值的唯一标准，"除了保护社会成员的生命、权利和财产以外，就不能再有别的目的或尺度"③。当政府违背了民众的意愿和利益，人民有权利通过暴力手段进行反抗。洛克说："社会始终保留着一种最高权力，以保卫自己不受任何团体、即使是他们的立法者的攻击和谋算。"④ "如果人们在完全处于暴政之下以前没有逃避暴政的任何办法，他们就不能免遭暴政的迫害。因此他们不但享有摆脱暴政的权利，还享有防止暴政的权利。"⑤ 这时，政府与人民之间的关系已不再是教导和服从的关系，而变为服务与监督的关系。在人与人之间则完全是一种平等的关系。卢梭曾把人人平等作为社会的第一法则。他说："没有交换，任何社会都不能存在；没有共同的尺度，任何交换都不能进行；没有平等，就不能使用共同的尺度。所以，整个社会的第一个法则就是：在人和人或物和物之间要有某种协定的平等。"⑥

人与人之间关系的平等和人民控制政府相结合为创建民主政体奠定了现

---

① 《汉书·董仲舒传》。
② 王乐理：《政治文化导论》，中国人民大学出版社2000年版，第79页。
③ ［英］洛克：《政府论》下篇，商务印书馆1964年版，第105页。
④ 同上书，第92页。
⑤ 同上书，第133页。
⑥ ［法］卢梭：《爱弥尔》上，商务印书馆1978年版，第252页。

实基础。在民主政体下，政府的道德光环已不复存在，相反，政府的行为处处面对着民众挑剔和不信任的目光。历史和现实反复告诉人们，政府的权力很容易被滥用，政府的暴政和腐败能够给社会的进步和繁荣带来致命的危害。因此，政府必须在民众的有效监督和制约之下才能成为服务民众的工具。与此同时，人们还创造出分权、法治、参与等方式来控制政府的权力。最为重要的是，政府必须获得民众的支持，否则，民众将选举产生新的政府来取代它。因此，民众对政府的信任和支持是政府合法性的源泉。政府为了获取民众的支持，就必须设法满足民众的愿望和需求。可见，这种民主体制能够赋予政府持久的压力和动力，使之不断提高自身的效率和效能，即提高政府有效性，来满足日益增长的民众需求。

正如厂商面临挑剔的顾客时更愿意自觉主动地提高产品的品质一样，在民主政体下，当政府面临更为挑剔的公民的时候，政府的作为就更难以赢得公民的满意和支持。这就会使政府面临改善政府有效性的更大的压力。在政府权力大而公民权利弱小的社会环境下，由于公民担心遭到打击或者意识到自己的抱怨和不满根本起不了什么作用，公民就会不敢或者不愿意表达自己的利益需求。在一种主张逆来顺受、随遇而安、得过且过的社会文化背景下，政府的低效和失误就会得到更多的宽容，甚至政府的暴虐也很少激起民众激烈的反抗。久而久之，政府就会无视社会公众的利益需求，也就失去了改善政府有效性的内在动力。而当政府面临的是对政府效能和政府服务品质极为挑剔的公民，政府在满足公民需求方面就会更加困难，政府有效性不足甚至会直接导致政府的垮台，而这是政府所不愿意看到的。因此，在这种环境下，政府更愿意积极主动地提高政府决策和执行的科学化程度，改进政府工作作风，提高政府工作效率，改善政府服务品质，进而提高民众对政府的满意度和支持率。这对于推进社会的进步和繁荣无疑是有利的。

可见，挑剔的公民对于提高政府有效性是极为重要的。但在另一方面，仅仅有一双批判政府的眼睛是不够的，公民也需要提高对自身的要求才能确保政府有效性的提升。这种要求就是公民要负有强烈的社会责任感。虽然政府属于人民，但它并不能无偿提供公民所需要的一切。这一方面是因为政府职能的有限性，这种有限性源于政府知识的有限性、政府资源的有限性、政府能力的有限性以及政府组织在解决社会问题时所固有的缺陷和不足；另一方面，政府所提供的任何服务或福利都是需要成本的，这些服务或福利的提供要求公民为此付出代价。正如有个俗语所说的，"天下没有免费的午餐"。因此，公民在享用政府提供的公共服务和各种福利的同时，也需要承担相应的责任和义务。这种社会责任感并不是要求公民放弃个人的利益需求，而是要求公民把个人追求与社会责任结合起来。它既反对极端个人主义的思潮，也反对抹杀个人利益的极端集体主义思想。首先，这种社会责任感表现为对个人价值的肯定。它要求每个公民都应不断提高自身的能力和素质，并努力追求个人的成功。公民个人能力和素质的提高不仅是个人事业成功的保障，也是正确行使公民权的需要，是实现个人社会价值的基础。其次，这种社会责任感表现为公民对社会整体的责任意识。这种意识使公民能够以国家主人的姿态负责任地采取行动。比如，如果政府肆意侵犯了某个公民的合法权利，那么其他的公民就会意识到，如果放任政府的这种作为，政府也会以同样的方式侵犯到他本人的权利和利益。因而，即使这种政府侵权行为并不直接危害到其他公民的利益，其他公民也会起而反对政府的这种不当作为，这就是所谓的负有公民责任感的一种体现。再比如，当社会中的某些成员遭遇不幸，其他公民愿意主动地伸出援手。这并不仅仅是一种道德上无私的奉献，也不仅仅是出于同情心，而是公民能够意识到这是保持社会稳定与团结，使社会不至于走向分裂所必需的。这同样体现的是一种社会责任感。可见，公民的这种社会责任感既能够避免政府的不当行为，又能够在社会中形成一种有效的稳定机制和凝聚机制，并在政府面临困难和需要帮助的时候获得公众的自愿的支持和帮助，从而有助于提高政府的社会治理效果。

二 建立稳定而富有弹性的社会运行机制

社会稳定对于社会经济发展的功能是毋庸置疑的。没有社会稳定，人们的社会经济权利都将面临威胁，整个社会生活就会充满不确定性。这不仅会严重制约投资与消费，而且社会动荡引发的社会矛盾与冲突甚至会影响到社会本身的生存。社会稳定对于政府管理的影响很大，急剧动荡的社会环境意味着政府对社会生活已经失去了基本的控制，也意味着政府失去了贯彻其意志的能力。在动荡的社会环境中，政府难以有效地保障公民的权利、财产和自由，更不用说去实现政府的社会经济发展目标。一般来说，社会不稳定起因于政府不能有效地对社会进行治理，这反映了政府有效性的低下；另一方面，社会不稳定又会进一步降低政府对社会治理的有效性，增加社会的不可治理性。因此，维持社会的基本稳定是政府保持有效性的重要条件。

在改革开放的进程中，我国社会逐步从一个封闭半封闭的社会转变为一个开放和急剧变动的社会，经济体制由计划经济转向社会主义市场经济体制，社会经济生活的快速变革和社会思想观念的多元化极大地加剧了社会运行的不稳定性。这就使得在当代中国社会变革的背景下，社会稳定具有更为突出的重要价值。我国党和政府也充分意识到这一点。1980年1月，邓小平在中共中央召集的干部会议上的讲话中指出："'文化大革命'的经验已经证明，动乱不能前进，只能后退，要有秩序才能前进。在我国目前的情况下，可以说，没有安定团结，就没有一切……过去我们已经吃了十来年的苦头，再乱，人民吃不消，人民也不答应。"[1] 邓小平深刻认识到社会稳定对于中国改革开放和社会主义现代化建设事业的重要意义，反复强调了社会稳定的极端重要性。他说："中国发展的条件，关键是要政局稳定。"[2] "中国的最高利益就是稳定。只要有利于中国稳定的就是好事。"[3] "中国的问题，压倒一切的是需要稳定。没有稳定的环境，什么都搞不成，已经取得的成果也会失掉。"[4] "我们必须排除干扰。没有安定团结的政治局面，不可能搞建设，更不可能实行改革开放政策，这些都搞不成。开放不简单，比开放更难的是改革，必须有秩序地进行，所谓有秩序，就是既大胆又慎重，要及时总结经验，稳步前进。如果没有秩序，遇到这样那样的干扰，把我们的精力都消耗在那上面，改革就搞不成了。"[5] 正是得益于党和政府对社会稳定的高度重视，在改革开放的进程中基本保持了团结稳定的社会局面，为社会经济的健康发展提供了良好的社会环境。

然而，保持社会稳定并不是一件轻易的事情。在现代社会，随着社会经济的发展和公民民主意识的增强，影响社会稳定的因素也在不断增加，稍有不慎，政府维持社会稳定的目标就会遭遇失败。罗来武等人曾把社会不稳定

---

[1] 《邓小平文选》第2卷，人民出版社1994年版，第252页。
[2] 《邓小平文选》第3卷，人民出版社1993年版，第216页。
[3] 同上书，第313页。
[4] 同上书，第284页。
[5] 同上书，第199页。

的根源归结为四个主要方面：一是资源的稀缺；二是利益的分配；三是社会出现经济、财政危机；四是文化冲突，包括种族冲突等。① 我们认为，导致社会不稳定的因素很多，有政治、经济、文化的原因以及自然环境的原因；有国内的原因，也有国际的原因。具体来说，主要有这样几个方面。

1. 经济衰退和贫困。经济发展一般呈波浪式前进，由高峰也有低谷。当经济陷入衰退时，伴随企业大量倒闭和失业率激增的是贫困人口的大量增加。当这些贫困人口得不到及时有效的救助时，生存的压力就会使他们铤而走险，从而危及社会的安全与稳定。

2. 收入差距过大。即使社会中不存在绝对贫困的人口，但如果一个社会的财富分配极端不平等，这个社会就很难保持稳定。如果收入差距很大，那些处于相对贫困的人会相信这种差距来源于社会结构的不公平，从而滋生对社会的不满。这也是为什么现代国家一般都会通过各种措施来调节社会分配差距。比如在英国，1994—1995 年英国全部家庭年收入，最上层 20% 家庭的平均初始年收入与最下层 20% 家庭相比，二者的收入差距是 19.8 倍，但在减去收入税、国家保险税等税以后，二者的收入差距缩小到 5.4 倍，再加上各种福利补助以后，二者的收入差距最终缩小到 3.7 倍。②

3. 社会不公和腐败。尽管人们对何为公平的认识各不相同，但如果人们普遍认为这个社会是不公正的，那么这个社会就失去了稳定的基础。社会不公平有很多表现形式，如上面所说的分配不公，但最普遍也是最令人难以忍受的是权利和机会的不公平。公民权利不平等主要包括选举权、担任政府职务的机会等政治权利不平等，就业、薪酬、创业等经济权利的不平等，以及在教育、卫生、社会保障等社会领域的不平等。分配不公和权利、机会的不公平不仅严重降低了社会效率，还会直接导致社会分化，破坏社会团结，消解社会凝聚力，引发社会矛盾和冲突，从而导致社会不稳定。腐败也可以看做是社会不公的一种形式，它是指利用公共权力不正当地谋取私人利益的行为，即利用公共权力不正当地在政治、经济和社会领域制造不公平。最为严重的腐败乃是司法腐败，正如培根所说："一次不公正的审判比多次不平的举动为祸尤烈。因为这些不平的举动不过是弄脏了水流，而不公的审判则是

---

① 罗来武、雷蔚：《社会稳定的制度分析与政策建议》，《经济社会体制比较》2007 年第 1 期。
② 李培林：《中国贫富差距的心态影响和治理对策》，《中国人民大学学报》2001 年第 2 期。

把水源破坏了。"① 腐败行为不仅会严重降低政府决策和执行的效率和质量，而且会严重破坏政府在民众心目中的威望，腐蚀政府的合法性，阻碍政府政策措施的落实，进而影响到政府的有效性。

4. 文化观念和意识形态变迁。社会文化和意识形态的剧烈变迁会使维系社会秩序的价值理念遭到破坏，如果新的社会文化和意识形态未能有效建立起来，或者新的社会文化和意识形态与现行的政治、经济、社会秩序相冲突，要么导致社会思想观念的混乱，要么会引起新旧秩序支持者的冲突，结果都会导致社会不稳定。

5. 民族宗教矛盾。民族宗教矛盾是国内政治矛盾的一个重要方面，有时还会引起国际间的矛盾和冲突。前苏联和前南斯拉夫最终走向分裂的一个重要原因就是未能很好地处理国内的民族宗教问题。在当今世界，随着民族分离主义思潮的兴起，加上民族分离主义势力与国际恐怖主义势力相结合，民族分离主义越来越成为社会稳定的重大威胁。

6. 外国的侵略和干预。当国家遭遇外国入侵或者强力干预，往往会严重削弱本国政府的威信和社会治理能力。同时，在国难临头之际，政府希望发动全社会力量抵御外敌入侵，但政府却往往没有能力控制这种被调动起来的巨大的社会力量，各种社会矛盾也会随之尖锐起来，也就容易出现社会不稳定的局面。

影响社会稳定的因素很多，正因为如此，实现社会稳定并不是一件容易的事情。更为重要的是，社会稳定并不是追求一种静态的秩序，而是追求一种能够适应社会发展要求的动态的秩序。这种秩序体现了稳定与变革的有机统一。在计划经济时期，我国政府通过公有制直接掌握了几乎全部生产资料，并通过单位制、身份制、户籍制度等实现对社会公众的直接控制，形成了有利于计划管理的社会秩序。尽管这种社会秩序也体现了某种社会稳定状态，但却是一种极其僵化的社会形态。虽然法律仍然规定公民享有各种民主权利和自由，但公民除了听命于政府，将没有任何谋生的机会，也就无法生存下去。在这种社会稳定状态下，个人的自主性得不到发挥，社会活力受到压抑，对社会的计划安排导致了社会的僵化和静止。我国历史上数千年的封建社会也表现为一种超稳定状态，稳定却少有发展，最终导致近代中国的

---

① ［英］弗·培根：《培根论说文集》，商务印书馆1983年版，第193页。

落后。

可见，虽然社会稳定是社会发展的基本保证，但这种稳定必须是富有弹性的充满活力的社会稳定，是一种能够适应社会发展和环境变化的社会秩序。社会稳定总是意味着某种社会秩序，但富有弹性的社会稳定并不试图固定人们在社会生活中的地位和角色，而是通过建立公平、有序、合理、高效的竞争和合作规则，并通过这种规则形成某种相对稳定的社会秩序。这种社会秩序应既提供社会稳定，又激发社会活力；既能降低政府的管理负担，又便于政府发挥引导、服务和调试的功能，从而促进政府有效性的提升。

三　培育参与型的社会文化

作为社会主体之一，政府活动离不开社会这个大环境。实际上，政府正是人们为适应社会环境的需求而产生的，其存在的主要目的就是解决人们在社会生活中共同面临的社会问题，促进社会合作，维护社会公共利益。因此，政府在社会生活中的角色和行为模式必然受到社会生活环境的影响。同时，政府工作人员的思想观念、价值取向、行为目标和行为方式也必然受到生活于其中的社会环境的影响。这种社会环境包括经济发展水平和社会生产方式、社会政治力量对比关系、社会意识形态和文化环境、自然条件等。尽管经济发展水平和社会生活方式对政府管理的影响是决定性的，但政府管理理念和具体管理方式的选择却更多地受社会意识形态、社会思想观念等社会文化环境的影响。文化环境在很大程度上影响着政府的角色定位、目标选择和价值追求。这些都直接或间接地影响到政府有效性的提升。

社会文化体现的是社会公众对现实世界的认知和态度，是主观作用于客观的结果。从政府与社会交互作用关系的角度可以将社会文化分为疏离型的社会文化、依附型的社会文化和参与型的社会文化。疏离型的社会文化主张社会公众尽量不参与社会活动，追求一种自给自足、与世无争的生活状态。依附型的社会文化主张公民把自己的命运与某种社会组织或者某种社会观念联系在一起，服从社会权威特别是政治权威的要求和安排，而不对这种安排的合理性作出判断。不管是疏离还是依附，它们都主张民众接受现实社会的安排。而不论这种安排是否合理以及是否令人满意，都是在倡导一种安分守己、与世无争、服从权威的观念。显然，这种观念对统治者实现对国家社会生活的管理是极为有利的。因此,我们可以将疏离型的社会文化和依附型的社会文化统称为消极无为的社会文化。在我国历史上,统治阶级不遗余力地开展愚民教育,要求民众效忠于皇帝,其实就是在塑造民众的臣民意识,塑造一种消极无为的社会文化。孔子提出的"民可使由之,不可使知之"① 的思想体现了这种愚民政策的精神。这种文化不是开化民众的思想,而是对民众的思想进行蒙蔽,甚至夹杂着威胁和恐吓。在这种文化下,民众被要求服从现有的社会秩序,而不能怀疑其存在的合理性,更不能抵制和反对这种社会秩序。消极无为的社会文化是与社会发展缓慢的封建集权统治相适应的。在现代社会,虽然仍有政府希望公民对政府管理能够顺从和逆来顺受,但随着人民主权理论的传播和个人权利意识的增强,公民的社会参与意识日益增强,参与型的社会文化正在逐步形成。

参与型的社会文化主张公民应积极主动地参与政治、经济和社会生活,并在参与中施加影响和实现自身的价值。参与型社会文化的形成有赖于社会对个人权利的尊重,鼓励成功的社会氛围,公民的社会责任感和公民对个人参与能力的认同。社会对个人权利的尊重是公民参与社会生活的前提和基础。公民首先要享有参与社会活动,发表个人看法,通过各种途径施加影响的权利才有可能采取参与的行为。鼓励成功的社会氛围为公民参与提供了基本的动力。公民参与政治、经济和社会生活的目的从积极的方面来说是为了获得社会的承认和体现自身的价值,从消极的方面来说是为了避免可能的伤害和扫除自己成功的障碍。总之,都是为了取得成功和赢得社会的尊重和荣誉。公民的社会责任感是公民参与社会生活的另一个原因。公民参与或试图施加影响的事务并不总是与自身的利益相关,但它可能牵涉社会公共利益或者与个人所珍视的社会价值如公平、友善、自由等紧密相关。这就需要公民具有一种强烈的社会责任感才会积极参与这样的社会事务。公民对个人参与能力的判断是影响公民参与社会事务的另一重要因素。如果公民认为自己不具备参与社会生活的能力,特别是参与社会政治事务的能力,或者公民觉得自己的社会参与行为对于社会事务的进展根本发挥不了任何影响,则公民将不会进行这种在他看来毫无意义的参与活动。可以看出,一个社会的运行机制,特别是政府对社会的治理机制的开放性对于参与型社会文化的形成发挥

---

① 《论语·泰伯》。

着重要影响。

对于社会治理而言，参与型的社会文化并不总是有利的。参与型的社会文化强调公民权利和自主性，并期待公民用一种批判的眼光来审视社会规则和政治制度，以便对之进行改进。这就可能对政府的有效统治带来威胁。亨廷顿分析了这种社会参与与政治不稳定之间的关系。他指出："社会动员和政治不稳定，似乎可以说是直接相关的。城市化、文化和教育水平的提高，以及传播媒介的普及，都增强了人们的欲望和期待，假如这些欲望和期待不能得到满足，就会激发个人或集团投入政治。如果没有一套强大而适应性强的政治体制，这种政治参与的增加就会导致不稳定和暴力。"① 当社会还没有建立起接纳公民社会参与的有效机制，政府也没有形成对公民参与作出有效回应的能力，公民的积极参与甚至可能危及政府的生存。正如亨廷顿所说："民智开化的速度越快，政府被推翻的频率就越高。"②

很显然，参与型的社会文化会给政府治理带来了持续的压力，要求政府对社会公众不断变化和日益提高的要求作出及时有效的回应，积极应对快速变化的社会环境所提出的挑战，满足公众日益增长的参与期望和民主要求，推动社会经济的快速发展。一方面，只有不断提高政府有效性，政府才能够有效应对参与型社会文化的挑战；另一方面，在现代社会，政府有效性的提升也需要这种参与型社会文化所提供的压力和支持。

从参与型社会文化对政府有效性提升所产生的压力来看，公民参与，特别是公民的政治参与，是公民向政府提出愿望和要求的基本途径，能够反映出政府有效性的不足和政府应该努力的方向。从参与型社会文化对政府有效性提升的助益来看，公民的有效参与既可以提高政府决策和执行的科学化和民主化程度，也是政府获得民众信任和赢得政府合法性的重要途径。首先，公民参与有助于政府及时了解社会环境和公民需求的变化，从而使政府能够根据环境的变化及时做好应对的准备，提高政府对社会生活的回应能力和适应能力。其次，公民参与有助于提高政府决策的科学性。政府决策的科学化程度取决于决策方案与社会问题的适应程度，也取决于决策方案反映民众愿望和要求的程度。公民参与既可以为政府提供有关该社会问题各方面的信

---

① ［美］塞缪尔·P. 亨廷顿：《变动社会的政治秩序》，张岱云等译，上海译文出版社1989年版，第51页。

② 同上书，第52页。

息，提高决策与现实问题的契合程度，又能使政府了解民众的愿望与需求，使决策更加符合民意。第三，公民参与有助于政府决策的有效落实。目标群体的配合和支持是政府决策顺利实施的基本保障。公民参与有助于公民理解公共政策的意图和目标，从而一方面使公民自觉地配合公共政策的落实，另一方面也使公民能够对公共政策的执行发挥监督和保障的作用。如果决策方案本身存在着缺陷和不足，公民参与也有助于及时发现问题，推动政府及时调整政策措施，避免出现严重的后果。第四，公民参与有助于增强民众对政府的信任，从而有助于提高政府的合法性和权威性。在集权体制下，民众对政府的服从多是慑于对政府暴力的恐惧，而在现代社会，民众对政府的服从则应基于民众对政府权力的认同和接受。

其实，人们很早就认识到民众对政府的自愿服从的重要价值，而主张施行德治和仁政。宋代朱熹就提出："人君为政在于得人。"[①] 但在当时，这种"得人"主要靠减少苛捐杂税来实现，而不是通过赋予民众参与权来实现。宋代叶适指出："为政之要，在于得民。民多则田垦而税增，役重而兵强。田税增，役重兵强，则所为而必众，所欲而必遂。"[②] 宋代的程颢、程颐二兄弟甚至提出了"顺民心"的思想，他们认为："为政之道，以顺民心为本，以厚民生为本，以安而不扰为本。"[③] 而这种"顺民心"也仅仅是通过统治者的"仁慈"得以体现，而不是通过对民众权利的尊重来实现。在现代社会，只有在公民有效参与政府过程的前提下，意识到能够对政府施加实实在在的影响，感觉到政府是属于人民并为民众的利益服务，才能真正形成民众对政府的信任关系，从而树立起政府的权威。这时，政府的活动也就能够得到民众自愿的服从和配合，并推动政府有效性不断得到提升。

四　塑造富有凝聚力的国家认同

根据菲利普·格里森的研究，认同（identity）起初主要用于代数和逻辑

[①]《四书集书·中庸章句》。
[②]《水心文集》卷二，《民事中》。
[③]《文集》卷五。

学，洛克将其引入哲学。① 弗洛伊德则最早将其作为心理学术语进行讨论，他认为："首先，认同是与一个客观对象形成情感联系的最初形式；其次，它以回复的方式成为性本能对象联系的替代，就像是将对象注入自我之中；再次，它可能引起除性本能之外的各种新感受，即自我与他人同享某种共同品格的感受。这种共同品格越重要，这种倾向性认同就会越成功，这可能意味着某种新联系的开端。"②

　　国家认同一般是指人们对国家的认可和个人对国家的归属感。郑富兴等人认为，"国家认同是个人承认和接受自己的民族文化与政治身份后产生的归属感"③。郭艳认为国家认同可以从个人和国家两个层面来认识，她认为："国家认同，就是在有他国存在的语境下，人们构建出归属于某个'国家'的'身份感'。对个人来说，国家认同指个人在心理上认为自己归属于该政治共同体，意识到自己具有该国成员的身份资格。对国家来说，指其独特属性以及由此而来的保持该独特属性的权利得到他国的承认。只有同时得到本国国民和国际社会的认同，国家才能得以存续。"④ 台湾学者江宜桦则认为国家认同在本质上是一个多面向的概念（multidimensional concept）。他认为："当我们讲到国家认同一词时，有人联想到的是'流着同样血液'的血缘或宗族族群，有人则着重'亲不亲，故乡人'的乡土历史感情，另有人则会强调主权政府之下的公民权利义务关系。国家对不同的国民来讲，可能是'族群国家'，也可能是'文化国家'或'政治国家'。这三个层面通常汇合在一起，但可能以某一层面为主要依据，再辅之以其他层面的支持。"⑤ 北京大学的朱锋教授认为，"国家认同简单来说，就是一个国家所属国民对公共形态上的制度和法律权威的效忠。具体来说，就是效忠于政府、政党、宪法、

---

　　① Philip Gleason, "Identifying Identity: A Semantic History", *The Journal of American History*, Vol. 69, No. 4 (March 1983), pp. 910–931.
　　② 转引自 William Bloom, *Personal Identity, National Identity and International Relations*, Cambridge: Cambridge University Press, 1990, p. 28。
　　③ 郑富兴、高潇怡：《经济全球化与国家认同感的培养》，《教育研究与实验》2005年第3期。
　　④ 郭艳：《全球化时代的后发展国家：国家认同遭遇"去中心化"》，《世界经济与政治》2004年第9期。
　　⑤ 江宜桦：《自由主义、民族主义与国家认同》，扬智文化事业股份有限公司1998年版，第15页。

法制、经济生活以及产生这些公共权威的人民"①。贺金瑞等人认为,"国家认同,是指一个国家的公民对自己祖国的历史文化传统、道德价值观、理想信念、国家主权等的认同,即国民认同"②。

对于民族国家而言,国家认同具有极其重要的价值。它是一个国家得以维系的心理基础,也是抑制社会冲突,维护社会稳定,增强国家凝聚力的重要基础。"国家认同是一种重要的国民意识,是维系一国存在和发展的重要纽带。国家认同实质上是一个民族确认自己的国族身份,将自己的民族自觉归属于国家,形成捍卫国家主权和民族利益的主体意识。人们只有确认了自己的国民身份,了解了自己与国家存在的密切联系,将自我归属于国家,才会关心国家利益,在国家利益受到侵害时愿意挺身而出,在国家文化受到歧视时个人的感情会受到伤害,才会对国家的发展自愿地负起责任。"③

然而,在现代社会,国家认同正面临着来自两方面力量的冲击,一是经济全球化的冲击,二是地方民族主义或民族分裂主义的冲击。随着全球化进程的深入发展,公民对于民族国家的依附性随着跨国公司和超国家组织的兴起而逐步减弱,而且,随着文化的跨国传播,民族国家文化的独特性似乎也在淡化。首先,随着科技的进步,特别是互联网的普及,使国家间的交流变得异常快捷。"正是这种同质化的媒体制造出'没有位置感'的共同体,我们居住的这个世界仿佛是无根的,甚至是精神分裂的。"④ 这种文化间相互沟通和融合的影响是全球性的,它改变着各国民众的思想观念并使之趋于同化。"各种媒体提供了五花八门无所不包的形象、叙事和人种图景,尤其是以电视、电影和音像磁带的形式;商品世界、新闻世界和政治世界在这里全都搅成了一团,莫辨彼此,现实景观和虚构景观的界限在人们的眼里已经模糊难辨。"⑤ 其次,跨国公司的全球扩张正在削弱民族国家的权威。三好将夫认为,作为经济全球化象征的跨国公司,其目的在于攫取最大限度的利润,

---

① 朱锋:《爱国:中国人的骄傲与忧思》(http://www.ccwe.org.cn/ccweold/journal/1/PrideandAnxietyinChina.pdf)。
② 贺金瑞、燕继荣:《论从民族认同到国家认同》,《中央民族大学学报》(哲学社会科学版)2008年第3期。
③ 同上。
④ [美]阿尔君·阿帕杜莱:《全球文化经济中的断裂与差异》,载汪晖、陈燕谷主编《文化与公共性》,生活·读书·新知三联书店1998年版,第523页。
⑤ 同上书,第532页。

本国人民的福利往往被置之度外，即使对它所活动地区人民的福利也是漠不关心，而民族国家着眼的是本国公民的福利，因而跨国公司要求自己的职员效忠于公司认同，而不是他们各自的国家认同。① 第三，超国家组织（如欧盟）的出现以及对普世价值的珍视（如人权）使民族国家已不再具有传统意义上的至高无上的主权。这也在某种程度上削弱了民族国家在公民心目中的权威形象。

如果说，经济全球化只是在某种程度削弱了民众的国家认同观念，地方民族主义或民族分裂主义则试图彻底消除现有的国家认同。在当今社会，90%以上的国家都是多民族国家，国民的族群认同和国家认同是同时存在的。正如对家庭的认同、组织的认同一样，族群认同、国家认同其实都是一种群体认同，只是群体的范围和内涵存在着某种差异而已。这些认同之间并不必然存在着矛盾，相反，国家认同往往依赖于民众对国家内的小群体的认同。正如江宜桦所论述的那样，"这些机制透过日常生活的实践，以一种'虽非周延、但相当广泛'的方式连接了互不来往的共同体成员，使各种局部性的我群意识辐辏交织成一张涵盖全国的大网。其中任何一项机制所连接的群众都只是人口中的一小部分，因此它们并不是民族主义者所夸称的'所有民族成员的共同文化'。但是由于部分人口与部分人口之间多少发生重叠，结果某种环环相扣、未必有同一中心的网络最终还是触角遍及全国。……它们以多元的、分散的方式联结个别成员，使人人成为社群主义所说'脉络下的自我'，而不是自由主义所假定的虚空中的原子。这些局部性的我群意识存在于村里、学校、教会、工厂、公司、宗亲组织、法人团体等，它们本身不等于国家层级的我群意识，但是它们是国家我群意识的血肉。如果没有这些局部性的我群意识，国家认同会形同空壳"②。

在民族分裂主义者那里，民族利益与国家利益不是一致的，而是对立的，民族认同与国家认同无法统一起来。"在这种情况下，同属于一个国家的公民认同退居次要地位，族群认同和身份凸显：一方面，从原因来看，这些人受到猜忌、侵犯和迫害的根源在于他们特殊的族群身份，国家公民

---

① ［日］三好将夫：《没有边界的世界？从殖民主义到跨国主义及民族国家的衰落》，载汪晖、陈燕谷主编《文化与公共性》，生活·读书·新知三联书店1998年版，第499页。
② 江宜桦：《自由主义、民族主义与国家认同》，扬智文化事业股份有限公司1998年版，第200—201页。

的认同和身份并没有给他们提供任何庇护；另一方面，就结果而言，受猜忌、侵犯和迫害的经历一再强化着这些人的族群意识，他们有可能把自己孤立起来力图逃避伤害，也有可能激发对于施害者的不满乃至仇恨。"[1] 当族群认同与国家认同发生冲突，人们通常会选择族群认同而放弃国家认同，民族分离主义发展的结果往往会导致国内民族矛盾的加剧，甚至会造成国家的分裂。

全球化的发展和民族分离主义在某种程度上削弱了国家认同。这并不意味着在现代国家，国家认同的地位和功能有所降低，相反，正是在全球化背景下面临着民族分离主义的威胁，更凸显出国家认同的重要意义。从政府有效性的角度来看，增强国家凝聚力，强化国家认同至少从四个方面有助于政府有效性的提升。一是国家认同有助于增强政府的权威性。国家认同首先是基于对国家存在和国家理性的认可以及对国家利益的尊重和维护。没有国家认同，政府就无法赢得民众的支持。如果社会中存在着国家认同并且政府的行为体现了国家的根本利益，民众的国家认同就会转化为对政府的认同和支持。二是国家认同有助于增进民族团结。国家认同与民族团结是相互依存的关系。国家认同使各族群在同一屋檐下生活，并拥有共同的利益目标和价值追求，从而有利于促进民族团结。而民族团结与合作也使民族利益与国家利益一致起来，反过来又增强了国家认同。三是国家认同有助于促进国内区域合作。国家认同使人们认识到国家各地区在整体利益上的一致性，这就为推进国内区域间合作，促进区域间和谐发展奠定了思想基础。四是国家认同有助于促进社会稳定。社会稳定是国家发展的前提。民众的国家认同会使民众在国家利益的基础上团结起来，并使民众反对任何肆意破坏国家安全和稳定的行为。另外，在有着强烈国家认同的社会环境中，强大的政府权威，团结互助的民族关系，区域间的有效合作和协调发展都构成了维持社会稳定的强大力量。不管是政府权威的增强，民族关系的改善，社会合作的增进，还是社会稳定局面的保持，对于提升政府有效性都是至关重要的。

民众的国家认同往往意味着民众愿意为了国家的利益而作出某种牺牲，但这并不意味着政府可以借国家利益的名义去侵犯公众的利益。从根本上

---

[1] 钱雪梅：《从认同的基本特性看族群认同与国家认同的关系》，《民族研究》2006 年第 6 期。

来说，民众的国家认同来自国家对民众利益的保障和增进。政府对民众利益的侵犯往往会使民众把对国家的忠诚转向更小的群体，如族群，并将对该群体的认同与国家认同对立起来，从而危及民众对国家的认同。可见，国家认同有助于提升政府管理的有效性，但政府的不当行为也会损害民众的国家认同，并会最终损害到政府管理的有效性。

第二节　合理确定政府角色

政府在社会生活中应该扮演什么角色是学术界长期以来争论不休的话题。"尽管每个人都希望国家以某种方式采取行动，但在政府应该干什么的问题上，几乎有多少不同的人，就有多少种看法。"① 从历史的角度来看，随着科技的进步和社会的发展，政府的角色也在不断地发生变化。一般来说，政府角色与其承担的职能和所发挥的功能是紧密联系在一起的。政府的产生起因于社会发展的需要，旨在帮助社会解决一些单靠个人、小型社区所无法解决的问题，如治理水患，防御外族入侵，维护社会稳定等。在政府产生以后，这些自然都成为政府的职能。在阶级社会里，政府承担着统治和管理两方面的职能。马克思说："政府的监督劳动和全面干涉包括两方面：既包括执行由一切社会的性质产生的各种公共事务，又包括由政府同人民大众相对立而产生的各种特殊职能。"② 虽然政府的这两个方面的职能是始终存在的，但也处于不断的变化之中，总的趋势是统治的职能逐步淡化，而社会公共事务管理的职能却不断增强。另一方面，政府角色的变化也体现在政府与市场、社会之间的关系的不断调整。随着亚当·斯密古典自由主义经济思想的传播，西方国家逐步放弃了政府干预经济活动的重商主义传统，而采取自由放任的经济政策，政府则扮演"守夜人"的角色。但随着社会的发展和市场失灵的日益显现，政府对社会经济生活的干预逐渐增多。虽然这一过程也出现过反复，但总的来说，政府对社会经济发展所承担的责任和所发挥的功能都呈现增长的趋势。当前，政府不仅要保护国家安全，维护国内稳定和提供公共产品，还要建立市场和社会行为规则，维护公平竞争的市场秩序和社会

---

① [英] 弗里德里希·冯·哈耶克：《通往奴役之路》，中国社会科学出版社1997年版，第63页。

② 马克思：《资本论》第3卷，人民出版社1975年版，第432页。

环境，并根据社会环境的变化，积极推进制度变革，主动制定和实施一系列政策措施引导和推动社会经济的发展等。在现实生活中，政府的实际角色往往既取决于社会的现实需要，也取决于人们对政府权力的态度和认知。

一 对政府角色定位的不同理论观点

在学术界，人们通常从经济学的视角来看待政府角色问题，研究的中心问题是政府在市场经济体系中应该扮演的角色和发挥的功能。从这种视角进行研究的基本出发点就是，政府的角色应该是弥补市场不足，而市场能够发挥功能的领域政府则不应当干预。一般来说，政府要克服市场失灵，需要承担这样一些职能：提供国防和国内秩序，制订市场和社会行为规则，加强宏观调控，解决外部性问题，提供所有权保护，提供基础设施，防止垄断，加强市场监管，维护社会公平等。在转轨国家，由于市场体系不健全，社会组织没能有效发育，除了上述职能以外，政府还需要承担转变自身职能，培育市场主体和市场体系，促进社会组织发展等职能。随着公共选择理论、新公共管理理论的兴起，人们又认识到，政府同样存在着失灵，通过政府去弥补市场失灵可能并不能解决问题，甚至会带来更为严重的问题。于是，人们被期望去选择一种更多的市场、更少的政府的治理模式。但是，这种研究并没有使人们认清政府角色的恰当定位。其实，政府角色的适当定位不仅要考虑市场状况和市场环境，考虑到各种社会组织的发育状况，还要考虑到政府自身的权力、能力及其运行状况。古往今来，人们对待政府本身的态度始终是决定政府角色的关键因素。从人们对待政府特别是对待政府权力的态度来看，学术界对政府角色定位的观点可分为以下三种主要类型。

（一）悲观主义的政府角色观

悲观主义的政府角色观是指以一种悲观的态度来看待政府的权力及其能够发挥的功能。它要么认为政府本身是一种恶，不应该存在；要么认为政府虽然在某些方面是必不可少的，但它会带来许多严重的后果，因此，应将政府限制在一个极为有限的范围内。悲观主义的政府角色观以宪政理论和无政府主义为代表。

宪政理论是在反对封建专制统治的过程中逐步发展起来的一种国家理论。它倡导建立一种国家权力受到制约，公民的自由和权利得到保障的法治国家。宪政理论家维尔指出："宪政意味着政府受制于宪法。它意味着一种有限政府,即政府只享有人民同意授予它的权力并只为了人民同意的目的,而这一切又受制于法治。"① 我国学者季金华认为:"宪政是以宪法为依据,以控制权力为手段,以人权保障为目的的一种民主政治形态,是由规范体系、价值目标体系和实施机制构成的一个系统过程和结果状态。"② 张军认为,"宪政是以人权为核心、以民主为基础、以法治为基石的一种先进的政治文明,它表现为一套完整的政治理念、政治规则和政治制度"③。虽然人们对宪政概念的认识有些许差异,但人们都承认宪政是对政府权力的限制和对公民权利的保障。

尽管宪法不是实现宪政的充分条件,但宪法却是实现宪政的基本前提,正如奥托·迈耶所言:"只有当在国家权力中有一个人民代议机构存在并参与立法时,我们才把国家最高权力的规则称之为宪法。只有符合这个要求的国家才是宪政国家。"④ 宪政理论的主要内容包括三个方面。首先,宪政理论主张控制政府权力。宪政理论认为,国家的权力来自人民的同意,但国家权力极易被滥用,变得异常暴虐,并给人民带来巨大的伤害。因此,宪政理论的基本观点的是控制政府的权力,使之成为一个权力和职能都极为有限的政府。为了实现对政府权力的控制,宪政理论提出了多种控制政府权力的方式:依法直接限定政府权力的范围,通过分权制衡和行政程序控制权力的滥用,通过广泛的社会力量监督和制约政府权力等。其次,宪政理论认为,公民的自由、平等和民主权利不容侵犯。宪政理论认同个人自由和个人选择,认为政府不应该干预公民个人的选择自由。宪政理论认为人人生而平等。"平等是一种神圣的法律,一种先于所有法律的法律,一种派生出各种法律的法律。"⑤ 同时,宪政理论认为,公民享有参与政治、经济和社会生活的各种权利。这些权利是实现民主政治的前提,政府只能保障而不能危害这些公民权利的实现。第三,宪政理论主张实行法治,并认为法治是控制政府权力的基本手段。亚里士多德认为,"法治应包含两重意义:已成立的法律获得普遍的服从,而大家所服

---

① 转引自 [美] 路易斯·亨金《宪政、民主、对外事务》,生活·读书·新知三联书店 1996 年版,第 11 页。
② 季金华:《宪政理论的分析范式》,《江苏社会科学》2005 年第 5 期。
③ 张军:《从宪政国家到市民社会》,《学术论坛》2003 年第 6 期。
④ [德] 奥托·迈耶:《德国行政法》,刘飞译,商务印书馆 2004 年版,第 1—2 页。
⑤ [法] 皮埃尔·勒鲁:《论平等》,王允道译,商务印书馆 1996 年版,第 20 页。

从的法律又应该本身是制订得良好的法律"①。美国著名法理学家富勒则提出法治的八项原则：（1）法律的一般性；（2）法律要公布；（3）不溯及既往；（4）法律要明确；（5）避免法律中的矛盾；（6）法律不应要求不可能实现的事；（7）法律要有稳定性；（8）官方的行动要与法律一致。②从宪政理论的视角来看，法治首先意味着政府必须遵守法律，实现依法行政；其次，法治意味着政府行为和政府所制定的法令必须接受违宪审查。

如果说宪政理论只是强调对政府权力的控制，无政府主义则彻底否定了政府存在的价值。葛德文认为，政权因人类的非正义行为而产生，但政权并没有阻止非正义行为，反而加剧了非正义行为的恶果。他认为："人们在社会生活状态中的非正义行为和暴力行为产生了对于政治的要求。人类的恶行把政权强加在人类的头上，所以政权通常是人们的愚昧和错误的产物。政权本来应该制止非正义的行为，但是它却给非正义行为提供了新的机会和诱因。由于集体的力量的集中，政权给造成灾难的疯狂企图，给压迫、专制、战争和征服提供了机会。由于继续保存和加重了财产的不平均现象，政权助长了许多有害的情欲并刺激人们巧取豪夺和尔虞我诈。政权本来是应该制止非正义的行为，但它的效果却是把非正义的行为具体化和永久化了。"③ 无政府主义往往坚持极端的个人主义。无政府主义者巴枯宁就曾明确地提出："自由是一切成年男女无须求得任何人批准而进行的绝对权利，他们只听从自己的良心和自己的理性的决定，他们的行动只能由自己的意志来决定，也就是说，只直接对他们负责，然后是对他们所属的社会负责，而这仅仅是由于他们自由决定他们要属于那个社会。"④ 麦克斯·施蒂纳也持同样的观点，他认为："在我之中，一件事的对或不对，由我决定，在我之外不存在任何法。"⑤ "我认为是对的，那就是法。"⑥

巴枯宁认为，国家意味着统治，而统治就意味着奴役。"没有公开的或

---

① ［古希腊］亚里士多德：《政治学》，吴寿彭译，商务印书馆1965年版，第199页。
② 转引自沈宗灵《现代西方法理学》，北京大学出版社1992年版，第58—62页。
③ ［英］威廉·葛德文：《政治正义论》第1卷，商务印书馆1997年版，第10—11页。
④ 转引自彭树智《巴枯宁无政府主义思想简论》，《西北大学学报》（哲学社会科学版）1982年第3期。
⑤ 转引自《马克思恩格斯全集》第3卷，人民出版社1960年版，第365页。
⑥ 同上书，第366页。

隐蔽的奴役的统治,是不可想象的,这就是我们要与国家为敌的原因。"① 无政府主义不仅反对政府,也反对可能影响个人自由的任何事物,如政党、组织乃至权威。无政府主义承认,在走向无政府的过程中会出现一些灾难和罪恶,但是,"从野蛮状态到最高度的文明,道路是漫长而崎岖的,如果我们要立志得到最后的结果,我们就必须忍受那些过渡时期必然会有的灾难和罪恶"②。无政府主义者并不是不要秩序,而是认为政府所带来的罪恶超出了其维持秩序而带来的好处,因此,无政府主义者是希望生活在没有政府的自然的秩序之中。正如蒲鲁东所说的:"具有最高度完善性的社会存在于秩序和无政府状态的结合中。"③ 也许,在遥远的将来,无政府主义者的理想能够成为现实,但在目前,这种无政府状态下的秩序最终将演变为罪恶的混乱。

可见,悲观主义的政府角色观主张严格控制政府的权力和职能,甚至主张取消政府。这是一种把政府作为可能危害社会的恶加以对待的理论观点。

(二) 乐观主义的政府角色观

与悲观主义的政府角色观相反,乐观主义的政府角色观强调政府对社会发展的价值和功能。在乐观主义的政府角色观看来,人们已经发现了社会发展的历史规律,人类只能遵循而不能违背这一"客观规律"。只要人类遵循这一发展规律,社会就能实现更快、更顺利的发展,而领导人们完成这一历史进程的主体不是别的,正是政府。这时,政府不仅是仁慈的,而且是能力超强的,因此,服从政府的领导是民众理智的也是唯一的选择。计划经济时期的全能政府模式是乐观主义政府角色观的典型体现。

全能政府的思想根源是极端理性主义,是对政府理性的盲目乐观。张康之认为:"全能型政府职能模式是建立在政府无所不能这一空想的基础上的。"④ 极端理性主义者相信,政府掌握了自然和社会发展的全面的知识,能够科学地对社会发展进行设计和改造。"如果规划的社会秩序比偶然的、非理性的历史事件沉积更好,那么就可以得出两个结论。首先,只有那些掌握科学知识,能够识别和创造这些先进社会秩序的人才适合在新时代掌权;其

---

① 转引自《马克思恩格斯全集》第 18 卷,人民出版社 1964 年版,第 696 页。
② [英] 威廉·葛德文:《政治正义论》第 1 卷,商务印书馆 1997 年版,第 197 页。
③ [法] 蒲鲁东:《什么是所有权或对权利和政治的原理和研究》,商务印书馆 1963 年版,第 297 页。
④ 张康之:《建立引导型政府职能模式》,《新视野》2000 年第 1 期。

次，那些落后无知从而拒绝科学计划的人应被教育，不然就靠边站。"[1] 他们相信，政府的科学规划能够给人类带来福音。正如戴维·哈维所指出的："理性社会组织形式和理性思维模式的发展保证了人类从神话、宗教、迷信中解放，同时也从滥用权力和人类本性的黑暗面中被释放出来。"[2] 基于对政府理性的充分的信任，全能政府试图通过一整套经过科学设计的完备的大型计划来实现对社会的彻底改造。然而，政府计划的实施却可能因"无知者"甚至"敌对势力"的抵制而遭到破坏，因而赋予政府绝对的权威是确保政府计划在全社会得到全面落实和贯彻基本保障。由于政府的计划具有不容置疑的科学性，强制实施这一计划也就具有了道德上的合理性。

全能政府以一种极端肯定的态度来看待政府的功能，这与宪政理论、无政府主义对政府权力持高度怀疑的态度截然相反。这使得全能政府在政府形态和治理方式上具有与宪政国家截然不同的典型特征。朱最新认为，"全能政府是历史合力的产物。权力至广是全能政府的权限特征；主体至泛是全能政府的主体特征；国家至尊是全能政府的价值特征；政策至上是全能政府的行为特征"[3]。我们认为，除了运用计划管理手段之外，全能政府还具有以下两个典型特征。

第一，政府对社会生活乃至人们思想观念的全面控制。政府对民众社会生活的控制是政府实施计划管理的必然选择。为了保证社会生活按政府的计划运行，政府需要对每个人的生活进行控制。"从马桶圈的形状到农民的拖拉机存放地点，从李子多大才能上市到能否在家里编织手套和在办公室抽烟斗，政府都有权过问。"[4] 在卡尔·曼海姆看来，"一个有计划的社会与19世纪社会的唯一不同之处，在于越来越多的社会生活领域，而且最终这些领域的每一方面和所有方面，都屈从于国家的控制"[5]。同时，为了使政府计划能够更有效地实施，政府还需要使民众从思想观念上接受政府管理的合理

---

[1] ［美］詹姆斯·C. 斯科特：《国家的视角》，王晓毅译，社会科学文献出版社 2004 年版，第 123—124 页。

[2] David Harvey, *The Condition of Post – Modernity: An Enquiry into the Origins of Social Change*, Oxford: Basil Blackwell, 1989, p. 12.

[3] 朱最新：《论全能政府的法律特征》，《求实》2005 年第 8 期。

[4] 杨祖功等：《国家与市场》，社会科学文献出版社 1999 年版，第 28 页。

[5] 转引自徐邦友《中国政府传统行政的逻辑》，中国经济出版社 2004 年版，第 106 页。

性。由于"这种意识只能从外面灌输进去"①，政府不得不反复对民众进行教导，最终使民众认识到个人利益与集体利益的一致性，为了集体利益牺牲个人利益的必要性以及政府对民众进行控制的合理性。

第二，集权和人治。既然政府是绝对正确的，那么服从政府的管理就是合理的。但政府也不能各自为政，计划管理要求管理权的集中。1958年6月，中共中央在《关于成立财经、政法、外事、科学、文教各小组的通知》中明确指出，"大政方针在政治局，具体部署在书记处。只有一个'政治设计院'，没有两个'政治设计院'，都是一元化，党政不分。具体执行和细节决策属政府机构及其党组"②。在管理方式上，由于实施法治意味着对政府权力的制约，这与全能政府的集中管理要求不相适应。因此，在全能政府体制下，政府通常通过政策来实施社会管理，而把法律放之一边，体现出浓重的人治特征。"在1958年8月召开的协作区主任会议上，毛泽东说，公安、法院也在整风，法律这个东西没有也不行，但我们有我们这一套，还是马青天那一套好，调查研究，就地解决问题。……不能靠法律治多数人。民法刑法那么多条谁记得了。宪法是我参加制定的，我也记不得。……我们的各种规章制度，大多数、百分之九十是司局搞的，我们基本上不靠那些，主要靠决议、开会，一年搞四次，不靠民法、刑法来维持秩序。人民代表大会、国务院开会有它们那一套，我们还是靠我们那一套。刘少奇提出，到底是法治还是人治？看来实际靠人，法律只能作为办事的参考。"③

然而，全能政府的实践表明，政府并不具有充分的理性。社会生活的计划化并没有带来经济的繁荣和社会的进步，反而带来了一系列问题。本来为了实现经济协调发展的经济计划却往往因违背经济发展的规律而导致经济发展的巨大波动，为了保证社会的协调和合作而实行的集中管理不仅限制了社会成员和组织间的合作，而且严重窒息了社会的活力。全能政府对人们社会生活和思想观念实施的全面控制不仅事实上构成对公民自由和权利的侵犯，而且制造了许多被马克思所反对的那种"追究倾向的法律"。这种"追究倾向的法律不仅要惩罚我所做的，而且要惩罚我所想的，不管我的行为如何。

---

① 《列宁选集》第1卷，人民出版社1995年版，第317页。
② 郑谦等：《当代中国政治体制发展概要》，中共党史资料出版社1988年版，第89页。
③ 全国人大常委会办公厅研究室：《人民代表大会制度建设四十年》，中国民主法制出版社1991年版，第102页。

所以，这种法律是对公民名誉的一种侮辱，是威胁着我的生存的一种阴险的陷阱"①。在全能政府体制下，政府集权的结果就是公民和社会组织失去权利，"法律的根本作用与其说是为了赋予公民权益，毋宁说是新政府实施阶级专政的一种工具"②。与此同时，政府关注于企业的生产经营活动，而忽视了与民众生活密切相关的公共事务管理和公共服务的提供，使民众看不到政府所允诺的美好前景，也看不到经济发展能够给其生活带来实实在在的利益。全能政府体制所必然存在的低效、僵化、失误等表明："全能政府（无限政府）必然是无能政府。"③

（三）谨慎乐观主义的政府角色观

悲观主义的政府角色观认为政府的权力越小越好，甚至主张取消政府，而乐观主义的政府角色观则把政府看做不会犯错误的全知全能的社会管理者。它们分别从两个极端的视角来看待政府角色，因而难免出现偏差。谨慎乐观主义的政府角色观则是从一个折中的视角来看待政府角色，它既不把政府看做完美的，也不把政府看做罪恶的；它既不认为政府是万能的，也不认为政府什么也做不了；它既不相信政府一定能作出正确的决策，也不认为政府只会作出错误的决策。在谨慎乐观主义的政府角色观看来，政府对于社会经济发展至少在目前是必不可少的，但政府也可能犯错误，并会给社会经济发展带来损害。因此，对待政府的正确态度应该是，充分发挥政府的功能，激励政府积极作为，同时，尽量避免政府的缺陷和不足，抑制政府权力扩张的冲动，并约束政府自利的行为。

谨慎乐观主义的政府角色观吸收了许多宪政理论的思想。和宪政理论一样，谨慎乐观主义的政府角色观对政府权力持一种非常谨慎的态度。它相信政府权力必须得到有效控制，否则必将走向暴虐。宪政理论所设计的各种控制政府权力的方式和途径在谨慎乐观主义的政府角色观看来也都是合适的和必要的。它们都相信，只有在民众能够真正监督和控制政府权力的前提下，政府权力才会服务于民众的利益。

然而，谨慎乐观主义的政府角色观在其他一些方面又不同于宪政理论。宪政理论以一种非常悲观的态度来看待政府权力，而谨慎乐观主义的政府角

---

① 《马克思恩格斯全集》第 1 卷，人民出版社 1956 年版，第 17 页。
② 刘小枫：《现代性社会理论绪论》，生活·读书·新知三联书店 1998 年版，第 131 页。
③ 李强：《自由主义》，中国社会科学出版社 1998 年版，第 230 页。

色观却是以一种更为积极的态度来看待政府权力。它不认为政府在本质上是一种"必要的恶",而是认为,不管是政府还是政府权力,其本质并无善恶之分。乔治·伯纳·肖曾经说过,权力不会腐蚀人,倒是人类苦心孤诣追逐权力与地位的努力,最终会腐蚀权力。① 在对待政府权力的态度上,宪政理论主张进行严格的控制和约束,以避免权力的滥用,特别是在对待行政自由裁量权方面更是如此。由于社会生活本身的复杂性和多变性,法律不可能对各项社会公共事务都作出全面细致的规定。因此,政府在处理社会公共事务的过程中,必须根据法律的原则和当时的具体情况自主地作出判断和决定,也就是要赋予政府相应的自由裁量权。由于自由裁量权本质上要求政府拥有自主决断的权力,这就给政府滥用权力提供了机会。因此,宪政理论主张严格控制行政自由裁量权,尽量缩小自由裁量权的范围。"如果政府官员们拥有广泛的自由,就可能和将会出现专制,随着专制而来的就将是个人自由的减少,而个人自由是最重要的政治价值。"②

谨慎乐观主义的政府角色观虽然也非常重视对政府权力控制和约束,但它并不局限于此,它还希望通过有效运用政府权力来实现美好的目标。首先,政府要能够对社会进行有效管理。用伯恩斯的话来说就是,真正的宪政"既是政府的一种积极的工具,使统治者能够管理被统治者,又是对政府的一种约束力量,使被统治者能够制约统治者"③。其次,政府应有助于提高公民的福利。公民赋予政府权力的目的在于希望政府能够发挥积极的功能。姜明安对单一的控制政府权力的思想提出了批评。他认为:"法律在对政府授权时,立法者眼睛只盯着权力的范围和限度,将政府权力限制在尽可能狭窄的范围和尽可能没有自由裁量的限度。这样,政府权力有限,公权力为'恶'的机会是少了,但是,严格的、僵硬的限权、控权会把政府为'善'的手脚也束缚住了,使政府无法对现代社会、经济事务进行管理,无法维护现代社会、经济运行所必要的秩序,无法保护消费者和各种弱势群体的权益,无法保护人类可持续发展所需要的生活、生态环境。"④ 对于行政自由裁

---

① [美]詹姆斯·菲舍尔:《权力没有过错》,京华出版社 2006 年版,第 1 页。
② [美]斯蒂芬·L.埃尔金、卡罗尔·爱德华·索乌坦:《新宪政论》,生活·读书·新知三联书店 1997 年版,第 28—29 页。
③ [美]詹姆斯·伯恩斯等:《美国式民主》,中国社会科学出版社 1993 年版,第 34 页。
④ 姜明安:《行政程序:对传统控权机制的超越》,《行政法学研究》2005 年第 4 期。

量权,谨慎乐观主义的政府角色观同样持一种更为乐观的态度。它并不主张对行政自由裁量权实施最严格的限制和约束,以免影响政府活动的效能,而是主张在保留必要的自由裁量权的前提下,加强对行政自由裁量权运行的监督和责任控制,通过加强对政府权力运行效果的绩效测量和责任追究来强化对政府的激励和约束,而不是单纯地限制政府的权力。

二 当代中国政府角色定位的社会背景分析

虽然人们一直试图找到确定政府角色的科学方法,但这一努力并没有取得令人满意的结果。政府究竟应该扮演什么角色,承担哪些职能,发挥哪些作用,至今仍是人们争论不休的话题。政府角色会因为当时社会需求的不同而有所不同,也会因为人们对政府角色认知的差异而发生变化。随着科技的进步、社会经济的发展和人们观念的转变,政府在社会生活中所扮演的角色也会发生相应的变化。但这并不意味着围绕政府角色的选择是随意而毫无原则的。政府角色既要体现社会环境的要求,又要体现人们对政府角色的看法和观念。由于不同的政府角色选择将极大地影响到政府的权力分配、运行方式和功能发挥,进而影响到社会经济发展的效果。因此,人们应该根据不同政府角色的社会效果来改进在特定环境中的政府角色选择。人们总是试图探讨何种政府角色是最合适的,但是,尽管政府角色选择具有某种共性,理想的政府角色定位仍必须与具体的国情相适应,与当时的社会环境需求相适应。因此,当代中国政府角色定位也必须充分考虑我国当前的社会经济环境需求才能更好地加以把握。从总体上来看,影响我国政府角色定位的社会环境因素主要有以下几个方面。

(一)公民的自主、自立诉求与对政府的依附心理并存

政府与公民之间的关系状况是政府角色的重要内容。人们往往从国家政权的起源来论证政府与民众之间的合理关系。君权神授论、社会契约论、马克思主义等对政府权力的起源有着不同的认识,这些不同的认识得出了政府与民众关系的不同看法。中国封建社会的君主常常以"天子"自居,宣称其权力来自"玉帝"的委托,代表"玉帝"对人间进行治理,民众服从封建君主的统治就是服从"天意",因而是正当的。社会契约论者认为,在国家产生以前,人们生活在自然状态中,人人享有生命、自由、财产等天赋人权。但自然状态存在着一些缺陷:"在自然状态中,缺少一种确定的、规定

了的、众所周知的法律,为共同的同意所接受和承认为是非的标准和裁判它们之间一切纠纷的共同尺度"①;"在自然状态中,缺少一个有权依照既定的法律来裁判一切争执的知名的和公正的裁判者"②;"在自然状态中,往往缺少权力来支持正确的判决,使它得到应有的执行"③。为了克服自然状态下的这些缺陷,人们便订立契约,成立政府,并将权力委托给政府统一行使。"政治权力是每个人交给社会的他在自然状态中的所有权力,由社会交给他设置在自身上面的统治者,附以明确的或默示的委托,即规定这种权力应用来为他们谋福利而保护他们的财产。"④ 马克思主义认为,国家权力是阶级斗争的产物。恩格斯指出:"由于国家是从控制阶级对立的需要中产生的,由于它同时又是在这些阶级的冲突中产生的,所以,它照例是最强大的、在经济上占统治地位的阶级的国家,这个阶级借助于国家而在政治上也成为占统治地位的阶级,因而获得了镇压和剥削被压迫阶级的新手段。因此,古希腊罗马时代的国家首先是奴隶主用来镇压奴隶的国家,封建国家是贵族用来镇压农奴和依附农奴的机关,现代的代议制的国家是资本剥削雇佣劳动的工具。"⑤ 列宁也指出:"国家是一个阶级压迫另一个阶级的机器,是迫使一切从属的阶级服从于一个阶级的机器。"⑥ 然而,政府权力的最初来源并不能成为当前政府权力归属的理由。正如爱德华·考文对宪法至上性的评述那样,"赋予宪法以至上性并不是由于其推定的渊源,而是由于其假定的内容,即它所体现的一种实质性的、永恒不变的正义"⑦。因此,不管国家权力最初是来自暴力,还是来自民众的契约,当今国家权力的合法性只能依赖于人们当前对国家权力合法性的认知。

在现代社会,不论是资本主义国家,还是社会主义国家,都遵从人民主权的原则,都声称国家的一切权力来自人民,国家权力运行的目的在于维护和促进社会公共利益,保障公民的财产、自由和权利不受不法侵犯。这时,

---

① [英]洛克:《政府论》下篇,商务印书馆1964年版,第77页。
② 同上书,第78页。
③ 同上。
④ 同上书,第105页。
⑤ 《马克思恩格斯选集》第4卷,人民出版社1995年版,第172页。
⑥ 《列宁选集》第4卷,人民出版社1995年版,第33页。
⑦ [美]爱德华·S.考文:《美国宪法的"高级法"背景》,生活·读书·新知三联书店1996年版,序言第2页。

政府与民众之间的关系就是，政府的一切权力都来源于民众的委托，必须服务于人民的根本利益；如果政府权力的行使违背了人民的意愿，人民随时有权利收回委托给政府的权力。我国是人民民主专政的社会主义国家，我国宪法第二条规定，"中华人民共和国的一切权力属于人民"。在现实生活中，人民群众不仅可以通过人民代表大会制度参与国家的政治生活，而且可以通过基层民主、政治协商、提出批评建议等多种形式参与政治过程，监督政府行为。但是，从我国现实政治运行的过程来看，公民对政府权力的控制和监督力量仍然非常弱小，相反，政府对民众生活的控制和影响力量却相当强大。在政府与民众的关系网络中，民众权利的实现仍存在着诸多障碍，而政府权力的运行却相当强势。这种状况是由我国落后的经济文化现实所决定的，正如马克思所指出的，"权利绝不能超出社会的经济结构以及由社会经济结构所制约的社会文化的发展"[①]。这种理论与现实的巨大差距所造成的结果就是，一方面，公民有着一定程度的自主、自立的愿望和权利要求，另一方面，又存在着强烈的对政府的依附心理。

首先，公民有着一定的自主愿望和权利要求。我国有着数千年的封建专制历史，长期的集权体制既培养了政府的专横和霸道，也塑造了公民逆来顺受的心态。在专制体制下，政府与公民在权责分配上存在着明显的不平衡：政府享有权力，却几乎不用承担责任；民众承担着责任，却几乎没有什么权利。虽然我国历来有着皇权不下县的传统，但在县以下的广大农村，并没有形成公民自主自治的市民社会，而是形成了一个与国家政权相互勾结、相互利用的乡绅社会，农民并不享有管理社区事务的任何权利。新中国成立后，广大民众第一次真正成为国家的主人，享有了各种参与政治、经济和社会事务的权利。在这种背景下，公民的自主意识和权利观念得到了显著增强。公民期望能够自主管理个人事务，参与管理基层各项公共事务，并期望政府能够保障他们的各项权利。通过人民代表大会制度和基层民主制度的实践，广大民众的政治参与能力和自我管理能力也得到了较大提高。

其次，公民对政府仍有着强烈的依附心理。在公民自主意识和权利观念不断增强的同时，公民对政府的依附心理也在不断增强。公民的这种依附心理的形成有着多方面的原因：一是"人民政府"的实践。我国政府被称为

---

① 《马克思恩格斯选集》第 1 卷，人民出版社 1995 年版，第 305 页。

"人民政府",它至少包含了两个基本内涵,即政府的权力属于人民,政府的宗旨是为人民服务。因此,不管公民遇到什么困难,政府都有义务帮助公民,而公民也期望能够从政府那里得到帮助。二是全能政府实践。在计划经济时期,政府被认为是全知全能而不会犯任何错误,只要严格遵循政府的指示和命令就能够取得社会经济建设的巨大成功,而公民无须作出自己的判断。与此同时,政府对每个人的工作内容、工作方式,甚至日常生活都作出了细致周密的安排,从而使每个人都成为庞大的政府机器中的一个部件,只有完全依附于政府才能生存下去。三是政府掌握着过多的社会资源。在计划经济时期,几乎所有的社会资源都掌握在政府手中,不仅是生产资料、生活资料由政府分配,而且就业岗位也几乎全部掌握在政府手中。同时,公民被剥夺了经商、兴办企业等经济权利,因而不得不依附于政府。改革开放以后,随着市场化改革的深入,政府对市场和社会的直接控制力度已大为降低,公民也获得了择业自主权,但政府仍掌握着过多的社会资源,争取分享政府所掌握的资源成为社会公众和组织纷纷巴结政府的重要动力。

当前政府与公民关系中的许多不正常现象的根源,在于政府和公民都没有真正理解政府与公民关系的实质。在社会主义国家,公民是权利主体,而服务于公民则是政府的义务。但在现实生活中,当公民陷入贫困或因自然灾害需要得到救助时,政府往往以一个仁慈者的形象出现,发放救济金、扶贫款、救灾款,提供各种帮助等,得到救助的人员则对政府感激不尽。然而,从另一个角度来看,这恰恰反映出政府未能建立健全的社会救助机制。在遭遇战争、空难、恐怖袭击、交通事故以及饥荒、干旱、洪水、地震等自然灾害时,公民有权利从政府那里得到赔偿。虽然对于有些灾难的发生政府没有过失或过错,但政府却有责任在国民遭遇危险和灾难时提供救助。如果政府放弃责任,或者救助不力,则意味着政府的失职。因此,应转变政府的仁慈观念,而代之以政府的责任观念。

(二)计划经济实践的失败使人们对全能政府理念产生动摇

新中国成立以后的相当长的时期内,我们一直把计划经济作为社会主义制度在经济方面的本质特征,并认为计划经济具有无比的优越性。它不仅能够克服生产的无政府状态,从而避免资本主义制度下周期性的经济危机,而且通过对社会资源科学的有计划的安排,更能够减少浪费,提高效率,加速经济发展。与计划经济体制相适应,国家必须建立起对国民经济实施集中统一管理的集权的政府体制。国家的计划中心被认为能够科学地安排一切生产经营活动。为了使经济计划能够得到全面贯彻落实，国家的计划中心必须能够掌管一切社会资源。最终的结果就是政府不仅控制国家的政治生活和经济生活，而且也控制着公民的一切社会生活和个人生活。这样，全能政府随着计划经济体制的建立而最终得以形成。实行计划经济必然要求有一个对全社会的经济活动进行集中管理的权力中心，这个权力中心就是政府。同时，对经济的集中管理最终又要求实行政治和社会权力的高度集中，因此，计划经济与全能政府必然相伴而行。

然而，计划经济的实践却遭遇了不可克服的困难。在市场经济体制下，价格机制提供了廉价而相对准确的供求信息。在计划经济体制下，价格是由计划中心确定的，并不反映供求状况，生产资料和产品的调配制基本上取消了市场的功能，计划中心无法知道各类商品的需求信息，因此，社会供求矛盾更为突出。如果希望制订出科学合理的经济计划，计划中心必须准确掌握全社会的需求信息和需求偏好，必须对全社会的各种资源（包括自然资源、资本、人力资源等）及其潜力进行准确的统计和预测，必须对自然环境变化及其影响、科技进步及其影响、国际环境及其变化趋势等进行准确的估计，等等。也就是说，计划中心必须是全知全能的，否则将不能胜任如此艰巨的任务。正是由于经济计划不可避免地存在着各种错误，在执行过程中也必然遇到各种未曾预料到的困难，最终导致计划经济的实践以失败而告终。计划经济本来是要避免市场经济中的无序状况，然而，计划经济实践的结果却不是经济的稳定发展，相反，却出现了经济发展的大起大落，并造成经济结构的严重失衡。到改革开放前夕，我国经济实际已经到了崩溃的边缘。

计划经济的失败不仅表现在经济领域，而且体现在政治和社会领域。为了使经济计划得以落实，政府必须对社会经济生活实行集中管理。这不仅造成政治上的集权，使公民的民主政治权利得不到重视和保障，而且，这种政治权力还渗透到社会生活的各个领域，甚至公民的私人生活领域，从而使社会的自主活动空间被政治权威所侵占，公民也丧失了基本的自主和自由。

计划经济实践的失败表明，政府绝不是万能的。有很多事情是政府做不了也做不好的，而且政府也会犯各种各样的错误。这就使民众认识到，全能政府的理念从根本上来说是完全错误的，对待政府同样需要用怀疑和批判的态度。

（三）政府的自利性行为损害了政府的无私形象

人民主权理论认为，政府权力来自人民，只能服务于人民的利益，因此，政府应致力于维护和促进社会公共利益，而不能为政府组织和政府工作人员谋取私利。然而，政府同样是由有个人需求和欲望的"人"组成的，他们的行为同样会受到权力、荣誉、利益等的激励，也就是说，他们也是追求自利的个人。同样，政府组织也不仅仅追求国家公共利益，和其他社会组织一样，政府组织也追求组织自身的目标，甚至不顾国家整体利益而谋求地方利益、行业利益和部门利益，也会设法扩大政府组织的规模、权力、预算和影响力。政府组织及其工作人员的自利行为损害了政府的"大公无私"的形象，也使公民意识到，政府及其工作人员都不是完美而无可挑剔的，公共权力并不会自动地追求公共利益。要使公共权力服务于人民的意志，必须加强对公共权力的制约和监督。

在我国，政府的人民性不仅体现在政府组织"全心全意为人民服务"的宗旨上，还体现在对政府工作人员更高的素质和道德要求上。我们要求政府工作人员要"吃苦在前，享乐在后"，为了人民的利益要做到"鞠躬尽瘁，死而后已"。然而，政府的自利性还是从政府及其工作人员的活动和行为中得到了广泛体现。

首先，一些地方政府在决策和执行的过程中，首先考虑的不是社会公共利益，而是政府自身的成本和收益。对于一些有利可图的行政执法部门，政府往往投入大量的人力物力。在行政执法的过程中，不是把防范和纠正违法行为作为工作的重点，而是把罚款作为主要目标，甚至为了多罚款而纵容违法行为。在行政过程中，政府主要关注政府自身的成本，而不关心政府决策给社会造成的成本负担。比如在行政审批过程中，申请人要把申请书依次送往数十个部门审查盖章。这种审批方式不会给政府自身带来过多的成本，而且这种分别审批的方式为更多的部门提供了寻租的机会，但却极大地增加了申请人的负担。目前，我国对行政审批制度进行了大规模的改革，减少了行政审批项目，削减了行政审批环节，一些地方还成立了行政审批中心，实行"一站式审批"，大大降低了申请人的成本，受到民众的广泛欢迎。

其次，政府内部官僚主义作风盛行，行政成本居高不下。与人们对政府的美好期望相反，政府机关及其工作人员并没有将自己作为服务民众的"仆人"，而是把自己看做高高在上的社会管理者。民众把到政府部门办事的情形描述成"门难进、脸难看、话难听、事难办",生动形象地反映出一些地方政府内部的官僚主义状况。这些政府部门及其公务人员缺乏公仆意识和服务意识,对应该为民众办的事拖延搪塞,使得民众不得不四处赔笑脸、托关系,甚至请客送礼。另一方面,政府对公共财政资源的铺张浪费现象极为惊人,公车消费、公费出国、公款接待的每项开支每年都达到数千亿计,还不包括办公经费和人员经费。政府部门自身消耗了大量的社会财富,挤占了过多的社会资源和社会机会,成为社会发展的沉重负担。与此同时,政府用于公用事业和公共服务的开支却明显不足,影响了社会的和谐和健康运行。

第三,政府权力滥用和权力腐败现象仍相当严重。由于行政过程的法制化程度不高,对行政权的监督机制不够完善,再加上在经济转轨和社会转型过程中为行政权力提供了很多寻租的机会,导致改革开放以来,我国政府权力滥用和权力腐败现象日益严重。虽然党和政府高度重视反腐倡廉的工作,也加强了各方面的制度建设,但官员腐败特别是高官腐败现象却层出不穷,显示出我国的监控机制特别是对一把手的监控机制仍有诸多缺陷。严重的权力滥用和腐败现象不仅损害了党和政府的形象,削弱了党和政府的威信,疏远了政府与群众的关系,而且可能会影响到政局的稳定和国家的长治久安。正如江泽民同志所指出的那样:"一个政权也好,一个政党也好,其前途与命运最终取决于人心向背,不能赢得广大群众的支持,就必然垮台。"[①]

(四)在社会变革的时代,我国政府肩负着巨大的压力和责任

我国的改革开放事业是在党和政府的领导下,在广大民众的积极参与下逐步开创出来的。改革既是对二十余年计划经济的失败实践的反思,也是对日益增强的社会压力和国际竞争的反映,更是对社会主义中国前途和命运的探索。由于改革本身就是一个逐步探索的过程,难免会遇到各种挫折和困难,也会遭遇各种不期而至的风险,使政府时刻面临着巨大的压力。这既加重了政府的责任,也对政府的能力提出了新的挑战。

首先,改革加剧了社会的不稳定性。我国的改革主要集中在经济领域,是一场面向经济现代化的改革。改革首先从农村开始,并迅速取得了成效,农村经济获得了快速发展。同时,对外开放逐步扩大,城市改革也进行了试点和探索。但改革的成效并不限于经济增长,它还带来了其他许多领域的变

---

① 中共中央宣传部:《"三个代表"重要思想学习纲要》,学习出版社2003年版,第115页。

化。随着国家对社会经济生活的管制逐步放松，民众逐步获得了一定的经济自主权，城市中重新允许个体经营的发展，农村中也开始允许个体商贩从事商品交易。农村联产承包责任制解放了农村劳动力，使农民可以自主安排自己的生产和生活。所有这一切都大大增强了社会流动性，也增加了社会管理的难度。同时，计划经济时期的意识形态已经遭到抛弃，而新的意识形态和价值观念还在探索的过程中。改革的进程冲破了旧的社会秩序，新的社会阶层和社会利益群体逐步形成，但与新的利益格局相适应的社会秩序还没有形成。而且，改革的持续推进使得整个社会的政治、经济秩序始终处在不断变动之中，社会利益格局的调整也引发了各种社会矛盾与冲突。因此，社会秩序的不稳定性明显加大。在这种情况下，经济改革产生的经济发展并不能带来社会稳定，却可能使社会变得更不稳定。亨廷顿对经济迅速发展而引致社会不稳定的根源进行过深入的分析。他认为，经济发展所导致的以下后果都可能引发社会不稳定：（1）破坏了传统的社会集团（家族、阶级、种姓），因此增加了"失去原来的社会地位……因而处于导致革命对抗的境地的人数"；（2）产生了暴发户，他们没有能完全适应现存秩序，也没有能完全被吸收进现存秩序之中，他们要求同他们新的经济地位相称的政治权力和社会地位；（3）增加了地理的流动性，这种流动性又破坏社会纽带，尤其鼓励从乡村向城市急速迁移，异化现象和政治极端行为由此产生；（4）增加了生活水平下降的人数从而扩大了贫富差距；（5）只绝对地而不是相对地增加一些人的收入，因此加强了他们对现存秩序的不满；（6）提出了全面限制消费以便促进投资的要求，因而产生普遍不满；（7）增进文化教育，普及大众传播媒介，这就使欲望超出能够满足的水平；（8）加剧了投资和消费分配上的地区间和民族间的冲突；（9）提高了集团组织的能力，从而增强了集团对政府提出要求的力量，而政府又无法满足。[①]

其次，改革本身的困难对政府能力提出了挑战。我国是一个有着 13 亿人口的超大型社会，各地区的自然环境、社会经济发展水平差距很大；又存在着历史遗留下来的民族矛盾和国内外敌对势力的破坏，社会管理的难度在世界上是绝无仅有的。而在这样一个国家推行改革所面临的困难同样是空前

---

① ［美］塞缪尔·P. 亨廷顿：《变动社会的政治秩序》，张岱云等译，上海译文出版社 1989 年版，第 54—55 页。

的。在经历"文化大革命"的浩劫之后,社会民众普遍存在着一种追求稳定的心态。改革开放在结束"以阶级斗争为纲"的方针的同时,启动了经济领域的变革,一方面得到了民众的普遍欢迎,另一方面也受到了"左"倾思想的阻挠。许多民众对改革措施也抱着怀疑和抵制的心态。虽然民众有着致富的愿望,但在反复经历了"割资本主义尾巴"的惨痛教训之后,党和政府的富民政策的落实并不十分有效。这也从一个侧面反映了改革措施被老百姓认可的困难。我国实行的是一种渐进的梯度推进的改革战略。这种战略有助于减少改革的成本,提高改革措施的科学性,但也带来了一些问题,这些问题正如亨廷顿所观察到的,改革者"必须两线作战,既要反对保守,又要反对革命。……因而改革者比革命者需要更高的政治技能。正因为实现改革所需的政治才能难得,改革是不常见的。一个成功的革命者不一定是位杰出的政治家;而一个成功的改革者则总是如此"[1]。另一方面,梯度改革战略加剧了地区间的发展不平衡,并使人口的区域间流动成为客观的现实需要,但现行的户籍制度又限制了人口的有效迁徙。这更增加了贫困地区民众的心理失衡,从而给社会稳定带来了不利影响。正如亨廷顿所指出的,"变化的辩证法是:改革的建议往往使原先无动于衷的集团看到自己的重大利益受到威胁而活动起来"[2]。

第三,改革加剧了国际竞争,增加了社会风险。在计划经济时期,我国基本上是关起门来搞建设,而我国的改革进程却伴随着对外开放的逐步深化。1978 年 9 月 5 日,国务院召开全国计划会议,会议确定,从闭关自守或半闭关自守状态转到积极引进国外先进技术,利用国外资金,大胆进入国际市场的开放政策上来。此后,1979 年决定设立经济特区,1984 年开放 14 个沿海城市,1985 年开辟沿海经济开放区,1988 年成立海南省,1990 年决定开发、开放上海浦东新区,等等,全方位对外开放的格局已初步形成。伴随着对外开放的是国际竞争的加剧,原来处于国家保护之下的国有企业不得不与世界跨国公司在资源、科技、人才、市场等领域展开激烈的竞争,国家的产业安全在某种程度上遭到威胁。对外开放带来的另一个后果是加快了中外文化交流,西方各种思潮蜂拥进入我国,一方面开阔了我国国民的视野,另

---

[1] [美]塞缪尔·P. 亨廷顿:《变动社会的政治秩序》,张岱云等译,上海译文出版社 1989 年版,第 373 页。
[2] 同上书,第 384 页。

一方面也加速了我国的文化多元化、价值观念多元化的进程。这种多元化进程在某种程度上加剧了我国意识形态领域的斗争，给社会稳定带来了一定的不利影响。随着改革的推进，我国的各种社会风险也在不断增加，比如：随着经济的发展和公民权利意识的增强，公民的政治参与意愿和要求不断提高，但目前的民主政治体制设计还不能有效满足公民的民主参与需要；随着工业化进程的加快，工业风险的危害越来越明显；我国经济的发展面临着日益严峻的资源和环境压力，所导致的风险也越来越严重，等等。

总之，在社会变革的时代，我国政府面临着越来越严峻的经济、政治、自然、社会等各种问题的挑战，面临着来自国内和国际两方面的压力，也肩负着越来越沉重的责任。这对政府管理能力无疑提出了更高的要求。用芦西恩·派伊的话来说就是，"发展和现代化问题的根基，在于必须建立效率更高、适应性更强、更为复杂和更为合理的组织。……发展的最大考验，是一个民族建立和维持庞大、复杂而又灵活的组织形式的能力"[1]。

三 当代中国政府角色的基本定位

合理确定政府角色是提升政府有效性的基础。在经历了全能政府的实践之后，我国党和政府开创了改革开放的伟大事业。这场改革不仅使我国政府的工作重心发生了根本性改变，使我国政府的政策措施和工作方式实现了根本转变，也使我国政府的社会角色发生了深刻变化。在社会变革的进程中，我国政府角色从全面干预到放松管制，从直接管理到间接调控，从行政管制到公共服务等，经历了持续的变化。从改革开放以来我国社会经济的快速发展和取得的惊人成就来看，我国的政府角色是基本适应改革开放的现实需求的，也是基本适应我国社会经济发展和社会变革的基本要求的。但在现实生活中，我国政府还扮演着一些与社会经济发展不相适应的角色，比如：政府对经济和社会生活的干预仍然过多，对社会资源的攫取和浪费现象仍相当严重，建立和维护公平竞争秩序的责任仍不够到位，政府的公共服务职能仍比较薄弱，等等。这种政府角色的偏差主要表现为两个方面：一是政府应该放弃的角色没有放弃，二是政府应该承担的角色却又没有做好。因此，合理确

---

[1] 转引自［美］塞缪尔·P.亨廷顿《变动社会的政治秩序》，张岱云等译，上海译文出版社1989年版，第35页。

定政府的角色不是单一的对政府权力进行约束或者激励的问题，而是要把二者结合起来，既要控制和约束政府的不当作为，又要推动政府有效地发挥积极功能。这就是要坚持谨慎乐观主义的政府角色观，既要建立对政府权力的监督和控制机制，限制其自利性倾向，又要使其拥有充分的权力和权威，并在促进经济发展、社会进步方面发挥积极的功能。

从当前的社会环境来看，我国政府面临着国际竞争加剧、生态问题恶化、收入差距拉大、工业风险激增等严峻考验，政府肩负的社会责任越来越沉重，政府在社会经济发展中的角色日趋重要。但这并不意味着应回到全能政府时代，相反，在政府责任增加的同时，我国仍缺乏健全的政府权力监控机制。如果不能有效地控制政府的权力，不但政府无法承担起应负的责任，其自利性行为还会严重削弱社会发展的活力，并成为社会经济发展的障碍。因此，合理定位当代中国的政府角色是进一步推进改革开放事业的重要保证。这种政府角色定位的基本点就是明确政府的责任，使其在推进社会经济发展中发挥积极的建设性功能，并避免其权力滥用所带来的不利影响。具体来说，我国政府角色的合理定位应基于以下目标。

（一）信任中心

作为描述人与人之间关系的一种心理预期，信任本身就是人们所珍视的价值之一，并且通常与互助、友谊等价值紧密相连。一般来说，信任是指人们对他人未来行为的一种肯定的预期。福山认为信任是社团成员对彼此间合作的信心。他认为："所谓信任，是在一个社团中，成员对彼此常态、诚实、合作行为的期待，基础是社团成员共同拥有的规范，以及个体隶属于那个社团的角色。这里所指的规范可能是深层的'价值观'，例如关于神祇或关于正义本质的看法，也可能包含世俗的规范，例如专业标准和约束行为的法律。"[1] 什托姆普卡则是从不确定性的角度来认识信任。他认为，"在不确定和不可控制的条件下行动，我们就是在冒风险，我们就是在赌博，我们在拿未来的不确定性和他人的自由行动来赌博。这样我们就获得对信任的最简单、最一般的定义：信任（trust）就是相信他人未来的可能行动的赌博"[2]。可见，信任是人们之间进行交往的基石，是任何社会存在的基础。没有信

---

[1] [美] 弗朗西斯·福山：《信任——社会道德与繁荣的创造》，远方出版社1998年版，第35页。

[2] [波兰] 彼得·什托姆普卡：《信任——一种社会学理论》，中华书局2005年版，第33页。

任，人们之间就无法有效地交流和沟通，更无法开展有效的合作，社会就会陷入猜忌、敌视和冲突的状态之中，并可能会导致社会的崩溃。

信任对于社会的存在和发展具有多方面的功能。首先，它是一种重要的社会资本，能够降低社会运行的成本，提高社会福利。沃伦认为："一个能够促进牢固信任关系的社会，也很可能是这样一个社会，它能够给予更少的管理和更多的自由，能够应付更多的意外事件，激发其公民的活力和创造性，限制以规则为基础的协调手段的低效率，并提供更强的生存安全感和满足感。"① 在缺乏社会信任的时候，就会增加社会运行的成本。"从理性的角度来看，信任是对未来合作可能性的预测。当信任下降时，人们越来越不愿意承担风险，实施更多的保护行为以应付可能遭到的背叛，而且更趋于坚持用高成本的制裁机制来保护自己的利益。"②

其次，信任是实现社会合作的桥梁。"关于社会困境的著作中有许多证据证明，社会信任机制在合作行为中扮演着重要角色。"③ 因此，"只有当组织以及人们之间有着信任关系的时候，才会引起自愿合作的行为，而且，信任关系的深度也决定着合作的强度，信任关系能够扩展到多大的范围，合作网络也就会延伸到同样大的范围。弱信任关系支持弱合作，强信任则造就强合作"④。

第三，信任是推动经济发展的重要条件。信任能够推动社会合作，而合作是社会发展基本动力之一。此外，在市场经济中，信任是市场交易的基础。特别是在现代契约经济中，没有信任，绝大多数的经济活动将无法开展。张维迎曾经从经济学的角度来界定信任。他认为，"简单地说，经济学认为信任是在重复博弈中，当事人谋求长期利益最大化的手段。在某种制度下，若博弈会重复发生，则人们会更倾向于相互信任"。在他看来，信任对于市场经济至关重要，"市场经济不能没有信任，离开了它，社会很难运转"⑤。

第四，信任是社会稳定的基石。人们之间存在着广泛的信任关系，这不

---

① ［美］马克·E. 沃伦主编：《民主与信任》，华夏出版社2004年版，第2页。
② ［美］罗德里克·M. 克雷默、汤姆·R. 泰勒：《组织中的信任》，中国城市出版社2003年版，第4页。
③ 同上书，第6页。
④ 张康之：《论信任、合作以及合作制组织》，《人文杂志》2008年第2期。
⑤ 张维迎：《产权、政府与信誉》，生活·读书·新知三联书店2001年版，第47页。

仅有助于缓和社会冲突，增进社会团结和社会凝聚力，而且有助于实施社会管理，确保社会的稳定。伯纳德·巴伯认为信任是一种重要的社会手段，他认为："虽然信任只是社会控制中的一种手段或机制，但在所有的社会体制中，它是一切无所不在的重要手段或机制。"①

在现代社会，随着市场经济体制的建立和完善，资本、物质、人员的社会流动性显著增强，人们之间的各种社会活动和交往已不再局限于传统的"熟人社会"中，而是大多发生在陌生人之间。这样，仅存于"熟人社会"中的信任机制已不能适应社会的交往需要，迫切需要建立新的更广泛的社会信任体系。在这种社会信任体系的建设过程中，政府能够并且应该发挥关键性的作用。这不仅是因为社会信任体系对于社会发展具有重要价值，也是因为政府行为的可信度会给社会信任体系产生重大影响，更是因为社会信任体系本身就是一种纯粹的公共物品，建设社会信任体系是政府不容推卸的社会责任。

政府成为社会的信任中心就是要在政府与社会之间建立良好的信任关系，并且使政府成为社会信任文化和信任机制的最主要的建设者和维系力量。政府与社会的信任关系包括两个方面：一是政府对民众的信任，二是民众对政府的信任。政府对民众的信任包括这样几个方面的内涵：首先，政府相信民众能够对个人生活作出理性的选择。因此，这种信任要求政府赋予并保证民众的自由和社会权利，使民众在遵循社会规范的前提下自主地选择生活道路和生活方式，而不是像全能政府那样统一对每个公民的生活作出安排。其次，政府尊重并接受民众的意见和选择。政府相信民众能够判断自己真实的愿望和需求，因此，在公共决策和政策执行的过程中，政府欢迎民众积极广泛地参与，表达需求、提出意见和建议，保障民众的各项民主政治权利。第三，政府相信其服务民众的愿望和行为能够得到民众的理解和支持。这是政府服务民众的动力，也是在政府和民众之间建立良好关系的基础。这样，政府就能够通过积极有效的作为，通过令民众满意的政绩赢得民众的支持，提高政府的合法性。

在现代民主国家，政府的权力来自人民，因此，民众对政府的信任是政

---

① ［美］伯纳德·巴伯：《信任：信任的逻辑和局限》，福建人民出版社1989年版，第21—22页。

府与民众信任关系的核心。德·儒弗内尔认为，共同体意味着"信任的制度化"，"公共当局的主要职能"是"增强盛行于社会整体中心的相互信任"。[1] 但是，政府赢得民众的信任并不容易。首先，这取决于社会文化中是否存在足够的信任以及社会公众之间是否存在政治共同性。亨廷顿指出："社会文化中没有信任，就为建立公共体制带来难以逾越的障碍。那些缺乏稳定和有效的政府的社会，同样也缺乏公民之间的相互信任，缺乏对国家和公众的效忠，缺乏组织的技能。"[2] 同样，"在缺少政治共同性的社会里，人们对更加原始的社会和经济集团——家庭、家族、村庄、部落、宗教、社会阶级——的忠诚，与人们对范围更广的公共当局体制的忠诚相互竞争，常常是前者取代了后者"[3]。其次，政府要言而有信，树立起政府的诚信形象。一方面，政府的实际行为要与政府所宣扬的宗旨相一致；另一方面，政府在决策和政策执行的过程中要始终坚持实事求是、从实际出发的原则，不浮夸，不掩盖事实真相。第三，政府要敢于负责，承担起政府的公共责任。人们组织起来成立政府，目的就在于在遭遇个人无法解决的困难时能拥有最后的依靠。比如，在民众陷入贫困或者遇到地震、风暴等自然灾害的情况下，民众期望政府能够在他们无助的时候给予帮助。在面临灾难和困难的时候，政府只有及时勇敢地承担起应负的责任，而不是推诿扯皮，才能赢得民众的信任。第四，政府要做到公正、廉洁，把民众的利益放在首位。公正是政府应坚持的首要价值取向。"无论从哪个角度讲，实现社会公正，政府都具有义不容辞的责任。"[4] 政府只有公平地对待每一个公民，并在行政过程中体现公正的要求，才能得到民众的普遍支持。任何只为少数人谋福利的政府必将为人类所抛弃。同时，政府及其工作人员要做到廉洁奉公，自觉抵制腐败，真正把民众的利益放在首位，才能无愧于民众的信任。

一般来说，公民对政府普遍的态度应是不信任而不是信任，正如罗素·哈丁所说，"由于典型的公民与政府或绝大多数的政府官员之间可能没有适当的联系使我们能信任政府这一个简单的原因，我们不应该一般地信任政

---

[1] 转引自[美]塞缪尔·P. 亨廷顿《变动社会的政治秩序》，张岱云等译，上海译文出版社1989年版，第31页。
[2] 同上。
[3] 同上书，第33页。
[4] 师泽生、王冠群：《社会公正与政府责任》，《政治学研究》2006年第4期。

府"①。因此，对政府而言，赢得公众的信任是一件相当困难但又必须实现的目标。在另一方面，公众对政府的信任应建立在公众理性的基础之上，而不应该是一种非理性的孩子气的信任。派伊在《政治文化与政治发展》的"导言"中指出，应该注意的是，发展也有另一种同类障碍，即社会当中普遍存在着一种对统治者、对所有形式的上层权威的温顺的、孩子气的信任。②而在我国历史上，这种孩子气的信任恰恰相当普遍。林语堂在《吾国与吾民》里曾这样描述中国人的特点："中国人只知道政府是人民的父母，谓之'父母政府'，或者是'贤能政府'。他们将照顾人民之权利，一如父母之照料其子女，是以吾们人民把'便宜行事'的权利交托与政府，便予以无限的信任。"③ 避免这种孩子气的信任，才能真正构建起我国政府和民众之间正常的信任关系。

政府作为社会的信任中心还应把推进诚信社会建设作为政府的基本职责。构建诚信社会的基本点是政府要着力建设信任文化和社会信任机制。建设信任文化就是在社会成员之间形成基本的信任感。它既是社会文化建设的组成部分，也是社会主义精神文明的重要内容。一般来说，这种信任文化的建立是漫长而艰辛的过程，它需要经过反复的信任实践才能逐步形成，但它却又会因微小的失信事件而遭到破坏。因而，信任文化是一种极为珍贵的社会资源。如果说建设信任文化是从"软"的方面建设社会信任体系，那么，构建社会信任机制则是从"硬"的方面来建设社会信任体系。目前，社会信任机制建设主要包括两方面内容。一是建立公开的有威慑力的诚信档案体系，将公民个人和社会组织的不诚信行为记录在案，并向全社会公开，使个人和组织的诚信状况成为影响其未来前途的重要因素，以此增加不诚信的代价和成本。二是加强失信惩戒制度建设，维护契约的严肃性和权威性。

（二）权威中心

实现对社会的有效治理既是政府有效性的体现，也是提升政府有效性的基础。没有有效的政策落实，没有民众对政府政策的服从，政府有效性就无从谈起。因此，政府必须具备充分的权威，具有贯彻政策措施的强大的能力，能够获得民众自愿的服从，才能确保政府有效性的实现。权威通常与权

---

① ［美］马克·沃伦主编：《民主与信任》，华夏出版社2004年版，第22页。
② 转引自王乐理《政治文化导论》，中国人民大学出版社2000年版，第61页。
③ 林语堂：《吾国与吾民》，陕西师范大学出版社2002年版，第191—192页。

力联系在一起，而权力"意味着在一种社会关系里哪怕是遇到反对也能贯彻自己意志的任何机会"①。巴克指出，权力是"在个人或集团的双方或各方之间发生利益冲突或价值冲突的形势下执行强制性的控制"②。由于政府掌握着公共权力，这就为政府在社会中贯彻自己的意志提供了力量基础。但是，拥有权力并不意味着拥有权威，拥有权力只是为拥有权威提供了一种可能性，当权力被人们认可的时候，权威才会出现。

然而，人们在什么情况下才会认可权力呢？马克斯·韦伯认为，"任何支配的持续运作，都有通过诉诸其正当性之原则的、最强烈的自我辩护的必要"。他认为，命令权力的妥当性可以基于三种来源："第一，一个具有（经由协定或指令所制定的）合力规则的制度。在此制度下，当根据规则所'委任'（握有权力）的人要求服从时，服从乃是服从于具有一般性约束力的规范。……其次，命令权力的妥当性亦可基于人的权威。这样的一种权威，进一步可以奠基在传统的神圣性——一种具有惯习化与恒常化的神圣性，且要求对特定任务的服从。第三，或者，此种人的权威亦可来自一个正好相反的基础上，亦即对非日常性事务的归依、对卡里斯玛（Charisma）的信仰，换言之，亦即信仰某个带来实际启示或具有天赋资质的人物，视之为救世主、先知或英雄。"③ 在此基础上，丹尼斯·朗将韦伯的权威类型具体分为五种形式：第一种是强制性权威，即害怕被惩罚威胁而形成的权威；第二种是诱导性权威，即诱导奖励的权威；第三种是合法权威，即建立在社会规范规定的发布命令的权利和公认的服从义务基础上的权威；第四种是合格权威，即基于对对方的卓越才能和专门知识的信任而确立的权威；第五种是个人权威，即纯粹是出于对对方的好感或人品的赞赏而形成的权威。④ 巴纳德在《经理人员的职能》一书中提出了权威接受理论，对权威的概念给出了一个最为激进的解释，他认为："权威是正式组织中信息交流（命令）的一种性质，通过它的被接受，组织的贡献者或'成员'支配自己所贡献的行为，即支配或决定什么是要对组织做的事，什么是不对组织做的事。"他解释道："按权威的定义来说，一个命令之是否有权威决定于接受命令的人，而不决

---

① ［德］马克斯·韦伯：《经济与社会》上卷，商务印书馆1997年版，第81页。
② ［美］克特·W. 巴克：《社会心理学》，南开大学出版社1984年版，第420页。
③ ［德］马克斯·韦伯：《支配社会学》，广西师范大学出版社2004年版，第19—20页。
④ ［美］丹尼斯·朗：《权力论》，中国社会科学出版社2001年版，第42—71页。

定于'权威者'或发命令的人。"① 可以看出，权力和权力的被接受是构成权威的两个基本要素。

上述关于权威的论述都是围绕着个人对个人的服从而言的，在政府与公民之间同样存在着权威问题。政府拥有合法的公共权力，但政府的权力不一定会被民众所接受。这表明，尽管政府总是拥有公共权力，但政府不一定拥有权威。有两个因素能够对政府权威的大小产生重大影响：一是政府权力的大小和政府行使权力的能力，二是政府权力被民众接受的程度。学术界通常把民众对政府权力的接受称为政府合法性。李普塞认为，合法性就是民众对权力的自愿服从。他认为："合法性存在于这样的政治系统内，该系统有能力形成并维护一种使其成员确信现行政治制度对于该社会最为适当的信念。"② 政治学家阿尔蒙德也认为："如果某一社会中的公民都愿意遵守当权者制定和实施的法规，而且还不仅仅是因为若不遵守就会受到惩处，而是因为他们确信遵守是应该的，那么，这个政治权威就是合法的。"③ 戴维·赫尔德也坚持类似的看法："合法性意味着，人们之所以遵守和服从统治和法律，是因为他们的确认为统治和法律是正确的并值得尊敬。合法的政治秩序就是被国民规范性认可的秩序。"④ 从这些关于合法性的定义可以看出，合法性不仅意味着公民服从了权力的要求，而且认可了该权力的正当性。对于政府而言，赢得所有民众的认同几乎是不可能的，因此，合法性意味着政府要获得大多数民众的同意。迪韦尔热指出："合法性只不过是由于本集体的成员或至少是多数成员承认它为权力。如果在权力的合法性问题上出现共同同意的情况，那么这种权力就是合法的。不合法的权力则不再是一种权力，而只是一种力量。"⑤ 同时，民众对政府的认可还会随着时间的推移而发生变化。这表明政府可能会在某种情况下失去合法性，从而危及政权的稳定。亨廷顿曾指出："许多政权的合法性会随着时间的推移而趋于下降。"⑥ 在现代社会，

---

① [美] 切斯特·巴纳德：《经理人员的职能》，中国社会科学出版社 1997 年版，第 129 页。
② S. M. Lipset, "Some Social Requisites of Democracy: Economic Development and Political Legitimacy", *American Political Science Review*, Vol. 53 (March 1959), p. 86.
③ [美] G. A. 阿尔蒙德：《比较政治学：体系、过程和政策》，上海译文出版社 1987 年版，第 35 页。
④ [英] 戴维·赫尔德：《民主的模式》，中央编译出版社 1998 年版，第 316 页。
⑤ [法] 莫里斯·迪韦尔热：《政治社会学：政治学要素》，华夏出版社 1987 年版，第 117 页。
⑥ [美] 塞缪尔·亨廷顿：《第三波——20 世纪后期民主化浪潮》，上海三联书店 1998 年版，第 57 页。

维持政府合法性常常成为政府最主要的关切。一般而言，政府主要通过两方面的努力来维持合法性。一是通过合法的途径获得政治权力。韦伯指出："今天，流传最广的合法性形式是对'合法律性'的信仰，换句话说，接受那些形式上正确的、按照与法律的一致性所建立的规则。"① 二是通过让民众满意的政绩来获得合法性。较高的政绩通常能够给政府赢得荣耀和声誉，从而使政府获得民众更多的支持。只有赢得了政府合法性，政府权力才会转化为政府权威。

可见，政府权威意味着：一方面，政府拥有公共权力；另一方面，政府权力获得了民众的普遍认可。这种政府权威不仅对于政府管理，而且对于整个社会的发展和进步都具有重要的意义。首先，政府权威有利于降低政府的管理成本，节约社会资源。政府权威意味着公民对政府具有足够的信任，因此，政府的政策措施能够得到公众自觉的配合和支持，从而既减少了政府强制执行的成本，又能够极大地提高政策效果。其次，政府权威是社会稳定的基石，特别是当社会面临重大危机的时候。危机容易导致极度的社会混乱，但如果政府具有较高的政府权威，那么民众就会相信政府有能力解决社会危机，同时也会遵循政府的秩序要求。这样，民众的配合不仅给政府解决危机创造了良好的环境，也能避免社会混乱导致危机的蔓延。第三，政府权威是社会良性运行的基础。较高的政府权威通常意味着政府能够对社会实施良好的治理，它会有效地激励有利于社会发展的"善"的行为，同时又能够有效地打击危害社会的"恶"的行为。这样，在政府具有较高权威的社会中总会存在一种有效的激励和威慑机制，激励有利于社会的行为，而阻止危害社会的行为，从而使政府能够以一种极低的成本实现社会的良性运行。所有这些对于政府有效性的提升都是极为重要的，因此，政府权威的提升是改善政府有效性的重要环节。当然，政府有效性也有助于树立和维持政府权威，它们是相辅相成的关系。

但是，政府权威不会伴随着政府的产生而自动获取，政府需要经过不懈的努力才能够赢得权威。政府要成为社会的权威中心，就是要使政府既拥有履行职能所必需的公共权力，又通过政府的有效作为不断赢得公众对政府的认可和支持。首先，政府必须合法地获取公共权力。提高政府权威并不是要

---

① [德] 马克斯·韦伯：《经济与社会》，商务印书馆1997年版，第37页。

求政府最大限度地谋取公共权力,过多的政府权力会限制公民和社会组织的自主权利,同时也会加重政府管理的负担和责任。在政府能力有限的情况下,过多的政府权力必然会增加政府犯错误的机会,并制约社会活力,阻碍社会经济的发展,进而引起民众的不满和反对。因此,过度扩张政府权力反而会降低政府的权威。同时,政府权力的获得必须具有正当性。阿德勒指出:"那些高出基础之上,拥有更多的政治权力的人,只有当宪法授予他们新任的公职的权力时,他们才算是'正当地'拥有更多的政治权力。如果他们是由于大量的财富、他们在社会中的社会地位、他们的个人迷信或其他形式的特权或威信而行使的不正当影响来拥有更多的政治权力,那么,他们是'不正当地'拥有这种权力。"① 政府只有合法地获取权力,该权力才会得到民众的认同。其次,政府必须正当地行使其权力。一方面,政府权力的行使必须具有目标和手段上的正当性。公共性是政府权力的本质特征,不管是公共决策,还是政策执行,都要符合公共利益的要求。另一方面,政府权力的行使要遵循科学性的要求。政府活动要遵循客观规律,以最少的投入获得最大的公共利益。良好的政府管理酷似太极手法,它并不试图掌握太多的社会权力和资源,而是运用尽可能少的权力和资源引导社会健康快速地发展。第三,通过政府行为赢得民众的信赖和支持。民众只会把权威给予那些有能力而又值得信赖的人,同样,政府要获得权威也必须既强而有力又值得信赖。一方面,政府要能有效地解决社会发展进程中面临的各种问题与挑战,创造出令民众满意的政绩;另一方面,政府又能有效地控制自身的自利性倾向,努力塑造廉洁、公正、亲民的政府形象。

(三) 动力中心

社会发展是一个极为复杂的历史过程,在这一历史进程中,各种经济的、政治的、文化的以及自然环境的因素相互影响、相互作用、相互制约,共同推动了社会的发展与进步。多少年来,人们一直在试图寻找社会发展的动力,进而探索社会发展的规律。这些努力取得了一些成就,也遇到了一些失误和挫折。但至少到目前为止,人们仍没有对社会发展的动力结构及其作用机理有一个清晰、科学和全面的认知。

马克思、恩格斯从人类社会生存的基础即生产物质生活本身出发,认为

---

① [美] 摩狄曼·J. 阿德勒:《六大观念》,团结出版社1989年版,第183页。

社会发展的根本动力是生产力的发展。恩格斯指出："社会制度中的任何变化，所有制关系中的每一次变革，都是产生了同旧的所有制关系不再相适应的新的生产力的必然结果。"① 1890 年，恩格斯在致约·布洛赫的信中写道："根据唯物史观，历史过程中的决定性因素归根到底是现实生活的生产和再生产。"② 但是，生产力的发展并不是推动社会发展的唯一动力。恩格斯指出："无论马克思或我都从来没有肯定过比这更多的东西。如果有人在这里加以歪曲，说经济因素是唯一决定性的因素，那么他就是把这个命题变成毫无内容的、抽象的、荒诞无稽的空话。经济状况是基础，但是对历史斗争的进程发生影响并且在许多情况下主要是决定这一斗争的形式的，还有上层建筑的各种因素。"③ 恩格斯认为，虽然政治、法律、哲学、宗教、文学、艺术等的发展都是以经济发展为基础，但它们又都互相作用并对经济基础发生作用。马克思、恩格斯还特别重视革命和阶级斗争在社会发展中的作用，马克思指出："革命是历史的火车头。"④ 他们在给奥·倍倍尔等人的通告信中写道："将近 40 年来，我们一贯强调阶级斗争，认为它是历史的直接动力，特别是一贯强调资产阶级和无产阶级之间的阶级斗争，认为它是现代社会变革的巨大杠杆。"⑤ 在某种意义上，暴力、战争、掠夺、抢劫等都可以被看做是历史的动力。恩格斯在《家庭、私有制和国家的起源》中指出："鄙俗的贪欲是文明时代从它存在的第一日起直至今日的起推动作用的灵魂；财富，财富，第三还是财富，——不是社会的财富，而是这个微不足道的单个的个人的财富，这就是文明时代唯一的、具有决定意义的目的。"⑥ 因此，马克思主义认为："历史是这样创造的：最终的结果总是从许多单个的意志的相互冲突中产生出来的，而其中每一个意志，又是由于许多特殊的生活条件，才成为它所成为的那样。这样就有无数互相交错的力量，有无数个力的平行四边形，由此就产生出一个合力，即历史结果，而这个结果又可以看做一个作为整体的、不自觉地和不自主地起着作用的力量的产物。……一个总的合

---

① 《马克思恩格斯选集》第 1 卷，人民出版社 1995 年版，第 238 页。
② 《马克思恩格斯选集》第 4 卷，人民出版社 1995 年版，第 695 页。
③ 同上书，第 695—696 页。
④ 《马克思恩格斯选集》第 1 卷，人民出版社 1995 年版，第 456 页。
⑤ 《马克思恩格斯选集》第 3 卷，人民出版社 1995 年版，第 685 页。
⑥ 《马克思恩格斯选集》第 4 卷，人民出版社 1995 年版，第 177 页。

力……每个意志都对合力有所贡献，因而是包括在这个合力里面的。"①

对于社会发展动力问题，中国共产党人也进行了艰苦的探索。毛泽东认为，社会矛盾是社会发展的基本动力。他指出："按照唯物辩证法的观点，自然界的变化，主要的是由于自然界内部矛盾的发展。社会的变化，主要的是由于社会内部矛盾的发展，即生产力和生产关系的矛盾，阶级之间的矛盾，新旧之间的矛盾，由于这些矛盾的发展，推动了社会的前进，推动了新旧社会的代谢。"② 新中国成立后，他在《关于正确处理人民内部矛盾的问题》一文中写道："许多人不敢公开承认我国人民内部还存在着矛盾，正是这些矛盾推动着我们的社会向前发展。"③ 邓小平认为，和革命一样，改革也是解放生产力，因而也是推进社会发展的动力。他指出："改革促进了生产力的发展，引起了经济生活、社会生活、工作方式和精神状态的一系列深刻变化。"④ 因此，"改革是中国的第二次革命"⑤。邓小平还非常重视科学技术在社会发展中的作用，1988 年，他提出了"科学技术是第一生产力"的论断。他指出："世界新科技革命蓬勃发展，经济、科技在世界竞争中的地位日益突出，这种形势，无论美国、苏联，其他发达国家和发展中国家都不能不认真对待。"⑥

马克思主义正确地认识到生产力的发展对社会发展的决定作用，正确地认识到社会发展是多种力量"合力"的结果，还认识到科学技术、利益动机、生产关系等对生产力发展的作用。但总的来看，对于是什么推动了生产力的发展的研究仍远远不够，也就是对社会发展的动力研究不够。在这方面，西方经济学家进行了长期探索，并对经济发展的动力提出了许多不同的认识和看法。以斯密和李嘉图为代表的古典经济学家把生产要素特别是资本的投入看成是经济增长的决定因素。以马歇尔为代表的新古典增长理论把知识和教育引入生产要素之内，认为知识促进了经济增长。以罗默和卢卡斯为代表的新增长理论强调技术进步对经济增长的作用，因而重视人力资本投资。以科斯、诺斯为代表的制度经济学理论则认为制度创新是经济增长的持

---

① 《马克思恩格斯选集》第 4 卷，人民出版社 1995 年版，第 697 页。
② 《毛泽东选集》第 1 卷，人民出版社 1966 年版，第 277 页。
③ 《毛泽东选集》第 5 卷，人民出版社 1977 年版，第 372 页。
④ 《邓小平文选》第 2 卷，人民出版社 1994 年版，第 142 页。
⑤ 《邓小平文选》第 3 卷，人民出版社 1993 年版，第 113 页。
⑥ 同上书，第 127 页。

久动力。但是，人们往往只看到了发展，却并没有充分认识到人类活动可能给社会发展带来的负面作用和不利影响。人类征服自然界的能力的增强带来了自然环境的急剧破坏；工业文明的迅速发展带来的是随处存在的可见和不可见的工业风险，直接威胁着人类的生存；科技的进步，比如原子能技术的发展，使人类自我毁灭的可能性急剧增加；等等。甚至巨大的自然灾害"也间接地与人类活动有关，也就可以说是以天灾形式出现的人灾"[1]。郝永平认为："无论是总体性的人类活动，还是劳动实践活动、社会交往活动与精神文化活动这三种基本类型的人类活动，对人来说都具有既积极又消极、既肯定又否定、既有利又有害的二重性。"[2] 人类怎样才能减少和避免社会活动所产生的不利影响，约束人类的贪婪欲望，至今仍缺乏有效的社会机制。

在上述分析中，除了制度经济学派特别重视政府的功能之外，其他的理论似乎都没有把政府看做社会发展中的重要动力源泉。马克思主义也重视政府的作用，恩格斯曾分析了政治权力对经济发展的反作用。他指出："反作用可以有三种：它可以沿着同一方向起作用，在这种情况下就会发展得比较快；它可以沿着相反方向起作用，在这种情况下，像现在每个大民族的情况那样，它经过一定的时期都要崩溃；或者是它可以阻止经济发展沿着既定的方向走，而给它规定另外的方向——这种情况归根结底还是归结为前两种情况中的一种。但是很明显，在第二和第三种情况下，政治权力会给经济发展带来巨大的损害，并造成人力和物力的大量浪费。"[3] 但总体来说，马克思主义认为政府的作用始终是次要的，正如毛泽东所指出的："中国一切政党的政策及其实践在中国人民中所表现的作用的好坏、大小，归根结底看它对于中国人民的生产力的发展是否有帮助及其帮助之大小，看它是束缚生产力的，还是解放生产力的。"[4] 这种认识同样体现在对社会发展的主体的认识上，马克思、恩格斯认为，"历史什么事情也没有做，它'并不拥有任何无穷尽的丰富性'，它并'没有在任何战斗中作战'！创造这一切、拥有这一切并为这一切而斗争的，不是'历史'，而正是人，现实的、活生生的人。'历史'并不是把人当做达到自己目的的工具来利用的某种特殊的人格。历

---

[1] 《展望二十一世纪——汤因比与池田大作对话录》，国际文化出版公司1985年版，第37页。
[2] 郝永平：《简论人类活动的利害二重性》，《中共中央党校学报》1997年第4期。
[3] 《马克思恩格斯选集》第4卷，人民出版社1995年版，第701页。
[4] 《毛泽东选集》第3卷，人民出版社1969年版，第980页。

史不过是追求着自己目的的人的活动而已"①。毛泽东更明确地指出:"人民,只有人民,才是创造世界历史的动力。"② 如果从长远的、历史的视角来看,这种认识显然是正确的。政府正确的政策措施如果没有民众的配合和支持,很难取得成功;英雄人物没有民众的追随也成就不了大业。然而,我们显然也不应该轻视政府和英雄人物的地位和作用。如果政府的政策不能形成有效的激励,仅仅依靠民众高度的热情和昂扬的斗志并不能取得现代化建设的成功,相反,这种热情和斗志也将随着时间的推移而消退。计划经济的实践已经充分证明了这一点。在特定的历史时期和特定的环境下,往往不是民众而是政府,决定着社会发展的前途。这不是唯心主义或者英雄史观,民众仍然是社会发展的基本动力,但民众推进社会发展的动力的大小却在很大程度上取决于政府所提供的社会环境和制度激励的状况。政府自身的能力虽然有限,但它却能极大地激励或阻碍社会力量的发挥,从而成为影响社会发展进程的关键力量。从这个角度来看,政府事实上是推动社会发展的核心力量。政府要想有效地推进社会发展的进程,应该努力成为社会发展的动力中心。

政府成为社会发展的动力中心并不是要让政府回到全能政府时期,包揽社会的政治活动、经济活动、文化活动等,而是使政府成为社会发展的关键推动力量。政府对于社会发展的功能是非常独特的,它主要不是依靠政府自身去创造各种社会财富,而是依靠激发社会公众和其他社会组织的积极性和创造性来实现社会经济快速健康发展的目标。政府同样会犯错误,从而给社会经济发展造成严重后果。因此,政府要成为社会发展的动力中心必须谨慎从事,努力创造和维护有利于社会发展的环境,而不是损害社会发展的基础;激发社会活力,而不是牵制社会的发展;鼓励有效的社会合作和竞争,而不是毁灭和破坏社会发展的成果;引导人们建设繁荣、友爱、和谐的社会,而不是使社会充满贫困、仇恨和冲突;等等。要履行好动力中心的职能,较高的政府能力是必要的。但由于政府没有能力做好每一件事情,因此,"政府亟需集中更大的能力以提高有效性:选择做什么和不做什么是至

---

① 《马克思恩格斯全集》第2卷,人民出版社1957年版,第118—119页。
② 《毛泽东选集》第3卷,人民出版社1969年版,第932页。

关重要的"①。世界银行在其发展报告中提出了五项政府必须做好的基础性工作，它们是：建立法律基础；保持非扭曲性的政策环境，包括宏观经济的稳定；投资于基本的社会服务与基础设施；保护承受力差的阶层；保护环境。②做好这些工作对于发挥政府功能、提高政府有效性具有十分重要的意义。结合我国的社会现实，我们认为，作为社会发展的动力中心，政府应努力做好以下几个方面的工作。

第一，加强社会管理。社会管理是政府的一项基本职能，其目标在于塑造良好的社会秩序和避免人类活动对社会发展造成不利影响。塑造良好的社会秩序就是要形成一种既能保持社会稳定，又方便民众生活；既能够使社会运转有效，又能够降低社会运行监督成本的社会秩序。避免人类活动对社会发展造成不利影响就是要尽量避免那些可能危害社会稳定和社会发展的行为和事件的发生。为此，政府要制定生产安全、产品质量、污染排放、药品食品安全等方面的标准，加强对生产过程、工业品质量、食品药品的安全性和可靠性、污染物排放等的监督检查，加强对空气、水质、地表、气候、放射物质等方面的环境监测，积极预防和避免各种工业和社会风险。

第二，提供公共服务。公共服务能够较为直接地推动社会经济的发展，因而，政府提供的公共服务的数量和品质通常成为判断政府优劣的重要标准。公共服务的范围很广，各种公共服务的公共性程度也有差异。政府应着力提供那些基本的公共服务，比如：建造交通、通信、水利等基础设施；提供基础教育、基本医疗、基本养老等公共服务和社会保障体系；提供公共信息、消防、安全等公共服务；等等。同时，政府也可以根据各类公共服务的不同特征，采用与市场、社会合作的方式提高公共服务供给的数量和品质。

第三，提供有效激励。提供激励是政府激发社会活力的基本手段。政府激励可分为正向激励与负向激励两种类型。正向激励是指通过物质和精神奖励等手段来鼓励那些对社会发展有利的社会活动，比如通过设立国家科技进步奖和建立专利制度等措施鼓励科技创新。负向激励是指物质上、精神上甚至法律的惩戒措施来避免某些危害社会健康发展的社会活动，比如通过征收排污费来减少环境污染。政府提供有效激励的核心是建立一个公平竞争的市

---

① 世界银行：《1997年世界发展报告——变革世界中的政府》，蔡秋生等译，中国财政经济出版社1997年版，第4页。

② 同上。

场环境和社会环境,因此,政府提供激励的基本手段是制定并执行一套公平有效的社会行为规范。

第四,加强宏观经济调控。宏观调控是政府保持国民经济良性运行的基本途径。政府应根据国民经济运行的状况和对国内外经济形势的科学预测,运用财政的、货币的、金融的和必要的行政手段,有效调节宏观经济运行,保证国民经济的健康稳定发展。

第五,推进社会公平。在现代民主国家,公平是政府的基本价值追求,也是政府开展各种活动的基本伦理要求。一方面,公民应享有同等的政治、经济、文化和社会权利;另一方面,政府要采取措施尽量实现公民在政治、经济、文化和社会等方面的机会均等。由于人们在体力、智力、机会等方面存在着事实上的不平等,公平竞争的结果必然会存在差异。社会公平并不主张完全消除这种差异,这种差异本身体现的是某种实质上的公平,但社会公平仍主张给予那些困难者以充分的人文关怀。

另外,政府还要推进科技、文化等的发展,引导科技应用于造福人类的方向,推进政治文明、精神文明和社会文明建设,创造繁荣、团结、友爱、和谐的人类社会。

政府在社会中扮演信任中心、权威中心和动力中心的角色是根据政府的特点和社会发展的需要而提出来的,但这种角色只是从总体上而言的,政府作为信任中心、权威中心和动力中心的具体形态和现实表现应该是多种多样的。因为,很显然,政府角色不应是僵化不变的,它会随着社会的变迁以及政府对自身角色认识的理性化程度的提高而发生转变。同时,不同层级的政府在社会生活中扮演的角色并不完全相同,政府层级不同,所承担的责任和发挥的功能也会有着较大的差异。因此,政府应根据政府自身的条件和社会环境的需要选择合适的方式去履行作为社会的信任中心、权威中心以及作为社会发展的动力中心的职责。

第三节 构建富有政府有效性的政府模式

什么样的政府模式更具有效性其实并没有唯一的和标准的答案,因为政府有效性的高低并不仅仅取决于政府自身。政府自身的能力和适应性是一个方面,良好的环境因素和客观条件是另一个方面,社会习俗、民众对政府的态度等也会对政府有效性产生一定的影响。由于政府有效性主要取决于政府活动与环境的适应程度,因此,不同环境下的富有政府有效性的政府模式肯定会存在着各种差异。虽然富有政府有效性的政府模式的具体表现多种多样,但它们也具有一些共同特征。我们认为,这些特征主要体现在以下几个方面。

一 注重建设:高素质的政府

政府素质是指政府履行其职责所必须具备的才能和品质。具有较高的政府素质才可能取得较高的政府有效性。和个人素质一样,政府素质同样需要学习、培养和训练才能获得。政府素质的高低受到多方面因素的影响,既与政府中的人员相关,也与政府的物力、财力、权力、威信等资源相关;既与政府的目标、结构、宗旨相关,也与政府内部的权力关系和运行方式相关;既取决于政府组织的能力与品质,也取决于政府组织所活动于其中的环境因素。政府素质可分为政府能力素质和政府伦理素质两个方面,它们都受到上述因素的影响和制约。

政府能力素质是指政府履行其职责所具有的技能和影响力。政府资源是政府能力的基础,政府能力需要建立在一定的人力、物力、财力、权力、信息、技术、威望等有形和无形资源的基础之上。政府缺乏必要的资源,必然导致政府能力和影响力的低下,进而造成政府的软弱无能。但同时,政府能力又是政府获取这些资源的重要条件。政府能力是政府职业素质的核心。谢庆奎等人认为,"政府能力,就是指政府能不能制定一个切合实际的现代化政策,能不能有效地推行和贯彻这种政策,能不能持续稳定地将这种政策引向深入的能力"[①]。

在不同的国家、不同的历史时期,政府所承担的职能不同,所需要的能力也是不同的。可以说,政府需要何种能力完全取决于政府承担了哪些职能和需要开展哪些活动。从政府职能的角度来看,政府需要具备社会管理、宏观调控、市场监管、公共服务等能力;从政府活动的角度来看,政府需要决策、执行、协调、监督等方面的能力。张建英等人认为,政府能力主要包括吸纳社会资源能力、回应社会需求能力、治理社会生活能力和应对社会公共

---

① 谢庆奎等:《中国政府体制分析》,中国广播电视出版社 1995 年版,第 155 页。

危机能力。①

在我们看来，这些能力都是极为重要的，但更为重要的是，政府应加强和提高以下两种能力。一是根据社会需求和未来发展趋势科学确定政府职能的能力。一方面，在不同的环境下，对政府会有不同的能力要求。比如，随着工业化进程的加快，工业风险与日俱增，对政府管理工业风险的能力要求也越来越迫切。另一方面，社会环境本身也会对政府能力产生重大影响。由于政府能力是通过政府与社会的交互作用的过程中体现出来的，它必然受制于环境因素的影响，特别是受到政府政策的目标群体的影响。因此，政府能力的强弱"既依赖于政府本身的特点，也依赖于政府试图驾驭的那个社会的特性"②。张国庆认为："理解政府能力，既要考虑到行政主体的权力行使，又要考虑到行政客体的服从。"③ 二是政府自我管理的能力。现有的政府能力研究大多关注于政府对社会的管理能力，而忽视了政府自我管理的能力。很显然，只有在政府能够对自身进行有效管理的情况下，政府才能够科学地统筹使用自身所拥有的资源，准确高效地履行自身的职能。汉密尔顿等人认为："要组织一个人统治人的政府时，最大困难在于必须首先要使政府能管理被统治者，然后再使政府管理自身。"④ 加强政府自我管理的能力不仅有助于政府集中资源去做好政府应该做的事情，提高政府运作的效率和效能，更重要的是，要使政府有能力控制自身过度自利性的倾向。"当一个政府的目的在于整个集体的好处时，它就是一个好政府；当它只顾及自身时，它就是一个坏政府。"⑤ 这实际上是一种自我约束和自我控制的能力，这种能力限制了政府的不正当行为，对于提升政府的综合能力具有重要意义。正如彭宗超所指出的："有效地控制政府的自利性，不但不会削弱政府的宏观行政能力，反而对增强政府能力有利。"⑥

仅仅具有能力是不够的，政府还需要具备相应的伦理素质。政府伦理素

---

① 张建英、靳辉明：《试论转型中后期政府能力的危机与建设》，《学术论坛》2008年第11期。

② [英]戴维·米勒、韦农·波格丹诺：《布莱克维尔政治学百科全书》，中国政法大学出版社1992年版，第294页。

③ 张国庆：《行政管理学概论》，北京大学出版社2000年版，第137页。

④ [美]汉密尔顿、杰伊、麦迪逊：《联邦党人文集》，程逢如等译，商务印书馆1980年版，第264页。

⑤ [英]罗素：《西方哲学史》，何兆武等译，商务印书馆2001年版，第245页。

⑥ 彭宗超：《试论政府的自利性及其与政府能力的相互关系》，《新视野》1999年第3期。

质是指政府担任其角色、履行其职能时所应秉承的价值理念和伦理操守。政府能力素质只是为政府在社会发展进程中发挥相应的功能提供了前提和可能，它既能用于推进社会的进步，也能用于阻碍社会的发展，关键在于政府是否正确地运用了其能力。"对社会经济发展、个人权利和公共利益来说，政府能力既可能起积极作用，也可能起消极作用。离开充裕的能力，经济和社会就不可能继续发展，但如果政府能力不是用于实现公共利益，而是用于私人利益，或者不是被正确运用而是被错误运用，那么，政府能力越强大，对社会造成的危害也就越大。"① 因此，仅有能力素质是不够的，政府的伦理素质在政府素质结构中同样扮演着重要的角色。

在不同的国家和不同的历史时期，人们对政府的伦理素质要求也是不一样的。在我国封建社会，对政府及其官员的基本伦理要求就是"忠于皇帝"。在现代民主国家，政府的一切权力来自人民，因此，对政府的基本伦理要求就是忠于人民的利益。在我国，"领导干部不管地位多高，都是人民的勤务员，其手中的权力是人民授予的，权力的行使必须始终坚持为人民服务的方向"②。我们认为，在当今社会，政府伦理素质的基本要求就是坚持政府权力运行的公共性、人民性和公平性。公共性指的是"一种公有性而非私有性，一种共享性而非排他性，一种共同性而非差异性"③。人民性是指政府权力的运行是在人民的参与和监督之下进行的，目的在于实现人民的利益和需求。公平性是指政府在制定和执行公共政策的过程中公正地对待每一位公民，平等地保护每位公民的权利、利益和机会，提供均等化的公共服务，等等。

政府素质是影响政府有效性的关键因素，然而，政府素质的培养和提高却是一个长期和艰苦的过程。一方面，影响政府素质的因素很多，任何一个因素的严重滞后都可能影响政府整体素质的提高；另一方面，政府素质培养的关键在于政府组织中的人的培养，而人的素质的提升是一个极为复杂的过程，并不能轻易地取得明显成效。具体来说，提高政府素质应主要从以下几个方面入手。首先，加强政府工作人员职业技能的训练和道德素质的养成，培养勤奋、高效、廉洁的政府工作人员。其次，加强政府改革，理顺政府与市场、社会的关系，改善政府内部结构，提升政府运作的效率和效益。第

---

① 汪永成、彭焱：《政府能力的属性分析》，《国家行政学院学报》2005年第2期。
② 邱正文：《政府能力的政治价值论》，《社会主义研究》2003年第3期。
③ 王保树、邱本：《经济法与社会公共性论纲》，《西北政法学院学报》2000年第3期。

三，加强政府制度建设，强化对政府的制度监督和社会监督，提高政府的自我约束能力，实现政府运行的法治化、透明化和高效化。

二 科学务实：高效运转的政府

政府有效性需要通过政府行为得以体现，而政府行为能否高效地实现政府目标又取决于政府能否对社会变化作出准确迅速的反应，科学决策，高效运转，采取及时有力的政策措施。因此，政府的科学决策和强有力的政策执行对于提高政府有效性至关重要。

首先，政府要做到公开透明，反应灵敏。政府运行的公开透明不仅仅是公民和社会监督政府，防止政府滥用权力和贪污腐化的重要手段，它还具有两个重要功能：一是有利于及时发现政府运行中的缺陷和低效，从而推动政府不断改进自身的管理水平；二是有利于政府及时了解社会环境和民众需求的变化，从而有利于政府根据社会环境和社会需求的变化及时调整政府的工作重点和布局，使政府活动与社会环境需求保持一致。在现代社会，随着科技的进步，物质、资本、人员、技术、信息的流动日益快速和便捷，社会环境的变化日新月异，各种具有突发性的社会风险和社会问题显著增多，迫切要求政府作出科学、准确、快速的反应，才能最有效地解决社会问题，减少社会损失。

其次，政府要做到实事求是，科学决策。政府决策是政策执行的前提，没有科学的决策就不会有正确的行动。判断政府决策科学与否不是看政府决策是否符合某种政策理念或政策原则，而是看政策能否有效地解决所面临的社会公共问题，看是否有助于维护和增进广大民众的根本利益。因此，一切从实际出发，准确全面地了解社会问题的相关信息，正确分析和把握社会问题产生的主客观原因，是政府科学决策的前提。此外，政府决策的科学化程度还受到政府的政策信息收集能力、政策信息分析能力、政府决断能力和政府决策体制的影响，也可能因过多地受到某些强势利益集团的影响而削弱政府决策的科学性和公正性。由于现代社会是一个瞬息万变的社会，不仅社会环境极不稳定，而且科学技术也在飞速发展，人们的生活态度和价值观念也在不断变化，同时，政府的公共决策能力又是极为有限的，因此，科学的决策方案只是相对的，而不是绝对的。正因为如此，政府在公共决策和政策执行的过程中，更应该密切关注社会环境的变化，通过渐进的方式不断改进和完善政策措施，不断提高政策措施的针对性和有效性。

第三，政府要不断改进工作流程，提高运作效率。"流程"本来是企业管理中的一个概念，它是指"一系列业务活动，其中包括将某种或多种东西投入并创造出对顾客有价值的产品"①。自 20 世纪 70 年代以来，西方国家兴起了一场政府改革运动，政府流程再造是这场改革的重要内容之一。在这些国家，政府流程再造不是简单地对政府活动过程的重新安排，而是一场对政府的剧烈的革命性的变革，"是在对政府部门的行政理念、发展目标、行为准则、治理模式、制约机制等的整体再造的基础上，对政府业务流程彻底的重新思考、分析和设计。它涉及政府部门内部机构之间、政府部门之间、政府与企业之间、政府与社会组织之间、政府与社会公众之间的沟通与互动，必然会带来政府部门在组织结构、决策程序、运行机制、评估体系、激励机制等方面的显著变化，是政府自身一场彻底、深刻、持续的内部革命"②。在西方国家，政府流程再造的目的在于克服官僚体制的刻板和低效，赋予政府更多的自主性以便为公众提供品质更高更个性化的公共服务。这与我国的情况有所不同。彼得斯认为："对于体制转换中国家和发展中国家而言，在追求政府部门最大经济利益的同时，必须重视建立一个可被预测的、属于全民的、正直的韦伯式的官僚政府。"③ 但这并不表明我国不应该改革政府的工作流程。一方面，我国政府的法治化、制度化建设尚待加强，政府官员工作的随意性较强而责任机制却很不健全。因此，不适宜照搬西方国家的政府流程再造的做法。另一方面，我国政府内部机构重叠、职能交叉、行政程序烦琐、办事效率低下的问题也非常严重。因而，同样也需要对政府流程进行再造。在我国，改进政府工作流程应坚持这样几个原则：其一，应把改进工作流程与改进政府观念、转变政府职能、改革政府机构等结合起来；其二，应坚持有利于提高政府效率的原则；其三，应坚持有利于公民参与的原则；其四，应与政府采用新的技术手段（如电子政务）相结合。这些原则并不容易同时实现，而且可能是相互冲突的，比如，提高效率与公民参与在某些情况

---

① ［美］迈克尔·哈默、詹姆斯·钱皮：《改革公司》，胡毓源等译，上海译文出版社 1998 年版，第 32 页。
② 赵晖、刘进源：《试论政府流程再造》，《理论研究》2007 年第 2 期。
③ ［美］B. 盖伊·彼得斯：《政府未来的治理模式》，中国人民大学出版社 2001 年版，第 10 页。

下就可能发生冲突，因此，改革应是对多方面因素的综合权衡。

第四，加强绩效监督，强化激励与约束。科学的决策应建立在对客观的社会现实科学分析的基础之上，同样，对政府工作成效的评价也应建立在对政府活动所产生的客观效果的基础之上。由于政府活动范围的广泛性和活动影响的深远性，试图对政府绩效进行准确评估在目前仍是一种奢望。但人们可以通过不断改进政府绩效评估的技术、方法和手段，逐步提高政府绩效评估的科学性和客观性，近似客观地对政府机构及其工作人员的绩效进行评价和比较，并通过相应的奖惩措施，形成对政府机构和官员有效的激励和约束机制。这种绩效监督机制不仅有助于提高政府机构及官员的责任意识和服务观念，也有利于在政府内部形成健康的竞争意识和良好的工作作风。但是，如果政府绩效评估本身出现不科学、不民主、不客观的情况，绩效监督也会给政府管理带来严重的不良后果。因此，政府绩效监督体制的建立既要积极推进，更要科学稳妥。

三 公平施政：富有凝聚力的政府

现代国家都坚持主权在民的理念，不管公共权力实际为哪个阶级所掌握，政府都会声称它服务于全体公民。公共权力来源于公众，就必须服务于公众，并接受公众的监督。在现代社会，公共性已成为公共权力的首要特征，追求社会公正则是政府首要的价值追求。要实现社会公正，政府首先要做到公平施政，平等地对待每一位公民。斯威夫特认为："几乎所有的人都同意这样一个原则：一个政治共同体的成员应该得到平等的对待，国家应该以平等的关心和尊重待它的公民。"[1] 只有政府公平地对待每一个公民，才能表明政府是全体人民的政府，才不会在社会中制造分裂和冲突；也只有在这种情况下，政府才能得到民众普遍的认同和支持，才能获得治理社会的足够的威信和合法性。因此，对政府而言，要做到公平施政并不容易，但这却是现代社会对政府的基本要求。要做到公平施政，政府至少应做到以下几个方面。

首先，坚持以公正理念指导政府工作。思想是行为的先导，要做到公平施政，政府首先要把追求社会公平作为重要的执政目标。"要做到公平，关

---

[1] ［英］亚当·斯威夫特：《政治哲学导论》，江苏人民出版社2006年版，第101页。

键是政府要具备公平、正义的理念和责任感,才能摆脱、超越既得利益者的束缚,从维护和实现社会公平和正义的高度来处理各类社会问题,以达到实现和谐社会的目的。"[1] 政府坚持追求公正的执政理念,就能够在决策和执行的过程中充分考虑社会各方面的利益和要求,协调各方面的利益冲突,把实现最广大人民的根本利益作为指导政府行为的依据和目标。

其次,政府要积极采取措施,消除社会不公。要实现社会公正,政府不仅要在公共政策制定和执行的过程中公平地对待每一个公民,还要积极采取措施,努力消除当前业已存在的社会不公平现象。这种社会不公现象表现在许多方面。其一,居民收入差距过大,分配不公现象严重。根据牛根颖等人的住户调查资料,2003年城镇居民最高10%收入组与最低10%收入组的人均收入比例为8.4:1,比2000年的5.0:1明显扩大。农村居民20%高收入组与10%低收入组农户年均纯收入之比为7.3:1,比2000年的6.5:1进一步扩大。[2] 在市场经济体制下,由于个人所拥有的能力、资源、机会甚至运气的不同,在市场竞争中必然存在着成功和失败,也就会存在着收入和财富的差距。但我国目前所存在的收入差距主要不是公平的市场竞争的结果,而是由不公平的分配体制和违法所得所致。一些人依靠制假售假、走私贩私、偷税漏税牟取暴利,一些人靠贪污腐化、贪赃枉法、钱权交易谋取私利,一些人依靠行政垄断获取垄断利润,等等。这些非法的或者合法但不合理的收入不但导致国民收入差距的急剧扩大,而且恶化了社会的道德环境,损害了政府的形象,也引发了民众的广泛不满。其二,许多制度上的不公平亟待解决。由于历史的原因,我国居民因其居住的地域不同、城乡不同而享有差距巨大的教育机会、公共服务条件和社会保障水平,人为地制造了区域不平等和城乡差距。又由于公民没有迁徙自由(特别是对那些受教育少、收入低的贫困者而言更是如此),这种不公平就在某种程度上被固定化和结构化,最终形成了一种与我国社会主义制度格格不入的人们基于户籍制度的在政治权利、社会权利等方面的不平等。"人们发现,不单单是收入高低不取决于自己,甚至连自身能力的发挥、努力程度等也不完全取决于自己,于是导致了普遍的不公平感。"[3] 其三,市场竞争仍存在着诸多不平等。一方面,公共权力对

---

[1] 谢舜主编:《和谐社会:理论与经验》,社会科学文献出版社2006年版,第141—142页。
[2] 牛根颖、刘强:《促进公平分配,构建和谐社会》,《中国发展观察》2005年第2期。
[3] 信立滨:《运用公平理论解决收入不公问题》,《农场经济管理》2002年第4期。

市场运行的过多干预仍普遍存在，人为造成市场竞争的不公平；另一方面，政府对市场的监管仍存在很多漏洞，各种假冒伪劣产品仍充斥市场，一些企业的不诚信行为能够长期存在而不被发现。2008年奶粉行业的三聚氰胺事件充分说明政府对市场的监管存在重大疏漏。另外，行政垄断性行业的低效率、高利润现象也引起了社会的广泛不满。只有政府积极采取措施，才能消除这些社会不公现象，增强民众对政府的信任和信心。

第三，关爱弱者，推进和谐社会建设。公平施政并不是说政府的社会政策不能有丝毫的倾斜，相反，政府追求社会公平的目标要求政府应对社会中的特殊人群给予特殊的照顾。罗尔斯在其《正义论》一书中曾提出了两个正义原则。第一个原则是平等自由原则，即"每个人与所有人所拥有的最广泛平等的基本自由体系相容的类似自由体系都应有一种平等的权利"；第二个原则是差别原则和机会平等原则，即"社会和经济的不平等应这样安排，使他们：1）在与正义的储存原则一致的情况下，适合于最少受惠者的最大利益；并且，2）依系于在机会公平平等的条件下职务和地位向所有人开放"[1]。他在《作为公平的正义》一书中又将这两个原则表述为："（1）每一个人对于一种平等的基本自由之完全适当体制都拥有相同的不可剥夺的权利，而这种体制与适于所有人的同样自由体制是相容的；（2）社会和经济的不平等应该满足两个条件：第一，他们所从属的公职和职位应该在公平的机会平等条件下对所有人开放；第二，它们应该有利于社会之最不利成员的最大利益（差别原则）。"[2] 这里的差别原则体现了在特定情况下对公民区别对待的合理性。在现实社会中，弱者可能是出于不够努力，也可能出于运气不济，更可能出于社会结构本身的不公平所致。因此，关爱弱者不仅仅是出于对弱者的同情，更是基于维护社会公平的需要，是促进社会和谐的需要，是推动社会健康发展的需要。

第四，弘扬社会正气，凝聚民族精神。一个国家，一个民族，如果缺乏共同的文化体系、伦理价值观念和民族精神，就很难保持民族的团结和国家的稳定，也很难形成国民间的凝聚力和向心力。我国有着悠久灿烂的文明和辉煌的历史，形成了中华民族共同的精神财富。这不仅是凝聚中华

---

[1] ［美］约翰·罗尔斯：《正义论》，何怀宏等译，中国社会科学出版社1988年版，第292页。
[2] ［美］约翰·罗尔斯：《作为公平的正义》，中国社会科学出版社2002年版，第70页。

民族的强大纽带,也是推进中华民族伟大复兴的精神动力。但是,一个国家的文化体系不能仅仅依靠历史的积淀,更需要当代人在新的基础上形成优良的社会风气和富有凝聚力的民族精神。社会风气能够给人的思想和行为产生重大影响。良好的社会风气能够激发民众团结互助、积极向上的精神风貌,也能够激发政府组织和政府官员清正廉洁、勤政爱民。而民族精神则是增进国家的凝聚力和各民族间的团结合作的重要纽带。因此,弘扬社会正气,凝聚民族精神,对于一个国家的团结、稳定和繁荣具有重要意义。在当前的社会环境下,政府要弘扬社会正气,凝聚民族精神,一是要从政府自身做起,牢固树立廉洁、公正、以人为本的行政理念,努力建设高效的服务型的政府体系;二是要在公民中间培养团结、友爱、互助、诚信的社会风尚;三是要在全社会倡导和培养爱国主义、集体主义、社会主义的道德观念和社会价值体系。

四 战略思考:有预见力的政府

随着科技的发展和社会的进步,政府拥有了越来越多越来越先进的管理技术和管理手段。与此同时,随着社会交往和社会变迁速度的加快,社会环境变得越来越具有不确定性、易变性和复杂性,加上国内国际各种因素相互影响的加深,社会治理的复杂性逐渐增强,这就给政府管理提出了严峻的挑战。为了适应这种环境的变化,提高政府的适应能力和管理能力,各国纷纷把原来应用于私营部门的战略管理引入到公共部门并取得了一定的成效。

"战略"一词源于军事术语,本义指实现战争胜利的目标,与此相对应的是"战术"——使具体战斗获得胜利的较低层次的目标。[①] 随着市场竞争的加剧,企业需要综合考虑自身的优势和劣势、环境的机会和威胁,在此基础上,确定可行的战略目标,对企业的发展方向进行宏观的、长远的战略性思考。战略管理在私营部门中的应用相当成功,正如休斯所评论的,"战略管理极适合于私营部门,这是显而易见的,若实施有力,就会为企业提供信息基础,作出常规运作方式难以作出的决策。它有时有助于企业从普通管理过程或日复一日的工作中解脱出来,思考组织生存和未来发展的根本问

---

① [澳] 欧文·E. 休斯:《公共管理导论》,中国人民大学出版社2001年版,第177页。

题"①。

尽管政府与私营部门存在着诸多差异,比如在政治权力、组织目标等方面存在重大差异,政府与公民的关系也不同于企业和顾客的关系,但政府同样面临着竞争加剧、环境变化迅速和不确定性增加等问题。正如布莱森(Bryson)所说的,"过去二十年发生了太多的实践和趋势:人口统计的变化、公共价值的变迁、高涨的激进集团主义、公共服务的私有化、受限制的税收水平、无拨款的联邦和州的计划、联邦和州的职责和资助优先性的变迁、易变的全球经济和非营利组织作用的提升等,这些都要求公共与非营利组织作出适当的反应。"② 因此,政府同样具有开展战略管理的现实需要。张成福、党秀云认为,公共部门重视战略管理的原因主要有四个方面:更加复杂和不确定的环境;公共部门角色的变化;国际化和国际竞争力的挑战;公共利益的挑战。③ 陈振明认为政府战略管理的兴起主要基于以下背景:复杂的不确定环境的挑战;政府改革的产物;新公共管理主义的推动;私人部门战略管理的示范性影响。④ 可见,急剧变化的环境、日趋激烈的国际竞争、政府管理的困境等是促使政府推行战略管理的重要动因。

政府战略管理不同于日常的一般性管理,它具有自身的特点,准确认识这些特点是正确实施战略管理的前提。张成福、党秀云认为,战略管理具有以下五个方面的特征:战略管理是未来导向的;战略管理着重于较长远的、总体的谋略;战略管理是一个组织寻求成长和发展机会及识别威胁的过程;战略管理是直觉和理性分析的结合;战略管理是持续性和循环型的过程;战略管理是前瞻性思考和由外而内的管理哲学。⑤ 博兹曼等人认为战略管理应遵循四个原则:其一,关注长远;其二,目标与组织内的等级制整合在一起;其三,认识到战略管理与战略计划不会自行贯彻这一点也非常重要;其四,强调一种外向型的观点,不是去适应环境而是要改变环境。战略性的公

---

① [澳] 欧文·E. 休斯:《公共管理导论》,中国人民大学出版社 2001 年版,第 180 页。
② John M. Bryson, *Strategic Planning for Public and Nonprofit Organizations*, San Francisco: Jossey-Bass Publishers, 1995, p. 3.
③ 张成福、党秀云:《公共管理学》,中国人民大学出版社 2001 年版,第 77—78 页。
④ 陈振明主编:《公共管理学——一种不同于传统行政学的研究途径》,中国人民大学出版社 2003 年版,第 428—432 页。
⑤ 张成福、党秀云:《公共管理学》,中国人民大学出版社 2001 年版,第 76—77 页。

共管理则需增加额外的一项要求,即战略思维必须考虑行使政治权力的问题。① 可见,政府战略管理是在对政府自身和政府环境进行科学分析的基础上所开展的,具有前瞻性、长远性、全方位的系统管理过程。

在我国,改革开放的过程本身就是一个政治体制、经济体制、社会管理方式和人们思想观念急剧变迁的过程,是一个国家间竞争日趋激烈的过程,是一个各种风险日益积累的过程。因此,我国政府实施战略管理具有特别重要的意义。当前,我国政府实施战略管理应着重做好以下两个方面的工作。

首先,提高预见能力,防范可能的自然风险、工业风险和社会风险。预见能力是指根据当前社会经济发展的总体情况和新近出现的特殊迹象以及周围环境的最近变化,从事物发展的相互联系和内在逻辑,借助于理性分析和直觉判断,对事物未来发展作出预测的能力。随着科技的发展,当代社会环境中各因素间的相互联系、相互影响更为广泛和复杂,事物的发展变化也更为迅速,这就对政府的预见能力提出了更高的要求。特别是随着工业化进程的加快,人们对自然环境的破坏速度明显加快,各种"人为"的自然风险明显增加,各种可见和不可见的工业风险也在迅速积累。而且,随着经济的快速增长,各种社会利益关系的调整日渐增多,各种利益矛盾也逐渐突出,人们的不满情绪也在增加,各种社会风险明显加大。如果不能及时防范和解决这些日益严重的自然风险、工业风险和社会风险,整个社会将变得极为脆弱。风险一旦爆发,很可能使多年来的发展成果毁于一旦。因此,提高政府的预见能力,特别是提高对各种风险的预见能力对于保持社会的健康稳定发展极为重要。

其次,实施战略规划,着眼于社会的长远和根本利益。外部环境的复杂性及其交互作用使政府对社会环境的预测变得异常困难,而政府要实现对社会的有效治理又必须具备对社会环境变化作出迅速反应的能力并适应社会环境的变化和需求。这就要求政府选择具有高度灵活性和适应性的战略,使这种战略规划能够给政府不断变化的行为选择提供一个基本的目标和方向。尽管现实世界的复杂和多变很可能会使政府制定的任何具体行动方案变得落伍和不合时宜,但政府不能因社会现实的纷繁复杂而迷失方向和不知所措。政

---

① Barry Bozeman, Jeffrey D. Straussman, *Public Management Strategies*, San Francisco: Jossey - Bass Publishers, 1990, pp. 29 - 30.

府通过实施战略性规划，致力于追求社会的长远和根本利益，就能够从战略的高度把握解决当前复杂社会问题的总体方向和基本原则，从而把社会的当前利益与长期发展结合起来，把局部利益与全局利益结合起来，进而提高政府决策的科学性和有效性。

五 积极行动：有责任心的政府

自国家产生以来，政府职能就呈现出逐步增长的趋势，尽管这一过程也有曲折和迂回。其原因在于：一方面，随着社会的发展和进步，社会公共事务也会随之增加，这就为政府职能的扩张提供了现实需要；另一方面，随着技术的进步和政府能力的增强，政府对社会生活的渗透和干预能力也随之增强。到计划经济时期，政府对社会生活的干预达到顶峰。理论和实践均已证明，政府对社会生活的干预并不是越多越好，也不是越少越好，而是要与政府的能力以及社会发展的需要相适应。科学地确定政府职能并不是一件容易的事，它需要人们在实践中反复探索，逐步改进，而且，随着科技的进步和社会的发展，政府职能也应发生相应的转变，以适应环境变化所提出的新的要求和挑战。但是，不管政府应该承担哪些职能，在政府职能范围内，政府都应该积极行动，才能充分发挥政府在社会发展中应有的功能和作用。

自20世纪70年代末以来，西方国家兴起了一场公共管理改革运动。改革的主要内容包括三个方面：一是主张更小的政府，即"缩小政府活动的范围并从根本上改变政府的管理方式"[1]。二是主张更多的市场和社会，"改革不仅要鼓励公私之间的竞争，而且要鼓励公共事务向私有部门的转移"[2]。三是主张借鉴并运用私有部门的管理理念、管理体制和技术方法来改革政府的内部管理。这里提出政府要积极行动似乎与当前这种削减政府职能，减少政府干预，防止政府失灵的政府改革运动不相吻合。但是，这场改革只是在一定程度上改变了政府的职能、规模和活动方式，它并不是要求政府消极无为，也没有降低政府的责任。在改革出现重大问题的地方，往往不是因为政府过于积极地履行职责，而是那些政府放弃责任的地方。政府的职责范围和政府履行职责的方式可能发生变化，但在政府的职责范围以内，政府都应该

---

[1] Flynn, N. *Public Sector Management*, 3rd edition, London: Prentice-Hall/Harvester Wheatsheaf, 1997, p. 224.

[2] Ibid., p. 40.

积极高效地开展工作，承担起自己应尽的职责和义务。积极行动的政府不一定是有效的，这取决于政府的职能定位是否与社会需求相适应。但消极无为的政府肯定是低效的，不管政府的职能定位是否科学。因此，在任何情况下，不能履行基本职责的消极无为的政府都必然成为社会发展的障碍。

在我国，随着市场化改革的逐步深入，政府职能转变的工作也在稳步推进。虽然在一些领域政府该管的事情没有管好，而不该管的事情却又管得太多的情况仍普遍存在，但我国政府职能转变的目标已经比较明确。朱镕基在2003年政府工作报告中指出："在社会主义市场经济条件下，政府职能主要是经济调节、市场监管、社会管理和公共服务。政府该管的事一定要管好，不该管的事坚决不管。"[①] 政府管好该管的事就是要求政府在其职能范围内积极作为，而不是消极等待或者推诿责任。

当前，我国正处在经济转轨和社会转型的关键时期，政府仍需要积极承担起各种繁重的职责才能保证这种双重转型的顺利完成。具体来说，政府应积极承担起以下职责：首先，维护社会稳定。社会稳定是社会发展的前提。在社会急剧变革的时代，政府维护社会稳定的责任更为艰巨。其次，搞好经济调节，保持宏观经济的良性运行。政府要根据宏观经济运行状况，积极稳妥地采取宏观经济调节手段，保持宏观经济运行的基本稳定和平衡。第三，加强市场建设和市场监管。我国尚处于市场经济的初期，各种市场体系仍不够健全，特别是规范市场运行的规则体系亟待完善，需要政府积极采取措施，完善相应的法律法规和市场规则体系。此外，政府对市场运行的监管仍存在着很多的监管缺失和监管漏洞，给市场的公平竞争造成了严重的不利影响，也危害了消费者的切身利益。政府应在公平竞争、产品质量、市场准入等方面加强监管，以维护市场的公平和诚信。第四，提供公共服务。政府应做好有利于市场运行和社会发展的基本公共品的供给，比如：基础设施、基础教育、社会安全、基本卫生保健、社会保障和社会救助体系等。第五，加强法治建设，制约政府的自利性倾向。应加快制订制约和监督政府权力运行的法律法规，同时加强政府的自我约束机制建设，采取多种措施制止政府过度的自利行为。第六，保障公民的权利和自由。在现代社会，设立公共权力

---

① 朱镕基：《2003年政府工作报告——2003年3月5日在第十届全国人民代表大会第一次会议上》，中国政府网（http://www.gov.cn/test/2006-02/16/content_201173.htm）。

的一个基本目的就是保障公民的权利和自由不受不法侵犯,这是政府的一项基本职责。第七,建立政府绩效责任制度。绩效责任是与政府过错责任相对应的一个概念,它是指政府组织未能实现组织目标或者公务人员未能达到履行职责的基本要求而应承担的责任。建立政府绩效责任制度就意味着政府组织及政府官员不仅会因为过错或违法而承担责任,也会因政绩不佳而承担责任。这将有效地避免政府内部人浮于事、效率低下、得过且过的现象,推动政府组织及政府工作人员积极地履行职责。

在当今竞争激烈和充满风险的国际环境下,政府的积极作为具有特别重要的意义。政府应该积极主动地适应社会环境和社会需求的变化,积极采取应对措施,主动承担起政府的责任,才能够创造出令民众满意的政府业绩。

六 因地制宜:讲究策略的政府

社会环境的急剧变化和公共管理的复杂性使政府必须根据社会问题在特定时间、特定地点的具体体现来选择合适的应对策略和解决方案,而不能按照统一的模式去开展行政活动。社会生活是极为复杂的,政府为了有效地实现对社会生活的管理,通常需要对社会生活进行简单化和清晰化改造。"从国家的角度来看,在每一个事件中,在原始形式下的度量衡和土地所有权的地方实践都是'不清晰的'。它们显示出的多样性和复杂性所反映的不是国家利益,而是纯粹的地方利益。这也就是说,如果不加以转变和简化,变成至少有一部分是虚构的简单表达,它们就不可能被国家的管理结构所吸收。"[①] 然而,这种简单化认识常常偏离社会生活的现实,并导致政府管理的失败。一方面,政府对社会现实的认识是粗略的和静止的,而社会生活却是极为复杂而又持续变化的;另一方面,政府往往只关心与其目标相关的社会现实,而忽视了众多被认为是"不相关的"事物。正是在这种意义上,斯科特指出:"科学林业官员的图表不能反映自然森林的复杂性,地籍图也不能反映农民经验的复杂性。"[②] 因此,政府要提高社会管理的有效性,就必须使政府管理适应当地的地方特点,学习并采用与当地自然环境和社会环境相适应的地方实践知识,也就是说要因地制宜地开展行政活动,使政府管理适应

[①] [美]詹姆斯·C. 斯科特:《国家的视角》,王晓毅译,社会科学文献出版社2004年版,第25页。

[②] 同上书,第57页。

地方社会经济发展的现实需要。

我国人口众多,地域辽阔,各地的自然环境条件、经济发展水平、社会文化环境等差异很大,任何单一的政府管理方式都很难适应各地不同的社会环境需求。我国地域间的差异性主要体现在这样几个方面。首先,自然环境和资源条件的多样性。从地形上来看,我国总体上呈现西高东低的地势,西部以高原和山地为主,东部以平原和丘陵为主,地貌特征复杂,既有号称"世界屋脊"的青藏高原,也有广阔的江汉平原。从气候上来看,我国西南部降水丰富,气候温暖潮湿;西北部则是我国最为干旱寒冷的地区,以沙漠和草原为主;中南、东南地区的地貌以低山丘陵为主,具有湿热的热带、亚热带季风气候,拥有丰富发达的水系;青藏地区则是寒冷的高原气候。从资源条件来看,我国的金属矿产和非金属矿产的储量都相当丰富,但人均资源储量远低于世界平均水平,且资源分布极不均衡。总体来说,西部地区资源丰富但交通不便,人口稀少,以畜牧业为主;东中部地区矿产资源相对贫乏,但人口密集,农业发达。其次,民族文化和社会习俗的多样性。我国有56个民族,由于各民族所生活的地域不同、历史传统不同,形成了丰富多彩、各具特色的地域文化和民族文化。与此同时,我国各民族在地域分布上又呈现出大杂居、小聚居的状态,使得我国的民族文化呈现多元共存的特点。温军认为:"来自各民族自身因素、民族人口规模、民族传统技术与民族文化之间的族际差异以及宗教信仰、语言文字、民俗习惯、经济文化类型等多民族文化载体的存在,始终是影响少数民族聚居地区现代化发展进程,影响各民族走向繁荣发展的不容忽视的重要因素。"[①] 第三,经济发展水平的多样性。改革开放以后,为了加快经济发展的步伐,我国改变了计划经济时期的均衡发展战略,转而实行梯度发展战略,东部沿海地区率先发展起来。东、中、西部的差距在改革开放以后逐步拉大。西部大开发战略、中部崛起规划实施以后,中西部地区的发展速度加快,但与东部发达地区的差距仍非常明显。除了地域差距以外,我国城乡差距也非常显著。

我国各区域间的巨大差异要求政府采取多样化的政策措施以适应各地不同的社会环境条件。这种因地制宜的多样化的政府治理除了基于自然和社会环境多样性的考虑之外,还出于以下两种因素的考虑。一是政府理性的有限

---

① 温军:《民族与发展——新的现代化追赶战略》,清华大学出版社2004年版,第91—92页。

性。政府和个人一样,只具有有限理性,其政策措施总是会带有缺陷和不足。由于中央政府不具有解决地方问题的信息优势,由中央政府来统一制定解决不同环境下的社会问题,就更容易造成决策失误。因此,那种剥夺地方自主性的统一的政策措施不仅必然会失败,而且其不良后果也将更为严重和更为广泛。二是社会环境的发展变化。即使中央政府能够制定适应地方需求的公共政策,由于社会环境处于不断的发展变化之中,这些政策也会因环境的变化而不再与环境需求相适应。这就要求政府的政策必须具备足够的适应性和灵活性,也要求地方政府拥有一定的自主性,能够根据社会的发展变化对公共政策作出适当的调适。

地方政府因地制宜地管理地方事务并不是要否定中央的领导和指导作用,而是要求地方政府在中央政策的原则范围内充分运用地方知识,创造性的把中央政策应用于本地实践。这就要求中央政府制定的政策要具有一定的弹性,为地方政府留有一定的余地。首先,地方政府在贯彻落实中央政策的过程中,既要坚持原则的坚定性,又要具有策略的灵活性,把中央政策与本地实际相结合,创造性地开展工作。其次,地方政府因地制宜地开展政府管理活动还需要有一个适度分权的政治结构。在高度集权体制下,地方政府完全依附于中央政府,没有任何自主性,也就不可能因地制宜地开展政府活动。适度分权的政治结构为发挥地方政府的自主性提供了可能性。与此同时,中央政府还应鼓励地方政府进行多样化的探索,并通过地方性探索总结经验和教训,进而提高中央政府决策的科学化程度。

七 注重合作:富有领导力的政府

人类是因为相互需要才结成社会,这种相互需要往往通过合作得以满足。恩格斯在论述分工、协作的效应时指出:"许多人协作,许多力量结合为一个总的力量,用马克思的话来说,就造就了一种'新的力量',这种力量和它的一个个力量的总和有本质的差别。"[1] 哈耶克也认为:"我们是社会的成员,而且我们大多数需求的满足也都是依赖于同他人的多种形式的合作得以实现的。"[2] 人们之间的相互合作把人类社会联结成一个有机的整体,在

---

[1] 《马克思恩格斯选集》第3卷,人民出版社1995年版,第469页。
[2] [英]弗里德里希·冯·哈耶克:《法律、立法与自由》第1卷,中国大百科全书出版社2000年版,第54页。

这个整体中，每个人都扮演着各不相同的角色，发挥着不同的社会功能。人们为了更好地合作，还结成各种类型和功能的组织。在组织中，通过组织成员的相互协调和紧密合作实现单个人所无法完成的工作或者极大地提高每个人的工作成效。唐斯认为："任何组织的最初形成都是为了实现一定目的的。如果不对从事不同任务的许多个体的工作进行协调，目的是不可能实现的。"① 在这里，协调是为了达成合作的手段。在某种意义上，政府也可以被看做人们之间为了实现更大范围内的合作而建立的组织。

人们在社会中需要相互合作才能生存。作为实现人类合作的组织形式之一，政府也同样需要合作才能更有效地发挥自身的功能。在计划经济时期，政府曾自信地以为自己能够独自承担起领导社会经济发展的重任，所有个人和社会组织只需要听从政府的安排，便一切万事大吉。计划经济的失败表明，当公民和社会失去了自主性，社会发展就会停滞不前，甚至倒退；它同时也表明，缺乏有效的合作，政府管理必然是低效的。在现代社会，合作对政府而言之所以必要，主要是出于多元治理的现实要求。随着公民权利意识的增强，特别是随着市场经济的发展和市民社会的逐步完善，公民、企业和其他社会组织对社会公共事务的参与越来越广泛，影响也越来越大。在社会资源配置领域，市场发挥着基础性的功能。在公共事务管理和公共服务提供方面，公民、企业、非营利组织等都发挥着重要功能。可见，在当今社会，多元治理格局已初步形成。然而，在多元治理格局下，各治理主体的职能划分并不是清晰的和互不交叉的，而是绝大多数职能都重叠在一起，这就要求各治理主体相互合作才能达到最佳的治理效果。比如，在改革开放以前，我国公共服务的提供责任全部由政府承担，导致服务质量低劣，服务效率低下。这不仅不能满足民众需要，而且导致政府的负担过重。改革开放以后，特别是1993年以后，我国在住房、教育、医疗、文化、体育等方面启动了市场化改革。政府逐步放弃自身的责任而交由市场来承担，结果也滋生了很多问题。"一方面，医疗、教育和住房的价格高启，已经超出了普通民众的承受能力；另一方面，伴随着成本和价格的攀升，公共服务的质量却未见明显的改进，在很多领域甚至出现了下降的趋势。"② 对此，王旭等人认为：

---

① ［美］安东尼·唐斯：《官僚制内幕》，中国人民大学出版社2006年版，第55页。
② 王旭、顾昕：《政府能力建设与公共服务的治理变革》，《学术月刊》2006年第4期。

"一方面，政府活动的范围依然过大，大量公立事业单位依然存在，不仅效率低下，而且服务供给不能满足日益增长的社会需要；另一方面，自由化改革虽然释放了市场力量，却未伴之以必要的政府干预能力的增强，结果导致公共服务价格攀升、质量下降。……其中一个关键因素，就是应当在缩减政府行动范围的同时，努力增强政府的制度化干预能力。"[1] 可以看出，在这些非生产性、具有社会公益性的公共服务领域，单独依靠政府、市场或者社会都不能达到令人满意的结果，而需要政府、市场和社会的有效合作。由于政府、市场、社会之间的合作并不能自动形成，为了实现多元主体的有效合作，政府需要发挥引导者和协调者的功能。因为合作意味着"每一个成员都必须愿意调整自己的行为以与其他成员的行为相互协调。如果这种相互调整可以同时实现，那么，将不再需要层级分明的权威组织"[2]。在社会治理中，这种协调职能需要由政府来承担。政府通过与其他社会治理主体的有效合作，不仅节省了政府的资源，而且大大提高了社会治理的效果，从而也提高了政府有效性。

这种基于合作的社会治理虽然在某种程度上减轻了政府的负担，但却并没有降低政府的责任，也没有降低对政府的能力要求，相反，对政府的能力提出了更高的要求。由于政府掌握着公共权力，有权确定政府、市场、社会之间的职能划分、相互关系和合作方式，对于社会治理主体相互之间适当关系的建立负有决定性责任，因而，政府在社会治理主体体系中处于核心地位。政府能力的高低不仅影响政府自身功能的发挥，也在某种程度上决定着其他社会治理主体功能能否有效地发挥。在社会治理主体体系中，政府不仅要履行好自身的职责，处理好政府与其他治理主体的合作关系，还要协调好其他治理主体相互之间的关系。这就要求政府提高自身的领导能力，在社会管理过程中赢得其他社会治理主体的配合和支持，从而更有效地推动社会经济的健康发展。

为了更好地加强社会合作，政府可以从以下三个方面作出努力。首先，树立共赢理念，建设有效的社会合作机制。加强政府、市场、社会之间的合作，不仅有利于更好地发挥市场功能，从而提升企业的竞争力，更好地满足

---

[1] 王旭、顾昕：《政府能力建设与公共服务的治理变革》，《学术月刊》2006年第4期。
[2] ［美］安东尼·唐斯：《官僚制内幕》，中国人民大学出版社2006年版，第55页。

消费者的需求，也有利于社会组织的健康成长，增强其服务社会的能力，因而，这种合作对合作各方都极为有利。在政府、市场、社会之间建立一种平等合作的机制，有助于促进各自功能的发挥。其次，加强政府协调能力建设。在社会合作的过程中，政府需要协调好各方的利益关系才能使社会合作机制持久稳定。提高政府的协调能力，及时调整社会主体间的利益失衡，是维持社会合作机制的重要保证。第三，加强制度建设，保障社会合作的有效性、长期性和稳定性。政府应及时地把一些有效的社会合作机制以法律、法规等制度的形式固定下来，从而使社会合作机制能够在一个更加稳定的基础上有效运行。

参考文献

一 著作

1. 本力:《崛起?! 中国未来 10 年经济发展的两种可能》,社会科学文献出版社 2007 年版。
2. 陈文鸿等:《1998 东亚经济何处去》,经济管理出版社 1998 年版。
3. 《陈云文选》第 3 卷,人民出版社 1993 年版。
4. 陈振明主编:《公共管理学———种不同于传统行政学的研究途径》,中国人民大学出版社 2003 年版。
5. 《邓小平文选》第 1 卷,人民出版社 1994 年版。
6. 《邓小平文选》第 2 卷,人民出版社 1994 年版。
7. 《邓小平文选》第 3 卷,人民出版社 1993 年版。
8. 邓正来:《法律与立法的二元观》,上海三联书店 2000 年版。
9. 樊刚:《渐进改革的政治经济学分析》,上海远东出版社 1996 年版。
10. 傅小随:《中国行政体制改革的制度分析》,国家行政学院出版社 1999 年版。
11. 谷春德、吕世伦:《西方政治法律思想史》上册,辽宁人民出版社 1986 年版。
12. 何盛明:《中国财政改革 20 年》,中国古籍出版社 1999 年版。
13. 何增科:《政治之癌》,中央编译出版社 1995 年版。
14. 胡宁生、张成福:《中国政府形象战略》,中共中央党校出版社 1998 年版。
15. 胡肖华:《走向责任政府——行政责任问题研究》,法律出版社 2006

年版。

16. 江宜桦:《自由主义、民族主义与国家认同》,扬智文化事业股份有限公司 1998 年版。

17. 《江泽民文选》第 3 卷,人民出版社 2006 年版。

18. 李惠斌主编:《全球化:中国道路》,社会科学文献出版社 2003 年版。

19. 李会明:《非市场失灵理论与中国市场经济实践》,立信会计出版社 1996 年版。

20. 李强:《自由主义》,中国社会科学出版社 1998 年版。

21. 李锐:《直言:李锐六十年的忧与思》,今日中国出版社 1998 年版。

22. 李维汉:《统一战线问题和民族问题》,人民出版社 1981 年版。

23. 李晓:《东亚奇迹与"强政府"》,经济科学出版社 1996 年版。

24. 林毅夫、蔡昉、李周:《中国的奇迹:发展战略与经济改革(增订版)》,上海人民出版社、上海三联书店 1999 年版。

25. 林语堂:《吾国与吾民》,陕西师范大学出版社 2002 年版。

26. 凌志军、马立诚:《呼喊:当今中国的 5 种声音》,广州出版社 1999 年版。

27. 刘昌明:《全球化与当代国家政治职能》,山东大学出版社 2006 年版。

28. 《刘少奇选集》上卷,人民出版社 1981 年版。

29. 刘小枫:《现代性社会理论绪论》,生活·读书·新知三联书店 1998 年版。

30. 吕世荣:《马克思社会发展理论研究》,中国社会科学出版社 2001 年版。

31. 《毛泽东选集》第 1 卷,人民出版社 1966 年版。

32. 《毛泽东选集》第 3 卷,人民出版社 1969 年版。

33. 《毛泽东选集》第 5 卷,人民出版社 1977 年版。

34. 《毛泽东选集》合订本,人民出版社 1964 年版。

35. 潘维:《中国模式——解读人民共和国的 60 年》,中央编译出版社 2009 年版。

36. 彭澎:《政府角色论》,中国社会科学出版社 2002 年版。

37. 浦兴祖主编:《当代中国政治制度》,上海人民出版社1990年版。
38. 钱福臣:《美国宪政生成的深层背景》,法律出版社2005年版。
39. 秦前红:《宪法变迁论》,武汉大学出版社2002年版。
40. 全国人大常委会办公厅研究室:《人民代表大会制度建设四十年》,中国民主法制出版社1991年版。
41. 沈宗灵:《现代西方法理学》,北京大学出版社1992年版。
42. 孙立平:《传统与变迁——国外现代化及中国现代化问题研究》,黑龙江人民出版社1992年版。
43. 王彩波主编:《西方政治思想史》,吉林大学出版社1997年版。
44. 汪晖、陈燕谷主编:《文化与公共性》,生活·读书·新知三联书店1998年版。
45. 王景新:《中国农村土地制度的世纪变革》,中国经济出版社2001年版。
46. 王乐夫、许文惠主编:《行政管理学》,高等教育出版社2000年版。
47. 王乐理:《政治文化导论》,中国人民大学出版社2000年版。
48. 王绍光、胡鞍钢:《中国国家能力报告》,辽宁人民出版社1993年版。
49. 王伟光:《经济利益、政治秩序、社会稳定》,中共中央党校出版社1991年版。
50. 王照东:《政治文明视野中的权力问题研究》,中国社会科学出版社2006年版。
51. 温军:《民族与发展——新的现代化追赶战略》,清华大学出版社2004年版。
52. 武玉英:《变革社会中的公共行政——前瞻性行政研究》,北京大学出版社2005年版。
53. 《三中全会以来重要文献选编》上,人民出版社1982年版。
54. 《十二大以来重要文献选编》,人民出版社1986年版。
55. 《十六大以来重要文献选编》上,中央文献出版社2005年版。
56. 《十三大以来重要文献选编》,人民出版社1991年版。
57. 席恒:《利益、权力和责任:公共物品供给机制研究》,中国社会科学出版社2006年版。

58. 谢明编著:《公共政策导论》,中国人民大学出版社2008年版。

59. 谢庆奎等:《中国政府体制分析》,中国广播电视出版社1995年版。

60. 谢舜主编:《和谐社会:理论与经验》,社会科学文献出版社2006年版。

61. 徐邦友:《中国政府传统行政的逻辑》,中国经济出版社2004年版。

62. 徐国亮:《政府权威研究》,山东大学出版社2006年版。

63. 严士凡:《秩序与繁荣——关于中国的社会变革与发展道路》,中国社会科学出版社2005年版。

64. 杨光斌:《中国经济转型中的国家权力》,当代世界出版社2003年版。

65. 杨雪冬:《市场发育、社会生长与公共权力构建》,河南人民出版社2002年版。

66. 杨雪冬等:《风险社会与秩序重建》,社会科学文献出版社2006年版。

67. 杨祖功等:《国家与市场》,社会科学文献出版社1999年版。

68. 俞可平等主编:《中国模式与北京共识:超越华盛顿共识》,社会科学文献出版社2006年版。

69. 张碧琼:《经济全球化:风险与控制》,中国社会出版社1999年版。

70. 张成福、党秀云:《公共管理学》,中国人民大学出版社2001年版。

71. 张国庆:《公共政策分析》,复旦大学出版社2004年版。

72. 张国庆:《行政管理学概论》,北京大学出版社2000年版。

73. 张丽曼:《从全能型政府到效能性政府》,吉林人民出版社2000年版。

74. 张庆福编:《宪政论丛》第3卷,法律出版社2002年版。

75. 张曙光:《中国转型中的制度结构与变迁》,经济科学出版社2005年版。

76. 张维迎:《产权、政府与信誉》,生活·读书·新知三联书店2001年版。

77. 张五常:《中国的经济制度》,中信出版社2009年版。

78. 赵一红:《东亚模式中的政府主导作用分析》,中国社会科学出版社2004年版。

79. 郑谦等:《当代中国政治体制发展概要》,中共党史资料出版社 1988 年版。

80. 《中华人民共和国经济管理大事记》,中国经济出版社 1986 年版。

81. 中华人民共和国外交部政策研究室:《中国外交（1999）》,世界知识出版社 2000 年版。

82. 中共中央文献研究室:《邓小平年谱（1975—1997）》上,中央文献出版社 2004 年版。

83. 中共中央宣传部:《"三个代表"重要思想学习纲要》,学习出版社 2003 年版。

84. 周原:《农民,农民》,花城出版社 2004 年版。

85. 《列宁选集》第 1 卷,人民出版社 1995 年版。

86. 《列宁选集》第 4 卷,人民出版社 1995 年版。

87. 《诺贝尔奖获得者演说文集》（经济学奖）,上海人民出版社 1999 年版。

88. 《马克思恩格斯选集》第 1 卷,人民出版社 1995 年版。

89. 《马克思恩格斯选集》第 2 卷,人民出版社 1995 年版。

90. 《马克思恩格斯选集》第 3 卷,人民出版社 1995 年版。

91. 《马克思恩格斯选集》第 4 卷,人民出版社 1995 年版。

92. 《马克思恩格斯全集》第 1 卷,人民出版社 1956 年版。

93. 《马克思恩格斯全集》第 2 卷,人民出版社 1957 年版。

94. 《马克思恩格斯全集》第 3 卷,人民出版社 1960 年版。

95. 《马克思恩格斯全集》第 18 卷,人民出版社 1964 年版。

96. 《马克思恩格斯全集》第 23 卷,人民出版社 1972 年版。

97. 《马克思恩格斯全集》第 37 卷,人民出版社 1971 年版。

98. 马克思:《资本论》第 3 卷,人民出版社 1975 年版。

99. 世界银行:《东亚奇迹——经济增长与公共政策》,中国财政经济出版社 1995 年版。

100. 世界银行:《1997 年世界发展报告——变革世界中的政府》,中国财政经济出版社 1997 年版。

101. 世界银行:《东亚的复苏与超越》,中国人民大学出版社 2001 年版。

102. 世界银行:《2006年世界发展报告：公平与发展》，清华大学出版社2006年版。

103. [澳] 欧文·E. 休斯:《公共管理导论》，中国人民大学出版社2001年版。

104. [澳] 约瑟夫·凯米莱里等:《主权的终结》，浙江人民出版社2001年版。

105. [波兰] 彼得·什托姆普卡:《信任——一种社会学理论》，中华书局2005年版。

106. [德] 奥托·迈耶:《德国行政法》，商务印书馆2004年版。

107. [德] 黑格尔:《小逻辑》第2版，商务印书馆1980年版。

108. [德] 柯武刚、史漫飞:《制度经济学》，商务印书馆2000年版。

109. [德] 马克斯·韦伯:《经济与社会》上卷，商务印书馆1997年版。

110. [德] 马克斯·韦伯:《支配社会学》，广西师范大学出版社2004年版。

111. [德] 诺贝特·埃利亚斯:《文明的进程》（Ⅱ），生活·读书·新知三联书店1999年版。

112. [德] 威廉·冯·洪堡:《论国家的作用》，中国社会科学出版社1998年版。

113. [德] 沃尔夫冈·查普夫:《现代化与社会转型》，社会科学文献出版社1998年版。

114. [德] 乌尔里希·贝克:《风险社会》，译林出版社2004年版。

115. [德] 乌尔里希·贝克:《世界风险社会》，南京大学出版社2004年版。

116. [法] 布朗索瓦·佩鲁:《新发展观》，华夏出版社1987年版。

117. [法] 亨利·勒帕日:《美国新自由主义经济学》，北京大学出版社1985年版。

118. [法] 卢梭:《爱弥尔》上，商务印书馆1978年版。

119. [法] 孟德斯鸠:《论法的精神》上，商务印书馆1961年版。

120. [法] 莫里斯·迪韦尔热:《政治社会学：政治学要素》，华夏出版社1987年版。

121. [法] 皮埃尔·勒鲁:《论平等》，王允道译，商务印书馆1996

年版。

122. ［法］蒲鲁东:《什么是所有权或对权利和政治的原理和研究》,商务印书馆1963年版。

123. ［古希腊］柏拉图:《法律篇》,上海人民出版社2001年版。

124. ［古希腊］柏拉图:《理想国》,商务印书馆1986年版。

125. ［古希腊］亚里士多德:《政治学》,商务印书馆1965年版。

126. ［美］爱德华·S. 考文:《美国宪法的"高级法"背景》,生活·读书·新知三联书店1996年版。

127. ［美］安东尼·M. 奥勒姆:《政治社会学导论》,浙江人民出版社1989年版。

128. ［美］安东尼·唐斯:《官僚制内幕》,中国人民大学出版社2006年版。

129. ［美］B. 盖伊·彼得斯:《政府未来的治理模式》,中国人民大学出版社2001年版。

130. ［美］伯纳德·巴伯:《信任:信任的逻辑和局限》,福建人民出版社1989年版。

131. ［美］C. E. 布莱克:《现代化的动力》,四川人民出版社1988年版。

132. ［美］查尔斯·沃尔夫:《市场,还是政府——不完善的可选事物间的抉择》,重庆出版集团2007年版。

133. ［美］查默斯·约翰逊:《政府到底该干什么》,云南教育出版社1989年版。

134. ［美］丹尼斯·朗:《权力论》,中国社会科学出版社2001年版。

135. ［美］道格拉斯·C. 诺斯:《经济史中的结构与变迁》,上海三联书店1994年版。

136. ［美］F. 罗斯福:《罗斯福选集》,商务印书馆1982年版。

137. ［美］弗朗西斯·福山:《信任——社会道德与繁荣的创造》,远方出版社1998年版。

138. ［美］汉密尔顿、杰伊、麦迪逊:《联邦党人文集》,商务印书馆1980年版。

139. ［美］汉默顿:《西方名著提要》(哲学社会科学部分),中国青年出版社1957年版。

140. ［美］G. A. 阿尔蒙德:《比较政治学:体系、过程和政策》,上海译文出版社 1987 年版。

141. ［美］杰弗里·庞顿、彼得·吉尔:《政治学导论》,社会科学文献出版社 2003 年版。

142. ［美］克特·W. 巴克:《社会心理学》,南开大学出版社 1984 年版。

143. ［美］理查德·波斯纳:《法律的经济分析》下卷,中国大百科全书出版社 1997 年版。

144. ［美］路易斯·亨金:《宪政、民主、对外事务》,生活·读书·新知三联书店 1996 年版。

145. ［美］罗伯特·达尔:《现代政治分析》,上海译文出版社 1987 年版。

146. ［美］罗伯特·J. 巴罗:《现代经济周期理论》,商务印书馆 1997 年版。

147. ［美］罗伯特·基欧汉、约瑟夫·奈:《权利与相互依赖》,北京大学出版社 2002 年版。

148. ［美］罗德里克·M. 克雷默、汤姆·R. 泰勒:《组织中的信任》,中国城市出版社 2003 年版。

149. ［美］马克·E. 沃伦主编:《民主与信任》,华夏出版社 2004 年版。

150. ［美］迈克尔·波特:《国家竞争优势》,华夏出版社 2002 年版。

151. ［美］迈克尔·哈默、詹姆斯·钱皮:《改革公司》,上海译文出版社 1998 年版。

152. ［美］迈克尔·曼德尔鲍姆:《国家的命运——19 世纪和 20 世纪对国家安全的追求》,军事科学出版社 1990 年版。

153. ［美］M. P. 托达罗:《第三世界的经济发展》上,中国人民大学出版社 1988 年版。

154. ［美］曼纽尔·卡斯特:《认同的力量》,社会科学文献出版社 2003 年版。

155. ［美］曼瑟·奥尔森:《权力与繁荣》,上海世纪出版集团 2005 年版。

156. ［美］摩狄曼·J. 阿德勒:《六大观念》,团结出版社 1989 年版。

157. ［美］萨缪尔森:《经济学》,人民邮电出版社 2004 年版。

158. ［美］萨缪尔森、诺斯、弗里德曼等:《西方经济学经典选读》,海天出版社 2002 年版。

159. ［美］塞缪尔·亨廷顿:《变动社会的政治秩序》,上海译文出版社 1989 年版。

160. ［美］塞缪尔·亨廷顿:《第三波——20 世纪后期民主化浪潮》,上海三联书店 1998 年版。

161. ［美］塞缪尔·亨廷顿:《文明的冲突与世界秩序的重建》,新华出版社 1998 年版。

162. ［美］塞缪尔·亨廷顿:《现代化：理论与历史经验再探讨》,上海译文出版社 1993 年版。

163. ［美］乔纳森·安德森:《走出神话：中国不会改变世界的七个理由》,余江译,中信出版社 2006 年版。

164. ［美］乔治·霍兰·萨拜因:《政治学说史》下册,商务印书馆 1986 年版。

165. ［美］乔治·洛奇:《全球化的管理——相互依存时代的全球化趋势》,上海译文出版社 1998 年版。

166. ［美］切斯特·巴纳德:《经理人员的职能》,中国社会科学出版社 1997 年版。

167. ［美］斯蒂芬·L. 埃尔金、卡罗尔·爱德华·索乌坦:《新宪政论》,生活·读书·新知三联书店 1997 年版。

168. ［美］斯科特·戈登:《控制国家——西方宪政的历史》,江苏人民出版社 2001 年版。

169. ［美］特里·库伯:《行政伦理学：实现行政责任的途径》,中国人民大学出版社 2001 年版。

170. ［美］V. 奥斯特罗姆、D. 菲尼、H. 皮希特:《制度分析与发展的反思——问题与抉择》,商务印书馆 1992 年版。

171. ［美］西摩·马丁·李普赛特:《政治人——政治的社会基础》,上海人民出版社 1997 年版。

172. ［美］小罗伯特·B. 埃克伦德、罗伯特·F. 赫伯特:《经济理论和方法史》第四版,中国人民大学出版社 2001 年版。

173. ［美］伊曼努尔·华勒斯坦:《自由主义的终结》,社会科学文献出版社 2002 年版。

174. ［美］伊曼纽尔·沃勒斯坦:《知识的不确定性》,山东大学出版社 2006 年版。

175. ［美］约翰·凯克斯:《为保守主义辩护》,江苏人民出版社 2003 年版。

176. ［美］约翰·罗尔斯:《正义论》,中国社会科学出版社 1988 年版。

177. ［美］约翰·罗尔斯:《作为公平的正义》,中国社会科学出版社 2002 年版。

178. ［美］约翰·奈斯比特:《中国大趋势》,中华工商联合出版社 2009 年版。

179. ［美］约瑟夫·S. 奈:《硬权力与软权力》,北京大学出版社 2005 年版。

180. ［美］约瑟夫·斯蒂格利茨:《政府经济学》,春秋出版社 1998 年版。

181. ［美］约瑟夫·斯蒂格利茨:《政府为什么干预经济》,中国物资出版社 1998 年版。

182. ［美］詹姆斯·布坎南:《自由、市场和国家》,北京经济学院出版社 1988 年版。

183. ［美］詹姆斯·C. 斯科特:《国家的视角》,社会科学文献出版社 2004 年版。

184. ［美］詹姆斯·菲舍尔:《权力没有过错》,京华出版社 2006 年版。

185. ［美］詹姆斯·麦格雷戈·伯恩斯等:《民治政府》,中国人民大学出版社 2007 年版。

186. ［美］詹姆斯·伯恩斯等:《美国式民主》,中国社会科学出版社 1993 年版。

187. ［日］青木昌彦:《比较制度分析》,上海远东出版社 2001 年版。

188. ［日］青木昌彦等主编:《政府在东亚经济发展中的作用》,中国经济出版社 1998 年版。

189. ［苏］亚历克·诺夫:《政治经济学和苏联社会主义》,上海译文出版社 1983 年版。

190. ［意］佩奇:《世界的未来》,中国对外翻译出版公司 1985 年版。

191. ［英］阿瑟·刘易斯:《经济增长理论》,商务印书馆 1983 年版。
192. ［英］彼德斯坦、约翰·香德:《西方社会的法律价值》,中国人民公安大学出版社 1990 年版。
193. ［英］戴维·赫尔德:《民主的模式》,中央编译出版社 1998 年版。
194. ［英］戴维·赫尔德等:《全球大变革:全球化时代的政治、经济与文化》,社会科学文献出版社 2001 年版。
195. ［英］戴维·米勒、韦农·波格丹诺:《布莱克维尔政治学百科全书》,中国政法大学出版社 1992 年版。
196. ［英］戴雪:《英宪精义》,中国法制出版社 2001 年版。
197. ［英］弗·培根:《培根论说文集》,商务印书馆 1983 年版。
198. ［英］弗里德里希·冯·哈耶克:《致命的自负》,中国社会科学出版社 2000 年版。
199. ［英］弗里德里希·冯·哈耶克:《通往奴役之路》,中国社会科学出版社 1997 年版。
200. ［英］弗里德里希·冯·哈耶克:《自由秩序原理》,生活·读书·新知三联书店 1997 年版。
201. ［英］弗里德里希·冯·哈耶克:《法律、立法与自由》,中国大百科全书出版社 2000 年版。
202. ［英］安东尼·吉登斯:《民族——国家与暴力》,生活·读书·新知三联书店 1998 年版。
203. ［英］安东尼·吉登斯:《失控的世界》,江西人民出版社 2001 年版。
204. ［英］安东尼·吉登斯:《现代性的后果》,译林出版社 2000 年版。
205. ［英］安东尼·吉登斯:《现代性:吉登斯访谈录》,新华出版社 2001 年版。
206. ［英］安东尼·吉登斯:《现代性与自我认同》,生活·读书·新知三联书店 1998 年版。
207. ［英］菲利普·海恩斯:《公共服务管理的复杂性》,清华大学出版社 2008 年版。
208. ［英］罗素:《西方哲学史》,商务印书馆 2001 年版。
209. ［英］洛克:《政府论》下,商务印书馆 1964 年版。

210. [英] 马丁·怀特:《权力政治》,世界知识出版社 2004 年版。

211. [英] 马歇尔:《经济学原理》上册,商务印书馆 1964 年版。

212. [英] 苏珊·斯特兰奇:《权力流散:世界经济中的国家与非国家权威》,北京大学出版社 2005 年版。

213. [英] 维尔:《宪政与分权》,生活·读书·新知三联书店 1997 年版。

214. [英] 威廉·葛德文:《政治正义论》第 1 卷,商务印书馆 1997 年版。

215. [英] 威廉·韦德:《行政法》,中国大百科全书出版社 1997 年版。

216. [英] 亚当·斯密:《国民财富的性质和原因的研究》上卷,商务印书馆 1972 年版。

217. [英] 亚当·斯密:《国民财富的性质和原因的研究》下卷,商务印书馆 1974 年版。

218. [英] 亚当·斯威夫特:《政治哲学导论》,江苏人民出版社 2006 年版。

219. [英] 以赛亚·伯林:《自由论》,译林出版社 2003 年版。

220. [英] 约翰·斯托普福德、苏珊·斯特兰奇:《竞争的国家,竞争的公司》,社会科学文献出版社 2003 年版。

221. 中华人民共和国国家统计局:《中国统计年鉴(2009 年)》,中国统计出版社 2009 年版。

222. A. Giddens and C. Pierson, *Conversations with Anthony Giddens: Making Sense of Modernity*, Cambridge: Polity, 1998.

223. A. H. Birch, *Representative and Responsible Government—An Essay on the British Constitution*, Toronto: University of Toronto Press, 1964.

224. A. W. Bradley and K. D. Ewing, *Constitutional and Administrative Law*, Twelfth Edition, London and New York: Longman Limited, 1997.

225. Anthony Downs, *An Economic Theory of Democracy*, New York: Harper & Row, 1957.

226. Barry Bozeman, Jeffrey D. Straussman, *Public Management Strategies*, San Francisco: Jossey-Bass Publishers, 1990.

227. David Harvey, *The Condition of Post-Modernity: An Enquiry into the*

Origins of Social Chang, Oxford: Basil Blackwell, 1989.

228. F. A. Hayek, *Individual and Economic Order*, Chicago: University of Chicago Press, 1948.

229. F. A. Hayek, *New Studies in Philosophy, Politics, Economics and the History of Ideas*, Routledge & Kegan paul, 1978.

230. F. A. Hayek. *Studies in Philosophy, Economics, and Politics*, Chicago: University of Chicago Press, 1967.

231. Flynn, N. *Public Sector Management*, 3rd edition, London: Prentice – Hall/Harvester Wheatsheaf, 1997.

232. Henry Kissinger, *The Necessity for Choice: Prospects of American Foreign Policy*, New York: Harper & Row, 1961.

233. John Kean, *Democracy and Civil Society*, London: Verso, 1988.

234. John M. Bryson, *Strategic Planning for Public and Nonprofit Organizations*, San Francisco: Jossey – Bass Publishers, 1995.

235. K. Ohmae, *The End of the Nation State*, New York: Free Press, 1995.

236. Linz, Juan J. and Alfred C. Stepan. *Problems of democratic transition and consolidation: southern Europe*, South American, and Post – communist, Europe Baltimore, Md: Johns Hopkins University Press, 1996.

237. M. Oakeshott, *Rationalism in Politics*, London: Methuen, 1962.

238. M. G. Quibria & J. Malcolm Dowling (eds.), *Current Issues in Economic Development: An Asian Perspective*, Oxford: Oxford University Press, 1996.

239. U. Beck, *Ecological Enlightenment: Essays on the Politics of the Risk Society*, Atlantic Highlands, NJ: Humanities Press, 1994.

240. William Bloom, *Personal Identity, National Identity and International Relations*, Cambridge: Cambridge University Press, 1990.

241. World Bank, *World Development Report 1983: World Economic Recession and Prospects for Recovery*, New York: Oxford University Press, 1983.

242. World Economic Forum, *The Global Competitiveness Report 2001 – 2002*, New York: Oxford University Press, 2002.

243. World Economic Forum, *The Global Competitiveness Report 2010 – 2011*, Switzerland: SRO – Kundig, 2011.

二 期刊

1. 巴兵、师青伟：《当今我国政府有效性建设探索》，《成都教育学院学报》2005年第2期。

2. 包心鉴：《关于"中国模式"的辨析和中国道路的思考》，《学习论坛》2011年第2期。

3. 毕文胜：《波波夫谈中国发展模式》，《国外理论动态》2011年第1期。

4. 薄贵利：《当前我国干部人事制度改革亟待研究和解决的几个问题》，《新视野》2003年第1期。

5. 陈国权：《政府能力的有限性与政府机构改革》，《求索》1999年第4期。

6. 陈文申：《政府有效性：理论涵义与现实途径》，《北京行政学院学报》2000年第3期。

7. 陈忠升：《自然有之，不必求之——也谈对"中国模式"的一点思考》，《人民论坛》2008年第12期。

8. 楚德江：《大部门体制：优势与风险的权衡》，《理论研究》2008年第2期。

9. 楚德江：《控权理论的价值与缺憾》，《甘肃社会科学》2008年第3期。

10. 《地方GDP增速竟比全国高3.9%》，《广州日报》2005年3月8日。

11. 冯兴元：《中国的市场整合与地方政府竞争——地方保护与地方市场分割问题及其对策研究》，经济发展论坛工作论文，FED Working Papers Series No. FC20050096，2005年。

12. 华民：《中国经济高速增长的逻辑与面临的选择》，《学术月刊》2009年第7期。

13. 高尚全：《30年，四次解放思想》，《时政》2008年第3期。

14. 郭艳：《全球化时代的后发展国家：国家认同遭遇"去中心化"》，《世界经济与政治》2004年第9期。

15. 韩康:《中国市场经济模式探讨》,《新华文摘》2009年第4期。

16. 贺金瑞、燕继荣:《论从民族认同到国家认同》,《中央民族大学学报》(哲学社会科学版)2008年第3期。

17. 洪银兴、曹勇:《经济体制转型的地方政府功能》,《经济研究》1996年第5期。

18. 胡伟:《改革开放后中国现代化的经验》,《江西社会科学》2009年第3期。

19. 胡伟:《探寻现代化的中国模式》,《江苏行政学院学报》2009年第1期。

20. 黄桂田、李琼:《体制转轨过程中的市场发育与政府地位——对强政府观念的一个实证分析》,《理论与改革》1998年第2期。

21. 黄仁宗:《中国政治体制改革关》,《战略与管理》2002年第2期。

22. 黄兴生:《政府能力及其提升》,《中共福建省委党校学报》2004年第8期。

23. 季金华:《宪政理论的分析范式》,《江苏社会科学》2005年第5期。

24. 季卫东:《程序比较论》,《比较法研究》1993年第1期。

25. 姜明安:《行政程序:对传统控权机制的超越》,《行政法学研究》2005年第4期。

26. 金太军:《政府能力引论》,《宁夏社会科学》1998年第6期。

27. 匡娉婷:《论政策执行中主体的偏差行为及其对策》,《浙江纺织服装职业技术学院学报》2005年第3期。

28. 郎毅怀:《中国国有企业改革模式的评议与选择》,《经济科学》1990年第2期。

29. 赖伟:《医疗改革三十年》,《中国医院管理》2008年第11期。

30. 黎炳盛:《有限政府的有效性与合法性》,《云南行政学院学报》2000年第5期。

31. 李炳炎:《"中国模式"经济改革论纲》,《经济学动态》2010年第2期。

32. 李景鹏:《论权力分析在政治学研究中的地位》,《天津社会科学》1996年第3期。

33. 李培林:《中国贫富差距的心态影响和治理对策》,《中国人民大学学报》2001 年第 2 期。

34. 李山：《有效政府：政府发展趋势》，《金陵科技学院学报》（社会科学版）2008 年第 1 期。

35. 李士坤：《对模式和"中国模式"的思考》，《毛泽东邓小平理论研究》2010 年第 3 期。

36. 李小芳：《构建中国有效政府的研究》，西南大学硕士论文，2007 年。

37. 梁鹏：《"馒头办"还是"馒头绊"——从郑州"馒头风波"看地方政府的职能错位》，《新华每日电讯》2001 年 3 月 22 日。

38. 刘辉：《从官僚制政府到有效政府：政府改革的未来之路》，《重庆科技学院学报》2008 年第 6 期。

39. 刘泰洪：《我国地方政府竞争机制：一个制度经济学的分析范式》，《人文杂志》2007 年第 4 期。

40. 刘仰：《中国模式的根本在于政治形态》，《人民论坛》2010 年第 11 期。

41. 刘占锋：《还是"官本位"在作祟》，《人民日报》2001 年 4 月 3 日。

42. 罗建国：《哈耶克"自生自发秩序"概念评析》，《武汉理工大学学报》（社会科学版）2005 年第 2 期。

43. 罗来武、雷蔚：《社会稳定的制度分析与政策建议》，《经济社会体制比较》2007 年第 1 期。

44. 马德普：《渐进性、自主性与强政府——分析中国改革模式的政治视角》，《当代世界与社会主义》2005 年第 5 期。

45. 宁国良：《论公共政策执行偏差及其矫正》，《湖南大学学报》（社会科学版）2000 年第 3 期。

46. 牛根颖、刘强：《促进公平分配，构建和谐社会》，《中国发展观察》2005 年第 2 期。

47. 庞明礼：《地方政府竞争的约束与激励：一个拓展研究》，《中南财经政法大学学报》2007 年第 5 期。

48. 彭树智：《巴枯宁无政府主义思想简论》，《西北大学学报》（哲学社会科学版）1982 年第 3 期。

49. 彭宗超：《试论政府的自利性及其与政府能力的相互关系》，《新视野》1999年第3期。

50. 钱雪梅：《从认同的基本特性看族群认同与国家认同的关系》，《民族研究》2006年第6期。

51. 秦宣：《"中国模式"之概念辨析》，《前线》2010年第2期。

52. 秦益成、翟胜明：《中国特色社会主义与"中国模式"》，《政治学研究》2010年第3期。

53. 邱正文：《政府能力的政治价值论》，《社会主义研究》2003年第3期。

54. 全毅：《论中国经验与中国模式》，《福建论坛》（人文社会科学版）2011年第1期。

55. 任维德：《地方政府之间的竞争及其竞争力提升》，《内蒙古大学学报》（人文社会科学版）2005年第3期。

56. 《深化卫生改革，加快卫生发展——陈敏章部长在1993年全国卫生工作会议上的报告》，《中国医院管理》1993年第3期。

57. 世界银行：《有效的政府》，《科学决策》1997年第3期。

58. 沈荣华：《关于转变政府职能的若干思考》，《政治学研究》1999年第4期。

59. 师泽生、王冠群：《社会公正与政府责任》，《政治学研究》2006年第4期。

60. 《四位市委书记不约而同要求五种新闻不报道》，《陕西日报》2000年8月29日。

61. 宋涛：《行政问责概念及内涵辨析》，《深圳大学学报》（人文社会科学版）2005年第3期。

62. 孙立平等：《改革以来中国社会结构的变迁》，《中国社会科学》1994年第4期。

63. 王保树、邱本：《经济法与社会公共性论纲》，《西北政法学院学报》2000年第3期。

64. 王沪宁：《当前腐败的特点和趋向：政策选择》，《社会科学》1995年第5期。

65. 王丽华：《有效政府：当代行政改革的价值取向》，《北京行政学院学报》2005 年第 5 期。

66. 汪淼军、张国强：《中国经济增长的理论和实证分析：1978—1997》，《浙江社会科学》2000 年第 5 期。

67. 王绍光：《有效的政府与民主》，《战略与管理》2002 年第 6 期。

68. 王绍光：《学习机制、适应能力与中国模式》，《开放时代》2009 年第 7 期。

69. 王旭、顾昕：《政府能力建设与公共服务的治理变革》，《学术月刊》2006 年第 4 期。

70. 汪永成：《政府能力的结构分析》，《政治学研究》2004 年第 2 期。

71. 汪永成、彭焱：《政府能力的属性分析》，《国家行政学院学报》2005 年第 2 期。

72. 王臻荣、邹祥波：《试论我国现阶段有效政府的构建及路径选择》，《政治学研究》2005 年第 2 期。

73. 吴宇晖、王秋、佟训舟：《存在一个关于经济增长的中国模式吗》，《社会科学研究》2011 年第 1 期。

74. 肖北庚：《控权与保权的统一：现代宪政发展新趋势》，《现代法学》2001 年第 1 期。

75. 肖建华：《政府有效性与公共政策合理化探析》，《甘肃行政学院学报》2003 年第 3 期。

76. 肖文清、胡珊琴：《关于当前我国政府行为失范的理性分析》，《云南行政学院学报》2003 年第 6 期。

77. 谢晓波：《经济转型中地方政府竞争与区域经济协调发展》，《浙江社会科学》2004 年第 3 期。

78. 谢志强、青连斌：《影响干部职务升迁的主要因素——一项对地（厅）级干部的调查》，《中国行政管理》1999 年第 2 期。

79. 信立滨：《运用公平理论解决收入不公问题》，《农场经济管理》2002 年第 4 期。

80. 熊俊：《从要素投入和全要素生产率看经济增长理论》，《江西社会科学》2002 年第 9 期。

81. 许成刚：《中国经济改革的制度基础》，《世界经济文汇》2009 年第 4 期。

82. 徐崇温：《关于如何理解中国模式的问题》，《中共中央党校学报》2010年第2期。

83. 徐元善、楚德江：《绩效问责：行政问责制的新发展》，《中国行政管理》2007年第11期。

84. 杨丹萍：《对波特国家竞争优势理论的评析》，《技术经济与管理研究》2004年第3期。

85. 杨光斌：《中国政治30年：变迁与反思》，《探索与争鸣》2008年第12期。

86. 杨解君：《当代中国行政法（学）的两大主题》，《中国法学》1997年第5期。

87. 杨玲：《珠海：万人评政府》，《北京青年报》（网络版）2000年2月18日。

88. 杨雪冬：《全球化、风险社会与复合治理》，《马克思主义与现实》2004年第4期。

89. 杨作书、黄鸿翔：《对公车消费"黑洞"的深层爆破与整治》，《中国改革报》2006年4月18日。

90. 杨玉凤：《从"中国式民主"看"中国模式"》，《当代世界与社会主义》2010年第6期。

91. 姚会元：《中国模式的市场经济体制改革进程与市场经济发育水平》，《中南财经政法大学学报》2005年第3期。

92. 姚秋明：《职务消费：难以根除的顽疾》，《上海城市管理职业技术学院学报》2005年第6期。

93. 姚洋：《中国模式及其前景》，《中国市场》2010年第6期。

94. 叶长茂：《市民社会：民主政治发展的基础和动力》，《甘肃社会科学》2003年第2期。

95. 于海：《论我国有效政府的构建》，重庆大学硕士论文，2007年。

96. 张军：《从宪政国家到市民社会》，《学术论坛》2003年第6期。

97. 张康之：《建立引导型政府职能模式》，《新视野》2000年第1期。

98. 张康之：《论信任、合作以及合作制组织》，《人文杂志》2008年第2期。

99. 张建英、靳辉明：《试论转型中后期政府能力的危机与建设》，《学术论坛》2008 年第 11 期。

100. 张树华：《中国道路的政治优势与思想价值》，《红旗文稿》2011 年第 1 期。

101. 张淑惠：《转轨时期的政府竞争及其变革趋势》，《现代经济探讨》2007 年第 1 期。

102. 张早林：《从马克思主义社会发展理论看"中国模式"的普遍性意义》，《探索》2011 年第 1 期。

103. 赵海东：《中国经济改革模式：路径、经验与国际比较》，《内蒙古大学学报》2008 年第 6 期。

104. 赵晖、刘进源：《试论政府流程再造》，《理论研究》2007 年第 2 期。

105. 赵立波：《公共权力流失与权力腐败》，《中国行政管理》1996 年第 11 期。

106. 赵丽敏、赵文波：《对西部地区人才流失的深层思考》，《经济师》2001 年第 10 期。

107. 郑富兴、高潇怡：《经济全球化与国家认同感的培养》，《教育研究与实验》2005 年第 3 期。

108. 周国雄：《地方政府政策执行主观偏差行为的博弈分析》，《社会科学》2007 年第 8 期。

109. 周黎安：《晋升博弈中的政府官员的激励与合作》，《经济研究》2004 年第 6 期。

110. 竹立家：《政府管理改革的几个切入点》，《学习时报》2006 年 3 月 13 日。

111. 朱锡平：《腐败行为的形成机理与反腐败》，《宁夏大学学报》（社会科学版）1997 年第 2 期。

112. 朱最新：《论全能政府的法律特征》，《求实》2005 年第 8 期。

113. ［德］乌尔里希·贝克：《从工业社会到风险社会》上篇，王武龙编译，《马克思主义与现实》2003 年第 3 期。

114. ［美］福山：《中国模式的特征与问题》，《社会观察》2011 年第 1 期。

115. ［美］雅诺什·科尔奈：《根本没有中国模式》，《社会观察》2010

年第 12 期。

116. ［美］约瑟夫·斯蒂格利茨：《市场机制与政府干预的平衡》,《中国金融》2004 年第 8 期。

117. Bruce Gilley, Provincial Disintegration: Reaching Your Market is more than just a matter of distance, *Far Eastern Economic Review*, 2001 - 11 - 22.

118. D. W. Williams, Before Performance Measurement, *Administrative Theory and Praxis*, 2002 (6).

119. Hans W. Singer, Social Development: Key Growth Sector, *International Development Review*, VII (March 1965).

120. H. G. Johnson, Technological Change and Comparative Advantage: an Advanced Country's Viewpoint, *Journal of World Trade Law*, Vol. 9, Jan. - Feb., 1975.

121. Gareth Evans, Cooperative Security and Intrastate Conflict, *Foreign Policy*, No. 96, Fall 1994.

122. Mancur Olson, Diseconomies of Scale and Development, Essays in Honor of Peter Bauer. *Cato Journal* 7 (1), Spring/Summer 1987.

123. P. Streeton, Markets and States: Against Minimalism, *World Development*, Vol. 21, No. 8, 1993.

124. Philip Gleason, Identifying Identity: A Semantic History, *The Journal of American History*, Vol. 69, No. 4 (March 1983).

125. S. M. Lipset, Some Social Requisites of Democracy: Economic Development and Political Legitimacy, *American Political Science Review*, Vol. 53 (March 1959).

126. Stephen Holmes, The Liberal Idea, *The American Prospect*, 7 (Fall), 1991.

127. Thomas B. Smith, The policy implementation process, *Policy Sciences*, Vol. 4, No. 2, 1973.

128. Tiebout, A Pure Theory of Local Expenditures, *Journal of Political Economy*, 1956. (64).

129. Samuel P. Huntington, The Clash of Civilizations?, *Foreign Affairs*, Volume 72, No. 3, Summer 1993.

三　古文

1. 《汉书·董仲舒传》
2. 《论语集注》卷一
3. 《论语·泰伯》
4. 《论语·为政》
5. 《孟子集注》卷七
6. 《孟子·尽心上》
7. 《水心文集》卷二，《民事中》
8. 《四书集书·中庸章句》
9. 《文集》卷五

四　网络资源

1. 《2007 年民政事业发展统计报告》（社会组织部分），中国社会组织网（http：//www.chinanpo.gov.cn/web/showBulltetin.do？id＝30672&dictionid＝2201&catid＝）。

2. 《敢叫"万人评政府"——珠海市加强和改进机关作风纪实》，中国社会组织网（http：//www.dflz.gov.cn/12class/dtxx.jsp？aid＝13575）。

3. 国家统计局：《庆祝新中国成立 60 周年系列报告》，国家统计局网站（http：//www.stats.gov.cn/）。

4. 国家统计局、科技部、国家发改委、教育部、财政部、国防科工局：《第二次全国科学研究与试验发展（R&D）资源清查主要数据公报》（第一号），国家统计局网（http：//www.stats.gov.cn/tjgb/rdpcgb/qgrdpcgb/t20101122_402684868.htm）。

5. 韩杼滨：《最高人民检察院工作报告》，2003 年 3 月 1 日，中国最高人民检察院网（http：//www.spp.gov.cn/site2006/2006－02－22/00018－294.html）。

6. 《湖北医生首曝奶粉事件，称只是凭良心说出这事》，搜狐网（http：//news.sohu.com/20080912/n259522575.shtml）。

7. 贾春旺：《最高人民检察院工作报告——2008年3月10日在第十一届全国人民代表大会第一次会议上》，中国政府网（http://www.gov.cn/2008lh/content_926172.htm）。

8. 《加强国家研发与创新体系》，中国政府网（http://www.ahinfo.gov.cn/xinwen/kjwz/kjwz2006/kjtd0609263.htm）。

9. 《经济全球化及其主要表现》，中国商务部世贸组织与法治论坛网（http://www.wtolaw.gov.cn/display/displayInfo.asp?IID=200207081723504628）。

10. 李君如：《慎提"中国模式"》，财经网（http://www.caijing.com.cn/2010-04-12/110414748_1.html）。

11. 李美娟、李兴文：《中国连续18年成为吸引外资最多的发展中国家》，新华网（http://news.xinhuanet.com/fortune/2010-09/27/c_12612652.htm）。

12. 《"流动性过剩"致市长任期打折》，搜狐网（http://star.news.sohu.com/20090123/n261915681.shtml）。

13. 刘复之：《最高人民检察院工作报告》，1993年3月22日，中国最高人民检察院网（http://www.spp.gov.cn/site2006/2006-02-22/00018-284.html）。

14. 《民间组织历年统计数据》，中国社会组织网（http://www.chinanpo.gov.cn/web/showBulltetin.do?id=20151&dictionid=2201&catid=）。

15. 温家宝：《2005年政府工作报告——2005年3月5日在第十届全国人民代表大会第三次会议上》，人民网（http://gov.people.com.cn/GB/46733/46842/3499606.html）。

16. 杨继绳：《中国改革三十年：回顾与前瞻》，中国改革论坛网（http://www.chinareform.org.cn/cirdbbs/dispbbs.asp?BoardID=2&ID=165801）。

17. 杨易辰：《最高人民检察院工作报告》，1988年4月1日，中国最高人民检察院网（http://www.spp.gov.cn/site2006/2006-02-22/00018-279.html）。

18. 《要改变"镀金"式选拔干部思路》，中国网（http://www.china.com.cn/review/txt/2009-01/23/content_17173689.htm）。

19. 袁野尹：《撰文大放数字"卫星"，湖北"五毒"书记平步青云》，搜狐网（http://news.sohu.com/29/71/news147897129.shtml）。

20. 张思卿：《最高人民检察院工作报告》，1998 年 3 月 10 日，中国最高人民检察院网（http：//www.spp.gov.cn/site2006/2006-02-22/00018-289.html）。

21. 《郑州市人民政府令（第 93 号）》，法律图书馆网（http：//www.law-lib.com/law/law_view.asp？id=309612）。

22. 《中共中央、国务院关于加快发展第三产业的决定》，人民网（http：//www.people.com.cn/item/flfgk/gwyfg/1992/112206199231.html）。

23. 《中共中央关于完善社会主义市场经济体制若干问题的决定》（2003 年 10 月 14 日中国共产党第十六届中央委员会第三次全体会议通过），人民网（http：//www.people.com.cn/GB/shizheng/1024/2145119.html）。

24. 《中共中央、国务院关于卫生改革与发展的决定》，人民网（http：//www.people.com.cn/item/flfgk/gwyfg/1997/112708199730.html）。

25. 中国人民银行：《2010 年金融统计数据报告》，中国人民银行网（http：//www.pbc.gov.cn/publish/goutongjiaoliu/524/2011/20110111093444972142070/20110111093444972142070_.html）。

26. 朱锋：《爱国：中国人的骄傲与忧思》，http：//www.ccwe.org.cn/ccweold/journal/1/PrideandAnxietyinChina.pdf。

27. 朱镕基：《2003 年政府工作报告——2003 年 3 月 5 日在第十届全国人民代表大会第一次会议上》，中国政府网（http：//www.gov.cn/test/2006-02/16/content_201173.htm）。

结　　语

　　社会发展是多种力量共同作用的结果，这些力量既可能推动，也可能阻碍社会发展的进程。在这些力量中，政府无疑扮演着举足轻重的角色。这不仅是因为政府能够通过解决社会问题，提供公共服务等方式直接推进社会经济的发展，更是因为政府能够创造公平稳定的社会环境和竞争有序的市场机制，为其他社会主体提供合作的平台和有效的激励，从而形成推进社会发展的不竭动力。对于社会发展而言，政府同样是一把双刃剑，它既可能成为推进社会发展的强大动力，也可能成为诺斯所说的"人为经济衰退的根源"。这取决于政府行为是否具备有效性以及政府有效性的高低。在这种意义上，政府有效性不仅是政府推进社会发展的有力杠杆，也成为判断政府优劣的根本标准。

　　改革开放政策的实施为我国摆脱极"左"思想和传统观念的束缚，探索适合我国国情的现代化道路，推进社会经济的健康发展，提供了难得的机遇。但改革的进程却是在一个充满风险和挑战的环境中展开的：计划经济的失败和"文化大革命"的严重破坏使我国国民经济濒临崩溃的边缘；全球化时代日趋激烈的竞争不仅使我国的社会发展面临巨大的压力，也使我国的社会变革充满了风险；工业化进程的加速推进和社会生活的急剧变迁使我国的自然风险、工业风险和社会风险都在迅速积累。所有这一切都使我国的改革进程充满挑战，也对政府有效性提出了更高的要求。

　　政府行为的有效性取决于政府行为与社会发展要求相契合的程度，然而，社会生活的复杂性和人类知识的有限性不仅使人们无法确保政府行为的科学性，也使得社会发展的进程必然充满曲折和艰辛的探索。政府的盲目自信和民众对政府管制的盲目顺从会延续和放大政府的错误，从而给社会发展造成严重损害。相反，软弱和无能的政府又会因无力履行应尽的职责而阻碍社会发展的进程。因此，对于政府而言，重要的不仅是要积极地行动，更要正确地行动。正确认识政府能力和政府行为的局限性，不断地克服知识有限性的束缚，已成为改善政府有效性的关键所在。

本书从我国改革的实践历程出发，从政府有效性的视角分析了我国政府在引导和推进社会变革进程中所发挥的功能和存在的不足，并在总结经验和教训的基础上，提出了提升我国政府有效性的路径选择。通过对我国社会变革进程中政府有效性的全面分析，笔者得出以下基本结论：第一，作为人类合作的重要形式，政府也是推进社会发展的基本动力之一；第二，政府有效性体现为政府在推进社会发展中的正向功能，政府有效性的高低是判断政府优劣的基本标准，对于急剧变革的社会而言，具备较高的政府有效性尤为重要；第三，政府有效性的高低取决于政府行为与社会需求相契合的程度，因此，并不存在普遍适用的政府模式，各国必须寻求适合自身特点的政府模式，而且这种政府模式必须随着社会的变迁而发生相应的变化，并不存在固定的形态；第四，中国社会经济发展奇迹的秘密在于实现了自发秩序与政府驱动两种力量的有机结合，而实现这种结合的关键在于中国政府具有较高的政府有效性；第五，中国改革的成功得益于中国政府坚持"有为"的政府理念、"有限"的政府职能和"有效"的政府行为，政府不仅自身发挥了有效的功能，也充分调动了其他社会主体的积极性；第六，当代中国政府也存在着有效性不足的问题，提升我国政府有效性是进一步推进改革开放事业和社会经济健康发展的基本保证。虽然本书是基于中国社会变革的历史背景对政府有效性进行的研究，但笔者相信，某些研究结论具有一定的普遍意义。

笔者试图从政府有效性的视角来解释当代中国社会变革成功与失误背后的根源，但这一愿望并没有完全实现。尽管政府有效性可以通过政府行为对社会发展的实际功能加以考察，但对政府有效性的具体衡量却面临着难以克服的困难。首先，在不同的国家、不同的历史时期和不同的社会环境下，政府所应当扮演的角色和发挥的功能并不完全一致，而是存在着巨大的差异，因此，政府的职能和责任也就存在着诸多不同。由于政府有效性主要体现为政府履行其职能的状况，在政府职能存在差异的情况下，确定统一的政府有效性评价指标就会变得要么不可能，要么漏洞百出。其次，由于政府活动范围的广泛性，政府行为影响的深远性以及政府行为与社会后果之间存在着众多的影响因素和复杂的联系,试图具体衡量政府的行为效果并不容易。第三,政府只是推进社会发展的众多动力之一,而且政府行为也可能对社会发展产生负面的影响,或者阻碍其他社会主体功能的发挥。因此,要确定政府在社会发展进程中所发挥的实际功能极为困难。由于我们对政府行为的广泛的和长期的影响还缺乏全面的认知,对于政府行为与社会效果之间的内在联系和生发机制的认识仍极为肤浅,试图建立具有普遍适用性的政府有效性评价体系也将和人类历史上的宏大计划一样必然走向失败。但这并不妨碍我们对政府有效性问题给予充分的关注,并逐步探索政府有效性的科学评价体系。

政府有效性的高低关系到政府能否根据社会发展的要求发挥积极而适当的功能,关系到其他社会主体推进社会发展的积极性的发挥,也关系到良好社会环境的塑造和社会合作机制的建立与有效运行,对于推进经济发展和社会全面进步具有特殊重要的意义。因此,深入研究政府有效性不仅是推进社会发展的客观需要,也是推进公共管理学科发展的必然要求。本书只是对当代中国社会变革进程中的政府有效性进行了相当粗浅的研究,仍有许多问题有待今后进一步深入探讨。这些问题包括:第一,通过深化对当代中国政府有效性的研究,推进中国特色的公共管理学科体系的建立;第二,将科学发展观与政府有效性研究相结合,建立当代中国政府有效性的评价体系;第三,将政府有效性研究与当前所面临的现实问题结合起来,进而深入探讨政府职能转变、政府机构改革与人事制度改革、政府绩效评估、公共危机管理、提升政府竞争力、构建社会主义和谐社会等方面的问题;等等。这些研究不仅有助于改善我国政府的公共管理水平,也有助于推进我国公共管理学科的发展。如果本书能引起学术界对政府有效性问题的关注,也就实现了笔者写作此书的目标。

后　　记

《中国社会变革进程中的政府有效性研究》一书是我在博士论文的基础上经数次修改完成的。在读博士期间，中央民族大学为我提供了良好的学习和生活条件，导师李俊清教授对我学习上严格要求，生活上关心照顾。我的工作单位徐州师范大学在我读博期间照常发放工资，使我避免了经济上的压力。这一切为我创造了良好的学习环境，帮助我顺利完成了学业。

在博士论文写作过程中，李俊清老师的精心指导和点拨，使我少走了很多弯路。荣仕星老师、党秀云老师在论文开题和答辩过程中对本文给予了悉心指导，纠正了其中的一些缺点和不足。吴大华教授和白翠琴研究员在论文评阅和答辩中对本文给予了高度评价，并提出了精辟的修改意见。我的同学普永贵博士、周玉琴博士、李长文博士等也对本文提出了一些建设性的意见。这些老师和同学的意见对本文的修改帮助很大。

在本书出版之际，我要感谢徐州师范大学管理学院院长徐元善教授，他始终关心我博士论文的写作和书稿出版事宜，并给予我诸多的帮助。感谢学院诸位领导和同事，他们对我的学习和生活给予了很多关照，为我的学习提供了诸多便利。我的爱人黄昕女士承担了所有的家务，为我挤出了学习的时间。在此一并表示感谢。

最后，我还要衷心感谢任平校长在百忙中为本书作序，衷心感谢校社科处张文德处长对本书修改和出版的关心和支持，衷心感谢徐州师范大学哲学社会科学优秀学术著作出版基金的资助，也感谢中国社会科学出版社的编辑老师对本书出版所付出的劳动。

上党梆子

—传统板腔与文武场—

牛志忠 编著

中国戏剧出版社